人类的误测

智商歧视的科学史

[美] 斯蒂芬·杰伊·古尔德 著

柳文文 译

THE MISMEASURE
of
MAN

STEPHEN JAY GOULD

重庆大学出版社

目　录

致　谢

　　从狭隘的隐喻层面看，基因也许是自私的，但是当我这么多朋友和同事都乐意提供帮助时，这里面就没有自私的基因了。我要感谢艾希里·蒙托古，不仅因为他提供了具体的建议，还因为他这么多年来带头反对科学种族主义，而且并未因此对人类发展的可能性产生怀疑。不少写过或者正在撰写与生物决定论有关的著作的同事，比如 G. 艾伦、A. 切斯、S. 丘诺弗、L. 卡姆、R. 勒闻廷，都很乐意把自己著作中的信息分享给我，甚至在正式出版自己的著作之前，让我直接使用他们的发现。还有同事听说我正在做的努力之后，在没有收到我的恳请的情况下，主动把相关材料和建议发送给我，在很大程度上丰富了这本书的内容，他们是 M. 雷滕伯格、S. 赛尔登，以及在第六章中为我准备原始插图的 L. 麦斯左利。也许克洛伯特金说得对，我应该充满希望。

　　对参考文献的说明：为了代替传统的注脚，我借鉴了通常在科学文献中使用的参考文献体系——作者和出版年份以括号的形式在相关文本段落之后标注出来。我知道，很多读者一开始可能惊慌失措，因为引文使文本看起来杂乱不堪。然而我也相信，大家在读完几页之后，就会开始"细读"这些引文，并且还会发现，这些引文并不影响文章的连贯性。对我本人而言，这个体系的优点远远胜于它的审美缺憾——不用再在文本和附录之间来回翻页（不会再有出版商把引文全部放在书的结尾了），而最终只发现一个没有任何可用附加信息的折磨人的小数字；它还有利于对历史疑问的两个基本信息进行快速了解——作者和时间。我相信这种参考文献体系是科学家们少数潜在的贡献之一，也许在其他学术写作领域也用得上。

对标题的简单说明：我希望这个十分诱人的标题别有用心、意味深长——不仅是对普罗塔哥拉的名言的戏拟，也是对书中讨论的生物决定论研究者们研究程序的评论。他们研究的的确是"人类"（也即欧洲白种男人），他们把这个人群视为标准，并且把其他人群看成对自己研究的不利因素。正是他们对"人类"的误测，加深了这个双重的谬误。[1]

---

[1] 本书英文原名为"the Mismeasure of Man"，中文译为"人类的误测"。中文版为突显论述核心，书名定为《人类的误测：智商歧视的科学史》。因原作者赋予了"人类的误测"多重含义，为不影响读者的阅读理解，本书正文中仍旧保留《人类的误测》的书名用法，特此说明。——编者注

对修订扩展版的说明：15岁的思索

本书的结构

《人类的误测》是为了纪念我心目中的英雄查尔斯·达尔文而写作的，他在《贝格尔号航行日记》中所作的有关生物决定论的深刻论述，使其对奴隶制的控诉达到了顶峰。我本想把书命名为《我们深重的罪孽》，并作为题词放在封面上。它引自于达尔文的原话："如果我们贫穷的悲惨现状不是自然法则造成的，而是源于我们的制度，那我们的罪孽就更深重了。"

但我没有追随这个最初的想法，并且确信自己作出了正确的决定，因为我清楚地知道，如果用这个书名，我的书很可能由于被众多书店错放于宗教类书架上而最终被人们遗忘。就像我那卷关于进化论的论文集《弗拉明戈的微笑》一样，由于错放在波士顿一所著名学院的鸟类学分类里而始终默默无闻。事情总是没有最糟，只有更糟。有一次，我在一家同样很有声望的波士顿商业中心标着"种族关系"的书架上，找到了一本20世纪60年代的大学生宣言——《作为黑人的学生》。我的朋友哈里·科米尔曼是个推理小说家，他讲述神学侦探戴维·斯莫的系列故事十分精彩，但他告诉我，这个系列的第一本小说《星期五的拉比》曾经变成了《兔子弗雷迪》[1]，并出现在儿童读物的书单上。但运气有时候也会不期而至，我的好朋友阿兰·德肖威兹告诉我，一位女士就曾成功地买到了他的《胆

---

[1] "Rabbi"（拉比）和英文中"Rabbit"（兔子）拼写相似。——译者注

大妄为》，而她当时是这样告诉店员的："我想买一本书，书名忘记了，作者的名字我也记不大清楚了。"

最终我还是决定使用《人类的误测》这个书名，这本书的精髓就在于它对范围的限制。自首次出版以来的 15 年中，正是这种悖论的方式赋予了它延续至今的能量。从根本上看，《人类的误测》探讨的不是虚假的生物学争论在社会环境中的普遍道德可耻性，也许最初我引用达尔文的话给书取的外延更大的书名里暗含了这层意思。这本书谈论的甚至也不是人类不平等性的基因基础之上的所有虚假论调，它讨论的是一张通过量化而对人类进行分类的特殊表格：智商可以被抽象成一个单一的数字，一个能够在固定不变的智力价值曲线上对所有人进行分类的数字。幸运的是，我有目的地作出了自己的判断：这个限制性的课题包含着最深层也最普遍的哲学谬误，对先天遗传和后天教育的两难选择，以及对人类社会组织的起源问题产生了最根本、最深远的影响。

如果说 20 多年来坚持写作《每月评论》的努力让我学到了什么，那就是让我开始认识到用特殊方法对付一般性的力量。写一本有关"生命的意义"的书毫无用处（尽管我们都渴望知道这个伟大问题的答案，并且有充分的理由怀疑真正的答案也许根本就不存在）。但是一篇关于"棒球击中率 40% 的意义"的文章，就可以得出真正的结论，而且与很多话题都有广泛的出人意料的联系，比如潮流的本质、卓越的意义，甚至包括（不管你相不相信）自然实体的构造。你必须偷偷接近普遍性，而不是给它当头一击。我最喜欢 G.K. 切斯特顿说过的一句话："艺术就是限制；每幅画的精髓都是它的结构。"*

---

* （原注）一位语言学家朋友确实正确预见了我的书名可能会引起的奇怪问题。出于某种原因（我已经自己完成此事，因此不是指责，而是表达疑虑），人们总是错误地把第一个词读成"mishmeasure"——以至于在谈话或者接受电台采访之前介绍情况时，产生某种令人讨厌的轻浮和尴尬感。很明显，就像我的朋友解释的那样，我们期待"measure"之前的"s"发"zh"音——我们下意识地把词的第一部分和后面的发音联系起来，因此就会读成"mish"而不是"mis"。我觉得这个发音错误很有意思。无论如何，在一个读音还没有发出来之前，我们就已经对它作出了错误的预测，也表明（或者据我推测）我们的大脑在表达开始之前是怎样监管语言的。错误发生的形式不也是不同寻常的吗？这是不是有一种内在的驱动迫使我们偏爱这些不断重复的、令人愉快的头韵组合？这个辅音的产生仅仅是因为发音轻松，还是因其能够揭示某种和大脑模式有关的更深层的东西？这种现象与诗歌的起源和形式有没有关系？我们大脑功能的组织和属性又是怎样的呢？

（选择这个书名确实给我带来了一些麻烦，但我不予道歉，并且享受它所引起的所有争论。"人类的误测"不是未经考虑的性别主义的遗物，而是故意带有忽视意味的双关语 [1]。这个书名是对希腊哲学家普罗塔哥拉 [2] 关于人类的著名格言的戏仿，同时，也点明了性别主义历史的真实本质，即把男人看作人类的标准，并因而总是倾向于误测男性，而忽视了女性。我在前面的原序中阐述过这个基本原理——因此我总是可以把"不假思索的批评"作为试金石，看看谁喜欢不读原文就大放厥词——就像多勒先生一样，他总是批判电影里的暴力画面，而那些场景他从未看过，甚至也从来不屑于屈尊去看。〔当然，我不会介意，由于对我所陈述的理论有不同意见而对我的书名进行批判。〕无论如何，这个书名让我的同事卡洛·塔夫瑞丝戏仿了我的戏仿，给她的一本精彩的书取名为《女人的误测》，让我感到十分高兴。）

《人类的误测》采用的是三重结构，其一系列限定可以让我把所有智力学科门类中最大的一支包含在内，并能在其中作连贯、清晰、全面的叙述和分析。

　　1. 我把自己对待生物决定论的态度限定在历史上最著名的（也是揭露性的、欺骗性的）智力量化数据表格上：由遗传决定的可测量的一元智能理论。正如我在导引中所写的那样，要把伪科学的断言与它的社会功用联系起来：

　　那么，这本书是关于智力被抽象为独立实体、它在大脑中的位置以及它被量化成具体数字的书。对每一个个体而言，其智力都可以被量化为一个具体数字，并且可以根据这些数字而对其在某种独特的价值体系中的位置进行划分。从中你经常会发现，诸如"那些受压迫的和处于劣势的群体——种族、阶级或性别——的劣等性是与生俱来的，而且活该如此"。简而言之，这本书就是关于"人类的误测"的。

　　这一部分也补充解释了我遗漏的观点。譬如，有人经常会问我这样的问题：在阐述心理功能的量化理论时，为什么会漏掉影响如

[1] man 既指男人，又泛指人类，因此根据字面意思也可以译成"误测的男人"，从而引起误解。
[2] 希腊哲学家（约公元前 480—前 410 年）。

此之大的颅相学运动？因为颅相学在哲理上和《人类的误测》的主题是相反的。颅相学展示了极具复杂性和独立性的智力理论，颅相学者们的观点影响了本（20）世纪早期的瑟斯通和吉尔福德以及当代的霍华德·加德纳等人的理论——换句话说，就是多元智能理论，这对上个时代的詹森、当代的赫恩斯坦和莫雷以及对标志着人类误测的整个一元智能划分传统来说，都是重要的挑战。颅相学者通过阅读颅骨上的每一个突起来判断它们是代表"家庭生活"还是"恋爱"，是代表"庄严"还是"因果性"，并由此把智力功能划分为一堆很大程度上相互独立的特征。带着这样一种观点，没有一个单一的数字可以说明人类的普遍价值，作为单一生物学特性的整个IQ概念就变得很荒谬了。我真心向那些颅相学家表达遗憾，因为从哲学上来看他们是走在正确的道路上——但他们自己特殊的颅突起理论，和对这本书作出错误评判的那些人一样，是错误的。（历史总是充满了讽刺。颅突起理论也许是谬误，但是其中隐藏的高度具象化的大脑运动的脑皮层定位，却是当代神经科学研究领域关注度持续增长的热点问题。）

不管怎样，颅相学作为也许是正确的多元智能理论的错误版本，可能构成某本关于普遍的头颅误测的书的主要章节，但是在这本书中，它会被当作一元的、固有的、线性的、可划分的智力理论而被排除在外。如果我按照"不同的理论，正确的选题"而将颅相学排除在外，那么我也会将无数相关的材料遗漏，因此我按照的是完全相反的说法"相同的理论，错误的选题"——换句话说，所有与线性的、天赋的序列有关的言论，都是基于生物学的论争，而不是智力的量化。因此，我没有把优生学运动作为单独的一章放进书中（尽管我探讨了它和IQ交叉的部分），因为大多数争论都是为了证明基因具有先天的决定性特征而建立在某些特殊基因的假设性质之上的，而不是基于大脑的内部或外部测量之上。

2. 我关注的是历史上开创者们的"伟大"争论和错误，而不是转瞬即逝的现代用法。五年以后，谁还会记得（谁会真正去回忆）那些修辞性论辩的用词，或者当下几乎没有创意而倾向性十足的角斗士式的论争；但是我们不能（一定不能）忘记达尔文的才智的光辉，以及他的创世论对手的后继者们犯下的真正伟大的、有益的错误，比如阿加西斯和塞奇威克的错误。基石是永恒的，最靠近当下的小规模争论也符合新闻工作者的固有准则：昨天的报纸包着今天的垃圾。

《人类的误测》的框架的第二个基本特征是，它把关注点限制在起源和内在可划分的线性一元智力理论的不朽奠基者身上。这个决定允许把该书清晰地划分为两部分，分别代表了这个理论按照年代顺序所取得的核心成果在过去两百多年里的声望。19世纪关注的焦点是对头颅的物理测量：外部测量（用尺子和卡钳建构各种和头部形状及尺寸有关的指标和比例数据）或是内部测量（用芥末籽或铅粒填充头盖骨来测量大脑的容量）；20世纪则转向了公认的更为直接的智商测试。简言之，就是从测量颅骨的物理特征转而测定大脑内部的质料特性。

我从一个学者的灵魂深处相信这一框架对大量基础文献的限定，但我也意识到，这个决定为这个修订版赋予了极大的实实在在的益处。这些曾经的争论还有残余的力量，当然借用的是现代的"四肢"。我们永远无法获得像基督徒所谓的"上帝之言永恒延续"这么宁静的自信，但只要我们对学术和历史的迷恋依然存在，我们仍然会关注布洛卡、比奈和伯特等生物学家。但我猜世人很少会关注他们，也不会记得什么詹森、莫雷、赫恩斯坦、勒万廷和古尔德。

自从我写了关于伟大的争论的原序之后，实质上忽视了它们在1981年的现代性化身，因而这个修订版需要进行一些变动，修订版的主要内容和原稿几乎没有什么差别，创新之处主要在于这个介绍以及书末附加的论文部分。1981年的热点现在是无根的历史，我怀疑赫恩斯坦和莫雷能否穿越千禧年，尽管论争的基本形式永远不会消失，并且每隔几年都会不断重现——也正是写作这本书的必要之处，它关注的正是不断重现的资源。

正如我在第一版序言中所写的那样：

我很少提到目前生物决定论的复苏，因为它的个人化观点常常是转瞬即逝的，而对它的驳斥也属于杂志论文或者报纸新闻的范畴。谁还会记得10年前（从1981年开始）的热点话题呢？比如：肖克利的提案，对自愿绝育的IQ低于100的人的补偿，伟大的XYY争论，或者以暴民的致病神经解释城市的骚乱，等等。我想，考察那些仍然活跃在我们身边的争论的本源，才更有意思和价值。它们至少展示了伟大的具有启示价值的错误。

3. 选择这个框架的第三个方面原因是出于对我自身专业能力的考量。我是一个职业科学工作者，而不是一个历史学家。我对历史有强烈的兴趣；我认真研读历史，也写过不少有关历史的重要课题的文字，包括三本著作和一堆论文。我自认为对与生物决定论有关的论争的逻辑和经验有恰当而得体的把握。我渴望得到专业训练，但我缺乏专业人员对更广泛的政治背景的那种"感觉"（这种感觉是取得一流学术成果的必要条件），生物学论争就是通过这个平台（政治经历和背景）而对社会产生影响的。用专业术语来说，我正全力消灭有关论争和观点中微妙的"内在性"主题，以及支持谬误的错误数据。我甚至可以有些傲慢地说，这一点上"我比大多数人做得都好"。但不幸的是，对如何把握更广阔的历史背景的"外部性"以及科学研究与社会背景的"契合点"，我却没有作好充分准备。

因此，根据从必要性中萃取价值的惯用做法来看，我是从一条完全不同的路径来探索生物决定论历史的，其中会用到我特殊的技巧和才能，而且不会受到自身缺陷的过多困扰。要不是我找到了这条先前没有发现的路来处理这个重要的、绝不该被忽视的主题，也许我根本就不该写这本书，甚至也不该第一个在这个问题上殚精竭虑、冥思苦想。（我一向有"东拉西扯"的美誉，但除了一次小小的例外，我从未涉足教材写作，那一次主要是为了帮助一位可亲可敬的年长同事；生命太短暂了。）

我的特殊才能在于综合，而不是分析。我能把两种突出的、相互作用的能力融合到一起——通常，其中每一种都赋予很多人以竞争力，但很少能有人把这种能力与兴趣爱好相结合。在我之前，没有人能把这两种才能如此系统地结合在一起，并对这个主题进行总体性回顾。

总体来说，科学工作者善于分析处理各种数据。我们接受的训练，就是要发现论据中的谬误，对支撑性数据尤其严苛。我们审视图表，仔细查看每一个段落的标点符号。科学工作者通过批评他人得出的结论而取得的进步与通过创新发现而取得的进步一样多。我被训练成一个具有统计学头脑的古生物学者，能用特殊专长处理人口的变动和世系内部的历史变化等巨量数据。对人类的误测属于相同的主题，个体间的差异可以模拟人口的异动，而群组间的不同可以模拟历史进程中世系内部暂时存在的差异。因此，我觉得自己在不同群组测量差异的证据中分析数据、寻找漏洞的能力异常出色。

但是几乎所有科学家都会这些。现在，我们来看看我的主要职业的最大局限吧。大多数科学家完全不在意历史；我的同事们也许不完全认同亨利·福特的格言——"历史是废话"，但他们确实只把历史看作是一个错误的贮藏室——充其量也不过是我们避开前进道路上的陷阱的道德指引。这种态度不会使我们对科学史上的人物，尤其是那些犯过重大错误的人物产生同情或兴趣。因此，多数科学家也许会在原则上对生物决定论的原始数据进行分析，但恐怕永远也不会朝这个方向倾心尽力。

相反，职业的历史学家们会重新捡起这些数据，并对学科之内的各种图表进行批评与批判。这个过程其实一点也不神秘，一点也不艰难。但是我们会再次遇到职业的狭隘性问题：历史学家们研究社会语境。也许有某位历史学家想搞清楚，莫顿关于美国印第安人头盖骨容量低下的结论是如何影响西进运动的争论的；但是，历史学家们一般不会想到要坐到莫顿测量头颅的桌子旁边去，努力弄清楚莫顿是否正确地公布了他的数据。

因此，我找到了属于自己的特殊位置，因为我能够利用统计学专长分析数据，并注意细节；同时我也喜欢研究那些仍然萦绕在我们周围的古老而伟大的主题。简而言之，我能把科学家的技能和历史学家的关注结合起来。因此，《人类的误测》主要针对生物决定论历史上的重大数据进行分析。这本书是关于深刻而具有启示性的谬误的记录，而这些谬误则是对一元的、线性的、天生固有的、少有变动的智力根源的探寻和辩护。

因此，《人类的误测》对智力测验的态度毫无疑问是"内在性"的。我重新分析了历史上的伟大结论的支撑数据，我希望这种方式与法庭的冒险更加接近，而不是像灰尘一样枯燥乏味。我们将研究莫顿在测量头颅容量时为什么把芥末种子变成了铅粒；布洛卡一丝不苟的数据如何在下意识的社会偏见的引导下得出；戈达德对居住在新泽西松原里的卡里卡克家族低能形象的改变；耶基斯在第一次世界大战中准备给所有新兵（而且，我很真诚地告诉你，也给哈佛的本科生做过）进行的先天智力（实际上是对美国文化熟悉程度的指数）测试；西里尔·伯特在把智商数字化为单一因素过程中犯下的伟大、关键而又真诚的错误。

两句著名而又相互矛盾的引文抓住了这份努力中潜在的价值和趣味，也是《人类的误测》结构的第三个方面：上帝存在于细节之中，魔鬼也是一样。

为什么在 15 年后进行修订？

我认为，对生物决定论的批评，看似不合时宜，却又恰逢其时。说不合适宜，是因为生物决定论的错误是如此深刻而隐蔽，而且它唤醒了我们本性中最糟糕的部分。这种批评深刻地展示了生物决定论与我们哲学传统中一些古老问题和错误之间的联系，包括化约论，即以由最小成分（从物理角度来看就是运动中的原子，从精神角度来说就是从世系中遗传下来的某些基因）构成的决定性行为解释部分随意的、规模庞大的、不可简化的复杂现象；具象论，即把抽象概念（比如智力）转化成具体事物（比如大脑中可量化的物质）的倾向；二分法，即用聪明和愚蠢、黑和白等非此即彼的方式理解复杂而有连续性的现实；等级制度，即我们按照线性序列来排列价值增长层级的倾向（二分法的思维习惯常常利用 IQ 测试所偏好的早期术语把天赋智力分为两个等级，如正常的和弱智的）。

在本国人普遍憎恶外国人这个社会政治现实中，我们总是倾向于犯一些一般性的错误，我们总是如此遗憾地限定自己对判定为劣等的"他者"的态度。我们紧紧抓住生物决定论这个有力武器而对"他者"进行贬低，我们理所当然地认为，他们低下的社会经济地位是已被科学证明了的内在愚笨的结果，而不是由于在不公正的社会中的被动选择。因此，请允许我再次重复达尔文的名言："如果我们贫穷的悲惨现状不是自然法则造成的，而是源于我们的制度，那我们的罪孽就更深重了。"

但对生物决定论的批判在某些时段（包括现在）也是合适的，

因为——你可以选择你喜欢的意象，如果你的品位是古典的，你可以选择勒耳那的九头蛇头像[1]；如果你更喜欢熟悉的格言，你可以选择坏铜币[2]或者回家的猫[3]的形象；如果你赞同本地的现代化，你可以选择郊区草坪上的杂草——同样糟糕的言论总是每隔几年就令人沮丧地在意料之中再次出现。我们刚刚揭穿一个版本，同样糟糕的下一个章节又会在另一个地方突然出现。

同一个论调的反复出现，也没什么奥秘可言。它们并非潜在循环的表现，而是遵从一种自然法则，这种法则也许可以被归纳成一个像 IQ 一样简便易行的数学公式；它们也不能代表产生了新数据的热点问题，或者某些在以前的争论中纠缠过而没有考虑到的新鲜玩意儿，因为一元的、有序的、固定的、不可更改的智力理论，在每个严密的公式中从来都不会发生太大变动。因此，在每一部流向通俗社会的作品中，总能发现同样荒谬的逻辑和同样错误的信息。

生物决定论的不断再现，究其原因是与社会政治性的关联，并且不难找到：它和政治紧缩的插曲有关，尤其是当劣势群体导致社会动荡不安，甚至威胁到当局的时候，它就与政府削减社会公共支出等运动或者与统治精英不时产生的恐惧有关。在社会变动时期，什么样的言论还能比精确反映人类固有的、不可变动的智商等级秩序起到更加令人毛骨悚然的效果呢？

为什么还要花费时间和精力去提升那些处在社会经济底层的种族或阶级本就无法增加的 IQ 呢？还不如简单地接受不幸的自然指令，这样还可以为联邦政府节省一笔开支（因此我们能够更容易地继续实行针对有钱人的减税政策！）；如果这种缺陷记录的是低下的能力或者普遍沦丧的道德，那么它肯定是生物学强加在被抛弃的群体的大部分成员身上的，而不是社会偏见的遗赠或者当下的现实，因此，在你备受尊敬而且有利可图的辖区内，为什么要使自己受困

---

[1] 古希腊英雄赫刺克勒斯十二大功的第二件是制服怪物勒耳那。勒耳那是生有九个头的大毒蛇，它在草丛里神出鬼没，为害四方。

[2] 不想要偏又出现的人或物；不受欢迎的人或物。

[3] 指对家的本能反应。

于不具代表性的低劣群体的数量比例呢？（这些群体被打上了种族、阶层、性别、行为习惯、宗教或者民族等烙印。生物决定论是一个带有普遍性的理论，因而受到它蔑视的当下承受者，实际上是在不同时间、地点遭受同样偏见的群体的代表。在这个意义上，呼吁受到歧视的群体加强团结，不应仅仅作为动听的政治套话而被长期忽视，相反，应该作为受到不公正对待的正当反应而得到支持和赞成。）

请注意，我正在讨论的是天赋主义者每隔一段时间就会抛出的一元性、可测量的智商理论，而不是和这种言论有关的片段式思维。普通的论据总是存在的，而且总是可以获得、已经发表、可资利用的。因此，和紧张的公众注意有关的插曲，记录了当局利用这个古老谬误而把带有政治倾向性的钟摆拨向正确位置的过程，这个过程带有一种基于天真的期望或者效用明显的冷嘲热讽的严肃性。生物决定论的再度涌现与政治紧缩以及被破坏的社会慷慨性密切相关。

20世纪的美国经历了三个无法截然分开的重要阶段。第一个阶段构成了美国历史上最悲哀的讽刺之一，在《人类的误测》中占了最长的章节。我们喜欢把美国想象成一个带有普遍平等主义传统的国家，一个构想了"自由和致力于人人生来平等理想"的国家。与此相反，我们认为许多经历了长期的君主专制与封建统治的等级森严的欧洲国家，很少会有社会公正或者机会均等的理想。自从IQ测试在法国兴起以来，我们也许会很自然地认为，遗传论的错误解释会对整个欧洲的测试产生广泛而有害的影响。讽刺的是，这个看似合理的设想却完全是错误的。正如我将在第六章中引证的那样，法国发明家阿尔弗雷德·比奈在他的测试中不仅成功地避开了遗传论的有关解释，而且明确地（并且强烈地）警告我们，这种解读是对他帮助那些有特殊认知需要的孩子的美好意愿的曲解。（比奈辩称，天赋主义的解读只会给孩子们打上不可教化的烙印，因而会产生一种有悖于他们天性的结果——一种彻底而可悲的被后来历史所证明了的恐惧。）

IQ的遗传论阐释在美国兴起，主要经历了三位心理学家的变革——戈达德、特曼和耶基斯——他们翻译相关资料，并让 IQ 测试在这个国家被广泛接受。如果我们要问这种错误在一个人人都享有自由、平等的国家是怎样发生的，我们必须记起第一次世界大战之后的那几年，也就是峰会运动时期，在某些旗帜周围，纠集了一群狭隘的、本土的、沙文主义的、孤立的"土著"（新教徒的盎格鲁撒克逊裔美国人，不是印第安人），吹嘘着华而不实的爱国主义，与我们这个世纪的任何时期都格格不入，即便与 20 世纪 50 年代早期的麦卡锡主义全盛期相比也一样。这是一个对移民、对犹太人移民限额的扩大，对萨科和范塞蒂的处决以及对南方各州执行的私刑都有严格限制的时期。有意思的是，在 20 世纪 20 年代鼓吹生物决定论的大部分人，到了向自由转向的 30 年代，纷纷宣布放弃他们自己得出的结论，因为在当时，博士们也走在领取救济的队伍中，他们的穷困是无法用内在愚蠢来解释的。

最近发生的两起事件也和政治变动相关。第一个事件激发我写出了《人类的误测》，作为带有另类视角的积极回应（我相信，不是作为一种否定性的讽刺和谩骂）；第二个事件促使我出版了这个修订版。

阿瑟·詹森在 1969 年发表的那篇臭名昭著的谬论激发了第一个事件，文章认为群体间 IQ 的差异（强调美国黑人和白人之间的差异）是由所谓的天赋决定的。他那令人毛骨悚然的开场白表明，他是作为一个"无私"的学者而不是作为社会事务的代言人发表自己的观点。他以对联邦政府的起跑线项目的直率攻击作为开场白："补偿性教育已经试验，并且明显地失败了。"我的同事理查德·赫恩斯坦在 1971 年打响了第二炮，他在《大西洋月刊》上发表了一篇文章，后来成为与查尔斯·莫雷合作出版的《钟形曲线》的框架和主体，并且马上刺激我产生了出版《人类的误测》修订版的冲动。

正如我在上文中说过的那样，由声名狼藉的人所写的同一主题的文章，每个月都会在引人注目的地方出现。要理解詹森的文章声名鹊起，而又没有在这个众所周知的类别中被忽略的原因，我们必须求助于当时的社会语境。因为詹森的文章没有什么新意，所以我们必须寻找让这粒古老的种子重新生根发芽的肥沃土壤。也正如上文我说过的那样，我不是博学的社会学家，我对这个问题的看法也可能是很幼稚的。但是我对年轻时出现的这些政治活跃期，是记得很清楚的。我还记得民众的反越情绪是如何变得越来越激烈的；1968 年马丁·路德·金被暗杀（恐惧随之被郊区的骚乱所点燃）；同年，林登·约翰逊因为内外冲突而在芝加哥的民主党会议上被赶下了台，最终理查德·尼克松当选为总统，并在施政之初采取了保守的措施。这种保守策略往往会造成对错误和陈旧事物的关注。现在，生物决定论的论据再次变得有用起来。在 20 世纪 70 年代中期，也就是在这种反应达到顶点时，我写下了《人类的误测》。1981 年此书第一版问世，之后不断被重印。

我本来没有计划出修订版。我不是一个谦虚的人，尽管我确实努力将傲慢局限于自身（我想自己并不总能成功做到）。我觉得没有更新的必要，因为当我第一次写这本书的时候，我就作出了迄今仍然被认为是非常明智的一个决定（当然不是因为我认为我这个有缺点但又很骄傲的孩子是无法进步和提高的！）。《人类的误测》之所以在前 15 年不需要修订，是因为我关注的一直都是生物决定论的基础文献，而不是其很快就将落伍的"现时"功用。我强调的是不会发生改变的深刻的哲学错误，而不是因为不断过时而逐年被抛弃的暂时（肤浅的）宣言。

第三个事件发生在 1994 年，由理查德·赫恩斯坦和查尔斯·莫雷合著的《钟形曲线》引起。他们这本大书同样没有什么新东西，尽管作者用了将近 800 页的新奇深奥的文字和随处可见的图表把读者搞得晕头转向，因为他们害怕别人无法理解。（实际上，《钟形曲线》的内容很明显是可以理解的。论据陈旧而熟悉，没什么复杂的；尽管书中连篇累牍地列举了一个又一个事例，其运算实际上只是概念上相当简单的一种研究，因此很容易就能理解。）当我在哈佛政治学院举办的辩论会上遇见查尔斯·莫雷的时候，我只想到用莎士比亚《爱的徒劳》中的一句话作为开场白："他对赘言的编织比对主要问题的论证要精巧得多。"

和以往一样，《钟形曲线》所产生的最重要的影响，是它又一次见证了政治的钟摆停在了一个令人难过的位置，这个位置需要一个基本原理确认社会的不平等是出于生物学的命令。（如果我能作一个有些可怕的生物学类比的话，我想到了一个比喻，即一元的、可测量的、固有的、不可更改的智力系统就像一个活动的真菌孢子、一个巨大的孢囊或是一个缓慢发酵的大酒桶——里面包藏着数量惊人的内容，而在时刻变化的外部条件终止这种蛰伏状态之前，它们总是处于一个不活跃的、静止的或是休眠的阶段，耐心地等待着种子发芽、膨胀或苏醒。）

《钟形曲线》能够产生影响，有一些特殊原因，比如它醒目的标题，纽约的传奇人物为其精心包装，以及精心组织的宣传活动（我承认我有些嫉妒，希望能找到同样有责任心的人，雇佣他们为我的书作策划）。但是，与被过度扭曲的普遍性——全新的肥沃的政治土壤相比，这些因素显然是微不足道的。《钟形曲线》的出版正好赶在纽特·金里奇当选议员的关口，会有人觉得奇怪吗？这个新的卑劣的社会时期，是我生命当中从未出现过的。大幅削减人们真正需要的社会服务；终止对艺术的支持（但是从来没有削减过一分钱的军用开支）；平衡预算并为富人减税。也许我的话中带有一点儿讽刺，但是，我们能不能怀疑这种新的吝啬精神与另一种和达尔文相反的观点，即认为社会支出没有作用（因为穷人的悲惨确实来自于自然法则和劣势群体天生愚笨）的观点——是一致的呢？

我想为 20 世纪 90 年代基因解释的特殊吸引力补充另外一个原因。我们生活在分子生物学取得革命性进展的年代。从 1953 年沃特森 - 克里克（Watson-Crick）模型 [1] 的创建，到光电导继电器（PCR）的发明，再到 DNA 的常规排序——为了像辛普森用血书

[1] 指美国生物学家沃特森和英国生物学家克里克提出的双螺旋线和中心法则等遗传理论。

来解释鸟类族群一样复杂多变的目的——我们现在比以往任何时期都更容易获得个人基因组成信息。我们很自然地会迷上那些令人兴奋的新奇玩意儿，并总是把这种迷恋过分扩张，甚至抱着一种无谓的希望，希望它们能为我们提供一种放之四海而皆准的解决方案或者灵丹妙药——此时这些贡献便真正构成了某个本来要复杂得多的难题的较为谦和（虽然重要）的部分。过去，我们对有关人性的所有伟大洞见也是这样看待的，即根据基于家庭和社会动力的非基因理论，（当然）尤其是弗洛伊德的性心理学概念，把一切都归因于个体成长中由于天性被压制或误导而出现的神经病。如果颇有创见的非基因理论在过去被异乎寻常地夸大，那么我们现在仍然不断重复着同样的错误，即过分夸大我们从基因理论中感受到的真正兴奋，是不是也应该让我们大吃一惊呢？

我欢迎致病基因的发现，或者那些在普通环境下也容易直接致病的基因的发现（比如：隐性常染色体遗传病，镰状细胞性贫血病，亨廷顿舞蹈症）——因为治愈的最大希望就建立在对某种物理基质和行为模式的辨识。作为一个患有自闭症的儿子的父亲，我也欢迎用人道主义和自由价值观来判断与生俱来的生物学基础，它们曾被认为仅仅是心理遗传的结果，父母还因此受到一些微妙指责（特别可笑的是那些所谓的专家，他们赌咒发誓说这种结果的出现不是他们的本意，他们列举这些例子只是为了将来能够加以预防；然而，在不同时期的许多心理学家眼中，自闭症要么是母爱过度，要么是母爱缺乏的结果）。

作为身体器官之一，大脑就像其他任何器官一样，会遭受疾病或者遗传性缺陷的攻击。对诸如精神分裂症、双向躁狂抑郁症和强迫性精神症等痛苦的源头，如果能发现它们的基因原因或影响，我举双手欢迎。没有什么痛苦能和失去了充满活力、充满希望的孩子的父母的痛苦相提并论，他们的孩子被这些疾病摧毁，而这些疾病通常要延迟到生命的第二个十年快结束时才会发作。让我们为那些由于孩子病因被识别而从强烈的负罪感中解脱出来的父母欢呼吧。

当然，更重要的是，我们还看到了改善甚至治愈疾病的可能性。

　　而所有这些真正的发现，包括确定而具体的病理学、疾病或者阻碍我们仍然可以合法地称为"正常"发展的条件——正是所谓的钟形曲线。（钟形曲线在技术上叫作正态分布，当变量在平均值周围随机分布的时候就会出现——在两端是均等的，并且靠近平均值的概率更高。）具体的病理并不遵从钟形曲线，而是经常形成团块状，不仅远离曲线的平均值，并且脱离了正态分布。这些例外发生的原因与分布在钟形曲线平均值周围的变量产生的原因是不同的。

　　我们不能仅仅因为唐氏综合征患者可能是由于第 21 对染色体的多余复制而导致了身材矮小，就推断出在钟形曲线中呈正态分布的身材矮小的人群都是多余的染色体造成的。同样，亨廷顿跳舞症致病基因的发现，不能充分说明某种基因确实存在，比如高智商基因、低攻击性或者恐外症的高倾向性基因，或者对性伴侣的脸、腿和身体具有特殊癖好的基因——又或是任何其他的在所有人群都可能呈钟形曲线分布的普遍特征。"范畴错误"是人类思想中最常犯的错误：如果我们把正常变量的原因等同于病理原因，我们就会犯典型的范畴错误（比如，我们在讨论的时候，有人因为 IQ 在一些群体中具有适度的遗传性，就认为群体间的普遍差异一定是有遗传性的，他就犯了范畴错误——参见我在书后论文中对《钟形曲线》的评论）。因此，我们应该为在寻找某些疾病的遗传原因时取得的进展而感到兴奋，但是我们不应把这种解释方式变成解释普通人群行为变化原因的方案。

　　在所有阻碍我们对世界复杂性进行正确理解的有害的二分法中，先天性与后天性对立一定是排在前三位的（某些虚假的分类就是因为这些悦耳的名称而得以加强的）。在我眼中，任何企图掩盖真相的言行，都不能比生物决定论者的言论更加让我恼怒，因为他们经常宣称："但我们是复杂的；我们的对手只是单纯的环境论主义者，他们仅仅支持后天的培养作用；我们意识到行为是先天与后天因素共同作用的结果。"请允许我再一次强调，正如《人类的误测》

对修订扩展版的说明：15 岁的思索

通篇都在强调的那样，论辩的各方，实际上所有有良心和原则的人，都会支持没有任何争议的论述，即人类的外表和行为都是遗传和环境复杂的相互作用的结果。

简化论者和生物决定论者的错误在于，他们能够接受诸如"智商 60% 是由遗传决定、40% 是由环境决定的"这种愚蠢的论断。说智商 60%（或任何比率）是由"遗传"决定的，根本没有那么回事。我们也许永远无法理解这一点，除非能够认识到，大家所普遍接受的"交互作用论"，是不会允许像"X 的特征 29% 是受环境的影响、71% 是遗传作用的结果"这种陈述出现的。当事物的起因（顺便提一下，远不止两个）如此复杂地相互作用，并贯穿于发展的全过程，直到产生复杂的人类个体，在原则上我们不能把人类行为解析成远古根源性因素的量化比例。一个成年人是偶然存在的个体，我们只能按照他自身的水平和整体性来理解。真正突出的问题是可塑性和灵活性，而不是不合理的比例解析。一种特质可能 90% 是遗传的，但仍然是可塑的。从当地药房花 20 美元购买一副眼镜，也可能完全矫正 100% 遗传的视力缺陷。"60%"的生物决定论者不是敏锐的交互作用论者，却是典型的"有一点儿怀孕"[1] 的决定论者。

因此，有人，比如莫雷先生，对我给《钟形曲线》的评论（作为本书结论部分的第一篇论文重印）感到十分愤怒。他在《华尔街日报》（1994 年 12 月 2 日）上专门撰文并严厉地谴责了我对他的意图的臆测，以及由此对他造成的不公平：

古尔德继续说道："赫恩斯坦和莫雷先生有违公正，他们把一个只能归因于不可知论的复杂案例，变成一成不变的遗传差异理论的带有偏见的摘要。"现在，我把古尔德先生的话和理查德·赫恩斯坦与我为基因和种族问题所写的关键段落总结性地对比一下："如果现在有读者相信遗传或者环境中的一方能够击败另一方从而脱颖而出，那说明我们的工作没有做好，不能充分突出其中任何一方。

---

[1] "little bit pregnant" 是一种修辞学用法。要么怀孕，要么没有怀孕，"有一点儿怀孕"是一种模棱两可的可笑说法。

我们认为，基因和环境都很有可能与种族差异有关。但比例是多少呢？"

莫雷先生，难道你还没搞明白吗？我没有说过你将所有差异都归因于遗传学——任何一个有点学问的人都不会说这么愚蠢的话。我引用这段文字不是为了指责你；我只想明确指出你坚持"不变的遗传差异"的主张，而不是说你把所有差异都归因于遗传学。你为自己的辩护表明，你没有抓住要点。你在陈述中把这个问题描绘成敌我双方的矛盾，其中只有一方能够最终赢得胜利。没人相信是这么回事；每个人都相信交互作用的存在。然后，你把自己描绘成一个勇敢的现代使徒，却又在学术上小心谨慎地宣称"基因和环境都与种族差异相关……是非常有可能的"。你所说的不过是游离于真正事实之外的老生常谈而已。只有当你在行为表达的遗传性和灵活性之间作出恰当的区分之后，我们才有可能撇开修辞学的争辩而开始进行真正的论辩。

对《钟形曲线》的批评就到这里吧，因为我在结论部分的头两篇论文中已经努力作了说明。我希望说明的是，我决定出版《人类的误测》的修订版，主要是作为对最近再次出现的与生物决定论有关的事件的回应。一本 15 年前写的书，能够成为 1994 年出版的宣言书的辩驳，似乎很有一些奇怪——实际上，不止奇怪，甚至连因果关系的基本概念都可能因此被颠倒过来！但是，当我重读《人类的误测》时，除了改正打印错误和修订某些只切合 1981 年情况的参考文献之外，几乎没做什么大的改动。我意识到自己 15 年前写的这本老书，正是对《钟形曲线》的反驳。（为了不使这个论述看起来像是荒谬的时代错误，我必须赶紧指出，赫恩斯坦在 1971 年发表于《大西洋月刊》上的文章，正是《钟形曲线》的点点滴滴的缩影。）不过，我声称自己的论述不是荒谬的时代错误，还有另外一个更加重要的原因。《钟形曲线》没有表达任何新的观点，这本 800 页的宣言不过是斯皮尔曼的普通能力理论的倾向性更加明显的冗长摘要。斯皮尔曼的普通能力理论同样认为，智力是头脑中基于遗传的、一元的、可区分的、变化最小的东西。《人类的误测》就是针对这一智力理论所作的既有逻辑又有实证的历史批判。当然，我不知道将来它会带来什么具体问题。但就像达尔文主义一样，它可以用反驳未来将要出现的创造论的论据，来反对达尔文时期的反进化论者，如果将来有人想用那些陈词滥调来让死灰复燃，我相信自己对破产理论的强有力辩驳一定能够顶得住。时间本身没有改变世界的魔力。好的论争如果不能超越时间，我们最好把图书馆也统统抛掉。

写作本书的缘由、历史与修正

1. 缘由

我写《人类的误测》，最初主要考虑的是个人及职业因素。首先，我承认我对这个特殊问题有很强烈的感受。我成长在一个有参与社会运动传统的家庭，而在 20 世纪 60 年代早期当我还是一个学生的时候，我就兴奋地成了后来大功告成的民权运动中的一个活跃分子。

学者们往往会非常谨慎地作出这样的承诺，因为在陈腔滥调中冷酷的公正是必要的，它是不带感情色彩的客观性的必要条件。我认为，在我的专业领域中，这种论证方式最为常见，也最为荒谬，甚至还有害处。只要人类带有无法避免的背景、需要、信仰和欲望，这个世界就不可能实现公正。对一个学者来说，甚至连幻想自己能够实现完全中立也是危险的，因为这样他就会停止对个人偏好及其影响的警惕——而后他就会沦为独断的偏见的受害者。

在技术操作上，"客观"应该被定义为"对数据的公正处理"，并不是没有偏见。更进一步来说，一个人只有理解和承认无法避免的偏好，才能认识到它们的影响——因此才能够公正地对待数据和论据！没有比相信自己内部存在公正性更为糟糕的自负，也没有比让傻瓜暴露自我更好的药方。（像尤里·盖勒[1]这样的魔术师，用最普通的戏法就能成功地把科学家给骗了，因为只有科学家们才如此傲慢地相信，他们始终是在严格、客观地审视，因此绝不会被欺骗——而普通人清楚地知道，好的表演者总能找到一个骗人的方法。）"客观"的最佳形式寓于明显可辨的喜好之中，以至于它们的影响总是能够被认知和取消。（我们在承认自然客观真实性的同时，总是极力否认自己的偏好。我确实讨厌人会死亡这个事实，但我不会把我的生物学观点置于类似的厌恶心理之上。更严肃一点说，比起达尔文自己所称的痛苦、低下、拙劣以及低效的自然选择学说，我确实更加喜欢更为和善的拉马克模式的进化论——但是自然不会关心我的喜好，而是按照达尔文的模式运转，因此在我的职业生涯中，我只能选择达尔文的进化论。）

为了降低偏好对我们工作的影响，我们必须认清它们。但是当我们利用偏好来决定自己希望继续研究的课题时，它们并不会让我们误入歧途。生命短暂，而可以研究的领域无限。当我们跟随自己的喜好，潜心于个人感受深刻的领域工作，我们会有更好的机会实现更加重要的价值。当然，这个策略增加了由偏见带来的风险，但是因此而得到的回报可以抵消任何诸如此类的担忧，特别是当我们同样盯紧"公正"这个首要的普遍目标，而对个人偏见始终保持高度警觉和审慎的时候。

（我无意为了日后的相逢而给莫雷先生准备弹药，但我怎么也无法理解他为什么要坚持发表虚假的言论，声称自己在《钟形曲线》这件事上没有功利和偏好，仅仅是出于一种公正的好奇心而开始着手自己的研究——这个观点使他和我们在哈佛的论辩中显得无能为力，并因此失去了可信性。毕竟，他公然依附于政治势力的一翼，显然比我们这一方要有力量得多。右翼智囊团已经雇佣他很多年了，他们不会雇佣过激的自由主义者。他曾写过一本叫作《共同立场》

---

[1]尤里·盖勒（Uri Geller），以色列魔术师，世界闻名的特异功能者。他最有名的魔法就是让汤匙或钥匙弯曲。很多魔术师都想破解他的把戏，但都没能成功。

的书，并成为里根总统的"《圣经》"，就像迈克·哈林顿的《另一个美国》深刻影响了肯尼迪总统的民主党一样。如果我是他，我可能会说："看，我是一个政治保守党，我为此感到骄傲。我知道《钟形曲线》的论证与我的政治立场丝丝入扣。从一开始我就知道这一点。事实上，认识到这一点使我在分析书中的数据时显得格外谨慎小心。但是我能够保持数据的公正性和论证的逻辑性，我相信可以得到一些信息来支持我的观点。此外，由于一些反复无常的原因，我不是一个保守主义者。我相信世界就是按照钟形曲线来运行的，我的政治观点是在这种情况下组织政府的最佳方案。" 尽管我认为论争的先决条件和支持数据都是错误而且被曲解的，但对这样的论争，我是会尊重的。）我之所以写《人类的误测》，是因为我有不同的政治眼光，因为我相信（或者说我不愿保持自己的理想化状态），人类正按照进化论的观点为理想修建一条可能之路而不是必经之路，结果只有上帝知道，但人类通过努力也许能够实现理想。

因此，我是带着热情来研究这个主题的。我参加过民权运动的午餐台静坐。我曾在位于俄亥俄州西南部的安提俄克大学上学，就在肯塔基州和辛辛那提边界附近——因此处于国家的"边缘"，在20世纪50年代，俄亥俄州的大部分地区仍然被隔离开来。我在那里参加了很多运动，主要是为了联合保龄球馆和滑冰场（以前分别是"白人"和"黑人"晚上活动的地方）、电影院（以前是黑人坐在看台上，白人坐在台下）、餐馆，尤其还有一个名叫盖格勒（在德文中的意思是"对手"，因此成为象征性的价值理念）的"老顽固"（奇怪的是我开始尊敬这个人）所经营的洛斯普林斯理发店（他发誓绝不会给黑人理发，因为他不知道该怎么理）。（我第一次见到了《代顿日报》少不更事的年轻记者菲尔·多纳休，这个故事就是他报道出来的。）我在英国度过了大部分本科岁月，并与另外一个美国人（尽管我们不是公共发言人，但还是发出了我们"错误"的声音）一起发起了一场广泛而有影响的运动，主要是联合英国最大的舞厅——布拉德福德的麦加洛迦诺舞厅。在这个过程中，我有快乐也有悲伤，有成功也有失败。在一波可以理解但却可悲的狭隘性浪潮中，学生非暴力协调委员会的黑人领袖决定把所有的白人从组织中清除出去，我的信念被粉碎了。

我的祖父母都是移民到美国的，他们与那些东欧犹太人同伴在当时是很有可能被限制移民的。我把《人类的误测》献给我母亲的匈牙利籍祖父母（我唯一了解的就是他们），他们都是没有接受过多少正规教育的聪明人。我的祖母可以流利地说四个国家的语言，但只能根据发音拼写被动接受的英语。在大萧条的动荡时期，在西班牙内战以及纳粹和法西斯主义蔓延期间，我的父亲和其他许多理想主义者一道变成了左翼分子，并且一直保持着政治上的活跃性，直到后来每况愈下的身体状况使他无法承受进一步的压力而不能继续进行政治上的投入。尽管他最终也没有看到《人类的误测》的正式版，但他在有生之年读到了书的校样，并且知道（我意识到这和艾尔·乔尔森唱着柯尔尼德拉 [1]，而他垂死的父亲正在聆听这个场景很相似）他的学者儿子没有忘记自己的根源。每每想到这些，我就高兴得热泪盈眶。有些读者也许会认为，这一段告白是作者过多投入感情的确定信号，它表明我将无法恰如其分地写出这本非虚构类作品。但我可以打赌，要从成千上万的图书中拿起这一本书，激情一定是必需的核心元素，而我们的文化所承认的大部分经典而持久的非虚构作品，也都是以它们的作者的坚定信念为核心的。因此我有理由怀疑，在我们这个圈子里的大多数同事，都会带着自传的激情来讲述类似的故事。我还想补充说明一下，由于我对社会公平的坚定信仰，甚至使我对个人生活和活动的信仰更加富有激情：我是"古老而一直存在的学者群体"（引用哈佛大学校长在我们年度毕业典礼中授予博士学位时所用的精彩古体词句）中的一员。这个传统与人类的良心一起，代表了我们所谓的"人性"中最伟大、最高贵以及最持久的那些特征。因为我更善于做学问，而不是发善心，

---

[1] 犹太人在赎罪日祈祷开始时吟唱的一段祷文。

所以我需要在这个领域投入我对人类的善良和忠诚。如果我不能对真理作出最诚实的评定，对证据作出最正确的判断，也许我最终就会得到和地狱中心的魔鬼口中的加略人犹大、布鲁特斯（罗马政治家）和卡西乌斯（罗马共和国末期的将领）一样的结局。

我写作《人类的误测》，有职业的原因，但很大部分还是源于我的个人爱好。在学术生涯中，最悲哀的狭隘主义——十分沮丧的是与我在上个段落中提到的理想相反——在于心胸狭隘的成员之间随意的无聊诽谤，尤其是这些"狙击手"在自己的地盘听到外人指指点点的时候。如果情况总是如此，就会冲淡学问带给我们的愉悦和狂喜。有些科学家揪住歌德是"诗人"这个事实不放，认为他就不该涉足经验世界研究的领域（歌德在矿物学和植物学上作了有趣而持久的工作；令人高兴的是，心胸宽广的科学家总是能够承受所有"狙击手"的袭击，歌德给许多生物学家都编了号，尤其是他的支持者圣提雷尔）。当爱因斯坦或鲍林流露出心中的人道主义精神而书写和平的时候，其他人就会喋喋不休地抱怨。

对《人类的误测》最常见的狭隘抱怨是这样的：古尔德是一个古生物学者，而不是一个心理学家；他不了解这门学科，他的书肯定是胡说八道。在我对这些废话从两方面进行反驳之前，我想先提醒一下我的同事们，我们应该根据内容的好坏来评定一本书，而不是只看作者的名字和头衔，这一点必须落到实处，而不是仅仅挂在嘴上。

不过我要做的第一个反驳，还是要提到头衔。的确，我不是一个心理学家，我对智力测试的术语选择或当今美国社会所使用的结论知之甚少。因此，我很小心地避免谈论与此相关的话题（如果写这本书必须掌握这些材料的话，那也许这本书到现在也没有写出来）。顺便提一下，我的书经常被描绘甚至褒扬成对智力测试的普遍攻击（让我感到很气愤）。其实，《人类的误测》并非如此，我对智力测试常常抱的是一种不可知的态度（大部分是因为无知）。

如果批评者们怀疑这一点，并且把这席话解读成一种障眼法，那么就请参考一下我对比奈原创的 IQ 测试法所持的态度——强烈而且完全赞同（因为比奈抛弃了遗传学的解释，而只想把测试当成一种识别需要社会帮助的儿童的方式；对于这个高尚的目标，我只能赞扬）。《人类的误测》是对那种由某种智力测试的特殊解释而支撑起来的具体智力理论——一元的、基于遗传的、不可改变的智力理论——的批评。

我为《人类的误测》选择的主题，代表了我的专业知识的核心领域——事实上，我可以说得更直白一点儿（现在回到了我的傲慢状态），我对这个领域的理解比大多数写过智力测试史的职业心理医生要深刻得多，因为他们没有关于这个重要主题的专业知识，但是我有。我是受过训练的进化生物学家，变量是进化生物学的焦点问题。在达尔文的理论里，进化通过把人群中的变量转化成差异而发生（暂时用专业知识来表明这一点）。也就是说（现在更加简单地说），个体间存在差异，变量具有遗传学基础。自然选择就是通过有差别地保留那些对变化的环境具有较好适应性的变量而实现的。以作为漫画形象的长毛象为例，如果它在冰川向西伯利亚移动的时候更容易生存下来，那么长毛象最终就会作为自然选择的对象而进化，它们会一代代地保存下来更多的长毛象。当然，数据上是这样，但也不是绝对的。换句话说，随着时间的推移，群体内部的变化（任何时候都有一些大象比其他的毛要更长些）慢慢转化成群体之间的差异（作为大象后裔的长毛象都生有大量的毛发）。

现在想想这个混合的主题：人群内部基于遗传的变化和人群之间发展的差异——你具有哪一个？这就是《人类的误测》的主题所在。我的书是关于一个假想的群体中基于遗传的智力变量的测量的（IQ 测试的目标是对教室里所有的孩子进行评估，或者像 19 世纪颅骨测量者们一样，测量一个工厂里所有工人的头颅，或是给他们死去的学者同事们的大脑称重）。我的书也是关于群体之间测试差异产生的假定原因的（如白人种族与黑人种族、富有阶层与贫困阶层之间）。如果说我了解什么主题的技术基础，那么我最熟知的就是这方面的材料（许多心理学家都不是这样，因为他们没有受过专业训练，他们不了解类似的知识，比如进化生物学认为基于遗传的变量测量才是其存在的核心）。

我的第二个具体辩驳是，我是在 20 世纪 60 年代中期进入古生物学领域的，这在专业发展史上是一个有趣的时期，此时对生物化石主观的、异质的描述传统，开始让步于更倾向于量化、概括和有理论基础的方法。（顺便说一下，我已经不再受到量化的引诱和迷惑，但我受过相关训练，并且曾经是它的真正信徒之一。）在这场运动中，我们这些年轻的激进分子都在两个领域——数据和电脑——中开发技能，其实对于实践型古生物学家，它们是我们最不熟悉的东西（如果不是非常厌恶的话）。

因此，我接受了在群体之内和群体之间基于遗传变量进行数据分析的培训——再一次回到了《人类的误测》的中心主题（因为现代人是一个可变的物种，与我所研究的所有其他生物体在这个方面没有什么不同）。换句话说，我是用来自于一个合适的领域的必需的、非传统的专业技能来处理人类误测问题的，尽管这些知识经常不足以促进我熟悉一些接近其中心主题的专业知识。

在写作与科学家生活有关的大量论文的过程中，我发现许多反映普遍主题或者具有宏大结构的书籍，往往源自小小的疑问或困惑，而不是来自抽象的或者想洞察自然整体的宏大愿望。因此，17 世纪的地质学家托马斯·伯内特在《圣经》手稿的基础上创建了一个关于地球的普遍理论，因为他想知道诺亚洪水的源头。18 世纪的地质学家詹姆斯·哈顿创立的同样具有综合性的体系，也是由一个最初不起眼的悖论发展而来的：上帝为了让人类发展农业而创造了泥土，而泥土来自于侵蚀的岩石；如果侵蚀的岩石最终破坏了土地并让整个地球都淹没在水下，那么上帝怎么会选择一个让我们最终毁灭的办法来作为创造让我们赖以生存的泥土的方式呢？（哈顿通过推断作出的回答是，有一股内在的力量把山峰从地球深处推出来，并由此提出了侵蚀与修复的周期理论——没有起源遗迹也没有毁灭预期的古老世界。）

《人类的误测》也是从一个让我兴奋和震惊的小的洞见开始的。我们是古生物学者中的年轻激进分子，我们通过学习多变量分析的技巧而把数据和电脑连接起来——也就是对器官组织（也许是某个物种的骨头化石的长度，人类的误测中进行的许多智力测试的表现之一）的诸多测试性能之间的关系的同步数据分析。这些技巧在概念上也不都是那么困难；其中许多技巧已经在20世纪早期得到了部分发展，或者部分被设想出来了。但是要变成实用价值，需要大量的复杂计算，这就只有在计算机技术发展起来之后才变得可能。

我主要是在多变量技术（时下仍然活跃而且明显还很有用）的老祖宗那里接受的训练：因素分析。我把这个程序当成一种抽象的数学理论来学习，并且将因素分析应用到各种化石器官的发展和演化的研究中（例如，我1969年发表的博士论文就是关于百慕大群岛的蜗牛的；我早期的论文中，1967年发表的一篇就是关于铜蜥龙属的发展和形成的，这些奇特生物的后背上有翼帆，因此总是被划分到翼龙族群之中，但实际上它们是哺乳动物而不是恐龙的祖先）。

因素分析能使人发现影响一系列独立测量变量的共同成因。例如，当一种动物成长的时候，它的大部分骨头会变长——因此在明确了某一物种中的动物大小与骨头长度的正相关性后，长度的普遍增加就变成了一个共同因素。这只是一个很简单的例子。在更加复杂、可以进行多种解释的案例中，我们通常会检测对同一个人做的不同智力测试之间的正相关性——也就是说，不论是在通常情况下还是在意外环境中，在一种测试中表现很好的人通常也会在其他测试中表现良好。因素分析会发现一个轴，在数学意义上就是在测试中从连续的变化中找到一个共同的元素。

我花了一年的时间来学习错综复杂的因素分析。那时我非常天真，从来没有想过，我曾经只用在不带政治色彩的化石上的有价值的抽象过程，会出现在社会背景中，并带着明显的政治意图而兜售这一特殊的智力功能理论。有一天，当我正在漫无目的地作消遣性的阅读时，发现了一篇关于智力测试的历史的文章，我意识到斯皮尔曼的 G 因素 [1]—— 一元智能理论的中心论点及其从未有过的唯一辩护（《钟形曲线》基本上就是这一理论的冗长辩护，我已经清楚地阐述过了）——只不过是对智力测试的一种因素分析的第一个主要组成部分。更有甚者，我得知斯皮尔曼发明因素分析方法，主要是为了研究智力测试之间存在的正相关性的潜在基础。我也知道，因素分析的主要成分是数学抽象，而不是经验事实——每一个因素分析的模型问题都可以利用其他的组成部分运用不同的方法表现出来，这取决于在特殊案例中因素分析的具体形式。由于选择什么样的形式很大程度上是由研究者的个人偏好决定的，因此我们不能说它的主要成分中有经验事实存在（除非这个论断可以得到强有力的数据支撑；而且仅有数学的证据还是不够的，因为我们总是可以发现含义完全不同的坐标轴）。

在学者的生涯中，只有少数这样的时刻——恍然大悟，然后口中欢呼"找到啦"。珍贵的抽象法为我的研究增加了力度，但是我没有拿它来分析化石或者追求实现数学理想的快感。斯皮尔曼创造的因素分析，推动我们对智力测试进行某种新的解释——其带有的生物决定论含义祸害了我们这个世纪。（我对因果关系的秩序非常有信心，因为斯皮尔曼在发明因素分析以前，多年来一直用其他的非多变量技术来捍卫一元智能理论。因此我们知道，他发展因素分析是为了支撑一元智能理论，但是这个理论并没有在受到因素分析刺激而产生的第一批思想成果中出现。）一种难以言说的令人着迷的颤抖和一丝气恼击中了我的脊背，就好像先于我而存在的多数科学理想都已经坍塌了似的（最终被一种更加仁慈、更加理性的观点

[1]斯皮尔曼1904年提出智力结构的"二因素说"，即G因素（一般因素）和S因素（特殊因素）。

所替代）。与我的信仰和价值观完全相反，因素分析是为了社会功用而被创造出来的。

我觉得被人冒犯了，尽管直到 10 多年后这本书才写出来，但它始终都是从这个洞见和这种被侵犯的感觉中产生的。我觉得自己不得不写作《人类的误测》。因为我偏爱的研究手段是为了产生不同的社会功用而出现的。此外，另一个讽刺的事实是，当有害的遗传学 IQ 版本在欧洲还没有兴起，尽管比奈出于慈善的目的而发明了测试，而在我自己的国家，因为平等主义传统而享有盛名的美国，却率先发展了起来。真心地说，我不是一个爱国者。我必须写书予以修正，并请求得到理解。

2. 历史与修正

我在 1981 年出版了《人类的误测》，从此这本书就有了积极而引人入胜的历史。《人类的误测》获得了非虚构类国家图书奖，我感到很骄傲，因为这个奖项是专业的荣誉，由评论界人士颁发。他们总是遵从一个有趣的模式——对严肃的大众出版社表现出一致的热情，而对心理学和社会科学类技术刊物却表现出可以预见的多样性。在遗传学方面传统中是由智力测试的领军专家撰写主要的评论，而你很容易正确地猜中他们的口味。例如，阿瑟·詹森不喜欢这本书。但是其他大多数心理学专家发表了褒扬性的评论，常常不吝溢美之词。

1983 年秋天，我的一位消化不良的同事贝纳德·戴维斯，在极端保守的杂志《公众利益》上发表了一篇对我和我的书进行荒谬攻击的文章，题为"新李森科[1]主义、IQ 和出版"。当然，我的最低谷到来了。他的论文内容可以很容易地概括为：古尔德的书在大众出版社得到了不错的评论，但是所有的学者都会毫不留情地给予他严厉的批评。因此，这本书是带有政治动机的废话，古尔德本人也不比他做的好事好多少，包括书中不时被打断的平衡和所有创新性

---

[1] 苏联生物学家、农学家。

的思想。

　　有意思。我坚定地认为，对不公正的消极评论应该不予回应，因为没有什么比沉默更能让一个攻击者失去方向了。但是事情有点过头了，因此我开始在朋友间游说。伟大的学者和人类学家诺姆·乔姆斯基和塞尔瓦多·鲁里亚基本上也说了同样的话：不要回应，除非你的攻击者有明显的错误论断，因为如果不回应，这个错误论断也许会发展成"它自己的生命"。我觉得戴维斯的诽谤已经落入这个范畴了，因此我在同一份刊物1984年春季的那一期上作出了回应（是我在那种杂志上发表过的唯一的文章）。

　　正如我有资料可以证明和解释的那样，戴维斯先生只读了少数的评论，可能是他喜欢的出版物，或者是与他有共同政治观点的同事发给他的刊物。而由于我的出版商良好的剪辑服务，我得以拥有所有的评论。我选出了所有心理学专家所写的24篇评论，其中有14篇是肯定的，有3篇态度是模糊的，还有7篇是否定的——几乎所有都是遗传学智力测试学家的评论——我们还能期待什么其他的吗？让我特别高兴的是，西里尔·伯特的老刊物《英国数学与数据心理学》写下了最为肯定的理由："古尔德揭示出社会科学领域的论辩最重要的逻辑基础，作出了有价值的贡献，这一领域的学生和从业者应该阅读这本书。"

　　这本书自出版之日起一直在热卖，现在销量已经超过了25万册，被翻译成了10种语言。我一直特别感激那些热情的、带有挑衅意味的来信（至少被部分怀有仇恨的来信给逗乐了，包括来自新纳粹和反犹太者的一些恐吓）。在回顾过去时，令我特别高兴的是，自己在写这本书时并没有考虑它出版后可能带来的辉煌成就（正如一个紧迫的议题往往使用更加轻松的风格更能实现目的），但恰恰是这样给本书带来了持久的力量（使用原始语言和原始资料对论证基础进行分析和观照）。

　　《人类的误测》读起来并不容易，但这本书本来就是我为所有对这个问题感兴趣的严肃人士而写的。写作时我主要遵循两个原则：第一，不在普遍共识上废话。（正是我所害怕的，我已经在导论上说过了——毫无疑问，这是我中年的罪过！）关注那些细微但让人着迷的细节可以激发人们的兴趣，并且可以将共识性的东西解释得比明显带有倾向性的观点更加清楚。这种策略不仅可以为读者提供一本更好的书，而且也可以让我对写作变得更有兴趣。我要阅读所有的原始资料，翻检布洛卡的数据，找出漏洞和无意识的偏见，重构耶基斯对新兵的测试，为填满铅粒的颅骨称重，这些都让我觉得特别有趣。这要比简单地依赖二手资料，并从其他评论者那里抄来一些传统的想法更有收获。

第二，通过消除行话术语来简化写作，当然也不能在概念中掺假；不搞折中，不搞通俗化。在严肃学问中，大众化是人文传统的一部分，但它不是为了消遣或者利益而进行的通俗化过程。因此，我没有逃避困难，包括其中的数学材料。由于我已经压抑了15年，所以请允许我狠狠地吹一次牛，让我对此书说些让自己高兴的话。

在20世纪智力测试的历史上有两个主要阵地：按IQ测试本来的样子测量和划分智力年龄以及照因素分析所显示的样子来分析智力测试间的相互关系。两种流行的做法都有效解释了IQ线程的细节，并且实际上都忽视了因素分析本身。之所以遵循这个策略，是因为这个明显的可理解的原因：IQ的故事很容易解释并被理解；对大多数人来说，理解因素分析和多变量思维非常困难，因此，如果没有相当的数学知识，是很难向他们表达清楚的。

而传统的工作是不能充分表现一元遗传智力理论的——因为这个概念非常关键的一点就是要依赖于IQ线程和因素分析两个方面。我们必须理解的是，为什么有人曾经认为通过智力值的单一划分——IQ线程——就可以给人类排序，而他们还没有被批评。不过，在我们了解断言的基础之前，即智力可以被作为单一整体来解释（然后就可以用一个单一的像IQ这样的数字来测量），我们还是不能掌握或解释一元智力理论。其基本原理来自于因素分析和斯皮尔曼的普通智力理论所假定的事实——智力是头脑中单一的实体。但因素分析本身经常被忽视，因此所有真正的可以理解的可能性都被排除在外了。

　　我决心正面对待因素分析，并且竭尽全力用一种普通读者都能接受的方法来提炼材料。但我一直在失败，因为我不能把数学都转换成容易理解的散文。在一个发生顿悟的时刻，我终于意识到，可以使用瑟斯通测试中交替出现的几何图像，并把坐标作为从一个共同点辐射出的矢量，而不使用常见的代数公式。这个方法帮我解决了难题，因为大多数人对图像的掌握都比数字好。作为结论的第七章一点儿也不简单。它绝对不会获得公众的高声喝彩，但我从没有因为给大众读者写下的任何东西而感到如此自豪。我想我已经找到了展示而不是应对因素分析的关键，它是 20 世纪最重要也是最难以理解的科学命题之一。这些年来，我收到了许多专业统计学家主动提供的意见，但唯独这次最让我高兴，因为他们感谢我写出了这一章，并且肯定了我对因素分析的成功表达，认为我做得如此精确、如此浅显易懂。虽然我还没有完全准备好，但最终我还是会平静地一边唱着我的西缅之颂[1]一边离开。

　　关于因素分析和西里尔·伯特，我还要补充最后一点，也是比较次要的观点：我写的因素分析那一章的标题是"西里尔·伯特的真正错误：因素分析和智力的具化"。伯特曾因为明显捏造数据而受到指责，那个研究是在他漫长的职业生涯行将结束时所做的，主要是关于早年被分开然后在不同社会环境中被抚养长大的同卵双胞胎的。我想，不可避免的是，有些新近的评论家试图恢复伯特的名誉，并对那些指责报以怀疑态度。我认为，这些尝试不仅无用，并且注定会失败，因为对我来说，伯特的欺骗事实几乎是确定的，而且具有压倒性的真实性。但我想强调的是，我认为这件事是不幸的、掩人耳目而又无关紧要的——这一章的题目只想说明这个观点，尽管也许用了一个模糊的双关语。作为一个可怜的老人（最终我对他感到非常同情，不是因为他的败露而幸灾乐祸，而是理解了他之所以这么做，是因为他的个人痛苦和可能罹患的精神疾病），无论伯特做了什么或者没做什么，他这件晚期作品在智力测试的历史上都没

---

[1] 西缅之颂, the prayer of Simeon（《创世纪》 2：第 29 章第 32 节）。

有产生什么持久的影响。倒是伯特早期深刻而诚实的错误，给他的专业带来了惊人的影响，因为伯特是后斯皮尔曼时代最重要的因素分析学者（他继承了斯皮尔曼的学术衣钵）。因素分析的错误关键就在具化，或者说是把抽象转化为假定的真正实体的做法。遗传学模式下的因素分析，而不是后来对双胞胎的研究，显示出伯特的"真正"错误——因为"具化"一词来自于拉丁文，意即真正的东西。

自从此书在 1981 年第一次出版以来，其中活跃的大多数主题都不可避免地发生了改变，这些改变有的对我有益，有的对我无益。但我选择把主要部分都原封不动地保留下来，因为对一元、可区分、可继承并且多数不会改变的理智的争论，从来都没有发生过太多改变，因而对它的批评也是同样稳定而具有毁灭性的。就像我前面已经强调过的一样，我删去了 1981 年版的一些话题参考，改动了一些小的打印错误，插入了可以与 1981 年的我对话的一些脚注。除此之外，你在这个修订版里阅读到的都是原版的内容。

如果把原版比作一块肉，那么这个修订版的主要创新之处就在于它旁边的两片面包——卷首这个序言性的陈述和文末结论部分的论文。我在结尾这片面包里分两组放进了五篇论文。第一组有两篇论文，再现了我对《钟形曲线》所作的截然不同的评论。第一篇发表在 1994 年 11 月 28 日的《纽约客》杂志上，这一篇让我感到格外高兴，因为莫雷先生对这篇文章怒不可遏，而另外许多人则觉得我提供了一篇全面而公允的评论。文中我分别批评了《钟形曲线》由四部分组成的一般论证中存在的不合逻辑之处和书中实证性观点的不足（大都通过指出作者如何在附录中隐藏与结论相反的数据，同时又在书中主要部分突出潜在的支撑数据而表现出来）。我感到非常高兴，因为这个评论是在通读全书并对书中内容进行批评后产生的第一篇重要评论。（其他人都是站在《钟形曲线》的政治立场上写出的令人信服的评论，但却撇开了文本，凸显出他们无力理解书中数学运算的窘境！）第二篇文章表现出我做的其他努力，主要通过思考《钟形曲线》的谬误以及和生物决定论历史一致的其他论据，而为其提供一个更加哲学化的背景。这篇文章发表在1995年2月份的《自然历史》上，重复了《人类的误测》中关于比奈和IQ测试源头的一些材料——但我保留了这种多余性，因为我认为在不同的语境中引用比奈，也许会给读者带来一些新的乐趣。文章的第一部分是关于现代科学种族主义鼻祖戈比诺的，其中展现了我本来准备放进《人类的误测》中而最终放弃了的材料。

第二组包括三篇基于历史的论文，分别是关于17、18、19世纪的关键人物的。我们首先会遇到托马斯·布朗恩先生，以及他对17世纪流行的"犹太人很臭"这个谣言的反驳。不过我觉得，布朗恩的论证的价值，主要在于他采用了强有力的形式来反对生物决定论。这篇文章在结束时作出了一个令人震惊的修正性结论，即关于人类起源的现代基因和进化论数据必须强加于我们对种族的理解和它自身的意义之上。

第二篇文章分析了现代种族划分的宣言式文件，即由18世纪晚期德国和蔼的自由主义人类学家布鲁门巴赫发明的五重系统。这篇文章主要是为了说明，理论和无意识的推测是怎样一直影响我们对大概客观的数据的分析和组织的。布鲁门巴赫的意图是好的，但最终却用几何和美学确认了种族遗传的正确性，虽然他没有明显的恶意。如果你曾经思考过，为什么为了纪念俄国的一个小地区而把白人叫作高加索人，那么你会在这篇论文和布鲁门巴赫的定义中找到答案。最后一篇文章总结了达尔文关于种族差异的时而传统、时而大胆的观点，最后我恳请读者用历史人物所处的时代背景，而不是错误地按我们的时代背景来理解这些历史人物。

因为不想用陈词滥调作为结论，所以我选用了此前没有结集出版的文章作为结尾。在这五篇文章中，只有最后一篇曾经出现在我的选集中——最后一篇关于达尔文的文章摘自《八只小猪》。因为我不忍抹去心中的英雄，并且用达尔文的精彩言论来结尾，可以让文章产生一种对称感，因为同样的言论也出现在开头的序言中，并且作为此书的核心题铭。此外另一篇文章——《纽约客》上对《钟形曲线》的评论——已经在回应莫雷和赫恩斯坦的文集中发表，并被重印。其他的文章都从未被收入文集，既然我故意把它们挑出来，它们也就不会出现在我的下一部文集《干草垛上的恐龙》里了。

　　生物决定论这个主题有一个漫长、复杂而颇有争议的历史。我们很容易因为陷入这些抽象理论争论中的细枝末节而感到困惑。但是我们不能忘记，人类生命的意义正是因为有这些错误的争论而逐渐缩水——而首先，就是出于这个原因，我们也必须具有毫不动摇地揭露这些被误用于不同社会目的的科学谬误的决心。因此，请允许我用《人类的误测》中的段落作为结语："我们的生命仅有一次。没有什么悲剧比生命的枯萎更加令人沉痛，没有任何不公比失去抗争的机会和希望更让人绝望，而这一切本来源自外部强加的禁锢，却被误认为来自内部的遗传。"

第一章

导 引

苏格拉底认为，共和国的公民应该是受过教育的，且可按功绩分为三类：统治者、协助者和技术人员。在一个稳定的社会里，这三个阶层必须受到尊敬，而且它的公民能够欣然接受自己的身份。但是，怎样才能保持这种微妙的平衡呢？这又是一个苏格拉底式的迷思，他本人也未能给出一个合理的答案。苏格拉底曾经略带窘迫地对格劳孔（柏拉图的堂弟）说：

> "我必须坦白地告诉你，我真不知道该怎样面对你，或者说该用什么词语表达如此鲁莽的假设……他们（公民们）将被告知，他们的青春只是一个梦，他们从我们这里受到的教育和训练，都只是一些表象；事实上，他们只是在这段时间里被放进地球这个摇篮里进行培育与塑造……"

> 格劳孔惊叫道："你有充分的理由为你即将要撒的这个谎感到羞愧。""确实如此，"苏格拉底回答，"不过，我才说了一半，还有更多要告诉你的呢。"

> "公民们，我们应该在故事里这样对他们说：你们本是兄弟，但是，上帝把你们创造得各不相同。你们中某些人具有发号施令的权力，因为上帝在这些作品中融进了金子，他们享有最崇高的荣誉；其他一部分是用银子做的，他们成了协助者；另外的农夫和技术人员，是上帝用铜和铁制成的；并且，这种分类会传给他们的子女……一位圣人说过，如果由一个用铜和铁制成的人保卫这个国家，国家会被毁掉。这就是那个故事。有可能让我们的公民相信它吗？"

格劳孔回答："现在这一代不会相信，也不可能实现；但是，也许可以使他们的子孙，还有他们子孙的子孙，他们子子孙孙的后代，相信这个故事。"

格劳孔曾经预言：不同的版本，同样的故事，自从被说出之日起，即被信奉至今。为天赋特权人群所作的辩护，在西方已经随着历史潮流的演进而发生了改变。柏拉图相信辩证法，而教会遵从教条。在过去的两个世纪里，科学已经成了验证柏拉图的故事的主要代理人。

这本书就是关于柏拉图的故事的科学版本，其论述的主要题目也许可以叫作生物决定论。它支持这样一种观点：由遗传等先天因素区别开来的不同人群、阶级、性别内部，表现出相似的个人行为、社会规范和经济行为。在这个意义上，生物决定论是对生物学的一种精确反映。这本书将从历史的角度讨论生物进化论中的一个主要论题：个人和群体的价值可以通过测量智力的单一数量而划定。一直支撑这个论题的数据资源有两个——颅骨测量法（即对头盖骨的测量）和可靠的心理测试。

金属[1]让位于基因（尽管我们保留了柏拉图故事的语源学残余——他认为人的价值就在于他们的勇气）。但是，基本的结论一直没变：社会和经济的作用准确地反映了人类的先天结构。知识分子战略的某些方面已经发生了改变。苏格拉底知道自己是在撒谎。

决定论者常常借助于作为客观知识的科学的传统威望，从而免于被社会和政治所污染。他们把自己刻画成严肃真相的传播者，而把对手描绘成感伤主义者、空想家和痴心妄想的人。为了证明黑人是一个另类的人种，路易斯·阿加西斯（Louis Agassiz，1850，p.111）在书中写道："自然主义者有权利把人们之间的身体联系仅仅当成一个科学问题，因此在考察它时完全不用参考政治或者宗教的看法。"卡尔·C. 布里格姆（C.C.Brigham，1923）在为被驱逐的欧洲东部、南部移民（他们在先天智力模拟测试中成绩糟糕）争辩时

---

[1]金属用的是"metal"一词，与柏拉图的勇气"mettle"音、形都近似。

指出："应该采取措施以保持或者提高我们现有的智力水平，这是科学的必然要求，而不是政治的权宜之计。"还有西里尔·伯特（Cyril Burt），为了抗议某些人对 IQ 基因理论基础的怀疑，不惜援引虚构的康威女士的虚假资料，"它们的出现是建立在社会理想或者评论家个人偏好基础之上的，而不能以任何第一手材料来进行支持和证明。（Conway，1959，p.15）"

由于生物决定论对执政者来说具有如此明显的功用，如果有人怀疑它可能会在政治环境中出现，那也是情有可原的，尽管否认此观点的人同样引证的是上文。毕竟，如果现状是自然状态的延伸，那么任何可能出现的重要改变，都定然会造成个人心理或者社会经济上的巨大损失，一大批人将会因此进入非自然的安排。瑞典社会学家贡纳尔·默达尔在其划时代的巨作《美国的困境》（*An American Dilemma*，1944）中，论证了生物学和医学对人类本性的推进作用："与世界其他国家一样，它们在美国带着保守的甚至反动的意识形态被联接在一起。在它们长期的霸权统治下，事情呈现出毫无疑问的生物学因果关系的趋势，只有在被不可辩驳的证据包围的情况下，才会被迫接受社会的解释。反映到政治层面上，这一趋势倾向于赞同一种无为政策。"或者，正如孔多塞[1]很早以前更加简洁的表达："他们把自然变成了其政治歧视罪行中的同谋。"

这本书试图指出生物决定论者在科学上的缺陷，并厘清其与政治环境的关系。尽管如此，我并不打算把那些用开放思想来处理资料并因此看到事实真相的开明的反决定论者，与那些偏离客观科学轨道的讨厌的决定论者相提并论。我要批判的是这个谬见——科学本身是一个客观的事业，只有当科学家们挣脱文化观念的束缚，才能看清楚世界本来的面目，才能恰如其分地实现科学的目标。

在科学界，几乎没有一个神志清醒的思想家愿意掺和进双方的论战之中。科学家们不需要为了反映其生活中的方方面面，而变成

---

[1] 又译康多塞，18世纪法国最后一位哲学家，同时也是一位数学家，启蒙运动最杰出的代表人物之一。政治上属于吉伦特派，有法国大革命"擎炬人"之誉。雅各宾派当政后被杀害。

他们所在的阶级或文化的坦率辩护者。我并不是说所有的生物决定论者都是坏的科学家，更不是说他们永远都是错的，我只是相信，科学不是单纯收集数据的机械程序，相反，它必须被理解成一种社会现象，一项需要勇气才能完成的人类事业。我提出自己的观点，也是为了提升科学的品格，而不是为了给供奉在人类能力极限祭坛上的科学的高尚希望写下沮丧的墓志铭。

科学研究是一种社会嵌入式活动，因为必须有人的参与。它经由预感、直觉、想象力而不断前进。绝大多数情况下，时间的改变并不能表明它更接近于绝对真理，相反，文化环境的变更往往会对它产生巨大的影响。真理不是纯净无瑕的零碎信息，文化也会影响我们所看到的真相，以及我们看待真相的角度。此外，理论也不是对事实的无情归纳。最有创造性的理论往往都是强加在事实上的想象图景，而想象的来源同样具有强烈的文化意识。

尽管这个结论仍然可能是对许多实践型科学家的诅咒，但我相信它几乎会被每一位科学史家所接受。然而，在论证的过程中，我不会把自己与当下某些历史圈内的过度延伸联系起来：纯粹的相对论要求科学的改变仅仅体现在社会环境的修正上，真相是文化假设之外毫无意义的概念，因此科学不能提供任何经久不变的答案。作为一个实践型科学家，我信守着和同事们一样的信条：事实不仅是存在的，而且能被科学所掌握，尽管这种掌握通常都是以一种迟钝而古怪的方式进行的。伽利略并没有因为月球运动的抽象争论而被置于教会的刑具之下。但他的日心说威胁到了教会赖以维持社会和教义稳定的传统理由：这是个静止的世界，星球有秩序地围绕着地球中心旋转，教士服从教皇，农奴服从他们的主人。而教会也很快就用伽利略的宇宙理论创建了新的秩序，因为他们没有选择，地球的确是围绕太阳旋转的。

事实上很多学科的历史都是由于以下两个主要原因而从实际的束缚中挣脱出来的：第一，有些话题看似具有重大社会影响，却极少包含可信信息。在能够影响社会的数据的比例如此之低的时候，科学的观念史也许仅仅只是晦暗的社会变迁史。例如，种族科学的历史就可以被视为一面反映社会运动的镜子（Provine，1973）。在普遍相信平等和种族主义肆意蔓延的不同时代，通过这面镜子就可以分别折射出它们的好坏来。美国过时的优生学的丧钟之所以被敲得更加响亮，不是因为进步的基因科学，而是由于一时备受希特勒青睐的人种净化论。

第二，许多问题都被科学家们以非常局限的方式进行论证，以至于任何合理的答案都只能解释其中一种社会倾向。比如，许多争论的焦点都集中在不同种族所具有的不同脑力价值上，但其争论的逻辑起点都建立在智力是大脑内部某种物质这样一个假想之上。除非这个假想的概念能被清除出去，否则没有任何资料能够打破顽固的西方传统，进而把相关项目楔入存在的发展链条之中。

科学不可能逃出自身的逻辑怪圈。但是，它仍然可以把自身植入周围的文化，并成为质问甚至颠覆孕育它的假设的强有力的代理人。科学可以通过提供有用信息而降低服务于社会价值的数据的比重。科学家们可以通过努力识别其专业中的文化假设，以探讨如何才能在不同的文化主张下得出正确的答案。科学家们能够提出创造性的理论，并迫使吃惊的同行们面对无可争议的程序。科学作为辨认文化束缚的一种工具，还是很有潜力的。当然，只有在放弃了"科学是客观真理"和"科学必然迈向真理"这两个假想，这种潜力才能被完全释放出来。诚然，一个人在正确解释普遍存在于他人眼中的瑕疵之前，必须首先找到自己眼中的光束。一旦找到，这束光就可能成为催化剂而不是障碍。

贡纳尔·默达尔（Gunnar Myrdal，1944）抓住了这个辩证法的两个方面，他写道：

> 在过去50年里，少数社会学家和生物学家迫使那些具有远见卓识的人们逐渐抛弃了一些越来越明显的生物学谬见。但可以肯定的是，仍然存在许多其他尚未被人们察觉的类似错误，因为西方文化的迷雾始终笼罩着我们。我们在文

化的影响下形成了对心灵、身体以及我们诞生于其中的这个宇宙的假想，产生了我们提出的这些问题，改变了我们探索的真相，决定了我们对这些真相作出的解释，并且诱导了我们对这些真相和结论作出的反应。

对一个人和一本书来说，生物决定论这个主题太大了，因为它几乎涉及从现代科学开端以来生物学与社会交互作用的所有层面。因此，我把目光限定在生物决定论大厦中一个中心的、容易控制的论证上。这个论证建立在对两个深刻谬见进行批驳的基础上，它在两个历史章节里出现，并以同一种模式向前推进。

论证始于其中一个谬见——把观念与现象混为一谈，或者说是把抽象概念变成实体的倾向。我们认识到智力在生活中的重要性，并希望能把这种重要性表现出来，于是，我们便在某种程度上把智力差别当成了划分、区别不同文化、政治体系中不同人群的标准。因此，我们就用"智力"这个词来指涉这种极其复杂多变的人类能力。这个速记式符号就这样被实体化了，而智力也因此获得了一种可疑的独立身份。

智力一旦变成实体，科学的标准程序实际上就为它指定了一个具体位置，确定了可供探求的物理基质。既然大脑是智力的"座位"，那么智力就必须"居住"在那里。

现在，我们遭遇到第二个谬见——等级，即把复杂的变化按照递升规律依次排列的倾向。进步论或者渐进论的隐喻，在西方思想史上是最为普遍的——读读拉夫乔伊（Lovejoy）关于伟大的生命链条的经典著作（1936）或者伯利（Bury）著名的进步理论（1920）就知道了。他们对社会的"贡献"，我们可以从下文中布克·T.华盛顿（Booker T. Washington, 1904, p.245）给美裔黑人的几个建议中窥见端倪：

就我的种族而言，它的危险之一就是容易变得浮躁，并且以为凭借虚浮的、肤浅的努力就可以取得进步，而不是经过较慢但更加扎实的过程稳步前进。这意味着我们必须一步一个脚印地促进工业、智力、道德和社会向前发展，这是所有种族都必须经历的过程，也只有这样，一个种族才能真正变得独立、强大起来。

但在这个单独序列中，等级排列需要一定的准则，只有这样才能给所有人指定一个合适的身份和地位。有什么准则比一个客观数字更有利呢？因此，能够体现两种思维谬误的共同形式就是量化，即通过测量把每个人的智力用一个数字表现出来。* 从这个意义上说，这本书是关于智力实体的抽象概念的，比如，它在大脑里的位置，以及量化成一个个具体数字的过程。另外，那些对人的价值进行等级排序的数字，总是能够证明那些受压迫的弱势群体——种族、阶级或者性别——的劣等性是与生俱来的，并理应接受现有的地位和身份。简而言之，这本书是关于人的错误测量的。**

有关等级的纷争，使过去的两个世纪独具特色。19 世纪，颅骨测量法是支持生物决定论的主导性数字科学。第二章我将论述费城内科医生塞缪尔·乔治·莫顿（Samuel George Morton）的头盖骨收藏品，它们是达尔文出现之前通过脑容量来排列种族等级时使用最广泛的数据来源。第三章里我将指出，欧洲 19 世纪晚期兴盛的颅骨测量法被看作是保罗·布洛卡（Paul Broca）学派一门严格且受人尊敬的学科。第四章强调量化方法的影响，这种影响几乎可以与 19 世纪受生物决定论支持的人体解剖学相提并论。这里研究了两个案例以说明：当时是以重演学说作为进化论的主要标准来单线排列人类等级的，并且试图把犯罪行为解释为生物学上的一种返祖现象，具体表现在像猴子一样的杀人犯和其他歹徒身上。

---

* 彼得·梅达沃（Peter Medawar, 1977, p.13）给出了几个有趣的例子以表明 "我们野心中的错觉，也就是用一个孤立的数字代表复量" ——例如，人口统计学家尝试用 "生殖能力" 这个孤立的指标探寻人口趋势的成因；土壤学家试图把土壤的 "质量" 抽象成一个单一数字。

** 上述所勾勒的仅仅是对决定论部分论据的责难，我不会探讨颅骨测量法的所有理论。（比如，我排除了颅相学，因为它没有把智力具体化为一个单一实体，而是着力寻找大脑的多重器官构造。）同样，我也把决定论中许多重要的量化模式排除在外，因为它们不像优生学的大部分理论那样，把测试出来的智商看作大脑的性能。

颅骨测量法对 19 世纪意味着什么，智商测试对 20 世纪也就意味着什么。智商（至少是它的主要部分）被假定为一个单一的、先天的、可遗传的并且能够被测量的东西。我将在第五章指出，遗传理论之 IQ 测量版是美国的产物，并具体讨论这个无效方法中的两个要素。第六章要分析的是，智商通过因素分析这一数学方法被具体化为单一实体的证据。因素分析是一门困难的数学学科，在为非专业人士提供的资料中总是被无情剔掉。但是我相信，它是可以用形象的、非数学的方法来解释和理解的。第六章的材料仍旧"不好阅读"，但我不能遗漏，因为如果没有对因素分析的把握，不仅无法理解智商测试的历史，也无法全面理解它深层的概念谬误。如果撇开这个被习惯性遗漏的学科，伟大的 IQ 争论将毫无意义。

我试着以一种非传统的方式去对待这些学科，一种既不由科学家也不由历史学家单独操作的超出传统范围的一种方法。历史学家们很少把数量性细节放到原始数据库中进行考察，就像我不能自如地撰写有关社会环境的、传记性的或者一般的思想文化史一样。科学家们热衷于分析同时代人的数据，而极少对历史有浓厚的兴趣，更不用说把这种方法用于分析他们的前辈。因此，许多学者都写了有关布洛卡的影响的论文，但是无人尝试重新统计它们的总和。

有两个原因促使我在另辟蹊径的冲动的指引下用更富有成效的方法进行超出我能力范围的研究——重新分析颅骨测量法和智力测试中的经典数据组。首先，我相信撒旦与上帝共存于细节之中。如果文化对科学的影响能从一个想象的目标单调的细枝末节中被发现，从几乎无意识的量化中被发现，那么生物决定论就不过是科学家们用看似完美的特殊方法反射出的一种社会偏见。

促使我分析量化资料的第二个原因，源于我对数字的特殊爱好。科学的一个奥秘是，数字是客观性的终极试纸。毫无疑问，我们可以在无须考虑社会偏好的前提下衡量一个大脑的价值，或者评价一次智力测验。如果是经过严格的、标准化的程序进行的排序，那么排名不理想的数字肯定是能反映事实的，即使它们从一开始就已经预示我们应该相信什么。反决定论者早已清楚数字的特殊威望，以及反驳它们的特殊困难。布洛卡信徒中的害群之马、非决定论者莱昂斯·马努维利尔（Leonce Manouvrier，1903，p.406）本是一位优秀的统计学家，他记述了布洛卡关于女人脑子更小的研究资料：

> 女人能表现出天赋和学识，她们也擅长行使哲学的权力。但是她们遭到了孔多塞或者约翰·斯图尔特·米尔（John Stuart Mill）所不知道的数字的否定。那些数字像一把把大锤砸向可怜的女人们，而且伴随着闲言碎语和冷嘲热讽，比那些最厌恶女人的教父的诅咒更加残忍可怕。神学研究者曾经质疑女人是否有灵魂。几个世纪后，居然还有一些科学家拒绝承认她们具有人类的智力。

正如我相信自己已经阐明的那样，如果定量数据像科学的其他方面一样受到文化的束缚，那么它们对于最终的事实也不会有什么特殊的贡献。

在分析这些经典数据的过程中，我似乎一直被置于一种先天的偏见中，因为我发现，科学家们要么从充分的数据引向无效的结论，要么刻意歪曲收集到的数据本身。有几个案例可以说明这一点，有文件证明西里尔·伯特使用了伪造的同卵双胞胎的智力数据，同时我发现戈达德用修改过的照片暗示卡里卡克家族[1]的智力阻滞。可以说，这种有意识的欺骗正是向社会偏见妥协的结果。但是从历史的观点来看，除了作为谈资，这种欺骗并不有趣，因为"罪犯"们知道自己在做些什么，这种从无意识偏见中显现出来的敏感所包含的不可避免的文化束缚，并没有被阐释清楚。在这本书里讨论的大多数案例中，我们可以相当肯定的是，偏见的影响是潜移默化的——尽管它经常表现为异乎寻常的有意识的欺骗——而科学家们相信自己正在追求纯粹的真理。

按照今天的标准来看，这里列举的很多案例都是奇怪的，甚

---

[1] The Kallikaks，被普遍认为是较为低劣的家庭、团体或个人。

至是可笑的。所以我想强调的是，我并非有意中伤那些边缘人物。（当然，第三章中出现的比恩先生［Mr. Bean］可能是个例外，所以我用他作为开场白说明一个简单的观点；还有第二章中出现的卡特怀特先生［Mr. Cartwright］也不包括在内，他的陈述太宝贵了，以至于我无法将他排除在外。）优生学家 W.D. 麦金博士（W.D. Mckim，1900）曾在一本厚厚的手册里说了一些恶意中伤的话，他说所有夜间入室行窃者都应该和二氧化碳一起，被遣送到一个在 19 世纪末环游美国的英国教授那里；教授主动提议说，如果每个爱尔兰人都能杀掉一个黑人，然后上吊自杀，也许我们能够解决面临的种族问题。*恶意中伤也只是闲话，不是历史；它们稍纵即逝，产生不了什么影响，但不管怎样，都是引人发笑的。我关注的主要是那个时代最重要的、最有影响力的科学家，分析的是他们最重要的著作。

我非常喜欢自己在多数个案研究中扮演的侦探角色，这本书就是这样形成的。在已经出版的书信集中，我重新计算用以支持期望数值的数据，发现符合作者要求的数据是如何根据预定结论从偏见中过滤出来的，甚至把军队对文盲的心理测试用到自己的学生身上得出有趣的结论。我始终相信，不管这些研究者们多么热衷于细节，都不能掩盖住最基本的信息：决定论者支持对人进行等级排序的主要依据是单一的智力测试，不管数字上如何复杂，记录的都仅仅是社会偏见——通过这样的分析，我们了解到科学本质中某些充满希望的东西。

如果这个主题只是一个学者抽象的关注，那么我会以更加慎重的态度去接近它。但是，很少有生物科学能比它更能对成千上万的生命产生更加直接的影响。从本质上来说，生物决定论是一种关于界限的理论，它认为种群当前的状况就是一种度量——他们应该在

---

* 同样因为太珍贵而不能删掉的，这也是我喜欢的生物决定论的现代调用，把这句话作为可疑行为的一个借口。自诩为棒球哲学家的比尔·李，曾为打中击球者头部的棒球作辩护（《纽约时报》，1976 年 7 月 24 日）："我在大学时期读过一本叫作《领地法则》的书。一个人想要保护其主人房子的意愿，总是比保护这条街上任何其他东西的意愿都要强烈，我的领地就在脚下，并必须时刻保证远离击球者。如果他们进入我的领地并抢到了球，那么我就不得不靠近他们。"

哪里以及必须在哪里（即使允许某些罕有群体因为生物学测量的幸运结果而地位升级）。

对于当下复苏的生物决定论，我没什么可说的，因为有关它的个性化论断存在的时间太短暂了，以至于对它们的辩驳应该归入杂志文章或者报纸故事之列。谁还记得以下这些曾经出现在 10 年前的热门话题呢？肖克利（Shockley）建议给予低智商的自愿绝育者以补偿，伟大的 XYY 辩论以及根据暴徒不健全的神经系统来解释城市暴动的理论等。这些话题会是更有价值也更有意思的原始资料，它们有助于检验那些依旧挥之不去的种种争论。至少，它们向世人展示了一些伟大的、具有启发性的错误。而启发我写这本书的原因是生物决定论的重新流行，而且总是在政治变革时期大行其道。在巡回鸡尾酒会上，也常常充斥着先天攻击性、性别角色和裸猿等有一定深度的词汇。毕竟，成千上万的人一直都在怀疑，他们对别人的歧视是不是正好就是科学事实。然而，使我们再度关注的原因，恰恰是他们自身潜存的偏见，而不是什么新鲜的数据。

我们的生命仅有一次。没有任何悲剧比生命的枯萎更加令人沉痛，没有什么不公比失去抗争的机会和希望更让人绝望，而这一切本来源自外部强加的禁锢，却被误认为来自内部的遗传。西塞罗讲过一个和佐皮洛司有关的故事：佐皮洛司声称，他从苏格拉底的面相就可以看出明显的先天性罪恶。苏格拉底的门徒否认了这个断言，但苏格拉底本人却为佐皮洛司辩护，他说自己的确有那些恶习，只是通过理性的锻炼消除了它们的影响。我们居住在一个存在差异和偏好的人类世界中，而这些严格意义上的理论和推断却带有意识形态的性质。

乔治·艾略特曾在她的一部悲剧里故意把生物标记强加于弱势群体成员身上，并十分欣赏这出特别的悲剧。她像表达自己一样表达了一个群体——天赋非凡的女人。我会更加广泛地应用这个例子——不仅为那些梦想受到嘲笑的人，更为那些从未意识到自己也能有梦想的人。乔治·艾略特在她的散文（摘自《米德尔马契》的序言）中说得更好：

> 有人认为，这些生命走上歧途，是女人的天性使然，因为上帝本来没有赋予她们合乎需要的明确观念。假定女人无一例外都只有计算个位数的能力，她们的社会命运自然可以凭科学的精确性给予统一的对待。可是她们尽管浅薄，实际仍然千差万别，与人们的想象大不一致，她们既不像女人的发型那么大同小异，也不像畅销的散文或韵文言情小说那样千篇一律。在污浊池塘里的一群小鸭中间，偶尔也会出现一只小天鹅，它在那里落落寡合，觉得自己这类蹼足动物，无论如何没法生活在那样的水流中。在女人中间，有时也会出现一个圣特蕾莎，只是她的一生无所建树，她的善良心愿无从实现，她那博爱的心灵，那阵阵的叹息，也只得徒唤奈何，消耗在重重阻力中，而不是倾注在任何可以名垂青史的事业上。[1]

---

[1] 转引自乔治·艾略特著，项星耀译，《米德尔马契》，人民文学出版社，1978年版，第2页。

【第二章】

美国前达尔文时代的多元发生学说和颅骨测量术

> 秩序是天堂的第一法则；这表明，
>
> 有些人比，而且一定比，其余的人更加伟大。
>
> ——亚历山大·蒲柏《人论》（1733）

诉诸于理性或者宇宙本质的策略，自然而且必然贯穿于既存等级制度的神化过程中。这些等级制度的维持很少能超过几代，但为了适应新一轮社会制度而经过修正的论调，却总是不断地循环出现。

以自然为理由的各种辩护尝试了一系列可能性：由统治者和下等阶层构成的等级秩序与由地球和围绕它旋转的有序天体构成的托勒密地球中心说的精妙类比；或者诉诸于宇宙秩序的"大生物链"，这个单向的序列中排列着从阿米巴虫到上帝的所有生物，而在接近顶端处正是等级分明的人类的各个族群和阶层。再次引用亚历山大·蒲柏的诗句：

> 没有这种合理的等级，他们能使
>
> 这些属于那些，或者使所有都属于你吗？
>
> 无论你敲击自然链条上的哪个环节，
>
> 无论是第十个，还是第一万个，破坏的效果都是一样的。

无论是最谦卑的人，还是最伟大的人，都为保护宇宙秩序的延续而发挥着自己的作用；所有的人都各司其职。

让许多人觉得奇怪的是，这本书探讨的似乎是一个迟到者：生物决定论。它认为处在社会底层的人是由天生的劣等材质（可怜的大脑、糟糕的基因或者其他什么东西）构成的。正如我们已经知道的那样，柏拉图在他的《理想国》中谨慎地提出了这个意见，但最终还是给它打上了谎言的标签。

种族偏见也许和有记录的人类历史一样古老，但其生物学论断却将更加沉重的内在劣根性负担强加于被蔑视的群体之上，并且通过转化或同化过程将补偿机制预先排除在外。在一个多世纪的时间里，"科学的"论据已经形成了一条基本攻击路线。在讨论有大量数据支撑的第一个生物学理论——19世纪早期的颅骨测量学之前，我必须首先提出这个源初性问题：对归纳科学的介绍，能够增加足以改变或强化种族划分理论原初论证的合法数据吗？或者，这种先验性保证是否只是对排序式"科学"问题的回答，甚至连收集的数据也只是为了支持预设的结论？

一个共享的文化背景

在评估科学对18、19世纪的种族观点的影响时，我们必须首先认意识到，存在着这样的社会文化环境，即生活在其中的领导人物和知识分子不会怀疑种族划分的合理性——他们认为印第安人劣于白人，而黑人低于所有人（图2.1）。在这种普遍的认知状态下，人们不会把平等与不平等对立起来。其中一个群体——我们可以称他们为"强硬派"——认为黑人天生低劣，黑人的生物学状态为蓄奴和殖民提供了合理性。另一个群体——如果你愿意，可以称他们为"折中派"——也认为黑人低劣，但坚持主张一个种族是否拥有自由的权利，与他们的智力水平无关。"无论他们的才能高下"，托马斯·杰弗逊写道，"这不是他们的权利的尺度"。

折中派对黑人的劣等性持有不同的态度。有些人声称，适当的教育和得体的生活可以把黑人"提升"到白人的层次；另一些人则认为，黑人的愚笨是永远不可改变的。他们也不认同黑人低劣性产生的生物学或文化根源。但是，在欧洲启蒙运动和美国革命的平等主义传统中，我找不到还有什么东西比"文化相关主义"观念更

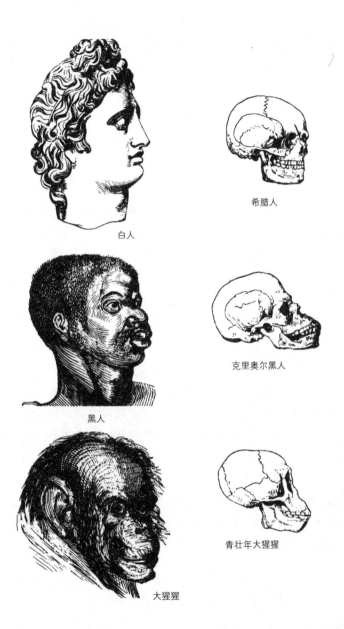

白人

希腊人

黑人

克里奥尔黑人

大猩猩

青壮年大猩猩

图 2.1 1868 年根据诺特（Nott）和格利登（Gliddon）的研究绘制的人类种族线性进化和低等近亲图。大猩猩的头骨被错误地进行了夸张，黑人的颌骨被故意拉大，给人一种黑人甚至可能比类人猿还要低等的印象。

盛行（至少嘴上是这么说的）于自由主义文化圈内。最新也最接近的观点是一个常识性的论断，即认为黑人的劣等性纯粹是文化层面的，完全有可能通过教育途径彻底根除，并达到高加索白人的水准。

美国所有文化英雄都抱有种族主义的态度，这无疑会使公立学校的神话陷入尴尬的处境。本杰明·富兰克林认为，黑人的劣等性纯粹是文化作用的结果，是完全可以克服的。尽管如此，他还是希望，美国最好只是白种人的地盘，不要让其他有色人种掺和进来。

> 我希望他们的数量越来越多。然而，我们正通过砍掉美国的树木而进行所谓的星球净化行动，使我们星球的一端能够向火星或金星上的居民反射出一道明亮的光芒，那么我们为什么……要使他们的人民变黑呢？我们本来有这么好的机会从日益增加的可爱的白色和红色人种中，剔除所有的黑人和野蛮人，那么，我们为什么还要增加非洲的子民，并让他们在美国生根发芽呢？*（Observations Concerning the Increase of Mankind，1751）

我们还有不少英雄为生物劣等性进行辩护。托马斯·杰弗逊写道（虽然有些不确定）："因此我主张，尽管只是一种猜测，无论黑人原本就是一个独特的人种，还是因为时间和环境造成了其独特性，他们在智力和身体天赋上都要劣于白种人（Gossett，1965，p.44）。林肯对黑人士兵在联合军中的表现非常满意，这极大地增强了他对自由人和曾经的黑奴的尊敬。但自由并不意味着生物学平等，林肯从来没有放弃他的基本态度，并在与道格拉斯的辩论中强烈地表达了出来（1858）：

> 黑人和白人之间存在一种身体差异，我相信这一点将永远妨碍两个种族在社会和政治生活中平等地生活在一起。他

---

* 我常常为这种带有种族偏见的审美观感到吃惊。就像人类学的创始人 J.F. 布鲁门巴赫曾经说过的一样，癞蛤蟆一定认为其他癞蛤蟆是美丽的典范，许多聪明的知识分子也从不质疑白种人等同于完美的观点。富兰克林至少还很有风度地将土著居民囊括进未来美国的版图；而在一个世纪之后，奥利弗·温德尔·福尔摩斯（Oliver Wendell Holmes）却出于美学考虑去消除印第安人而感到高兴："……红色的轮廓被擦掉了，这块画布已经为更像上帝本人形象的人类作好了准备。"（Gossett，1965，p.243）。

们无法平等相处，但确实又生活在一起，这就存在一个孰优孰劣的问题，而我和任何其他人一样，赞成白人拥有优势地位。

为了避免我们把这段陈述仅仅视为竞选的官方套话，我再引用一段他于 1859 年潦草地写在一张纸片上的私人笔记：

黑人平等！胡说八道！在创造并统治世界的上帝的国度中，像流氓四处吹嘘、蠢货到处冷嘲热讽这样低下的蛊惑人心的事情，还要持续多久？（Sinkler，1972，p.47）

我引用这些话，并非为了揭露历史丑闻。我之所以选这些赢得了我们最高尊敬的人物为例，只是想表明，在 18、19 世纪，西方的白人领袖也没有质疑种族划分的恰当性。在这样一种背景下，科学家们对传统等级产生的广泛认同，是基于共同的社会信仰，而不是来自于公开的问题测试中所搜集到的客观数据。在这种环境中，大多数科学家赞同等级制度，而这种等级制度是从基于传统的社会共同信仰中产生的，并非是靠收集到的客观数据去解决公共问题。但在一个怪异的因果悖论的案例中，这些声明又被解读成了对政治背景的单独支援。

所有的科学家都遵从社会习俗（图 2.2 和图 2.3）。在第一次用现代分类学术语定义人类种族的过程中，林奈[1]把个体性格与人体解剖混为一谈（《自然系统》，1758 年）。他声称，非洲黑人（Homo sapiens afer）是反复无常的；欧洲人（Homo sapiens europaeus）受"习俗约束"。对于非洲女人，他写道：大量泌乳（mammae lactantes prolixae）；他又补充道，非洲男人是懒惰的，并喜欢在身上涂满油脂。

19 世纪三位伟大的自然科学家都不怎么尊重黑人。地质学家、古生物学家、现代比较学奠基人乔治·居维叶（Georges Cuvier）——当时被法国人誉为当代的亚里士多德——认为非洲土著人是"人类最低等的种族，他们的外形接近兽类，而智力无法

---

[1] 林奈（Linnaeus），瑞典博物学家，建立了植物等级学。

达到正常水平"（Cuvier，1812，p.105）。公认的现代地质学奠基者查尔斯·莱尔（Charles Lyell）写道：

> 布希曼族人的大脑……接近猴子（Simiadae）。这暗示着，在智力需求和结构同化之间存在着某种联系。就像低等的动物一样，人类每个种族也都有他们自己的领地。（Wilson，1970，p.347）

查尔斯·达尔文，这个温和、开明而热切的废奴主义者*曾经写道，随着像黑猩猩和霍屯督人这样的过渡人种可以预期的灭绝，将来人类和类人猿之间的间隙会越来越大。

> 这个间隙会越拉越大，它将如我们所希望的那样，超越存在于当代黑人与澳洲人、大猩猩之间的差距，而介于比高加索白人更加文明的人类和像狒狒一样低级的类人猿之间。（*Descent of Man*，1871，p.201）

也许对我们更有教益的是少数科学家所抱有的那种信念，在回顾历史的时候，他们总是被视为文化相对主义者和平等主义捍卫者。J.F. 布鲁门巴赫把种族差异归因为气候的影响，他反对根据假定的智力和搜集到的由黑人撰写的蹩脚书籍来进行等级评定。尽管如此，他并不怀疑是白人为我们设立了一个标准，而根据这个标准，其他所有种族都必然被视为游离的边缘人（关于布鲁门巴赫的更多信息，请参看书末的第四篇论文《种族几何学》）：

> 从每一项生理学指标来看，白种人都必须被视为五个主要种族中的主要人种，或者说处于中心的人种。而游离于两端的，一边是蒙古人，另一边是非洲黑人（Ethiopian）。（1825，p.37）

---

*例如，达尔文在《贝格尔号航行记》中写道："在里约热内卢附近，我住在一个老太太对面，她用螺钉把女奴隶的手指拧碎了。我住的那个房子里，有个黑白混血的管家每时每刻都在遭受连最低等的动物都无法承受的辱骂、痛打和迫害。我曾经看见一个六七岁的小男孩，只因给我倒了一杯不太干净的水，就被人用马鞭在裸露的额头上抽了三次（在我能干涉之前）……这些都是人做出来后又遮遮掩掩的事情，他们都宣称像爱自己一样爱他们的邻居，他们信仰上帝，并祈祷他们的愿望能够实现！一想到我们这些英国人和美国人的后代和我们的前辈一样鼓吹自由，但曾经是而且现在仍然是如此的罪孽深重，我的血液就会沸腾起来，而心却在颤抖。"

阿尔及利亚的黑人　　　　　　　撒哈拉的黑人

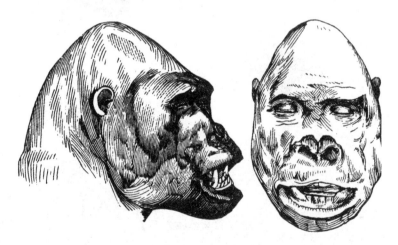

大猩猩

图 2.2　上图中显然试图暗示在黑人与大猩猩之间存在密切的类同关系。此图出自 1854 年诺特和格利登合著的《人类的类型》（*Types of Mankind*）。诺特和格利登评论道："毋庸置疑，在低等人种与高级猴类之间，存在显而易见的相似性和不同点。"

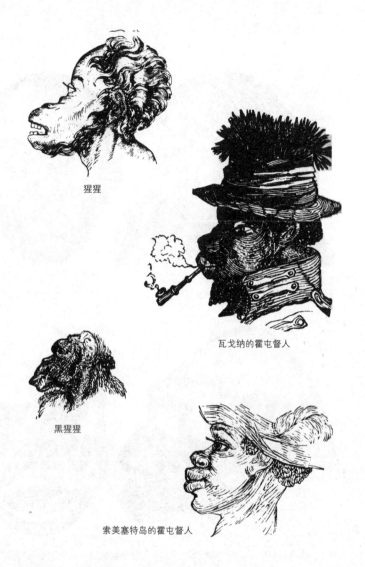

猩猩

瓦戈纳的霍屯督人

黑猩猩

索美塞特岛的霍屯督人

图 2.3　此图出自诺特和格利登的书中（1854 年），两个黑人与人猿之间的比较。这本书不是边缘资料，它是美国反映人类种族差异的重要文本。

世界旅行家、政治家以及 19 世纪最优秀的科学宣传者亚历山大·冯·洪堡（Alexander von Humboldt），则是所有向历史寻根的现代平等主义者们的英雄。在反对根据智力或者美学基础对人类进行等级划分这个观点上，他比所有同时代的科学家都更加有力、更加具体。他描绘了自己的信念可能产生的政治影响，并反对奴隶制及其所有压迫，因为它们阻碍了所有人都能通过自然努力而达到卓越智慧的途径。在五卷本《宇宙》（Cosmos）中，他写了一段十分著名的话：

> 当我们努力保持人类种族团结的同时，我们就在抵制令人沮丧的人种优劣的假设。有些民族比其他民族更易进化——但他们之中没有哪一个比其他民族更加高贵。所有民族都是生而自由的。（1849，p.36）。

但即便是洪堡本人，也曾援引与生俱来的智力差异以解决人类历史中的困境。在《宇宙》第二卷中，他问道：同样都是游牧民族，而且有着相似的气候和环境，为什么阿拉伯人在伊斯兰教出现不久就在文化和科学领域取得了迅猛发展？而与此同时，欧洲东部、南部的塞西亚人却依旧停留在古代的生活方式上呢？洪堡确实找到了两者在文化上的某些差别，例如阿拉伯人和城市化的周边文化环境的联系更加紧密。但在最后，他还是把阿拉伯人称为有着更好"智力教化和自然适应能力"的"天赋更高的种族"（1849，p.578）。

与达尔文共同发现自然选择学说的阿尔弗雷德·罗素·华莱士（Alfred Russel Wallace），作为一个反对种族歧视的学者而享有盛誉。事实上，他也的确坚持认为所有民族生而平等。然而奇怪的是，正是这个信仰使他抛弃了自然选择学说，并转向了上帝造人的解释——令达尔文十分厌恶。华莱士认为，自然选择学说的结构，只对动物暂时有用。而从潜力上来看，奴隶的大脑和我们的一样好使，只不过他们没有充分利用，这从他们文化中的粗暴和低劣就可以看出来。既然现代的野蛮人非常接近人类的祖先，那么可以想见，我们的大脑在很早以前就已经进化到了更高的水准，虽然那时他们还没被开发、利用。

科学种族主义的前进化方式：单元发生学说和多元发生学说

种族等级的前进化论辩护主要有两个模式。"温和"的辩护——还是使用现代观点中不恰当的定义——赞成《圣经》的观点，认为自创造亚当和夏娃起，所有的人类都是团结一致的。这种观点被称作单元发生学说——人类发端于同一个源头。人类这个物种是完美的伊甸园堕落的产物。不同的种族退化到不同的程度，其中白种人退化得少一些，而黑人退化得多一些。气候被广泛证明是种族差异产生的一个主要原因。退化论们对现代缺陷的修正性则持有不同的观点。一些人认为，现在差异已经固定，并且不可逆转，尽管这是在气候的影响下逐渐演变而来的。另一部分人则反驳说，逐渐进化的事实本身就意味着，在适合的环境中进化可以逆转。新泽西学院（后来成为普林斯顿大学）院长塞缪尔·斯坦赫普·史密斯（Samuel Stanhope Smith）则希望，美国的黑人能在一个更加适合白人的气候中很快变白。而其他退化论者认为，因温和气候而发生的改变，不会快到能够对人类历史产生重要影响的程度。

"强硬"的辩护则抛弃了《圣经》的寓言，认为人类种族本来就是相互分离的物种，是不同亚当的后代。作为完全不同的生命形式，黑人无须纳入"人类的平等"范畴。鼓吹这种观点的人被称为"多元发生主义者"。

只要我们难以割舍《圣经》，退化论可能就是更为普遍接受的说法。此外，所有人种均可杂交互育，似乎能从理论上保证他们联合成一个单一物种，因为按照布冯（Buffon）的标准，每一个物种的成员都只能够内部繁殖，而不能和其他种群杂交繁殖后代。布冯本身是18世纪法国最伟大的自然学家，一个坚决的废奴主义者，也是在合适环境下改善劣等人种的倡导者。但他从来没有质疑白人标准的内在有效性：

> 最适宜的环境处于纬度 40 ~ 50 度，那里创造了最英俊和最美丽的人类。人们有关人类正常肤色以及美丽程度的观点，应该就是来自于这种气候。

一些退化论者以人类团结的名义提到了自己的责任。1860 年，法国著名解剖学家艾蒂安·塞利（Etienne Serres）写道，低等种族的可塑性使人类作为唯一可以通过自身努力而实现进化的特征分外耀眼。他斥责多元发生学说为"野蛮理论"，因为它"似乎从科学上支持对与白种人相比文明进步速度较慢的种族的奴役"：

> 他们的结论是，黑人不可能是白人，就像驴子不可能是马或者斑马一样——令我们的文明蒙羞的是，这种理论在美国被付诸实践（1860，pp.407-408）。

尽管如此，塞利仍然试图通过资料证明，低等种族确实具有种种低劣的迹象。作为一名解剖学家，他在自己的专业领域里寻找证据，并坦白承认，确立标准和数据具有难度。他一直停留在再现理论上——高等动物的成长阶段是对低等动物成年时期的重复（第四章）。他认为，成年黑人应该像白人孩子一样，成年蒙古人应该像白人青少年一样。他努力寻找，但也想不出比肚脐和阴茎之间的距离更好的证据——"人类胚胎时期不可抹杀的标记"。与所有种族婴孩的身长相比，黑人的这个距离是最短的。肚脐在成长的过程中会逐渐上移，而白种人比黄种人上移到更高的高度，黑人则根本就不会有多少变化。黑人永远像白人孩子一样，也就预示他们身上存在劣等性。

尽管不是很普遍，但多元发生学说也有一些著名的支持者。大卫·休谟（David Hume）没有把他的一生沉浸在纯粹的思考中，他担任过许多政治要职，包括 1766 年英国殖民办公室的管理职位。休谟认为，非白人的创造过程是不同的，而且具有内在的劣等性：

我怀疑黑人和所有其他人种（因为有四五个不同种类），天生就比白人低劣。除了白人以外，没有任何其他肤色的民族是文明的，甚至他们之中最杰出的人，在行为或智力上也不如白人文明。*他们没有创造者，没有艺术，没有科学……如果自然没有在人类种族间制造出一种原始差异，那么在这么多国家和这么长历史中存在的这种一致的、永久的差异性，就是不可能发生的。更不用提我们的殖民地，现在黑奴遍布整个欧洲，尽管这些没有受过教育的低等人种会在我们中间突然出现，但没有一个人有精明能干的迹象，没有一个人能从所从事的职业中脱颖而出。在牙买加，他们确实谈到过一个可以像人一样学习的黑人；但也可能只像一只会说几个简单单词的鹦鹉一样，取得了一点微不足道的成绩，并得到了认可。（Popkin，1974，p.143；参见波普金分析休谟作为一个多元发生论者的精彩长篇论文。）

英国外科医生查尔斯·怀特于 1799 年为多元发生理论写下了最强有力的辩护——《人类分级规律的阐释》（*Account of the Regular Gradation in Man*）。怀特抛弃了布冯在定义种群时使用的内部繁衍标准，指出像狐狸、狼和豺狼这些原本分离的种群也可以杂交成功。**他也斥责了气候可能产生种族差异的观点，认为这种观点如果加以引申，就会得出种群"退化观"。他更否认存在任何政治动机，并宣称具有一种纯洁的目的："研究自然历史中的一个命题。"他还明确拒绝使用多元发生学说的任何引申来"支持人类

---

* 这种源于人类文化的"诱导性"论述是对种族主义的辩护，它们至今仍没有消亡。阿诺德·汤因比（Arnold Toynbee）在《历史研究》（1934 版）中写道："如果用肤色来对人类进行划分，那么在所有主要人种中，黑人是唯一一个对我们的 21 种文明没有做出任何创造性贡献的种族。"（Newby，1969，p.217）

** 现代进化理论确实借用了以内部繁衍作为物种存在基本标准而产生的障碍。按照标准的定义："物种是实际上或者潜在的内部繁衍的群体，享有一个共同的基因库，并且重复地与所有其他的种群分离开来。"但是，重复的分离并不意味着个体间的杂交从不会出现，而只是两个物种保持它们自然联系上的完整性。杂交可能不育（骡子）。可育性的杂交可能出现得更为频繁，但是如果自然选择优先反对（由于结构设计劣等性，任何物种的所有成员都拒绝配对，等等），它们就不会在频率上增长，并且不会产生混合。通常可育性杂交能够通过设定自然中无法遇到的情况在实验室开展（例如，强迫一年中通常在不同时段成熟的物种间的繁衍）。这样的例子不能反驳作为分离物种的状况，因为在自然环境中两个种群没有混合（一年中不同时段成熟可能成为重复性分离的有效途径）。

奴役的险恶行径"。怀特的分级标准倾向于美学，其论证中包含了如下经常被引用的经典语句。他争辩说，除了在白人头脑中，我们在哪里也找不到这些特征：

> 除了在白人高贵的、拱形的、脑容量惊人的头脑中，我们到哪里才能找到特征如此丰富、表现如此充分的大脑？哪里有如此飘扬而优雅的长长卷发，如此庄严的胡须、红润的面颊，以及珊瑚色的嘴唇？哪里有……如此高贵的步态？除了欧洲女性的乳房——两个丰满雪白的半球以及朱红色的乳头——我们还能在世界上任何其他地方找到像欧洲美女脸红时的温柔，以及象征谦逊和细微的情感吗？……（Stanton,1960，p.17）

路易斯·阿加西斯——美国人种多元发生学理论家

拉尔夫·瓦尔多·爱默生（Ralph Waldo Emerson）认为，智力上的解放会伴随政治的独立而到来，美国学者应该摒弃他们对欧洲风格和理论的盲从。爱默生写道："关于欧洲的尊严的冥想，我们已经听得太久了。""我们要用自己的脚走路，用自己的手工作。我们要说出自己的想法。"（Stanton，1960，p.84）。

19世纪早期到中期，刚刚萌芽的美国科学按照爱默生的建议组织了起来。一帮在欧洲理论家的威严面前卑躬屈膝的折中派、外行，让位于一群秉有本土观念和内在活力、无须欧洲养分长久滋养的专业人员。多元发生学说在这次转型中扮演了重要的中介作用；因为它作为第一批总体上源于美国的理论之一，同时赢得了欧洲科学家的关注和重视——以至于欧洲科学家称多元发生学为人类学中的"美国学派"。正如我们所看到的，多元发生学的先驱在欧洲，但是美国人发展了为支撑它而引用的数据，并且对理论本身作了大量的研究。我主要关注的是多元发生学的两位著名拥护者——理论家阿加西斯和数据分析学家莫顿（Morton）；我要揭露他们隐藏的动机，以及支撑其学说的至关重要的数据的欺骗性。*即便初学者也能发现，一个仍然实行奴隶制，并且把土著居民赶出家园的国家，认为黑人和印第安人都是劣于白人的不同人种，并为这种理论提供依据，明显不是偶然的。

瑞士最伟大的自然学家路易斯·阿加西斯（1807—1873）是居维叶的门徒和学生（专门研究鱼化石），就是在欧洲赢得的声誉。他于19世纪40年代移民到美国，并立即提升了美国自然史的地位。这是第一次欧洲重要的理论家来到美国，并找到了留在这里的价值。阿加西斯后来成为哈佛教授，他在那里建成了比较动物学博物馆，并亲自指导它的工作，一直持续到1873年去世（我在他的楼里有一间办公室）。阿加西斯是个有魅力的人，是从波士顿来到查尔斯顿的社会名流和学术名人。他以无穷的热情讲解科学，并为了支持自己的研究而以同样的热情赚钱。整个19世纪，没有谁比他在建立和提升美国生物学的威望上所作的贡献更多了。

阿加西斯也成了美国多元发生学的主要代言人，他不是从欧洲带来这个理论的。从他第一次见到美国黑人起，他就把目光转移到"人类是分离的物种"这个学说上。

阿加西斯没有把多元发生学当成一种有意识的政治主义。他从未怀疑过种族等级划分的恰当性，但也确实把自己看作奴隶制的反对者。他很容易就从早期不同环境下的生物学研究程序滑向对多元发生学的忠诚。他首先是一个虔诚的创世论者，因为长寿而成了唯一反对进化论的主流科学家。但在1859年以前，几乎所有科学家都是创世论者，而大多数非创世论者都变成了多元发生学家（同一物种的不同类型之间存在的差异对创造论没有任何威胁——想想狗和牛的繁殖就明白了）。阿加西斯的多元发生学倾向，主要体现在他的理论和方法的两个方面：

1. 在研究动植物地理分布的过程中，阿加西斯发展了"创造中心"理论。他认为，物种在适合的地方被创造出来，并且通常不会

---

* 整个"美国学派"的光辉历史可以在斯坦顿的《美洲豹的斑点》（*The Leopard's Spots*）中找到。

远离这些中心。之后，其他生物地理学家提出一些物种在某个地点创造，而后又大规模迁徙。因此，对那些我们现在可能认为是分布很广的单独物种，只要在地理上分出了比较明显的物属，阿加西斯就会在研究中把它们命名成不同的物种，而且把每一种都视为在其起源中心被创造出来。现代人类就是一个很好的例子，我们在世界范围内广泛分布，但却是具有内在差异的不同物种。

2. 在阿加西斯的分类学实践中，他是一个极端的"分支型分类学者"。分类学家往往被划分成两个阵营——"聚合型分类学者"和"分支型分类学者"，前者注重相似性，并将种属间的小差异合并而构成一个单独物种；后者关注细微的差异，并根据最小特质来设立物种。阿加西斯是一个极端的"分支型分类学者"，他曾经根据牙齿的不同特征而命名了三种鱼化石，后来，古生物学者在单一个体的齿列畸变中找到了这三种牙齿。基于单一物种的可变特性，他徒劳地命名了上百种淡水鱼。极端的"分支型分类学者"把同一物种的不同生物看作不同物种，他们可能禁不住把人类视为不同物种。尽管如此，阿加西斯在来美国之前还是倡导人类联合主义——尽管他把我们内部的差异视为例外。他在 1845 年写道：

> 人类在自然中的优越性以及更强的独立性，再次显现了出来。然而，动物在它们所属的不同领域，是有区别的物种。尽管在族群之间具有多样性，人类还是组成了地球表面上的同一个物种。（Stanton，1960，p.101）

如果根据生物学信仰，阿加西斯也许会偏向多元发生学说。但我怀疑，如果不是看到了美国黑人和多元发生主义同事的力劝，这个虔诚的人是不会抛弃《圣经》中只有一个亚当这个正统说法的。阿加西斯从来没有为多元发生学说提供任何数据。他的转变也许只是遵循出自本能的瞬间判断和朋友们的一再规劝。之后他的贡献就一直停留在粗浅的生物常识领域。

阿加西斯在欧洲从未见过黑人。当 1846 年他在费城旅馆中第一次见到黑佣时，他感受到一种本能的溢于言表的反感。这次令人不快的经历以及他对族群混合繁衍的恐惧，明显促使他形成了坚定的想法，即认为黑人是另外的物种。在一封从美国写给母亲的信中，他相当坦白地说道：

> 就是在费城，我第一次长时间接触了黑人；我住的旅馆所有服务人员都是有色人种。我几乎无法向你表达我心中感受到的痛苦，尤其是他们在我心中激发的感觉，与我们这个物种的独特起源，与我们所有诸如人类亲如兄弟的观点，都截然相反。然而，想到他们也是真正的人，我在这个低级堕落的种族的目光中感到了怜悯，被他们不幸的命运激发出了同情。尽管如此，我不可能再认为他们和我们流的是相同的血。看到他们黑色面孔上厚厚的嘴唇和古怪的牙齿，脑袋上羊毛一样的头发，弯曲的膝盖，拉长的手臂，硕大而弯曲的指甲，尤其是他们青灰色的手掌心，我甚至无法把视线从他们脸上移开，以告诉他们离我远点。当他们向我的盘子伸出可怕的手为我服务时，我希望自己能够走开，哪怕只在其他什么地方吃一点面包，而不是享受这样的服务。在某些把白人和黑人紧密联结在一起的国家中，白人是多么不幸啊！上帝保佑我们远离这样的联系！（阿加西斯写给他妈妈的信，1846 年 12 月）（由阿加西斯妻子编纂的标准版的《生命与信件》中，这些话被删掉了，收录的实际上是这封著名信件的删减版。其他历史学家对它进行了改述，或者干脆没有提及。我在哈佛的霍顿图书馆里找到了原始手稿，并一字不差地进行了翻译和复原，据我所知我是第一个这么做的人）。

阿加西斯在 1850 年出版了《基督检察官》（*Christian Examiner*），书中包含了有关人种的主要观点。一开始，他被当成一个煽动者而四处碰壁，教会宣布他是异教徒（因为他宣称有多个亚当），废奴主义者则给他贴上了蓄奴主义者的标签：

他们因为倾向于支持奴隶制而受到指责……这是对哲学研究的公开反对吗？这里，我们只需要考虑人类起源的问题；让政治家们，也就是那些自以为受到召唤去调整人类社会的人，看看能根据结论做些什么……但是我们不认为，所有联系都涉及政治因素。只有可能欣赏不同人种之间的差异性，以及最终可能决定他们是否起源于世界各地，在何种环境下起源的问题时，我们才会努力搜寻与人类种族有关的事实（1850，p.113）。

阿加西斯随后抛出了他的论点：多元发生学不会构成对人类团结这个圣经教义的攻击。即便人类是作为不同的物种被创造出来，他们也会因为相同的构造和同情心而被维系在一起。《圣经》中没有记载古人不知道的世界其他地方；亚当的故事描述的仅仅是白人的起源。黑人和白人的区别，就像木乃伊时代的埃及和今天的埃及之间的区别一样明显。如果人类是气候影响的结果，那么三千年的时间足以产生巨变（阿加西斯完全不了解人类的古代；他认为三千年已经包含了我们整个历史的绝大部分）。现代人占领了确定的、不重叠的地理范围——即使有些部分由于迁移而变得模糊不清或者被遗忘了。身体的差异、暂时不变的种群以及分散的地理范围，人类符合阿加西斯区别不同物种的所有生物学标准。

这些种族一定起源于……相同数量比例，相同的地区，他们现在仍然出现在那里……他们不可能是从同一个体起源而来的，但其创造一定遵守与每个物种特点相符的数量和谐；人类一定起源于民族，就像蜜蜂起源于蜂群一样（pp.128-129）。

文章接近尾声时，阿加西斯突然转变立场，开始宣扬一种道德诉求——尽管他通过对自然史的客观考察而使这个疑问获得了某种合法性。

地球上有许多不同人种，他们住在不同地方，身体特征各异，这个事实……使我们有义务用一种科学观点确定这些种族相对应的级别，不同种族特征的价值……作为哲学家，我们有责任直面这个问题（p.142）。

以下是阿加西斯肯定有差异的内在价值的直接证据，他并不比白人文化中那套刻板的标准走得更远：

> 不屈不挠、勇敢、骄傲的印第安人——站在顺从、谄媚、亦步亦趋的黑人或者狡猾、胆小、诡计多端的蒙古人旁边，显得多么与众不同！难道这些还不能表明，不同种族应该由自然来评定等级吗？（p.144）

阿加西斯宣称，黑人一定处在任何客观等级的最底层：

> 对我们来说，假定所有种族都有相同的能力，保有相同的力量，能够表现相同的自然性情，因而相信他们都有资格在人类社会中享有相同的平等地位，这似乎是伪人类学和伪哲学。这里历史在为它自己说话……在这块紧凑的非洲大陆上，有一个群体与白人有长久的交往，他们享有埃及文明范式带来的好处，还有腓尼基文明、罗马文明、阿拉伯文明……但尽管如此，却从来没有一个制度化的黑人社会在这片陆地上发展起来。难道这不意味着这个种族对文明社会提供的益处，具有奇怪的无动于衷和漠视吗？（pp.143-144）

如果说阿加西斯没有清楚地传递出政治信息，他在结尾时也提倡了具体的社会政策。他认为教育必须与内在能力相适应；应该训练黑人干体力活儿，而让白人从事脑力劳动：

> 我们怎么才能给予具有原始差异的不同种族以最好的教育？……毫无疑问，我们在处理与有色人种有关的任何事务时，都必须更加明智而审慎。我们在与他们交往时，无须秉持平等观念，而是完全自觉地意识到我们和他们之间存在的真正差异，并抱着培育他们的显著天性的愿望。（p.145）

既然那些"显著的、标志性的"天性是顺从、谄媚和亦步亦趋，我们就能想象阿加西斯想表达的是什么了。我仔细地研读了这篇文章，因为它的风格十分典型——它拥护社会政策，却又曲折地表现为对科学事实的冷静质疑。这种策略直到今天也绝对没有消亡。

后来在内战时期的持续通信中，阿加西斯更加强烈、具体地表达了他的政治观点。（这些信件也是删减版的，在阿加西斯妻子编辑出版的标准版本中并没有加以说明。我再次从哈佛大学霍顿图书馆里找到并复原了它们。）林肯调查委员会的成员之一 S.G. 豪（S.G.Howe）曾咨询过阿加西斯，如何在一个重获统一的国家里定位黑人的角色。（S.G. 豪是茱莉亚·沃德·豪（Julia Ward Howe）的丈夫，"共和国战歌"（Battle Hymn of the Republic）的作者，以有关监狱改革和盲人教育的论著而著名）。阿加西斯以四封冷静的长信为自己的观点辩护。美国保留固定的数量庞大的黑人人口，必须被视为一个严峻现实。受值得称赞的骄傲所驱使的印第安人也许会在战斗中灭亡，但是"显示出良好柔韧性，随时准备适应新环境，处处效仿身边之人的黑人"却不会。（1863 年 8 月 9 日）

尽管在法律上所有人都应该享有平等权利，但是为了防止白人被削弱或被迫向黑人妥协，也不应让黑人享有平等的社会地位，"我认为，社会公平在任何时候都是不切实际的。要从黑人种族的特殊性格中'溢出'平等自然也是不可能的"（1863 年 8 月 10 日），因为黑人"懒惰，贪玩，敏感，谄媚，喜欢模仿，脾气温和，多才多艺，没有明确目标，忠诚，亲切，和其他人种截然不同，他们可能被比作儿童，因为他们有成人的身高，却保持着和儿童一样的智力……因此，我认为他们不能与白人生活在同一社区，不能享受平等的社会权利，否则，他们就会变成引起社会混乱的不稳定因素"（1863 年 8 月 10 日）。黑人必须加以限制和管束，一定不要给予他们不公平的社会优待和奖励，以免为日后埋下不和谐的种子：

> 没有人应该拥有不适合他们使用的权利……我们还是小心一些吧，不要在一开始给予黑人过多特权，而后又通过暴力手段取消它们，这样就可能会对我们也对他们自己造成伤害。（1863 年 8 月 10 日）

对阿加西斯而言，没有什么比种群通婚可能产生的后果更能激起他的恐惧了。白人的力量取决于分裂的程度："混血儿的产生是反抗自然的罪过，就像乱伦在文明社会中是反对纯洁品性的原罪一样……找到一种解决困难的自然方法任重而道远，种群杂交是最让我感到恶心的，我认为它是对所有自然情感的扭曲……我们应该不遗余力地考察，找出那些与我们更好的天性、更加发达的文明和更加纯洁的道德格格不入的东西"。（1863 年 8 月 9 日）

阿加西斯现在意识到，他把自己逼到了墙角。如果种族（对阿加西斯而言是不同的物种）之间交互繁衍是反常和令人生厌的，那么"混血儿"为什么在美国如此常见呢？阿加西斯把这个可悲的事实归因于性感女仆们的开放和南方绅士们的天真。仆人似乎已经是混血儿了（我们不知道他们的父母是怎样克服相互之间的自然厌恶的）；年轻的男人从美学上承担了白人应该承担的责任，而从遗传学角度则是低级的黑人松动了高级人种的自然禁忌。一旦适应了新的环境，可怜的年轻人就上钩了，他们从纯种黑人身上获得了一种新的感觉：

> 南方的年轻人的性欲一旦苏醒，他们就会发现，只要做好随时遇见有色（混血的）女仆的准备，很容易就能满足自己的欲望……这削弱了他们向较好本性发展的能力，以至于渐渐习惯于寻找下流的伴侣，正如我听说过的那样，在性事上速战速决的年轻人喜欢召唤纯种黑人。（1863 年 8 月 9 日）

最后，阿加西斯结合生动的意象和暗喻向我们警示了混合、衰退民族的终极危险：

> 想想在将来某个时刻它对我们造成的变异，想想共和国和我们文明的总体前景，如果我们这个从同一民族延续下来的美国人种，被混血儿的柔弱子孙所取代，其中一半是印第安人，一半是黑人，却流淌着白人的血……一想到这些后果，我就不寒而栗。我们已经很难持续保证让个体脱颖而出，让

财富得以优化，让文化冲出精英联盟，作为回应，我们已经在发展中作好了抵制全球平等化浪潮的准备。如果这些困难大大增加了身体残疾的顽固影响，我们将处于什么样的境地……一旦他们的血液自由流入我们子孙的身体，那么我们该如何根除这种低劣种族的烙印？（1863 年 8 月 10 日）*

阿加西斯总结道，赋予奴隶合法的自由，必然刺激我们在社会中推行严格的种族隔离制度。幸运的是，自然是一种美德；如果能够自由选择，人们自然更加喜欢他们家乡的气候。在潮湿炎热的气候中生长的黑人一般都集中出现在南方低地，而白人则在海边和高地保持着支配地位。新的南方将出现一些黑人的州。我们必须对此作出让步，并且让他们进入这个国家；毕竟，我们已经认识了"海地和利比里亚"**。但对那些无忧无虑、懒洋洋的人种来说，凉爽的北方不是合适的归宿。纯种黑人会向南方迁徙，其顽固残余将在北方逐渐减少，并最终消亡殆尽："我希望他们在北方会逐渐消亡，在那里，他们只有虚假的立足之地"（1863 年 8 月 11 日）。至于黑白混血儿，一旦奴隶制的枷锁不再为他们提供非自然的种际繁衍机会，"他们病弱的身体和减弱的繁殖力"会让他们必死无疑。

在生命的最后 10 年，阿加西斯的世界坍塌了。他的学生背叛了他；他的支持者背叛了他。他在公众中还保持着英雄的形象，但科学家则将他看作一个上了年纪的古板的教条主义者，在达尔文主义的浪潮前固守着自己过时的信仰。但是，他倡导的种族隔离的社会偏见依然盛行——甚至更加泛滥，因为他幻想的自愿的种族地域隔离理想并没有实现。

---

* 美国最重要的文物学家和进化生物学家之一 E.D.寇普（E.D.Cope），在 1890 年有力地重申了同样的主题（p.2054）："最高级的人种无法承受失去世世代代以来通过苦干获得的优势的痛苦，把他们高贵的血液与最低级的人种混合，甚至连妥协也无法忍受……我们无法遮蔽或者抹灭的是这种高度的神经敏感性和强大的精神动力，是经由非洲黑人的肉体本能和黑暗的心，而在印欧语系中潜在发展起来的。不仅思想会停滞，纯粹为了生活而生活的观念也会被引进来并坚持下去，而且很有可能连复活的可能性都没有。"
** 并非每个黑人歧视者都如此慷慨。E.D.寇普因为害怕种族杂糅会阻断通往天堂的道路〔参见上一脚注〕，他倡议把所有的黑人都赶回非洲去（1890，p.2053）："我们每年响应号召，引入、接纳黑人，并且把他们同化为欧洲农民，这个负担难道还不够沉重吗？如果说我们的种族是在一架飞得够高的飞机上，那么在我们主要的部件上携带 800 万的死亡物质，你会认为这对我们是安全的吗？"

塞缪尔·乔治·莫顿——多元发生学说的实验者

　　阿加西斯并没有把他所有的时间都花在谩骂费城的黑人服务生上。在寄给母亲的同一封信中，他热情洋溢地记述了参观费城杰出科学家、内科医生塞缪尔·乔治·莫顿（Samuel George Morton）的解剖藏品的情况："想象一下，那里排列着600个头骨，多数是印第安人的，它们来自于居住在美国或者曾经在美国居住的几乎所有的印第安人部落。没有其他任何地方有这样的藏品。就凭这些收藏，我的美国之行也值得了。"（阿加西斯写给母亲的信，1846年12月，译自收藏于哈佛大学霍顿图书馆的原始信件）

　　阿加西斯进行了肆意的推测，并且走得很远，但并未积累数据以支持其多元基因理论。莫顿是费城的显贵，他的两个医学学士学位——其中一个来自时髦的爱丁堡——为人种多元发生学的"美国学派"赢得世界尊敬提供了"事实"。莫顿从19世纪20年代起就开始收集人类头骨；到1851年去世时，他已经手握一千多个头骨了。他的朋友（以及敌人）把他宏伟的头骨收藏所称为"美国的各各他"（希伯来语，"墓地"，耶稣就是在那里被钉死在十字架上）。

　　莫顿以资深的数据收集者和美国科学界的客观主义者而闻名，他从空想和推测的泥沼中创立了一项不够成熟的事业。奥利弗·温德尔·霍姆斯（Oliver Wendell Holmes）就曾赞扬过莫顿在工作中"十分严谨甚至苛刻的态度""从本质上来说，这些数据是未来民族学专业学生的永恒数据"（Stanton，1960，p.96）。曾断言所有种族生来平等的洪堡（Humboldt）写下了同样的话：

　　　　你珍藏的颅骨以及你如此幸运地得到的其他藏品一起，在你这里找到了一个识货的译者。因为解剖学观点的深度，与有机构造相关的数学细节，以及被视为现代生理学神话的诗意幻想的缺席，你的作品十分引人注目。（Meigs，1851，p.48）

1851 年莫顿去世时，《纽约论坛报》（*New York Tribune*）写道："可能没有美国科学家能比莫顿博士在国际学界享有更高的声誉。"（Stanton，1960，p.144）

但是莫顿收集这些颅骨，既不是出于纯粹的兴趣爱好，也不是出于分类学家完全展示的热情。在实验中他有一个假说：种族的地位可以通过其大脑的物理特征，特别是根据它的大小，客观地确立。莫顿对美国土著特别感兴趣。正如他热心的朋友和支持者乔治·库姆（George Combe）所写的一样：

> 这片大陆的历史上最独特的特征之一是，这里的土著人种几乎无一例外地早在盎格鲁—撒克逊人之前就已经开始消亡或者不断削减，并且未能平等地融入盎格鲁—撒克逊人种之中，或者吸收他们的习俗和文化。这些现象必然有一个原因；如果经过努力能够弄清这个原因是否和美国本地种族与征服他们的入侵者之间的大脑差异相关，还有什么比这更加有趣、更具有哲学意义呢？（参见库姆和科茨对莫顿的评论，*Crania Americana*，1840，p.352）。

此外，库姆认为，只有当思想与道德的价值能够通过大脑进行读取，莫顿的收集才能真正获得科学的价值："如果这个真理没有被发现，那么这些头骨也仅仅是自然历史的事实而已，不能代表任何和人类智力水平有关的特别含义。"（参见库姆为莫顿的《美国人的头盖骨》中所编的附录，1839，p.275）

尽管早期也在事业上有过动摇，但莫顿还是很快就变成了美国多元基因学家的领袖。他写了几篇文章，辩称人类种族是被分别创造出来的。他一分为二地向对手最强有力的观点——所有人类种族之间的内部繁衍性——展开了进攻。他根据旅行者的报告断言，有些人种——尤其是澳大利亚土著人与白种人——是少有的繁殖能力强的人种的后裔（Morton，1851）。他把失败归因于"原始的不平等组织"。但他坚持认为，布冯确立的种族间内部繁衍标准，无论如何必须被抛弃，因为杂交是自然规律，甚至在不同物种间也普遍存在（Morton，1847，1850）。物种必须被重新定义为"原始的有机组成"（1850，p.82）。"太好了，我亲爱的先生"，阿加西斯在一封信中写道，"你终于为科学提供了物种真正具有哲学意义的定义。"（Stanton，1960，p.141）但是如何识别原始形态呢？莫顿回答："如果我们确定某些有机物种可以追溯到'夜间'，和我们现在看见的样子大不相同，我们不是更有理由认为，他们是土著，而不是我们一无所知的某个父系氏族分支的偶然起源吗？"（1850，p.82）因此，莫顿把某些品种的狗看作不同的物种，因为它们的骨骼出现于埃及的地下墓穴中，与现在的其他品种大不相同，非常容易区分。墓穴中也有黑人和白人。莫顿追溯到 4 179 年前诺亚方舟靠岸的阿勒山（位于土耳其东部），而埃及的墓穴出现在 1 000 年之后——诺亚的子孙显然没有足够的时间分成不同的种族。（他问道，我们怎么能够相信，一个种族能在 1 000 年间如此快速地变化，而再过 3 000 年之后却一点变化也没有呢？）人类的种族一定从一开始就是不同的。（Morton，1839，p.88）

但正如最高法院曾经说过的那样，分离并不意味着平等。因此，莫顿开始在"客观"基础上建立相对等级。他调查古埃及人的绘画，并发现黑人总是被描绘成仆人——暗示他们总是扮演适合自身的生物学角色："黑人在埃及的数量众多，但他们是仆人和奴隶，与今天的社会地位是一致的。"（Morton，1844，p.158）（毫无疑问，这个观点是奇怪的，有争议的，因为黑人曾经在战争中被俘；而在撒哈拉以南的社会中，黑人被描绘成统治者。）

但莫顿的科学家声誉，来自于他的头骨收藏，以及它们在种族划分中扮演的角色。既然人类头骨的颅腔为其容纳的脑量提供了一个令人信服的量化方法，于是莫顿开始按照它们的平均容积来划分种族的等级。他在颅腔中填满经过筛选的白色芥末种子，然后测出颅骨的容量。后来，他对芥末种子有些不大满意，因为他无法得出一致的结论。尽管种子经过筛选，但由于没有包装好，或者质量太轻，使它们在大小上差距仍然太大。用这种方法测量头骨，可能会有 5% 以上的误差，换句话说，一个接近 80 立方英寸的颅骨，其容量就有 4 立方英寸的误差。因此，他转而使用直径为八分之一英寸的"所谓 BB 号尺寸"的铅粒，并且得到了一致的结果，对同一个头骨来说，误差不会超过 1 立方英寸。

关于人类颅骨，莫顿发表了三本重要著作——1839 年出版的美国印第安人的《美国人的头盖骨》（*Crania Americana*），书中附有详细图解；1844 年出版的研究埃及墓穴中头骨的《埃及人的头盖骨》（*Crania Aegyptiaca*）；以及 1849 年出版的全集摘要。每本书中都有一张表格——按照头骨平均容量对人类种族进行分类的头骨总表。这里我把三张表格都复印了（见表 2.1—表 2.3)。它们代表了莫顿为美国人种多元发生学所作的主要贡献。作为支撑人种智力价值的无可争议的"过硬"数据，它们经受住了分离物种理论的考验，并在 19 世纪一次次被迅速再版重印（参见第三章中"伟大的环线"的内容）。毋庸讳言，他们符合每个善良的美国佬的偏见——白人处在最顶层，印度人在中间，黑人则排在最末端。

表 2.1　莫顿按照种族对颅腔容量的总结表格
内部容量（立方英寸）

种族	数量	平均值	最大值	最小值
高加索人	52	87	109	75
蒙古人	10	83	93	69
马来人	18	81	89	64
美国人	144	82	100	60
埃塞俄比亚人	29	78	94	65

表 2.2　埃及墓穴头骨的颅腔容量

人种	平均容量（立方英寸）	数量
高加索人		
贝拉斯基族	88	21
闪族	82	5
埃及人	80	39
尼格利陀人（黑人）	79	6
黑人	73	1

在白人之中，日耳曼人和盎格鲁—撒克逊人处在顶层，犹太人位于中间，印度教徒属于最底层。而且，这种模式在有记录的历史中已经被完整地稳固了下来，因为在古埃及，白人同样比黑人有优势。在莫顿眼中，不同人群在美国社会中的地位与获得权力的途径，准确反映了他们的生物学价值。多愁善感者与平等主义者是如何违背自然指令的？莫顿以自己收集的世界上数量最大的头盖骨为其提供了明晰而客观的数据支持。

1977年夏天，我花了好几个星期重新分析了莫顿的数据（自封为客观主义者的莫顿，发表了所有的原始信息。我们可以略带怀疑地推测一下，他是怎么从粗浅的测量转到总结性的表格上来的。）总之，可以直言不讳地说，莫顿的结论完全是胡说八道，带有明显先验控制的欺骗性。但是——也是这个案例最有启发性的地方——我找不到任何有意欺骗的证据；如果莫顿确实是个有意的骗子，他就不会如此公开地发表他的数据。

在学术界，有意的欺骗是很少见的。有意的欺骗也没有什么意思，因为它无法告诉我们任何与科学活动本质相关的东西。如果被揭穿，骗子会被驱逐出去；科学家们声称，他们的职业具有恰当的自我监管机制，他们只管工作，科学的神话没有遭受质疑，反而被客观事实证明是正确的。而另一方面，无意的欺骗到处盛行，这也意味着存在一个与科学的社会背景相关的普遍结论。因为，如果科学家们能够像莫顿一样进行诚实的自我欺骗，那么在任何地方都可能发现这种先入偏见，甚至在骨头测量和数据统计等基础工作中也可以找到。

表2.3 莫顿种族颅腔容量的最终总结

颅腔容量（立方英寸）

种族和家庭	数量	最大值	最小值	平均值	平均值
现代高加索种群					
日耳曼家族					

种族和家庭	数量	最大值	最小值	平均值	平均值
德国人	18	114	70	90	
英国人	5	105	91	96	92
盎格鲁美国人	7	97	82	90	
贝拉斯基家族	10	94	75	84	
凯尔特家族	6	97	78	87	
印度斯坦家族	32	91	67	80	
闪米特家族	3	98	84	89	
尼罗河家族	17	96	66	80	
古代高加索种群					
贝拉斯基家族	18	97	74	88	
尼罗河家族	55	96	68	80	
蒙古种群					
中国家族	6	91	70	82	
马来种群					
马来亚家族	20	97	68	86	85
波利尼西亚家族	3	84	82	83	
美洲种群					
托尔铁克家族					
秘鲁人	155	101	58	75	79
墨西哥人	22	92	67	79	
野蛮部落	161	104	70	84	
黑人种群					
非洲土著家族	62	99	65	83	83
出生在美国的黑人	12	89	73	82	
霍屯督家族	3	83	68	75	
澳大利亚人	8	83	63	75	

印第安人劣等性的案例：《美国人的头盖骨》[*]

1939 年，莫顿开始写他的第一本大部头著作《美国人的头盖骨》，书中论述了人类种族的基本特点。他的陈述马上就暴露出了自己的偏见。"爱斯基摩人的绿洲，"他写道，"他们狡猾、世俗、忘恩负义、固执而且冷漠，他们对孩子的爱可能完全出自纯粹自私的动机。他们吞食没有煮熟和洗干净的令人厌恶的食物，而且似乎除了满足一时之需外，没有任何其他想法……他们的思维能力，似乎从幼年到老年一直维持在童年水平。……他们暴饮暴食、自私自利而且忘恩负义，这些方面也许没有任何其他民族能够与之相提并论。"（1839，p.54）莫顿对蒙古人种也没什么好感，因为他提到了中国人（p.50）："他们的感受和动作如此繁复多变，甚至可以把他们比作猴子，他们的注意力总是在不断变化。"他认为，霍屯督人（p.90）是"与低等动物最为接近的……他们的肤色是黄灰色的，旅行者们把这种颜色比作欧洲人在黄疸末期出现的奇怪色调……女人甚至比男人看起来还要面容可憎"。然而，当莫顿必须把某个白人种族描述为"只是贪婪的盗匪般的游牧部落"（p.9）时，他马上补充道，"在公正的政府的影响下，他们的道德观念毫无疑问将表现出更加良好的一面"。

莫顿的摘要图（表 2.1）展示了《美国人的头盖骨》一书中的"艰难"争论。他测量了 144 个印第安人头盖骨的容量，并且计算出其均值为 82 立方英寸，整整比白人标准低了 5 立方英寸（图 2.4 和 2.5）。此外，为了揭露印第安人缺乏"较高"智力，莫顿还附了一个颅相学测量表格。"仁慈的思想"，莫顿总结说（p.82），"可能会对印第安人文明化过程中的拙劣表现感到遗憾"，但是多愁善感必须屈服于现实。"他们的思维结构看起来与白人不同，除了最低限度内的接触，两者无法在社会中和谐共处"。印第安人"不仅厌恶教育对他们产生的束缚，而且其中绝大多数人无法对抽象事物进行持

---

[*] 这节叙述中省略了我分析中的许多数据细节。完整内容可以参考我 1978 年的论文，本书有部分内容来自这篇文章。

续推理"（p.81）。

从《美国人的头盖骨》成为有关印第安人智力劣等性的主要论著以来，我首先注意到，莫顿引用的印第安人平均头骨容量为82立方英寸，而这个数据是不正确的。他把印第安人分成两组，来自墨西哥和南美的"托尔铁克人"，以及来自北美的"野蛮部落"，82是两组野蛮人头骨容量的平均值；他从总共144个样品中得出的平均值是80.2立方英寸，或者说他得出的结论是，印第安人与白人平均值之间的差距几乎达到了7立方英寸。（我不知道莫顿是如何犯下这个低级错误的。但无论怎样，他成功保住了那条传统链条——白人在顶层、印第安人在中间、黑人在底层。）

但是80.2分这个"正确"值实在是太低了，因为它是经过不合理的程序而得出的结果。莫顿的144个头骨，属于许多不同的印第安种群；这些种群的颅骨容量差别巨大。每个种群都应该以同样的方式进行称重，这样才能避免最后的平均值因为子样本尺寸不同而产生偏差。例如，想象一下，如果我们试图从两个骑师、这本书的作者（标准的中等身高）以及所有NBA球员组成的样品中估计人类身高的平均值，情况会怎么样？几百个贾巴尔会使剩下的3个人不知所措，并且会得出一个超过6.5英尺的平均值。但是，如果我们取三个群体的平均值（骑师、我和篮球运动员），那么我们的数据就会更加接近真实的数值。由于有一个种群——小脑袋的印加秘鲁人（他们的头盖骨平均值为74.36立方英寸，并且占到了所有样品的25%）的代表人数大大超过了比例，因此莫顿的样品的数据是有巨大偏差的。而另一方面，大脑袋的易洛魁人，只为所有样品贡献了3个头骨（仅占2%）。如果某种意外原因使莫顿收集的样品中包括了25%的易洛魁人，同时只有少数几个印加人，那么平均值将会大幅上升。因此，我通过计算具有4个及以上头骨代表的所有部落的平均值，尽可能纠正这个偏差。印第安人的平均脑容量现在已经增加到了83.79立方英寸。

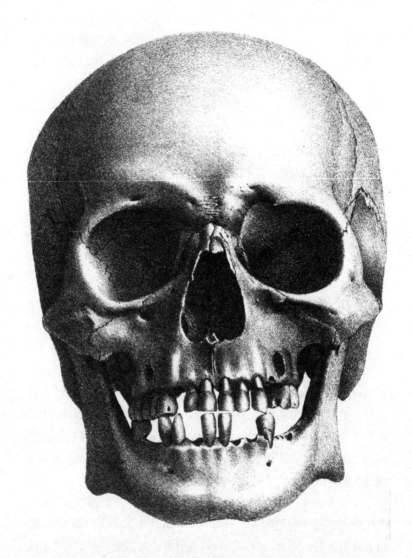

图 2.4　阿洛克印第安人的头骨。本图及下图是约翰·柯林斯绘制的，他是一位伟大的科学艺术家，但很不幸，他现在却不为人所知。它们首次出现于莫顿 1839 年出版的《美国人的头盖骨》一书中。

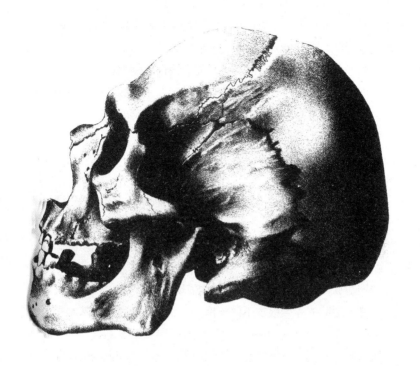

图 2.5 休伦印第安人的头骨。引自 1839 年莫顿的《美国人的头盖骨》中的插图。

　　修正的值仍然比白人的平均值要低 3 立方英寸。但当我们检查莫顿计算白人脑量平均值的程序时，我们发现了一个令人震惊的矛盾现象。由于莫顿的数据推测产生于一百年之前，假如他没有意识到子样本尺寸不等会产生偏差，那我们也许可以原谅他在印第安人脑量平均值估算上的错误。但现在我们发现，他清楚地知道存在这个偏差——因为为了算出白人脑量的高平均值，莫顿有意识地从样品中排除了小脑袋的印度人。他写道（p.261）："然而，需要指出的是，只把 3 个印度人头骨脑量纳入整个数据是恰当的，因为这些人的头骨可能比其他任何现存民族的头骨都要小。例如，17 个印度人头骨的脑容量的平均值只有 75 立方英寸，3 个进入表格的头骨就是取的这个平均值。"因此，莫顿在统计中纳入了大部分小脑袋的子样本（印加秘鲁人）来拉低印第安人脑量的平均值，却排除了许多小型的白人头骨样品以使自己种群的平均值增加。既然他如此露骨地告诉我们他的行为，我们必须假定，莫顿自认为他的步骤是没有什么不合理的。但是，除非他预先假设白人的脑量平均值真的比别的种族要高，他还有什么理由在样本中保留印加人而排除印度人呢？因为有人也许会把印度人样本作为真正异常的样本抛到一边，而把印加人（顺便提一下，印加人与印度人的脑量平均值相同）作为正常然而处于低端的样本保留下来，因为印加人是更大然而也更为落后的种群。

我用适用于所有种群的同量加权法，把印度人的头骨复原到莫顿的样本。按照莫顿的猜想，他的白人样本包含了四个隶属种群的头骨，所以印度人应该占所有头骨样品的四分之一。如果我们恢复莫顿所有 17 个印度人头骨的话，你会发现它们构成了所有 66 个样品中的 26%。白人头骨脑容量的平均值现在下降到 84.45 立方英寸，与印度人之间的差距根本不值一提。（尽管莫顿对爱斯基摩人很反感，他们却贡献了 86.8 的平均值，但由于与总平均值只有 83 的蒙古人融合在一起，其优势也就被隐藏了）。印第安人的劣等性也不过如此罢了。

埃及地下墓穴的案例：《埃及人的头盖骨》

莫顿的朋友、伙伴，人种多元发生学者乔治·格利登（George Glidden）是开罗市的美国领事。他把来自古埃及墓穴中的 100 多个头骨快递到费城，莫顿以他的第二篇重要论著——1844 年的《埃及人的头盖骨》（*Crania Aegyptiaca*）作为回应。莫顿曾经表示，或者说认为，白人在智力天分上超过了印第安人。现在，他可以通过证实白人与黑人之间的确存在更大的差异来自圆其说，并且这种差异三千多年来始终如一。

莫顿觉得自己可以根据头骨特征识别种族以及其隶属的族群（如今大多数人类学家都否认可以圆满完成这项任务）。他把白人头骨分为贝拉斯基族人（古希腊人，或者更早的希腊人的祖先）、犹太人和埃及人——按照那种顺序，再次确认盎格鲁—撒克逊人的优越性（表2.2）。根据他的鉴定，非白人头骨要么来自"尼格利陀人"（黑人与白人的混血儿，黑人成分多于白人成分），要么来自纯种黑人。

莫顿对白人头骨的主观分类明显是毫无根据的，因为他简单地把最圆的头骨分到他最喜爱的贝拉斯基族群中，把最扁平的头骨分到埃及人中；而他没有提到任何其他进行细分的标准。如果我们无视他的三分法，把所有65个白人头骨混合组成一个样本，我们会得到82.15立方英寸的容量平均值。（如果我们撇开莫顿的怀疑并平等地排列所有的子样本——就像我们在《美国人的头盖骨》中计算印第安人与白人头骨的脑量平均值一样——我们会获得83.3立方英寸的平均值。）

这些平均值中任何一个仍然都大幅超过尼格利陀人和黑人的平均值。莫顿假定自己已经测出了不同族群在智力上的固有差异。他从来没有考虑任何其他与头骨脑量平均值有关的不同说法——尽管另一个简单而且明了的解释就在他眼前。

大脑的大小与携带它们的身体的尺寸有关：高大的人比矮小的人更可能有较大的大脑。这个事实并不意味着高大的人更加聪明——这是不可能的，就像我们不能因为大象的大脑比我们更大，就认为它们比人类更加聪明一样，所以应该根据身体的尺寸作出适当的调整。男人通常比女人高大；因此，一般来说，他们的大脑更大。当根据身材进行修正之后，我们发现男人和女人的大脑容量大致相等。莫顿不仅没有修正性别与体型之间的误差；他甚至还未意识到客观上存在这种差别，尽管他的数据确凿地表明了这一点。（我只能猜测，莫顿从未根据性别与身高之间的差异而对他收集的头骨进行分类——虽然他的表格记录了这些数据——因为他非常想把大脑的大小差别直接解读为智力上的先天差异。）

许多埃及头骨（图2.6）来自木乃伊遗骸的收藏者，莫顿可以毫不含糊地记录他们的性别。如果我们使用莫顿自己选定的样本，分别计算男性与女性的平均值（莫顿从未这样做过），我们会得出以下引人注意的结果：24个男性白种人头骨容量的平均值是86.5立方英寸；22个女性头骨的平均值为77.2（剩下的19个头骨不能鉴定性别）。在6个尼格利陀人头骨之中，莫顿鉴定有两个女性（分别是71和77立方英寸），其他4个无法确定性别（分别是77、77、87和88立方英寸）。*如果我们根据常理猜测，其中两个稍小的头骨（77与77立方英寸）是女性，而两个较大的是男性（87和88立方英寸），我们便能得出：男性尼格利陀人的平均值是87.5立方英寸，比白种男人的平均值86.5立方英寸稍微高一点；女性尼格利陀人的平均值是75.5立方英寸，比白种女人的平均值77.2稍微低一点。莫顿得出的白人和尼格利陀人样本之间存在4立方英寸的明显差异的结论，也许只记录了其半数白人样本可能是男性而只有三分之一的尼格利陀人样本可能是男性的事实。（莫顿错误地把尼格利陀人的脑量平均值向下凑成79，而不是向上达到80，这种明显的差异实际是经过刻意放大的结果。正如我们再次看到的那样，莫顿所有小的数据错误都迎合了他的偏见。）白人与埃及墓穴中的尼格利陀人大脑大小的差异只记录了由于性别不同而产生的身高差异，而不是在"智力"上的变化。如果你知道一个纯种黑人的头骨（73立方英寸）是女性的，你是不会感到惊讶的。

大脑与体型之间的关联，也解决了我们之前在《美国人的头盖骨》的讨论中悬而未决的问题：什么是印第安人大脑容量平均值差异的基础？（这些差异相当困扰莫顿，因为他无法明白，小脑袋的印加人是怎样建立起如此复杂的文明，虽然他安慰自己说，他们很快就被西班牙侵略者给征服了）。答案再一次摆在他面前，但莫顿从来都视而不见。莫顿在对不同部落的描述中给出了身高的主观数据，我在表2.4中与大脑大小平均值一起展示这些数据。大脑与身高之间的关联是肯定存在的，没有例外。白种人中印度人较低的平

---

* 在1849年终极版的目录中，莫顿对所有头骨的性别（和年纪，在五年之内！）进行了猜测。在这本晚期著作中，他把77、87和88立方英寸脑容量的头骨指定为男性，剩下的77立方英寸的指定为女性。这个指定纯粹是猜测；我的替换版本也貌似同样可信。在《埃及人的头盖骨》这本书里，莫顿更加谨慎了，他只鉴别了木乃伊遗骸样本的性别。

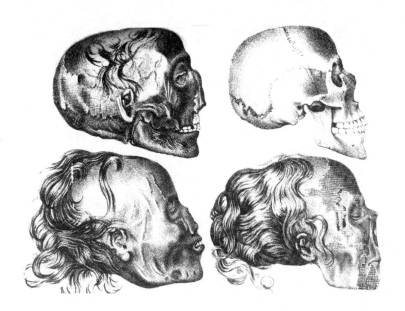

图 2.6　埃及地下墓穴的头骨。引自 1844 年莫顿的《埃及人的头盖骨》。

表 2.4　根据莫顿评估的不同身高的印第安族群头盖骨容量排序

身高和种群	头骨容量（立方英寸）	数量
大		
塞米诺—马斯科吉人	88.3	8
齐佩瓦族和相关族群	88.8	4
达科塔和奥赛奇人	84.4	7
中		
墨西哥人	80.2	13
梅诺米尼人	80.5	8
遗址人	81.7	9
小		
哥伦比亚河印第安部族	78.8	10
秘鲁人	74.4	33

均值，同样记录的是身高的差异，而不是另一个证明印第安人愚蠢的例子。

黑人脑容量平均值变动的案例

在《美国人的头盖骨》中，莫顿确定78立方英寸为黑人头骨容量的平均值。五年之后，他在《埃及人的头盖骨》的测量表格中附上了这样的脚注："我已有79个出生于非洲的黑人头盖骨……其中有58个是成年人……确定85立方英寸作为大脑容量的平均值"。（1844，p.133）

莫顿在1839至1844年把测量的工具从芥末种子改成了铅粒，我怀疑，这个改变正是黑人大脑容量平均值增加的原因。幸运的是，莫顿亲自重新测量了他所拥有的大部分头骨，他在各种目录中提供了通过种子和铅粒对相同头骨进行测量的表格（细节参见Gould，1978）。

我猜测利用种子进行的测量得出的数据可能会低一些。种子很轻，哪怕经过筛选，其大小也有不同。因此，它们没有填充好。只要使劲摇动或者用大拇指按压枕骨大孔（头骨底部的一个孔），种子都可以安放得更好，并空出更多的空间。用种子进行测量得出的结果是很多变的；莫顿的报告告诉我们，对同一个头骨再测一次，都会有若干立方英寸的差异。他最终变得气馁了，解雇了他的助手，并亲自用铅粒把所有的测量重做了一遍。经过再次校准的差距没有超过1立方英寸，因此我们也许应该接受莫顿的判断，即用铅粒测量是客观、精确并经得起复验的——而早期用种子进行测量是极为主观而且不稳定的。

然后，我计算了种子和铅粒之间的差异。正如我猜想的那样，利用铅粒测试总是比用种子产生更高的数值。我用两种方法测量了111个印第安人头骨，用铅粒测量的平均值比用种子测量的高2.2立方英寸。无论对黑人还是对白人来说，莫顿的数据都是不可靠的，因为他并没有在《美国人的头盖骨》中对每一个头骨（通过种子测量）作详细说明。对白人19个可以辨认的头骨用种子测量，脑量平均值只有1.8立方英寸的平均差异。然而在对《美国人的头盖骨》中提到的18个非洲人头骨样本重新进行测量的过程中，用铅粒测量得出的平均值是83.44立方英寸，比1839年用种子测量得出的平均值高出5.4立方英寸。换句话说，在莫顿的先入之见中，简单且经过潜意识的主观捏造的测量，与没有受到先入偏见影响的客观测量之间，越"低劣"的人种产生的差异就越大。黑人、印第安人与白人的差异分别是5.4、2.2和1.8立方英寸。

我们可以很容易想象出这样的场景：在用种子测量的时候，莫顿拿起一个大得可怕的黑人头骨，用种子轻轻地填满它，并断断续续地摇动几下；然后，他拿起一个小得令人沮丧的白人头骨，剧烈地摇动，并用拇指使劲按压枕骨大孔。他很容易下意识去这样做；因为心理期待是动作行为的有力指导。

表2.5　莫顿最后列表的修正数值

人种	头骨容量（立方英寸）
蒙古人	87
现代白种人	87
美国土著	86
马莱人	85
古代白种人	84
非洲人	83

1849年的最终列表

当莫顿在1849年提供最后的列表时，他的收藏数量倍增，一共包括623个头骨——每个盎格鲁—撒克逊人都急切期盼的一个压倒性分级。

白人的子样本遭受了错误与扭曲。在概要报告中，德国人的平均值为90，但按照目录中列出的头骨测量实际数值是88.4。盎格鲁—美国人正确的平均值是89（89.14），而不是90。英国人96的高平均值是正确的，但采取的样本完全是男性。*如果我们遵照计算子样本平均值的程序进行测量，那么6个现代白人"家族"的平均值是87立方英寸。两个古代白人子样本的平均值是84立方英寸（见表2.5）。**

6个中国人头骨为莫顿提供的蒙古人的平均值是82，但是这个低数值却是建立在两个选择性无视基础之上的：第一，莫顿将最近的中国样本排除在外（1336号头骨的平均值为98立方英寸），尽管在他出版概要时一定把它们包含在收藏之中，因为他把许多数值较高的秘鲁人头骨也包括在内。第二，尽管莫顿对收藏中缺少了爱斯基摩人而感到非常遗憾（1849，p. Ⅳ），他也没有提到在《美国人的头盖骨》中测量过的3个爱斯基摩人头骨。（那些头骨是属于他的朋友乔治·库姆的，而且没有出现在他最后的目录中。）

莫顿从来没有用铅粒再次测量这些头骨，但如果我们把从印第安人那里纠正过来的2.2立方英寸加到他们的平均值86.8上，我们得到的平均值就是89。这两个样本（加上1336号的中国人样本，以及对爱斯基摩人的保守纠正）得出的蒙古人的平均值是87立方英寸。

到1849年，莫顿测出的印第安人大脑容量平均值陡然下跌至79。但由于和前文提到的同样的原因，这个数据也是无效的，甚至更加可疑了——因为子样本数量不均衡。1839年小脑袋（和小个子）的秘鲁人样本占总样本的23%，而到1849年，他们的比率已经提高了近一半（338个头骨中占155个）。如果我们按照之前的标准

---

* 为了再次表明身高引起的差异到底有多大，我列出了这些从莫顿的列表中恢复的附加数据，这是他自己从来没有算到或者意识到的：1）关于印加秘鲁人，53个男性头骨平均值是77.5；61个女性头骨平均值是72.1；2）关于德国人，7个男性头骨平均值是92.2；8个女性头骨平均值是84.3。

** 我最初的报告（Gould，1978）错误地列出现代白种人的平均值85.3。这个错误的原因让人难堪，但是很有指导意义，因为它以我本人为代价解释了这本书要标明的基本原则：科学的社会嵌入性以及在假想的客观性基础上经常出现的期望移植。表2.3中第七行我为莫顿的第三组样品列出了闪米特人头骨容量的范围，从84到98立方英寸不等。但是，我原始论文中引用了一个80的平均值——如果最小的头骨测量是84，这明显是不可能的。我研究了莫顿原始表格的复印版，原来他正确的平均值89被涂脏了，看起来就像我这个版本上的80。尽管从84到98这个范围清楚地表明了正确性，我却从来没有看到其中的错误——大概是因为80这个低平均值符合我心中期望的令白人沮丧的平均值的缘故吧。因此我感觉80是正确的，却从来没有检验过。我非常感谢西北大学的欧文·克罗兹博士为我指出了这个错误。

计算，所有印第安人子样本加权平均后的数值是 86 立方英寸。

为了得出黑人的低平均值，我们必须抛弃莫顿的澳大利亚土著居民，因为他想评估非洲黑人的地位，而我们已经不再认为两个种群之间具有紧密的关系——黑皮肤在人类种群中经过了不止一次的进化。我们同样要抛弃 3 个霍屯督人样本。因为它们的头骨都是女性，而且个子非常娇小。土著与美国人杂交产生的黑人，混合而成了一个单一样本，其大脑容量平均值在 82 和 83 之间，但更接近于 83。

简而言之，我对莫顿的传统分级的修正与莫顿自己得出的数据相比，并没有显著差异（表 2.5）。所有种群的平均值都在 83 和 87 立方英寸之间，白人享有最高的位置。如果西欧人选择从他们所在的子样本的高平均值中寻求优势（德国人与盎格鲁—撒克逊人在白人的图表中），我必须指出，有几个印第安人的子样本的平均值和他们一样高（虽然莫顿把所有北美印第安人混在一起，并且从未报告其隶属的种群的大脑容量平均值），而且日耳曼人与盎格鲁—撒克逊人的高平均值，要么是误算的结果，要么是莫顿的表格存有偏差。

结论

莫顿的欺骗可以被归纳为四个方面：

1. 由偏见导致的不一致性和变动的标准：莫顿经常为了得到种群的预期平均值而选择是包括还是删除大量子样本。他把印加秘鲁人包括在印第安人中，是为了降低印第安人的平均值；他删掉印度人，是为了提高白人的平均值。为了和预期结果保持惊人一致性，他自己选择是否计算子样本的平均值。他为了显示日耳曼人和盎格鲁—撒克逊人的优越性而计算白人的高平均值，但从未给出具有同样高平均值的印第安人子样本的数据。

2. 主观导向性预期偏见：一方面，莫顿的种子测量方法由于主观偏见而允许大范围内存在不够精确的数据；另一方面，后来用铅粒进行的测量是可以复验的，并假定是客观的。在用两种方法测量的头骨中，用铅粒测量出的数值总是高出填充较轻种子的测量数据。但是存在的差异程度和先前的设想是完全匹配的：黑人、印第安人和白人的差异分别是 5.2 立方英寸、2.2 立方英寸和 1.8 立方英寸。换句话说，当结果朝着一个期待的结果而产生偏差时，黑人遭受最差的测量，而白人得到最好的结果。

3. 在我们看来非常明显的程序漏洞：莫顿相信不同的头骨尺寸表明智力的差别。他从来没有考虑过替代性的假设，尽管他自己的数据几乎在呼唤一个完全不同的解释。莫顿计算平均值时从来没有考虑性别或身高，哪怕他在列表中记录了这些数据——关于埃及木乃伊的。如果他考虑到身高的影响，他可能就会意识到，这也可以解释在不同种群中大脑尺寸存在的重大差异。尼格利陀人的平均值比埃及头骨中的白人平均值要低，因为尼格利陀人样本中可能包含了较高比例的身材矮小的女性，而不是因为这些黑人天生更加愚笨。他在印第安人样本中纳入的印加人，以及他在白人样本中排除的印度人，都因为身体矮小而有较小的大脑。莫顿用完全由三个女性构成的霍屯督人样本来支持黑人的愚笨性，而用全部是男性的英国人样本昭示白人的优越性。

4. 错误的计算和随手的疏漏：我发现的所有误算和疏漏都是莫顿所喜欢的。他将埃及尼格利陀人的平均值向下凑整到 79，而不是向上凑足 80。他引用的德国人和盎格鲁—撒克逊人的平均值是 90，但准确的数值应该是 88 和 89。他最后从有关蒙古人的列表中排除了一个中国人大头骨和一个爱斯基摩人子样本，因此得以把他们的平均值压在白人均值之下。

但是纵观所有这些歪曲现象，我没有发现有意欺骗或者操纵的痕迹。莫顿没有试图掩盖他的行为，我不能不推测，他没有意识到自己留下了这些痕迹。他解释了所有程序，并且出版了所有原始数据。我可以清楚地看到，一个有关种族等级化的预期信念是如此有力，以至于在它指导下的列表完全沿着预先制定的轨迹进行绘制。然而，作为他那个年纪的客观主义者，莫顿赢得了广泛的呼声：他把美国的科学从毫无支撑的猜想泥淖中拯救出来。

美国学派和奴隶制

美国重要的多元基因学家在对待奴隶制的态度上各不相同。他们大部分是北方人，而且大部分都支持斯奎尔（Squier）俏皮话的某个版本："关于黑人，我有一个十分糟糕的观点……关于奴隶制的观点更加糟糕。"（Stanton，1960，p.193）

但是将黑人认定为不同的、不平等的物种，并以此作为对奴隶制的辩护，有着明显的吸引力。有个重要的多元基因学家叫约西亚·诺特，他的"黑人演讲"（他这么说）在南方遇到了乐于接受他观点的听众。莫顿的《埃及人的头盖骨》在南方得到了热烈欢迎（Stanton，1960，p.52-53）。一个奴隶制支持者写道，南方再也不需要为其"特别制度"辩护的"欧洲或者北美的声音"感到"如此害怕"了。在莫顿去世的时候，南方重要的医学杂志宣称（R.W. Gibbs, *Charleston Medical Journal*，1851，quoted in Stanton，1960，p.144）："我们南方人应该把他当成我们的恩人，因为他在赋予黑人真正劣等种族的地位中给予了相当大的帮助。"

尽管如此，多元基因学家的理论没能成为美国19世纪中期奴隶制观念的主流——并且理由充分。对大多数南方人来说，这个精彩的论断让他们承担了过高的代价。多元基因学家曾经指责理论家是他们追寻纯粹真理的障碍，不过他们的目标是成为牧师而不是废奴主义者。他们的理论宣称人类创造的多元性，与只存在唯一亚当的教义相矛盾，并且否认了圣经文字中的真理。尽管重要的多元基因学家们持有不同的宗教态度，但没有一个人是无神论者。莫顿和阿加西斯是传统的虔诚教徒，但他们也确信，如果没有训练有素的牧师去干涉科学事务，并且停止把《圣经》作为解决自然历史争论的权威文献，那么科学和宗教都将受益。约西亚·诺特用一种强有力的方式陈述了他的目标（阿加西斯和莫顿不会这么糟糕地陈述）："……把人类的自然历史从《圣经》中切断，然后分别把它们放置在自己的基石上，这样它也许在那里就不会再有冲突或干扰。"（Stanton，1960，p.119）

多元基因学家把奴隶制辩护者逼入了窘境：是否应该以限制宗教为代价来接受科学的坚定论断？在摆脱这个困境的过程中，《圣经》通常会赢得胜利。毕竟，《圣经》的论述对奴隶制的支撑很充分。而在含（Ham，诺亚的三个儿子之一，含族 Hamitic 是高加索人的分支，而闪族是犹太人的分支）的诅咒下堕落的黑人，是古老而出众的后备之选。此外，多元发生学也不是唯一可获得的准科学辩护。

例如，南卡罗来纳州的牧师和著名自然学家约翰·巴赫曼（John Bachman），作为一个坚定的单元基因学家，耗费了其绝大部分学术生涯以反驳多元发生学说。而他也用多元基因学说原理来为奴隶制辩护：

> 在智力上，非洲人是我们种族中的低等种类。他们的整个历史都为我们提供了他们不能进行自我管理的证据。我们用手牵着的孩子，以及向我们寻求保护和支持的人，尽管他们孱弱而愚蠢，但依旧流淌着我们自己的血液（Stanton，1960，p.63）。

在非多元基因学家对奴隶制"科学的"辩护中，没有谁的论述比著名的南方医生 S.A. 卡特赖特（S.A.Cartwright）的学说更加荒谬。（我不会引用它作为典型案例，而且我怀疑很多聪明的南方人已经给了它足够关注；我只想在"科学的"范围内解释一种极端。）卡特赖特将黑人种族的问题追溯到肺部血液脱碳性不足上来（二氧化碳排除不够）："这是有缺陷的……血液的大气化，与颅骨里的大脑缺陷结合在一起……这才是智力低下的真正原因，它导致非洲人无法自我管理。"（Chorover，1979；对卡特赖特的所有引用都来自他在 1851 年路易斯安那州医学组织会议上提交的论文。）

卡特赖特甚至给它起了个名字——感觉障碍（dysesthesia），不能充分呼吸的病症。他描述了黑人的症状："当驱使他劳作时……他用轻率而满不在乎的态度来完成分配给他的任务，用脚踩踏或用锄头切断他需要种植的作物——折断自己的劳动用具，把接触到的一切都弄得一团糟。"无知的北方人把这种行为归因于"奴隶制影响的减弱",而卡特赖特认为这是一种真正疾病的表现。他把无痛触感认定为另外一种症状:"当遭受惩罚的时候,他既没有任何痛感……也不会产生任何不同寻常的憎恨,而只是愚蠢地生闷气。"卡特赖特提出了如下的治疗方案:

> 肝脏、皮肤和肾脏都应被激发活性……来帮助血液脱碳。刺激皮肤的最好方法是:首先,要有足够的耐心用温水和肥皂把皮肤清洗干净;然后周身涂上油脂,用宽皮带抽打,使油脂渗进皮肤;然后把病人置于户外阳光下做繁重工作,比如伐木、砍柴或者用横锯或双人横锯锯木头,迫使他们扩大肺活量。

卡特赖特继续用感觉障碍进行疾病分类。他想知道奴隶为什么总是想逃跑,并认定原因是一种叫作"漫游狂"(drapetomania)的精神疾病,或者是一种逃跑的疯狂欲望。"他们受无法改变的生理法则的约束,像孩子一样喜欢那些统治他们的人。因此,根据他们的天性,黑人无法控制自己对善良主人的喜爱,就像孩子抑制不住对喂养他的人的喜爱一样。"因为奴隶受漫游狂病症的折磨,卡特赖特提供了一个行为治疗方案:"他们只能留在那个州,并像对待孩子一样对待他们,这样就可以阻止并且治愈他们的逃跑症了。"

奴隶制的辩护者不需要多元发生学说,宗教作为社会秩序理性化的主要源头,仍然站在科学之上。但美国关于多元发生学的争论也许最后一次表明:以科学的形式进行的争论,还没有筑成对现状和不可改变的人类差异性的第一道防线。1859 年,内战爆发在即,达尔文的《物种起源》即将出版。对奴隶制、殖民主义、种族差异、阶级结构以及性别角色的后续争论,将主要在科学的旗帜之下继续进行下去。

第三章

头部测量：保罗·布洛卡和颅骨学的全盛时期

> 没有一个有理性、了解事实真相的人会相信，仍然低人一等的普通黑人能够和普通白人相抗衡。即便真的能够抗衡，哪怕他们的缺陷已经消失，哪怕给予这些下巴突出的同类一个公平竞争的环境，在没有支持也没有压迫的情况下，我们也实在难以相信，他们能够在这场凭借思想而不是依靠武力的竞争中，成功地战胜比他们大脑更大、下颚更小的对手。
>
> ——T.H. 赫胥黎（T.H.Huxley）

数字的诱惑

导语

进化论清除了支撑人类同源论者与人种多元发生学者进行激烈争辩的创世论根据，却又由于为二者共有的种族主义观点提供了更好的理论依据而同时满足了双方的需要。人类同源论者得以继续按照种族精神和道德价值建立线性的等级秩序；人种多元发生学者现在承认，人类在史前的迷雾中具有共同的祖先，但同时又断定，因为分开的时间太久，不同种族已经在天赋、智力方面形成了主要遗传差异。如人类史学专家乔治·斯托金（George Stocking）写道（1973，p. IX）："1859 年以后，由此产生的智力差异方面的紧张局势就解决了，一个既是人类同源论者又是种族主义者提出了综合性的进化论，虽然这一理论把深色皮肤的野蛮人降低到非常接近猿人的等级，但它还是能够确保人类的大团结。"

19世纪后半叶不只是人类进化论的时代，另外一个横扫人类科学界的潮流——数字的诱惑同样引人注目。它是一种信仰，认定严格测量可以确保无可辩驳的精度，并且可能标志着从主观推断到像牛顿物理体系这样更有价值的真正科学的过渡。进化与量化组成了一个并不神圣的同盟；在某种意义上，这两者的联合造就了第一个有力的"科学"种族主义理论——如果我们像那些对科学误解最深的人一样来定义"科学"的话：正如得到丰富的数据支撑的任何观点一样。人类学家在达尔文之前也提供过数字，但是我们在对莫顿的粗略分析（第二章）中已经精确地证明了他某些观点的虚假性。在达尔文时代结束之前，标准化的程序和正在发展的统计知识体系产生了大量更为可信的数据资料。

这一章是关于一度被认为比其他结果都要更为重要的数据的故事——颅骨测量法，即对头盖骨及其内含物进行测量的数据。颅骨测量法的领军人物不是有意识的政治思想家。他们自认为是数据的仆人、客观的使徒，并且证实安逸的白种男人得到偏爱是正确的——黑人、女人、穷人都是在自然残酷的命令下成为白人附庸的。

科学源于创造性的解释。数据暗示、限制和反驳，但数据自身不能阐明科学理论。理论建立在对数据的解读上，而解读者又时常被他们自己的辩论术所蒙蔽。他们相信自己的客观性，却无法明白正是这个偏见将他们导向与数据一致的众多解释中的一个。保罗·布洛卡的时代距离今天已经足够久远了。因此我们能以局外人的身份来揭示出，他使用数字只是为了解释预设的结论，而不是产生新的理论。我们能否相信，今天的科学之所以与那时不同，只不过因为我们和大多数实践科学家享有同样的文化背景，并且误解了它对客观事实的影响？布洛卡是一个模范的科学家；没有人能在细心谨慎和测量精度上超越他。除了我们自身的偏见，我们还有什么权利来识别他的偏见，并让我们自己坚信，科学是不受文化与阶级的影响而自由发展的呢?

弗朗西斯·高尔顿——量化的信徒

没有人能像达尔文的著名表兄弗朗西斯·高尔顿(Francis Galton, 1822—1911)那样, 把他们那个时代的数字魅力表达得如此精当。独立而富裕的高尔顿拥有罕见的自由, 使得他能把大量精力和智慧投入他喜爱的测量课题中。高尔顿作为现代统计学的开拓者之一, 相信只要足够努力并具有独创性, 就一定能测量任何事物, 并且认为测量是科学研究的基本准则之一。他甚至提议进行一项关于祈祷的功效的统计学调查。高尔顿在 1883 年创造了一个术语——"优生学", 提倡按照父母的遗传天资来管理婚姻和控制家庭的规模。

高尔顿用特殊的测量方法及其所有独创性支撑自己的信念。例如, 他尝试通过以下方法建立一张不列颠群岛的"美人地图"(1909, pp.315-316):

> 只要我有机会把遇到的人分为"好、中、差"三类, 我会用一根带有特殊装置的针, 悄悄地在一张草草撕成的带有"长腿"(下端更长)的十字形纸片上扎洞。我用上面的部分记录"好", 十字中间的一横记录"中", 下面部分记录"差"。刺的洞始终清楚明了, 并且方便在闲暇的时候辨认读取。对象、地点和日期都记录在纸上。我用这种方法获取美人的数据, 并把我在街上或者其他任何地方擦肩而过的女人分成迷人、中等和丑陋三类。当然这只是我个人的判断, 但它始终是通过同一标准在同一群体中的不同尝试。我发现伦敦的美人最多, 亚伯丁的最少。

他幽默地暗示我们, 这样的量化方法是令人生厌的(1909, p.278):

> 很多精神过程允许粗略地测算。例如, 通过记录人们烦躁的次数来估算他们无聊的程度。我在皇家地理学会会议上

就没少用这种方式，因为即使在那里，也偶尔会读到枯燥的研究报告……使用手表容易引起注意力，所以我通过呼吸的次数来估算时间——每分钟呼吸 15 次。不过不是心理上的计算，而是通过连续敲击 15 下手指而进行精确地估算。这种计算方式是为测算烦躁而准备的。这种观测结果仅适用于中年人。孩子很难安定，而上了年纪的哲学家有时会在较长时间内保持严肃。

量化是高尔顿的神明，他坚信，只要找到了正确的方法，他几乎能够测量所有事物的遗传性。高尔顿相信，即便是最受社会影响的行为，也有先天影响的成分。"正如很多上议院的议员娶了百万富翁的女儿，"他写道（1909，pp.314-315），"很容易想到的是，我们的参议员将来可能会变成拥有更精明的商业能力，却拥有比现在更低的商业忠诚度的特点。"他不断寻找新的有独创性方法以测量人的相关价值，并提出通过分析黑人酋长和白人旅行者相遇的历史记录而对黑人和白人进行评估（1884，pp.338-339）：

> 毫无疑问，是后者给他们带来了文明地域的流行知识，但这比起我们即将假定的优势而言，它只能算是一个不太重要的优点。只要愿意，土著首领可以掌握良好的管理技艺；他会继续努力提高个人管理能力，并往往通过每天显示出性格中胜过其国民和对手的优势而保持自己的地位。在某种程度上，到野蛮国家的旅行者也适合承担领导角色，他每到一个居住地都必须面对当地的土著首领。结果惊人的相似——白人旅行者在他们面前总是保持着自身的优势。很少听说哪个白人旅行者觉得遇到了一个比自己更好的黑人酋长。

高尔顿有关智力遗传的主要著作《遗传天赋》（*Hereditary Genius*，1869）包括了在他自己标准下的人体测量学，但当他在 1884 年举办的国际博览会上建起一个实验室之后，他对头盖骨和人体测量的兴趣达到了顶点。人们在那里只要三便士就可以穿过他的测试装配线，并得到对自己的评估。博览会后，他在伦敦一家博物馆把这间实验室维持了六年。这间实验室越来越有名，并吸引了当时许多名人显要，其中就包括格莱斯顿（Gladstone）：

> 格莱斯顿先生有趣地坚持自己头骨的尺寸，他说，帽商经常说他长着亚伯丁郡人的头——"可以肯定我没有忘记告诉我的苏格兰选民这个事实"。这是一个形状漂亮的头骨，尽管尺寸有些小，但毕竟它的周长也就那么大（1909，pp.249-250）。

为了避免被误认为是维多利亚时期某个精神恍惚的怪人的无害沉思，我必须指出，弗朗西斯先生被严肃地认为是他那个时代最重要的知识分子之一。美国遗传学家路易斯·特曼（Lewis Terman）——美国 IQ 测试最重要的创立者之一——回顾性地计算了几位科学家的 IQ，其中高尔顿的智商高达 200，而达尔文的只有 135，哥白尼更是只在 100 到 110 之间（参见本书第五章中"已逝天才的僵死的 IQ"的内容）。达尔文曾强烈地质疑了遗传学论断，他在读完《遗传天赋》之后写道："你在某种意义上改变了对手的信仰，因为我一直认为，除了傻瓜，人类在智力上没有太大差异，差别主要体现在热情和努力工作的程度上。"（Galton，1909，p.290）高尔顿回应道："我对他所作的有关努力工作的评论的辩驳就是，性格，包括工作的能力，像其他任何能力一样，都是遗传的。"

一场带有道德意味的开幕戏：数字不是真理的保证

1906 年，一位名叫罗伯特·本莱特·比恩（Robert Bennett Bean）的弗吉尼亚医生发表了一篇长论文，文中对美国的黑人和白人的大脑进行了技术性对比。他有一种特别的神经学园艺才能，能够在任何他看似有意义的地方发现有意的差别，即以他喜欢的强硬的数据表现黑人的低劣性。

比恩为自己在脑胼胝体方面取得的数据感到尤其自豪。脑胼胝体是大脑里连接左右两侧大脑半球的神经纤维束。根据颅骨测量学的主要原则，高级智力功能居于大脑前部，感觉、运动能力靠近大脑后部，比恩由此推论说，他能够根据大脑胼胝体中相关部分的尺寸来划分种族等级。因此他测量胼胝体前部的膝长度，将其与后面压部的长度相比较。他绘制了一个膝与压部的对比图表（图3.1），对于绝大多数样本来说，他几乎完成了区分黑人和白人大脑的工作。白人大脑的膝相对长，因此智力所在的前部大脑更多。更加引人注目的是，比恩惊叹道（1906，p.390），膝包含着掌管嗅觉和智力的纤维束！比恩继续说道：我们都知道黑人比白人的嗅觉更灵敏；因此我们可以猜想，如果种族间的智力差异不是太大，那么黑人的膝会更长。但是，尽管黑人具有嗅觉优势，他们的膝却更短；因此，黑人一定存在智力上的缺陷。

此外，比恩没有忘记推出相应的性别结论。在每个种族中，女性的膝都比男性的要小一些。

然后，比恩继续陈述他的言论，相对来说，白人大脑的额部比颅骨顶部和枕骨（旁边和后部）更大。他声称，根据额部的相对尺寸，黑人介于"人［原文如此］和猩猩"之间（1906，p.380）。

在这篇冗长的专题论文中，一个常用的方法明显没有出现：比恩没有提到任何与大脑质量有关的数据，而这是经典颅骨测量学家们最喜欢使用的标准。出现这个疏忽的原因隐没在附录中：白人和黑人的大脑在总体质量上没有多大差别。比恩敷衍其词地说道："大脑称重时受很多因素的影响，在这里讨论这个问题是否有意义，是值得我们商榷的。"他还是找到了一条出路。他研究的大脑来自于送给医学院的无人认领的尸体。我们都知道，比起白人来，黑人对死者抱有较少的尊重。只有最低层的白人——妓女和堕落之徒才能在被遗弃的尸体中找到，"而在黑人中，大家都知道，甚至连较高阶层的人也容易忽视他们的死者"。因此，即便没有对差异进行测量，也意味着白人具有优越性，因为数据"也许确实会显示，底层的白人也比层次较高的黑人拥有更大的大脑"（1906，p.409）。

在招来麻烦的附录之前，比恩在一个总结性的段落中给出了一

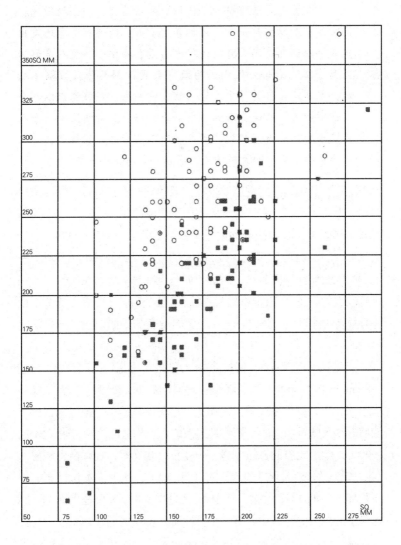

图 3.1　比恩绘制的 Y 轴的膝和 X 轴的压部的对比图表。白圈是意料中的白人大脑；黑方块是黑人大脑。白人似乎膝更长，因此前部有更多大脑，经过进一步推测，应该具有更多智力。

般性的结论，他宣布了一个普通的偏见作为他的科学结论：

> 黑人首先是很深情的，他们非常情绪化，而且很敏感，常常处在激动的热情中。他们喜欢卖弄，能够有节奏地发出声音。他们具有尚未开发的艺术力量和品位——黑人是好工匠和手工艺者——他们因为缺少自我控制而导致性格不稳定，尤其是在性关系中；他们缺少方向感、定位意识以及自我识别能力，所谓奇怪的冒失就是证据，非常明显。一个人可能很自然地就能想到，黑人之所以具有这样的性格，是因为他们整个后部的大脑很大，而前部相对较小一些。

比恩没有把自己的观点局限在技术性刊物上。1906 年他在流行杂志上发表了两篇文章，并因为吸引了足够的关注而成为 1907 年 4 月《美国医学》杂志社论的主题（引自 Chase，1977，p.179）。社论宣称，比恩找到了"黑人学校高等教育完全失败的解剖学基础——他们的大脑无法理解教育，就像一匹马无法理解立方法则一样……所有政党的领袖现在都承认，人类平等是个错误……修正这个错误并且移除我们繁荣的威胁——一大群没有脑子的选民——是切实可行的"。

但是比恩在约翰·霍普金斯大学的导师富兰克林·P. 玛尔（Franklin P. Mall）产生了怀疑：比恩的数据太完美了。他重复了比恩的工作，只是在过程上保持了一个重要差异——他确保自己不知道哪些大脑是白人的，哪些是黑人的，直到全部测量完毕（Mall，1909）。他用比恩的方法测量了 106 个大脑样本，发现白人和黑人在膝和压部的相对尺寸没有差异（图 3.2）。这个样本包括了比恩原始样本中的 18 个大脑，其中 10 个是白人的，8 个是黑人的。比恩测量的白人的膝长中，有 7 个都比玛尔测量的要长，只有一个黑人的膝比玛尔测量的长。在 8 个黑人大脑中，比恩测量的压部长度有 7 个都比玛尔测量的要长。

我之所以用这个关于狂热的小故事拉开序幕，是因为它很好地证实了这一章和整本书的主要论点：

1. 科学种族主义者和性别主义者经常把他们的劣等标签贴在某一个劣势群体上；但是，种族、性别和阶级是捆绑在一起的，其中每一个都是另外几个的代理人。个人的研究可能被限制在某一个领域之中，但普遍流行的生物决定论的一般哲学观点是——优势和劣势阶层都遵循自然的法则；分级表现的是生物性。比恩研究的是种族，但是他把自己最重要的结论扩展到女性身上，并调用存在于社会阶层之间的差异来论证，白人和黑人大脑质量相等也能实实在在地反映黑人种族的劣等性。

2. 根据预设的偏见而不是翔实的数据得出结论。毋庸置疑，比恩有关黑人的冒失陈述，反映的是经过他客观化的预设信念，而不是对大脑前后部数据对比之后的结果。如果没有黑人劣等性这个预设信念的共有背景，从大脑质量等式的奇怪托词中得出黑人劣等性结论就是荒唐的。

3. 在操作过程中增加测量精度、样本数量或者复杂程度，都无法使数据和图表获得更高权威。实验设计的基础可能也是有缺陷的，并且没有通过更多重复而得到修正。存在于众多潜在结论中的预设观念，常常导致了在设计中必然存在的一系列缺陷。

4. 颅骨测量学不仅仅是学者的玩物，也不是一个仅限于技术性刊物的主题。其结论也湮没了大众出版物。一旦这些结论的地位稳固，出于自己生计的考虑，它们常常开始从二手资料到二手资料进行无休止地复制，并因为无人验证主要资料的不堪一击而难以辩驳。在这种情况下，玛尔把一个武断的教条扼杀在了萌芽状态，但是仍然滞后于当时的一份重要期刊，它已经因为黑人的"天生"愚笨而建议禁止他们参与选举。

不过，我也注意到了比恩和欧洲伟大的颅骨测量学家之间的重要区别。比恩要么犯下的是有意识的错误，要么进行的是非同一般的自我欺骗。他是一个被动地遵循荒谬实验设计的可怜科学家。而伟大的颅骨测量学家们都遵从他们那个时代标准的优秀科学家。他

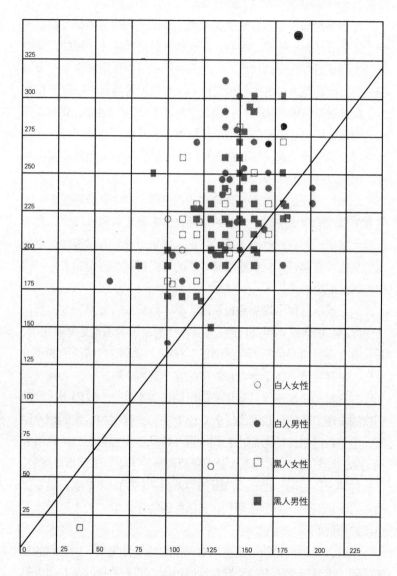

图 3.2 玛尔绘制的膝与压部的对比图。玛尔是在不知道大脑属于白人还是黑人的前提下测量的。他发现种族间没有差异。线条代表的是比恩测量的白人和黑人之间的离散度。

们的数据通常不像比恩的那样充分。在具体阐释以及建议采集哪些数据作为第一手资料的过程中，他们的偏见微不足道。他们的工作更加难以曝光，但也因为相同原因而同样是无效的：通过数据引导的偏见转了一圈之后又回到同样的偏见——一个赢得权威地位而无法击败的体系，因为它似乎来自于一丝不苟的测量。

比恩的故事已经被讲述过好几次了（Myrdal，1944；Haller，1971；Chase，1977），即便没有涉及全部细节。但是比恩只是当时偏远地方舞台上的一个边缘人物。在保罗·布洛卡及其学派的数据中，我没有找到对这个主要剧本的现代性分析。

颅骨测量学大师：保罗·布洛卡及其学派

伟大的环线

1861 年，一场激烈的论辩已经在一个年轻协会的几次会议上进行了持续地讨论，但仍旧经历着新生的阵痛。1859 年，医学系临床外科教授保罗·布洛卡（1824—1880）成立了巴黎人类学会。两年后，路易斯·皮埃尔·格拉蒂奥莱（Louis Pierre Gratiolet）在一次协会会议上宣读了一篇论文，挑战了布洛卡最重要的信念：格拉蒂奥莱居然敢说，大脑质量和智力高低没有关系。

布洛卡站起来为自己辩护。他说，如果大脑质量的变化什么都不能说明，那么"研究人类种族大脑将会失去最重要的意义和作用"（1861，p.141）。除非头骨测量结果能够划分人类种群，并且评估他们的相对价值，否则人类学家为什么要花费如此多的时间进行测量？

> 到目前为止，我们在人类学领域讨论的所有问题，没有一个比我们当前正在讨论的更有趣味和价值，……头骨测量学的极端重要性已经极大地激发了人类学家的努力，以至于我们之中很大一部分科学家为了使自己全身心地投入到头骨的研究之中，几乎忽略了科学的其他内容……在这些数据中，

我们希望找到一些与人类各个种族的智力价值相关的信息。
（1860，p.139）

然后布洛卡公布了他的数据，可怜的格拉蒂奥莱被一击即溃。他对辩论的最终贡献，一定只能排在一个科学家所能做出的最隐晦、最可怜的让步性发言之列。他没有公开放弃自己的错误；而是辩称，没人能够欣赏他的观点的精妙之处。（顺便说一下，格拉蒂奥莱是个保皇党人，不是平等主义者。他不过是寻找其他的方法确证黑人和女性的劣等性——例如头盖骨闭合的早晚等。）

布洛卡成功地得出结论：

一般来说，成年人的大脑比老年人的大，男性的比女性的大，杰出的人比平庸的人大，优等种族的比劣等种族的大（1861，p.304）……其他东西也一样，智力的发展与大脑的容量存在非常明显的联系（p.188）。

5年后，在一篇有关人类学的百科全书式文章中，布洛卡更加有力地表达了自己的观点：

下巴突出的脸，多少有些黝黑的皮肤，以及羊毛一样的卷发，通常与智力和社会的劣等性联系在一起，而白色的皮肤，直发，以及直颌型脸庞，则是人类最高等种群的普遍特征（1866，p.280）……拥有黑色皮肤，羊毛卷发和下巴突出的脸的种族，永远不可能自发地走向文明（pp.295-296）。

这些话听起来很刺耳，连布洛卡自己都为自然塑造了这样一个体系而感到遗憾。（1866，p.296）但他能做些什么呢？事实就是事实。"无论多么可敬的信念，也无论多么合理的兴趣，都不得不与人类知识的进步相容，都不得不在真理面前低头。"（Count，1950，p.72）保罗·托比纳德（Paul Topinard）是布洛卡最重要的学生和传人，他把这句话作为自己的座右铭（1882，p.748）："我痛恨体系，尤其是先验体系。"（J'ai horreur des systèmes et surtout des systèmes a priori.）

布洛卡挑出他那个世纪少数几个平等主义科学家，并给与他们特别严苛的待遇，因为他们贬低了自己的职业，放任道德希望和政治梦想遮蔽自己的判断，并且歪曲客观真理。"社会政治因素的干预比宗教因素对人类学的伤害更大。"（1855，Count，1950，p.73）例如，德国伟大解剖学家弗里德里希·蒂德曼（Friedrich Tiedemann）认为，白人和黑人在头颅容量上没有差异。布洛卡用与我揭露莫顿著作中的错误相同的方法（参见本书第二章中"塞缪尔·乔治·莫顿——多元发生学说的实验者"的内容），揭露了蒂德曼的错误。莫顿用主观的、不精确的方法系统地计算出黑人的颅骨容量，比他用精确技术测量同样的头骨得出的数值要低。蒂德曼用一个更加不够精确的方法计算黑人的平均值，比其他科学家记录的平均值要高出 45 立方厘米。而他对白人头骨的测量就不比同事报告中的数值高多少。（布洛卡乐于揭露蒂德曼，但他显然从来没有检查过莫顿的数据，尽管莫顿是他的英雄和榜样。布洛卡曾经发表过一篇长达 100 页的论文，用以分析莫顿最细枝末节的技术。）（Broca，1873b）

蒂德曼为什么会误入歧途？"遗憾的是，"布洛卡写道，"他被预期想法所控制。他开始证明所有人类种族的颅骨容量是相同的。"（1873b，p.12）但是，"所有观察科学都认为事实先于理论，这是公理"。（1868，p.4）我真诚地推测，布洛卡相信事实是他的唯一限度，他能成功确认传统等级划分体系，主要源于他测量的精确性以及建立验证程序时的谨慎态度。

的确，所有人在阅读布洛卡的文章时，都会对他形成数据时的谨慎态度感到尊敬。我相信他的数据，并且怀疑是否能得到比他更好的数据。布洛卡殚精竭虑地研究之前所有确定颅骨容量的方法。正如"名人莫顿"倡导的那样（1861，p.183），他确定铅粒能得出最准确的结果。他花了几个月的时间改善这项技术，主要是考虑到一些因素，比如装载从头骨中倒出的铅粒的圆柱容器的形状和高度，铅粒倒进头骨中的速度，以及摇晃、拍打头骨等让铅粒变得紧凑的方式，以便确定是否还能装进更多铅粒（Broca, 1873b）。布洛卡最终研究出一个测量颅骨容量的客观方法。但在大部分著作中，他还是喜欢在亲自验尸后直接给大脑称重。

我花了整整一个月时间阅读布洛卡所有重要著作，重点看他得出数据的程序。我发现在他的方法中有一个固定模式。他沿着可以称之为惯例的路线跨过事实与结论之间的鸿沟——特别是两者相互对立的时候。首先出现的是结论，布洛卡的结论是他那个时代最成功的白人男性共有的假设——他们因为自然天赋而处于顶层，女性、黑人和穷人处在底层。布洛卡的事实是可信的（不像莫顿的那样），但它们是有选择地被聚合在一起的，然后在预设结论的引导下被无意识地进行操纵。按照这条路线，不仅结论获得了科学的祝福，而且数据也赢得了威望。布洛卡及其学派把事实用作解释，而不是作为有所限制的资料。他们从结论开始，寻遍所有事实，然后转一个圈回到同样的结论。他们的例子需要进行再次仔细研究，因为他们不像莫顿一样（他操纵数据，但是无意识地操纵），他们用另外一种可能更加普遍的路线反映自己的偏见：把辩护伪装成客观事实。

选择性特征

当"霍屯督的维纳斯"（这里指的是霍屯督人中最美丽的女人）死于巴黎的时候，伟大的科学家、法国"脑袋最大"（这是布洛卡发现的令他高兴的事）的乔治·居维叶记得这个非洲女人，因为他亲自见过她。

> 她有一种噘嘴的方式，和我们所观察的猩猩完全一样。她的行为中有鲁莽和荒唐的成分，让我们想起猿的行为。她的嘴唇大得可怕［猿的嘴唇又薄又小，这一点居维叶显然是忘记了］。她的耳朵像许多猿类一样小，耳屏疲软，外缘几乎从后面消失了。这些都是动物的特征。我从来没有见过哪个人的头部比这个女人更像一只猿。（Topinard, 1878, pp.493-494）

人类的身体可以用上千种方法进行测量。任何一个调查者如果在事先认定某个种群具有劣等性，就会选择其中一套方法解释他们与猿的亲缘性。（当然，尽管没有人试过，这个程序可能对白人男性也同样有效。例如，白人嘴唇薄——与黑猩猩共有的特征——而大部分的非洲黑人嘴唇更厚，结果便是非洲黑人生有更加"人类"的嘴唇。）

布洛卡对颅骨的偏见基于他的假设，即人类种族可以按照智力价值进行线性排列。在列举人种学的目标时，布洛卡包括了"决定种族在人类谱系中的相对位置"（Topinard，1878，p.660）。他意想不到人类的演变是可以分支而且随意分布的，而认定这个过程是线性和极化的。自从他预先了解了这个顺序，人体测量便成为他寻找正确展示等级划分特征的过程，而不再是不成熟的经验主义的数据练习。

因此，布洛卡开始寻找"有意义的"特征——那些能够展示已经确立等级的特征。例如，1862 年他尝试测量桡骨（小臂的骨头）与肱上膊（上臂的骨头）的比率，并推测较高比率标志着较长前臂——猿的特征之一。刚开始一切都很顺利：黑人的比率是 0.794，白人是 0.739。但是后来他遇到了麻烦：一个爱斯基摩人的骨架测出的比率是 0.703，一个澳大利亚土著是 0.709，而霍屯督维纳斯——居维叶眼中的近似猿类（她的骨架保存在巴黎）——被测出只有0.703。布洛卡现在有两个选择，要么承认在这个标准下白人比几个黑人种群的等级低，要么放弃这个标准。因为他知道霍屯督人、爱斯基摩人和澳大利亚土著比大部分非洲黑人的等级都要低，于是他选择了第二条路线："从此，我似乎很难继续把前臂的延伸率作为低级或者劣等种族的特征，因为按照这个标准，欧洲人只能处于中间位置，其一端是黑人，另一端是霍屯督人、澳大利亚人以及爱斯基摩人。"（1862，p.11）

后来，他几乎也放弃了自己设定的以大脑质量为基础的颅骨标准，因为"劣等黄种人"的数值也很高：

按照颅骨容量大小排序的表格，不能代表这些种族的优劣程度，因为尺寸只是问题［种族排序］的一个因素。在这张表格中，爱斯基摩人、拉普人、马莱人、鞑靼人以及其他几个蒙古人种，可能超过了欧洲最文明的人种。因此，低等种族也可能具有较大的脑袋。（1873a，p.38）

但布洛卡觉得，他还是可以从对大脑质量的总体测量中，抢救出大部分价值。之所以在高端可能会出现部分失败，是因为一些劣等种群也有大脑袋；但是对低端仍然是起作用的，因为小脑袋只属于那些智力低下的人群。布洛卡继续说道：

但是这没有摧毁小脑袋作为劣等标志的价值。这个表格表明，西非黑人颅骨容量比欧洲种族小 100 立方厘米。按照这个数据，我们可以增加如下人种：南非班图人、努比亚人、塔斯马尼亚人、霍屯督人、澳大利亚人。这些例子足以证明，尽管大脑容积在种族智力划分中没有起到决定性作用，但它还是具有真正的重要性。（1873a，p.38）

真是一个无与伦比的论断。一方面否定了与结论不相宜的部分；另一方面又按照同样的标准肯定了结论。布洛卡没有捏造数据；他只是选择数据，或者为了得到有利的结论而用自己的方式解释它们。

在选择这些方法的时候，布洛卡没有被动地徘徊在预设观点中。他倡导在这些特征中选择标准清晰的陈述性目标。他最重要的学生之一托比纳德区分了"没有明显设计痕迹的经验性"特征和"与一些心理学观点相联系的理性"特征。（1878，p.221）那么如何确定哪些特征是"理性"的呢？托比纳德回答说："不管正确与否，其他特征被看作是显性的。它们在黑人与猿身上展示的那些特征是类同的，并且建立了从这些人种到欧洲人种之间的过渡。"（1878，p.221）布洛卡也在与格拉蒂奥莱的争辩中思考了这个问题，并且得出了相同的结论（1861，p.176）：

我们通过选择而轻易地解决了这个问题，因为在我们对大脑进行的对比中，这些人种的智力水平明显是不平等的。因此，欧洲人相对非洲黑人、美国印第安人、霍屯督人、澳大利亚人以及大洋洲黑人存在的优势，足以构成大脑对比中的拐点。

特别是在选择代表族群的个体时，充满了令人吃惊的案例。30年前，当我还是个孩子的时候，美国自然历史博物馆的人类展示厅中，仍然是按照从猿到白人的线性序列陈列着这些个体。直到这代人为止，我们始终是根据标准解剖学的描述，按照猩猩、黑人和白人的顺序，依次进行排列的——即使黑人与白人之间的变化大到足以产生与其他个体不同的顺序：猩猩、白人、黑人。例如，美国解剖学家斯皮茨卡（E.A.Spitzka），于1903年发表了一篇有关"杰出男性"的大脑质量和形状的长篇论文。他打出了如下数据（图3.3）并附上评论："从居维叶或萨克雷到祖鲁人或布希曼人的跳跃，不会比从后者到大猩猩的跳跃更大。"（1903，p.604）但为了解释杰出白人的大脑变化，他也发表了类似的图表（图3.4），从未意识到自己推翻了自己的论断。正如揭露了比恩的玛尔（F.P.Mall）对这些图表的分析（1909，p.24）："对比［它们］显示，甘贝塔（Gambetta）的大脑比高斯（Gauss）的更像大猩猩一些。"

避免异常现象

不可避免的是，由于布洛卡积累了大量不同的可靠数据，其中难免具有许多异常现象和明显例外，因而与他的导向性结论不一致，即大脑质量记录的是智力程度，而白人男性比女性、穷人和低等种族的大脑更大。我在关注布洛卡如何处理每一个明显例外时，洞悉了他论证和推断的方法。我们由此也能够理解，为什么数据从来不会推翻他的假设。

大脑袋的德国人

格拉蒂奥莱在最后绝望性的尝试中孤注一掷。他竟敢宣称，德国人大脑容量的平均值比法国人重 100 克。格拉蒂奥莱明显要说的是，大脑大小与智力高低没有任何关系！布洛卡傲慢地回应道："格拉蒂奥莱先生几乎要唤起我们的爱国情绪了。但是我能轻而易举地向他证明，让他承认大脑质量的价值，而且并不会影响他做一个法国好人。"（1861，pp.441-442）

然后布洛卡开始系统地分析数据。首先，格拉蒂奥莱有关 100 克的数据来自于德国科学家 E. 胡施克（E.Huschke）毫无根据的说法。当布洛卡核实了所有他能够找到的确凿数据时，德国人和法国人的大脑差异从 100 克降到了 48 克。然后，布洛卡利用一系列同样会影响大脑质量的非智力因素进行修正。他说，大脑质量和身高成正比，并随着年龄的增长而变小，长期处于不良健康状况下，大脑容量也会减小，这是非常正确的（因此也解释了为什么处决的死刑犯通常比医院里衰老死亡的老实人的脑袋大）。布洛卡注意到，样本中法国人的平均年龄是 56.5 岁，而德国人只有 51 岁。他推测，这个差异可能占去 16 克的差异，从而将德国人的优势降到 32 克。然后，他把所有死于暴力或者处决的个体从样本中剔除。自然死亡的 20 个德国人的平均大脑质量现在是 1 320 克，已经低于法国人的平均质量 1 333 克。布洛卡还没有针对德国人的较大体型进行修正。法兰西万岁。

布洛卡的同事德·居万塞尔（de Jouvencel）站在布洛卡一边反对格拉蒂奥莱说，德国人的发达肌肉占去了大脑的所有明显差异。他写道（1861，p.466），一个普通的德国人：

> 摄入固体食物和饮品的数量远比满足我们所需的数量大。这些与他喝的啤酒一起（在一个生产白酒的地方也非常盛行），让德国人比法国人肌肉更加发达——使得肌肉与大脑总重量的关系更加密切，在我看来，他们的大脑与我们的相比，远非比我们更加聪明，相反比我们更笨。

我并不想挑战布洛卡使用的修正术，但我确实注意到，他在地

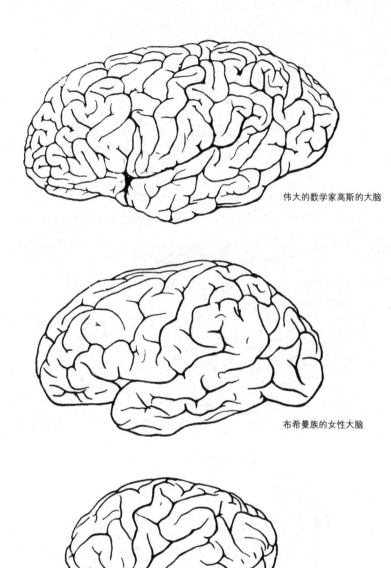

伟大的数学家高斯的大脑

布希曼族的女性大脑

大猩猩的大脑

图 3.3　斯皮茨卡按照大脑质量对生物进行的排列

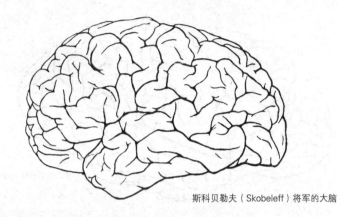

斯科贝勒夫（Skobeleff）将军的大脑

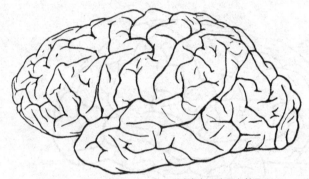

著名解剖学家阿尔特曼（Altmann）教授的大脑

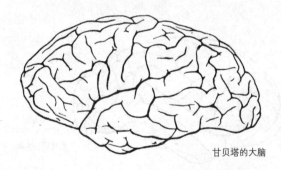

甘贝塔的大脑

图 3.4　斯皮茨卡对杰出白人男性大脑质量差异的描述

位受到威胁时使用的一些小技巧。请大家记清楚，当有人要挑战这个一致结论——女性大脑更小——时，他是如何巧妙地避开他们的。

小脑袋的杰出男性

美国解剖学家 E.A. 斯皮茨卡力劝杰出男性死后为科学捐出大脑。"对我来说，验尸肯定比尸体在墓穴中逐渐腐烂要好受一些。"（1907，p.235）解剖死去的同事一时成为 19 世纪颅骨测量学家的家庭作业。大脑散发出它们惯有的魔力，伴随着通常并不公平的比较，一张张列表被拿来四处炫耀。（美国重要人类学家 J.W. 鲍威尔和 W.J. 麦吉甚至为谁的大脑更大而打赌。就像可 - 可 ［Ko-Ko］告诉南吉 - 坡［Nanki-Poo］自己被处决后可能会带来的激烈争论一样，"你再也看不见它们了，但是它们仍旧在那里"。[1]）

一些天才男人确实表现优越。相对于欧洲人 1 300 ~ 1 400 克的平均值，伟大的居维叶以 1 830 克的大脑质量高居榜首。居维叶一直保持领先，直到 1883 年屠格列夫（Turgenev）以超过 2 000 克的脑重超越了他的纪录。（其他最有可能占据顶端位置的候选人，比如克伦威尔和斯威夫特，因为记录不充分而被迫弃之不顾。）

另外一端就有一点迷惑和尴尬了。能够听到美国歌唱的沃尔特·惠特曼（Walt Whitman）的大脑只有 1 282 克。颅相学——通过大脑区域位置的大小来判断智力的原始"科学"——的两个创立者之一、具有最高权威的弗朗兹·约瑟夫·高尔（Franz Josef Gall），其大脑只有可怜的 1 198 克。（他的同事史柏展［J.K.Spurzheim］却有 1 559 克。）尽管布洛卡肯定不知道，其实他自己的大脑也只有 1 424 克，只比平均值高一点点，没有任何优势可言。阿纳托·弗朗斯（Anatole France）与其他著名作家的差距超过了 1 000 克，并于 1924 年以仅有 1 017 克的脑重，从另一个极端替代了屠格涅夫的名声。

小脑袋令人烦恼，但是布洛卡对它们都勇敢地作出了解释。它们的主人要么衰老致死，要么身材矮小，要么健康状况糟糕。布洛

[1]具体情节请参考 1939 年上映的电影《帝王》（*Mikado*），Ko-Ko 和 Nanki-Poo 为剧中的人物。

卡对其德国同僚鲁道夫·瓦格纳（Rudolf Wagner）的研究的反应是很典型的。瓦格纳于 1855 年获得了一个真正的奖品——伟大数学家卡尔·弗莱德里奇·高斯（Karl Friedrich Gauss）的大脑。它只有 1 492 克，但是比之前解剖分析过的任何大脑的大脑皮质脑沟回都要丰富得多（图 3.5）。瓦格纳深受鼓舞，为了绘制杰出男性大脑质量的分布图，他进而为哥廷根大学已故教授自愿捐出的大脑称重。1861 年，也就是布洛卡正与格拉蒂奥莱争论不休的时候，瓦格纳又测出了 4 个大脑的数据。它们没有一个能够挑战居维叶的大脑，而且其中两个还非常具有迷惑性——哲学教授赫尔曼的大脑重 1 368 克，矿物学教授豪斯曼的大脑重 1 226 克。布洛卡按照年龄修正了赫尔曼的大脑数据，将它增加 16 克以超出平均值 1.19%——"对于一个语言学教授来说不算太高"，布洛卡承认，"但也还过得去。"（1861，p.167）豪斯曼的大脑数据没有办法修正到普通人的平均值，但是考虑到他令人肃然起敬的 77 岁高龄，布洛卡猜测，他的大脑也许经历了超过老龄退化的正常数量："老年衰退的程度对大脑的影响可能是非常不同的，并且无法计算。"

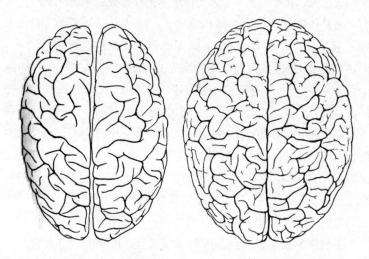

图 3.5　伟大的数学家卡尔·弗莱德里奇·高斯（右）的大脑确实有些尴尬，因为其 1 492 克的质量只比平均值超出一点点，但是可以用另外一个标准进行补救。这里，E.A. 斯皮茨卡证明，高斯的大脑比巴布亚人的大脑皮质脑沟回丰富得多。

但布洛卡还是觉得很困惑。他能够应付低数值，但不能把它们提升到不同寻常的程度。结果，为了紧紧抓住无可匹敌的结论，他带有一丝讽刺地说，瓦格纳测量的继高斯之后的样本也许根本没有那么杰出：

> 哥廷根大学在5年之内有5个男性天才去世是不太可能的……教授的头衔不一定就是天才的证明；哪怕在哥廷根大学，也有一些位置被并非那么杰出的人占据了（1861，pp.165-166）。

布洛卡在这里打住了。"这是非常微妙的，"他写道，"我无法再继续坚持下去了。"（1861，p.169）

大脑袋的罪犯

许多罪犯的大脑很重，这是颅骨测量学家和犯罪人类学家永恒的困扰。布洛卡想以自己的解释解除这个困扰，他认为提前执行的突然死亡，排除了由于长期疾患而使质量减轻的诚实人的大脑。此外，绞刑会使大脑充血，并由此导致大脑具有不合逻辑的高质量。

在布洛卡去世的那一年，比斯科夫（T.Bischoff）发表了对119个刺客、杀人犯和小偷的大脑质量进行研究的结果。他们的平均值超出诚实人11克，其中有14个超过了1 500克，有5个超出了1 600克。而与之形成鲜明对比的是，只有3个天才能够超过1 600克，而刺客勒·佩里的大脑就有1 809克，这一切一定会让头骨测量学家对居维叶的大脑数据踌躇不已。最大的女性大脑（1 565克）来自一个谋杀亲夫的女人。

布洛卡的继承者保罗·托比纳德对数据感到迷惑，最终他认为，对有些人来说，某些方面太好了也许不是件好事。真正优秀的罪犯也许需要和教授一样多的精湛技巧；谁能在莫里亚蒂和福尔摩斯之间作出判断呢？托比纳德总结说："认为存在一定比例的罪犯，由于大脑过度活跃而使大脑变得更大或者更重，并因而被迫背离当前的社会规则，似乎是可以成立的。"（1888，p.15）

随时间增长模式的缺陷

在布洛卡的所有研究中，除了关于男女差异的著作，没有什么结论比他在假想中证明的这一观点——大脑的重量在欧洲文明从中世纪迈向现代的过程中也在稳步增加——赢得更多的尊重和关注。（Broca，1862b）

这项研究值得仔细推敲，因为它可能是我们遇到的案例中最有希望得出正确结论的。布洛卡没有根据种群的现有地位判定他们永远低劣，也就是在这个意义上，他认为自己是一个自由主义者。女性的大脑由社会强制造成的不充分使用而导致自身的退化；但它们可能在不同的社会条件下出现再次增长。原始种族没有经历充分的挑战，而欧洲人的大脑则随着文明的进步而稳步增长。

布洛卡分别从 12 世纪、18 世纪和 19 世纪的 3 个巴黎墓地中获得了大部分样本。它们的平均颅骨容量分别是 1 426、1 409 和 1 462 立方厘米——不能得出脑容量随着时间推移而稳步增长这一结论。（我未能找到布洛卡统计测试的原始数据，但最小与最大样本平均值之间的差距只有 3.5%，这个数值也许意味着这三个样本之间可能根本没有任何差异。）

除了三个确定的地点，没有任何关于脑容量在给定时间内的变化范围以及清晰的随时间变化的模式等方面的信息，布洛卡是如何通过这些有限的数据而得出期待的结论的呢？布洛卡承认了自己最初的失望：他本来希望在 18 世纪的墓地里发现中间值的。（1862b，p.106）他认为答案一定在社会阶层之中，因为一个种群能在一种文化里取得成功，至少部分是由于他们卓越的才智。12 世纪的样本来自一个教堂墓地，因此必然是上流阶层的代表。18 世纪的头骨来自一个普通墓地。但 19 世纪的样本是一个混合体，其中有 90 个头骨来自有名有姓的墓地，平均值是 1 484 立方厘米，有 35 个来自普通墓地，平均值是 1 403 立方厘米。布洛卡认为，如果社会阶层的差异都不能解释数值无法与预期相符的原因，那么计算出来的数据就是莫名其妙的。对于布洛卡而言，莫名其妙意味着数据必须能够证明头骨的重量随着时间而稳步增长这个结论，而不是把它当作结论产生的基础。布洛卡再次绕了个圈子：

> 要不是有这个［社会阶层的差异］，我们就不得不相信，巴黎人的颅骨容量在 12 世纪以后确实在缩小。而在这个时期……智力和社会的进步相当大，即使我们还不能肯定，文明的发展一定会让大脑也随之增长，但毫无疑问，没有人愿意把它作为促使大脑质量减少的原因。（1862b，p.106）

不过，布洛卡按照社会阶层对 19 世纪的样本进行分类，不仅给他带来了麻烦，也给他带来了安慰——因为现在他有两个样本来自普通墓地，18 世纪的 1 409 克与 19 世纪的 1 403 克，较早的样本平均值更大一些。布洛卡是不会被打败的；根据他的说法，18 世纪的普通墓地中也包含了较高社会阶层的人。在革命前的年代里，一个人必须真正富有或者地位高贵，才有资格在教堂墓地里安息。对 19 世纪穷人的遗骸测量的结果是 1 403 克，而这一数值与 100 年前较高社会阶层的人的遗骸的数值是相同的。

每种解决方案都给布洛卡带来了新的麻烦。既然他执意根据社会阶层对墓地里的样本进行划分，那么他必须承认，来自 19 世纪的停尸房的另外 17 个头骨的平均值，比来自有名有姓的个人墓地中的中上层阶级的头骨的平均值要高——它们分别是 1 517 立方厘米和 1 484 立方厘米。丢弃的无人认领的尸体的数值，怎么可能超过社会精英的呢？布洛卡以一连串超级无力的推论论证道：停尸房建在河边；它容纳的可能大部分是溺亡之人；许多溺亡的人都是自杀的；许多自杀的人都是疯子；许多疯子就像罪犯一样，拥有较大的大脑。只要有一点想象力，就没有什么东西是真正异常的。

前与后

> 聊聊这个新来的年轻外科医生吧，利德盖特先生。我听说他非常聪明；他看起来就是很聪明——一个确实很漂亮的

额头。

——乔治·艾略特《米德尔马契》（1872）

一般说来，无论总体尺寸多么有用、多么具有决定意义，它也不会从一开始就成为颅骨测量的所有内涵。从颅骨测量学全盛时期起，大脑和头骨的具体部分都被赋予了确定地位，并因此为我们提供了一整套划分种群的附属标准。（布洛卡的另一个职业是医生，他在这个领域内得到了最重要的发现。1861 年，他发现一个失语症患者的左侧额下回［现在称为布洛卡氏回］的有机功能受到损害，并据此发展了皮质功能定位的概念。）

大部分附属标准可以简化成一个简单公式：以前为优。布洛卡和他的同事们认为，较高的智能位于皮质区域的前部，后部的区域只负责那些尽管也很重要但却更为平凡的功能，如无意识的行动、感觉和情绪。优秀的人应该前部多，后部少。我们已经见识过比恩是怎么依据这个假设而伪造白人与黑人脑胼胝体前、后部分数据的。

布洛卡经常利用前、后部区分做文章，尤其是把自己从数据强加的令人不快的情境中抽身出来。他接受了格拉蒂奥莱的划分标准，将人类种群分为"额骨种族"（白人的垂体前叶和大脑额叶最为发达）、"颅顶骨种族"（蒙古人的顶骨叶和中叶最为显著）和"枕骨种族"（黑人头骨后部最发达）。他经常对"劣等种群"进行双重打击——较小的头骨和凸出的后部："黑人，尤其是霍屯督人的大脑，比我们的大脑简单，他们的沟回，尤其是额叶上的沟回相对缺乏。"（1873a，p.32）他以海地人作为更加直接的证据，据他说，海地人故意让一些男孩的额叶变形，目的就是为了让大脑后部更加凸出。这些人能变成勇敢的战士，但是永远不可能与白人英雄相提并论："额叶变形产生的是盲目的激情、残忍的本能和动物般的勇气，我宁愿把这一切称为枕骨的勇气。我们一定不能把它与真正的勇气——额叶的勇气——也称为高加索白人的勇气混淆。"（1861，pp.202-203）

除了头骨重量之外，布洛卡还对不同种族的额叶和枕骨区域的质量进行了评估。在这一点上，他与对手达成了和解，他接受了格拉蒂奥莱最钟爱的论证：劣等种族的颅骨接合处闭合较早，因此把大脑困在一个僵死的拱形里，不利于它有效接受进一步教育。白人的接合处不仅闭合较晚，而且按照不同顺序闭合——猜猜顺序是怎样的？黑人和其他劣等人种的前接合处首先闭合，后接合处闭合较晚；而白人的前接合处最后闭合。现代和颅骨闭合有关的大量研究证明，不同种族闭合的时间和模式没有任何不同。（Todd and Lyon，1924 and 1925）

布洛卡利用这个论证，主要是为了使自己从某些麻烦中脱身。他曾经描述过最早的智人（克鲁马努人种）的颅骨，并发现他们的颅骨容量超过了现代的法国人。但幸运的是，他们的前部接合处是首先闭合的，因此这些祖先终究是劣等的："这些是劣等标记。我们发现，大脑的一切活动都被物质生活所占据的所有种族都是这样的。当某个人种的智力生活得到发展时，前部接合处就会变得更加复杂，并且在很长一段时间里都保持着开放状态。"（1873a，p.19）

有关前部、后部*的争论，因为如此灵活而广泛，成了在明显矛盾的事实面前为理智偏见辩护的强有力工具。让我们看看下面两个例子。

颅指数

除了大脑质量之外，被颅骨测量学误用的两个最□□定是面角（脸部和下颌向前突出——越少越好）和颅□数，从来都没什么好说的，因为它不好测量。它是颅□最长长度之间的比率。颅骨相对较长的（比率小于等□为长头人；颅骨相对较短的（比率大于0.8）被称为短头人。瑞典科学家安德·瑞祖思（Ander Retzius）使颅指数广为流行，并由此创建了一个文明进化理论。他认为，石器时代的欧洲人是短头人，

---

* 布洛卡没有把大脑不同部分相对价值的论证局限于前部与后部的差异上。事实上，为了证明人种之间先定的相对价值，测量出来的任何差异都能赋予一定的意义。例如（1861，p.187），布洛卡曾经声称，黑人的头盖骨神经可能比白人更为强大，因此他们的大脑具有更宽大的非智力区域。

然后由于青铜器时代进步元素的入侵而代替了更加原始的居民。而有些原始短头人的血统在巴斯克人、芬兰人和拉普人等愚昧的人种中存活了下来。

布洛卡在反驳这个流行说法中起到了决定性作用，因为他在石器时代的颅骨和现代残存的"原始"血统中，都发现了长头人。的确，布洛卡完全有理由质疑北欧和日耳曼科学家的举动——他们试图把长头人奉为更高智能的标志。大部分法国人，包括布洛卡自己（Manouvrier，1899）都是短头人。在一篇反驳蒂德曼（Tiedemann）的观点——黑人与白人大脑相同——的文章中，布洛卡认为瑞祖思的学说是自我满足的结果，而不是经验和真理。他有没有想过，自己也有可能成为相同动机的牺牲品呢？

自从瑞祖思的著作出版以来，科学家们在没有充分研究的情况下，通常认为长头人是优越性的标志。情况也许是这样；但是我们也一定不要忘记，长头人、短头人特性首先是在瑞典研究，然后扩展到英国、美国和德国——而在所有这些国家里，尤其是瑞典，长头人种明显占据主要地位。人们自然而然倾向于把优越性标签贴附在自己种族的主要特征之上，即便那些最没有偏见的人也难免如此。（1861，p.513）

很明显，布洛卡拒绝将短头特征与天生愚笨等同起来。但是因为长头人的威望太高，所以当发现劣等人种也是长头人，就让布洛卡觉得不止是有一点儿不舒服——非常不舒服，并让他发明了最令人吃惊的无敌论断。颅指数遇到了可怕的困难：非洲黑人和澳洲土著人不仅是长头人，而且还是世界上头最长的人种。雪上加霜的是，克鲁马努人的颅骨化石不仅比现代法国人的颅骨大，头也更长。

根据布洛卡的推理，长头可以通过几种途径获得。作为日耳曼天才标志的长头，明显产生于伸长的额部。而公认的劣等人种里的长头人，一定是通过大脑后部的延长而进化出来的——布洛卡的术语是枕骨长头。布洛卡一下子就把他的克鲁马努化石高人一等的颅容量和长头都包含在内了："正是由于他们的后颅发展得更好，因此其颅骨容量被认为比我们的更大。"（1873a，p.41）对黑人来说，他们的后颅延长，而前额宽度缩减，因此他们的大脑通常质量较小，但是长度超过了人类任何种群（不要和日耳曼类型混淆）。至于法国人头短，不是前额延长失败（像日耳曼至上主义者所说的那样），而是在已经令人羡慕的头骨宽度上的额外增加。

枕骨大孔的案例

枕骨大孔是我们颅骨底部的一个洞。脊髓从中穿过，而脊柱则与其周围的骨头（枕骨髁）相连。在所有的哺乳动物胚胎学中，枕骨大孔都始于颅骨底部，但在出生的时候向后位移到颅骨后部。人类的枕骨大孔只会轻微位移，直到成年都一直保持位于颅骨底部。成年大猿的枕骨大孔位置居中，既不像人类那样靠前，也不像其他哺乳动物那样靠后。这些方位的重要性很明显。直立动物，如智人，其颅骨一定是在脊柱顶部，这样它才能在站立的时候向前看；四脚着地的动物脊柱在颅骨后面，方便它们按照惯有姿势向前看。

这些差异为不公平的比较提供了无法抗拒的资源。"劣等人种"就像猿类和低等哺乳动物那样，本该具有更加靠后的枕骨大孔。1862 年，布洛卡加入了一场和这个问题有关的激烈争论。和詹姆斯·考利斯·普理查德（James Cowles Pritchard）一样的相对平等主义者认为，无论是白人还是黑人，枕骨大孔都正好处在颅骨中间位置。而和维里（J.Virey）一样的种族主义者发现，颅骨的位置依据等级变化，种族等级越高，枕骨大孔的位置越靠前。布洛卡注意到，双方都没有充分数据能够证明自己。他带着罕有的客观性，开始解决这个麻烦而又微不足道的问题。

布洛卡搜集了 60 个白人和 35 个黑人样本，分别测量他们枕骨大孔前缘颅骨和后部颅骨的长度。两个种族后部颅骨的长度是相同的——白人 100.385 毫米，黑人 100.857 毫米（注意精确到小数点后三位）。但是，白人的前部颅骨要短得多（90.736 毫米：100.304毫米），因此他们的枕骨大孔更靠前（参见表 3.1）。布洛卡总结道："在猩猩中，后部的突出［枕骨大孔后面颅骨部分］更短一些。因

此这是无可争辩的……在这方面，黑人和其他许多人种一样，其构造与猿猴十分接近。"(1862c，p.16)

但布洛卡开始担心起来。关于枕骨大孔的标准论证，只包括了它在头盖骨上的相对位置。而在先前的测量中，布洛卡把脸部也包括在内了。他写道，现在每个人都知道，黑人比白人的脸更长。这本身就是劣等人种的一个类猿标志，但是它不能与头盖骨上枕骨大孔的相对位置混淆。因此布洛卡开始努力从其测量方法中减去面部的影响。他发现黑人的脸确实比较长——白人的脸在前部测量中只有 12.385 毫米，而黑人有 27.676 毫米（参见表 3.1）。减去面部长度，布洛卡得到的前颅数据如下：白人 78.351 毫米，黑人 72.628 毫米。换句话说，仅仅只看头盖骨的话，黑人的枕骨大孔更加靠前（布洛卡算出的前部与后部的比率，白人是 0.781，黑人是 0.720）。很明显，根据之前普遍接受的标准，黑人要优于白人。应该就是这样，除非他们像以前那样，毫不犹豫地突然改变标准。

表 3.1   布洛卡测量的枕骨大孔的相对位置

	白人	黑人	利于黑人的差异
前部	90.736	100.304	+ 9.568
脸部	12.285	27.676	+ 15.291
头盖骨	78.351	72.628	− 5.723
后部	100.385	100.857	+ 0.472

令人尊敬的前部、后部争论，似乎拯救了布洛卡以及他所代表的受到威胁的学者们。黑人枕骨大孔位置更加靠前，但终究没有记录他们的优越性；它只反映出他们缺乏大脑后部的力量。相对于白人来说，黑人已经缺少了大脑前部的大半部分。但是他们在大脑后部增加了一些，因此减小了枕骨大孔的前后比率，并因此提供了一个黑人优势的假象。然而，他们在后部区域所增加的，没有他们失去的前部区域那么多。因此，黑人比白人的大脑更小，比例分配更加糟糕：

白人的头骨前部突出……超出黑人 4.9%……因此，黑人的枕骨大孔相对门牙的位置更加靠后一些［布洛卡关于大脑前部（包括脸部）测量的最早观点］，与此相反，它们相对大脑前部边缘的位置更加靠前。要想把白人的头骨改成黑人的，我们不仅需要将下颌向前移动，而且必需削减头骨的前额部分——也就是说，让大脑前部萎缩，并把从前部抽出的物质填充到后部去，以弥补后部的不足。换句话说，黑人的面部和枕骨区域的增大是前额区域受损的结果。（1862c, p.18）

这只是布洛卡职业生涯中的一个小事件，但它是对他研究方法的很好说明：他在处理数据时把标准期预期结论的方向调整。抛起一枚硬币，如果是正面，说明我是优越的；背面，说明你是劣等的。

古老的论证永远不会消亡。美国脑叶切除师瓦尔特·弗里曼[1]（Walter Freeman）后来承认（转引自 Chorover，1979）：

调查者最想搞清楚的是智力较高个体身上具有的反思、猜想、哲学思考能力，尤其是自我反思能力……总体来说，精神外科手术会降低创造性，有时甚至会消灭创造性。

然后弗里曼补充说道："女性比男性反应快，黑人比白人反应快。"换句话说，那些从一开始大脑前部就不太充足的人，所缺漏的东西也并非如此糟糕。

女性的大脑

布洛卡对种群所做的所有对比中，都收集了女性与男性大脑的对比信息——大概是因为这些信息更加容易获得，而不是他对女性有什么企图。按照生物决定论的基本理论，"劣等"种群之间是可以互换的。他们长期处于并列关系，其中任何一个种族都能成为其他族群的代理——因为理论上一般认为，社会服从自然，而社会头衔反映内在价值。因此，有个叫胡施克的德国人类学家在 1854 年

---

[1] 在 1970 年退休之前共主持和监督大脑额部损伤手术 3 500 例。

写道："黑人的大脑拥有一种和孩童、女人一样的脊髓（这里的脊髓是指中枢神经系统的低级部位，位于椎管内，呈扁平柱形，上端平齐枕骨大孔和大脑相续部分），此外，和高等人猿的大脑也很接近。"（Mall，1909，pp.1-2）德国著名解剖学家卡尔·沃格特（Carl Vogt）1864 年写道：

> 黑人大脑的圆形顶部和不发达的神经垂体与我们的孩童相似，顶骨叶突起的样子则像女人……成年黑人的智能带有孩子、女人和衰老白人的特征……有些部落成立了国家，建立了特别的组织；至于剩余的部落，我们可以大胆地说，不论是过去还是现在，整个种族都没有做出过有利于人类文明进步或者价值保存的行为。（1864，pp.183-192）

1881 年，布洛卡的同事赫维（G.Herve）写道："黑人种族的大脑不比白人女性的大脑重多少。"（1881，p.692）有人声称，一个种群的争斗是为了我们所有人。我并不认为这是一句空话。

为了澄清现代女性的生物学地位，布洛卡把注意力集中到了两组数据上：现代社会中男性的大脑更大，而且这种差异可能会随着时间的推移越拉越大。他开展最多的研究是检验来自巴黎的 4 个医院的尸体。经他计算，292 个男性大脑的平均质量是 1 325 克；140 个女性的平均值是 1 144 克；男性与女性大脑的差异有 181 克，或者说男性大脑有 14% 的优势。布洛卡当然明白，这个差异肯定是因为男性的体格较大。他曾经就是通过这种修正，才把法国人从德国优等理论中拯救了出来。（p.121）在那种情况下，他知道如何从精巧细节上做出修正。但现在，他根本不想测量身高的影响，而事实上，他是觉得没有必要这样做。身高毕竟不能解释整个差异，因为我们知道，女性没有男性那么聪明。

我们也许会问，女性大脑较小，是否仅仅取决于她们较矮的身高？蒂德曼曾经作出过这种解释。但是，我们一定不会忘记，一般来说女性在智力上比男性稍逊，我们不应该夸大这个差异，但也不

能否认这个事实。因此我们推断，女性大脑相对较小，部分是因为身体劣势，部分是因为智力劣势。（1861，p.153）

为了记录布洛卡的猜想，即男女大脑质量的差距会随着时间的推移而越拉越大，他测量了墓穴中史前颅骨的头骨容量。他发现，当时男性和女性间的差距只有 99.5 立方厘米，而在现代社会差异范围是 129.5 ~ 220.7 立方厘米。布洛卡的主要学生之一托比纳德解释道，与时俱增的差异，是由于附加于掌控一切的男性和被动的女性身上的不同进化压力造成的：

> 男性比女性需要更多脑子，因为男性必须为了生存而不断奋斗，他们承担了未来所有的责任和烦忧，他们必须时刻与自然环境和人类的敌人作斗争；而女性必然被男人养活和保护，她们内心安静，缺乏消遣，她们的工作就是生育、爱情以及保持被动状态。（1888，p.22）

1879 年，布洛卡学派厌女主义者代表之一古斯塔夫·勒·邦（Gustave Le Bon）利用某些数据，发表了可谓现代科幻文学中对女性最恶毒的攻击（还需要花点力气才能打败亚里士多德）。勒·邦是个没有底线的仇恨煽动者。他是社会心理学的创始人之一，写了群体行为研究的有关著作，现在依然受到尊重并被广泛引用（*La psychologie des Joules*，1895）。他的文字对墨索里尼也有强烈影响。勒·邦总结说道：

> 在最聪明的种族中，就像在巴黎人中，与最发达的男性大脑相比，多数女性的大脑质量与大猩猩较为接近。存在的劣势显而易见，没有人能够提出任何质疑；只有低劣的程度还有待商榷。所有研究女性智力的心理学家以及诗人、小说家，如今都认识到，女性代表着人类进化中最劣等的形式，与文明的成年男性相比，她们更接近于孩子和野蛮人。特别突出的是，她们变化无常，思无定性，缺乏逻辑思维能力和推理能力。毫无疑问，也有一些杰出女性比普通男性优秀，

但是她们的出现和所有畸形儿的出生一样，都是例外，比如双头大猩猩；因此，我们完全可以把这部分女性忽略不计。（1879，pp.60-61）

勒·邦也没有向该观点的社会含义退缩。美国有些改革者要求赋予女性和男性一样享受高等教育的权利，勒·邦对此感到十分惊恐：

> 给予她们同样的教育，并因此对她们提出同样的目标，简直是危险的妄想……也许有一天，女性错误地理解了自然赋予她的劣等性，离开家庭，并加入我们战斗的行列；当这一天真正到来的时候，一场社会的革命即将开始，维系家庭的神圣纽带也将消失得无影无踪。（1879，p.62）

听起来很熟悉？*

我重新检查了布洛卡的数据以及所有衍生观点的基础，我发现数据是有说服力的，但是布洛卡的解释站不住脚。差异随着时间而扩大，这一说法很容易被驳倒。布洛卡的论点仅仅建立在死人墓穴里的样本之上。里面有 7 名男性和 6 名女性的颅骨。我们绝不可能从这么少的样本推导出任何有说服力的观点！

1888 年，托比纳德发表了布洛卡从巴黎医院得到的更全面的数据。由于布洛卡记录了身高、年龄和大脑质量，因此我们可以用现代统计方法消除它们的影响。大脑质量随着年龄而减轻，而布洛卡的女性样本一般来说死亡时都比男性样本要年老许多。大脑质量与身高成正比，他的男性样本几乎比女性样本普遍要高上半英尺。我用的是多次回归的方法，也即允许同时评估身高和年龄对大脑质量影响的计量方法。

我在分析女性数据中发现，如果按照男性的平均身高和年龄进

---

*10 年后，美国最主要的生物进化论者寇普也害怕出现这个结果，即"女性身上普遍存在一种反叛的精神"。"国家必将受到诸如此类的打击，"他写道（1890，p.2071），"它就像疾病一样，将会在我们身后几代人身上留下印迹。"他发现了引起混乱的根源，女性们施加压力"阻止男性适度饮酒和吸烟"，并在车厢里误导男性支持给予女性普选权："这些男性中有一部分是柔弱的，并且蓄有长发。"

行估算，女性大脑可以重达 1 212 克。* 修正身高和年龄的影响后，差异就从 181 克减少到了 113 克，减少了三分之一还多。

要评估余下差异是十分困难的，因为布洛卡的数据中没有包含其他影响大脑质量的主要因素的信息。死亡原因令人印象深刻，因为疾病性衰老经常引起大脑质量锐减。尤金·施瑞德（Eugene Schreider，1966）也研究过布洛卡的数据，他发现，死于事故的男性比死于传染病的男性大脑平均要重 60 克。我能找到（来自美国医院）最精确的现代数据，证明死于心脏衰弱的大脑与死于暴力或事故的大脑相比，其质量差异高达 100 克。因为布洛卡测量的许多对象都是老年女性，由此我们可以推测，她们之中患有慢性衰老疾病的现象一定比男性更加普遍。

更加重要的是，现代研究大脑质量的学生仍然未能在消除身高强大影响的最佳方法上达成一致（Jerison，1973；Gould，1975）。身高数据部分是充分的，但身高相同的男性和女性身型不同。体重比身高更加糟糕，因为它的变化大多只能反映营养程度，而无法表现天生的质量——肥胖还是消瘦对大脑几乎没有任何影响。利昂斯·曼努维埃尔（Leonce Manouvrier）从 19 世纪 80 年代开始着手研究这个问题，他说肌肉块和力量应该被考虑到。他试图采用不同的方法测量这个难以捉摸的特性，并且发现了一个利于男性的明显差异，即便男女具有同样的身高。然后他修正了所谓的"性别人群"，女性在大脑质量上略微胜出。

因此，经过修正之后，113 克的差异肯定是太大了；真正的差异可能接近于零，对男性、女性同样有利。顺便说一下，113 克也是布洛卡的数据 ** 中身高 5 英尺 4 英寸与 6 英尺 4 英寸的男性大脑质量的平均差异——我们不会把高智商归之于高个子男性。简而言之，布洛卡的数据不允许任何人自信地说：男性比女性的大脑

* 我是这样计算的，假设 Y 是大脑质量（克），X_1 是年龄（年），X_2 是身高（厘米），那么 $Y=764.5-2.55X_1+3.47X_2$。
** 对于他的大部分男性样本，我用有利的幂函数来计算，Y 是大脑质量（克），X 是身高（厘米）：$Y=121.6X^{0.47}$。

更大些。

玛利亚·蒙特梭利（Maria Montessori）没有把自己的活动局限于幼儿教育改革。她在罗马大学讲授了几年的人类学课程，并写了一本有影响的著作——《教育人类学》（*Pedagogical Anthropology*，英文版，1913）。至少可以肯定，她不是一个平等主义者。她支持布洛卡的大部分著作以及自己的同胞塞萨尔·隆布罗索（Cesar Lombroso）（下一章）提出的天赋犯罪行为理论。她测量了自己学校的孩子的头围，并且推断，最有希望的孩子都有较大的大脑。但是她没有采用布洛卡有关女性的结论。她仔细探讨了曼努维埃尔的著作，并充分利用其假设，认为如能做出恰当修正，女性的大脑还要略大一些。她总结道，女性比男性的智力更加优越，迄今为止男性只是因为身体力量而胜出。因为科技能够废除作为工具的身体力量，因此女性的时代也许马上就会到来：“在这样的时代中才有真正优秀的人类，才有道德和情感都真正强大的男性。在女性人类学优势之谜解开之时，也许就是女性统治时代来临之日。女性一直都是人类情感、道德和荣誉的监护人。”（1913，p.259）

蒙特梭利的论证表明，存在这样一种可能的方案，它能够应对那些鼓吹劣等种群天生低劣的“科学”说法。一个人也许可以承认生物学差异存在的事实，又同时认为数据是被某些希望从结论中获利而带有偏见的男性误读的，有时候所谓的劣等种群才是真正优越的族群。前些年，伊莱恩·摩根（Elaine Morgan）在《女人之源》（*Descent of Woman*）中就遵循了这个策略，她站在女性立场上对人类史前状况进行了推测性地重建——就像男性站在自身立场上自吹自擂一样滑稽可笑。

我是站在完全不同的立场写作这本书的。蒙特梭利和摩根遵循布洛卡的方法，但得出了与事实更加相符的结论。有人全力以赴地致力于按照种群的样子确认它们的价值，并把它当成一种事业，而我宁愿给这种事业贴上一个更加符合的标签：不相关，不充分，而且非常有害。

附言

颅骨测量学在我们这个世纪已经失去了其大部分魅力，就如同决定论者都转到了智力测试阵营——一条通往按照智力价值划分种群等级的更加"直接"然而同样无效的道路中一样，也如科学家们主动曝光那些控制头骨形状、尺寸等多数相关文献中带有偏见的废话一样。例如，美国人类学家弗朗兹·博厄斯（Franz Boas）做过与假想颅指数相关的短期研究，结果显示颅指数在单一种群中的成年人以及在个体生命中的变化都很大（Boas，1899）。此外他还发现，移民双亲与在美国出生的孩子的颅指数存在重大差异。环境改变之后，只需要经过一代人，南欧短头人无法改变的愚笨性就可能向北欧长头人的标准转变。（Boas，1911）

1970 年，南非人类学家托比亚斯（P.V.Tobias）写了一篇充满勇气的文章，揭开了种群大脑质量差异与智力之间没有任何联系的秘密——我们从来都没能证明，撇开身高和其他带有偏见的因素的影响，不同种群的大脑质量仍然存在差异。

这个结论也许会让读者感到惊奇，尤其是这个结论还是我们非常熟悉的、发表过大量大脑质量数据的著名科学家得出的。确实，有什么比给大脑称重更加简便的方法呢？——把大脑取出来，放在计量器上就行了。遇到的一系列困难都是和测量本身有关的问题：大脑与骨髓分离的程度；脑膜（脑膜是大脑的覆盖薄膜和硬脑膜，或者说厚厚的外在覆盖物，重 50 ~ 60 克）有没有除去；距离死亡有多长时间；大脑在称重前有没有保存在任何液体中，如果有，保存了多长时间；死亡后大脑是在什么温度下保存的。大多数文献都没有充分具体化这些因素，不同科学家的研究通常都是无法比较的。即使我们能够肯定，相同的对象是在相同的环境下用相同的方法测量的，另一套偏见也会介入进来——施加于大脑质量之上而与智力或隶属于种族的期待属性没有直接联系的影响：性别、身高、年龄、营养、非营养性环境、职业和死因。因此，尽管发表了成千上万的文章和研究成果，托比亚斯总结说，我们仍然无法知道——好像非常重要似的——黑人大脑是否普遍比白人的更大或者更小。而直到最近，白人大脑比黑人更大，一直是白人科学家眼中无可争议的"事实"。

　　许多研究者都非常关注人类种群间大脑的差异。他们无法取得进展，不是因为没有答案，而是答案难以获得，因为一个如此明显的先在判断占据了主导地位。在布洛卡与格拉蒂奥莱的激烈辩论中，布洛卡的一个辩护者很好地概括了隐藏在整个颅骨测量学传统中的动机。"长久以来我注意到，"德·居万塞尔（de Jouvencel）说道，"一般说来，拒绝承认大脑容量智力价值的都是小脑袋。"（1861，p.465）不管出于什么原因，自我利益从一开始就是人们对这个令人兴奋的问题众说纷纭的源头。

第四章

身体测量：关于不良分子愚笨性的两个案例

在19世纪，进化论彻底改变了人类的思想。生命科学中的每个问题，几乎都在它的光芒下进行了重新设定。没有哪种思想曾被如此广泛应用或误用（例如，"社会达尔文主义"就是因为无法避免的贫穷问题而提出的进化论思想）。创世论者（阿加西斯、莫顿）和进化论者（布洛卡、高尔顿）均能根据大脑质量而对种群进行无效的、不公正的区分。而其他与量化有关的争论，也作为进化论更直接的副产品而纷纷出现。在这一章中，我将讨论这一趋势的两个代表性案例；它们表现出强烈的反差和有趣的相似。第一个案例是对种群划分观点所作的最普遍的进化论辩护——其论点主要是重演，常常来自于像"个体发生学重演了系统发生学"这种令人迷惑的绕口令式的总结性话语。第二个案例是对人类犯罪行为的生物性本质所作的具体的进化论假设——隆布罗索（Lombroso）的犯罪人类学。两种理论的基础都建立在量化理论和假设成立的进化论方法之上——在不受欢迎的种群中寻找与猿相似的形态标志。

我们每人身上都有一个"猿"：重演

进化的事实一确立，19世纪的自然学家就致力于探寻进化所遵循的确切规则。换句话说，他们试图重建生命之树。化石可能已经提供了证据，因为只有它们才能记录现代人类的真实祖先。但是化石遗迹的作用却远未达到完美程度，化石仅保留下来生命之树的一部分，而它的主干和分枝都难以在化石中找到。我们不得不寻找一些间接准则。德国伟大的生物学家恩斯特·海克尔（Ernst Haeckel）重塑了创世论生物学的古老理论，并宣称生命之树可以直接从对胚胎学发展的更高级形式的解读中得到。他主张"个体发生重演了种系发生"，为了让这个绕口令表达得更加清楚，也可以这样说：个体在成长过程中，要精确地经历祖先"成年"过程的一系列状态和阶段——简而言之，个体沿着家族的生命之树往上攀爬。

重演的观念贯穿于 19 世纪科学领域最具影响力的思想之中。它支配着几个专业的研究工作，比如胚胎学、比较形态学和古生物学。包括所有把重演作为旨归的关键学科，都与重建进化谱系的观点密不可分。我们胚胎中早期的鳃裂现象，代表我们祖先处于成年的人鱼阶段；而随后暂时出现的尾巴，则反映我们祖先处于爬虫类或者哺乳类动物阶段。

源自生物学的重演理论在关键方面影响了其他好几个学科。西格蒙德·弗洛伊德（Sigmund Freud）和荣格（C.G.Jung）都是坚定的重演论者，海克尔的观点在心理分析理论的发展上也起到了非同寻常的作用。（例如，在《图腾与禁忌》一书中，弗洛伊德试图以年轻人的俄狄浦斯情结为中心线索重塑人类的历史。弗洛伊德推断，年轻人强烈的叛逆欲望一定反映了我们成年祖先的某个确切事实。因此，某个古老部落的子孙为了接近女人，一定曾经杀死过他们的父亲。）在 19 世纪后期，小学课程中的很多内容都根据重演理论进行了修改。有些教育机构规定《海华沙之歌》（*Song of Hiawatha*）为低年级必读书目，他们的解释就是，它能获得那些正在经历他们祖先过去所经历的野蛮阶段的孩子的认同。*

对任何想把人类种群按照高低顺序进行排列的科学家而言，重演理论也同样为他们提供了一个"权威"标准。劣等种群的成人，必定类似优等种群的儿童，因为儿童代表的是人类祖先的原始阶段。如果说成年黑人与白人女性像白人男孩，那么他们就是白人男性

---

* 如果有读者对海克尔为重演理论所作的辩护以及重演理论后来衰败的原因感兴趣，可以参看我沉闷但非常详尽的著作——《个体发育与系统发育》（*Ontogeny and Phylogeny*，哈佛大学出版社，1977）。

进化过程中处于原始阶段的现存代表。一种为种族排序的生理学理论——依据整个身体结构而不仅仅是依据大脑质量——就此诞生了。

重演理论是一种综合性的生物决定论。所有低等群体——种族、性别以及阶层——都被拿来与白人男性儿童相比较。美国著名古生物学家寇普曾阐明了重演的机理（Gould，1977，pp.85-91），并以此为根据认定四个群体为低等人类形态：非白种人、所有女性、与北欧白人相对的南欧人和优等人种的下层阶级。（1887，pp.291-293，寇普特别轻视 "爱尔兰人种中的下层阶级"）寇普鼓吹北欧至上的信条，甚至煽动当局剥夺美国犹太人及南欧移民的特权。为了利用重演理论解释南欧人的卑劣，他甚至说较为温暖的气候容易导致早熟。由于成熟标志着身体发育的减缓和停止，南欧人也就处于一种更为幼稚的原始的成年状态。而北欧人则在成熟阻断他们发展之前，就已经发育到了更高层次上：

> 毫无疑问，从某些方面的成熟度来看，处于热带的印欧人比北部区域的人成熟得更早；尽管也有许多例外，但已经足够使我们把它视为一个普遍规律。相应地我们发现，在那些种族中——至少在欧洲和美洲某些更加温暖的区域——大部分特征在女性身上都表现得更为普遍，比如与理性的判断比起来，她们有更多的情感活动……或许更靠北边的人一过青少年时期，所有这些特征都消失不见了。（1887，pp.162-163）

重演理论为致力于种族排序的人体测量，尤其是颅骨测量，提供了主要证据。大脑再次扮演了关键角色。路易斯·阿加西斯已经在神创论的大环境下，对成年黑人和仅仅孕育了 7 个月的白人胚胎的大脑进行了比较。在我们已经引用过的（p.103）沃格特（Vogt）的精彩陈述中，他把成年黑人和白人女性与白人男孩相提并论，并在这个基础上解释了黑人之所以未能创立任何值得注意的文明的原因。

寇普也专注于头骨研究，尤其是"那些重要的美的元素，比如发育良好的鼻子和胡须"（1887，pp.288-290），而他也同样嘲笑黑人发育不良的小腿肌肉：

> 黑人具有的两个最显著的特点，都是印欧种群在未成年阶段具有的典型特征。小腿发育不良，是初生婴幼儿的共有特性；而更为重要的是，扁平的鼻梁和短小的鼻软骨是印欧人种发育不完全的普遍标志……在有些种族中——例如斯拉夫人——这些没有得到充分发育的特征比其他种族存留得要更久一些。希腊人高耸的鼻梁不仅与美学有关，还与发育完全程度一致。

1890年，美国人类学家布林顿（D. G. Brinton）用一段充满溢美之词的话总结了这种测量理论：

> 毋庸置疑，持续处于更具胚胎、婴儿或类人猿性状的成年人，显然不如那些已经超越这些阶段的人……按这个标准来看，欧洲人或者说白种人位于最前列，而非洲人或者说黑人处于最底端……为了建立人种的比较解剖学，人体的所有部分几乎都已经被细致地扫描、测量、称重过了。（1890，p.48）

如果生理结构为重演理论提供了坚实的论据，那么，心理成长历程则为证实重演理论提供了丰富的空间。不是所有人都清楚，野蛮人和女人在情感上与儿童一样吗？以前，受轻视的群体总被拿来与孩子相比，而重演理论则为这套老生常谈赋予了正统科学的地位。"他们就像孩子一样"，不再只是一个固执的隐喻；它如今表现为一种科学理论，即下等人陷于上等群体的早期发育水平而不能自拔。

后来，也就是1904年，美国重要心理学家斯坦利·霍尔（G.Stanley Hall）从总体上陈述了这个观点："从很多方面来看，野蛮人就是一个孩子，或者更恰当地说，由于性早熟，他们就是具有成人外形的青少年。"（1904，第2卷，p.649）他的主要信徒张伯伦（A. F. Chamberlain）以一种家长式的口吻说道："从某种意义来说，整个大千世界如果没有原始人，就像一个没有孩子的小家庭。"

重演主义者把论据拓展到一系列令人惊异的人类能力上。寇普把儿童和现存"原始人"的素描与原始艺术相提并论（1887，p.153）："我们发现，我们所知道的最早种族的努力，与婴儿用无知的双手抚摸石板，或者与野人在绝壁上描画的行为非常相似。"英国著名心理学家詹姆斯·萨利（James Sully）比较了儿童与野蛮人的审美感官，而且认为孩子的要更加优秀一些（1895，p.386）：

> 在许多儿童美感的天然表达形式中，我们可以找到很多与人类原始审美情趣相联系的地方。对明亮闪耀的东西、艳丽的东西、反差强烈的颜色的偏好，还有对特定形式的运动的爱好（比如最中意的饰品——羽毛的运动），这些都是为人们所熟知的野蛮人特性，也是被文明人认定为幼稚的审美观。而另一方面，野蛮人是否具有孩子们追逐美丽花朵时的情感，则是不确定的。

社会达尔文主义的追随者赫伯特·斯宾塞（Herbert Spencer）十分精练地总结道（1895，pp.89-90）："那些未开化的人的智力特征……是在文明孩子身上再现的特征。"

自从重演理论成为遗传决定论的一般性理论后，许多男性科学家把论证延伸到了女性身上。寇普声称，女性具有"形而上学特点"：

> ……和男性在发育早期所呈现的基本特征非常相似……女性具有更容易受感动的特点；……情感热烈，更容易受到情感而不是逻辑的影响；在外部世界中举止胆怯，而且没有规律。作为一般规律，所有这些特征在生命的某个时期也同样属于男性，尽管不同个体会在不同时期失去这些品性……也许大部分男性都能记起，情感在他们生命早期处于支配性地位——与成熟时期相比，此时他们更容易感到痛苦，更容易产生波动……或许所有男人都能记得他们崇拜英雄的青年时代——他们感觉需要更加强有力的臂膀，他们仰望那些同

情并帮助他们的有权有势的朋友。这是"女性阶段"的特点。
（1887，p.159）

在有关遗传决定论的记录中，G. 斯坦利·霍尔（G. Stanley Hall）的论述可以说是最为荒诞的。我需要再次提醒的是，他不是一个疯子，而是美国首屈一指的心理学家。他把女性更高的自杀率作为她们处于原始进化状态的标志（1904，第2卷，p.194）：

> 这里要表达的是性别之间存在的深刻的精神差异。女性的身体和灵魂更为古老，更为原始，而男性则要现代、多变和开放得多。女性总是乐于保持旧的习惯和思维。她们偏爱消极的生活方式，当她们从高处跳下或者服下毒药时，完全把自己的生命交给了像重力之类的原初力量，她们对自杀这种方式的运用远远超过了男性。哈维洛克·艾利斯（Havelock Ellis）认为，溺水身亡正变得越来越频繁，溺死比其他方式更使女人觉得具有女人味。

作为对霸权主义进行的辩护，重演理论给予了太多承诺，使得它在学术界不能被忽视。我曾经引用过的卡尔·沃格特的观点——从与白人儿童大脑的对比中得出有关非洲黑人的粗暴结论，被基德（B.Kidd）加以延伸，成了对热带非洲殖民扩张的论据。（1898，p.51）基德写道，我们正在"研究代表种族发展历史的人种，他们与代表个体发展的孩子处于相同阶段。因此，热带地区不可能由本地人带来自身的发展"。

在关于我们是否有权吞并菲律宾这一问题的辩论过程中，美国著名霸权主义者雷夫·约西亚·斯特朗（Rev.Josiah Strong）虔诚地声称："我们的政策不应该取决于国家意志或者商业目的，而应该取决于我们对整个世界尤其是对菲律宾人的责任。"（1900，p.287）他的反对者引用亨利·克莱的观点进行反驳，即上帝不会创造一个不能自治的民族，因此他们不需要我们仁慈的管理。但在进化论和重演论出现之前的那个糟糕年代，克莱就已经就说过了：

现代科学已经显示，种族历经几个世纪的发展就如同个体经过几年的发育一样，一个缺乏自治能力的未充分发育的种族，与其说是万能上帝的一个缩影，还不如说是缺乏自理能力的尚未完全发育的孩子……在此之前克莱的设想就已经形成了。在那个开明时期，因为相信每个人都有自理能力，于是就相信菲律宾人也能够实现自我管理。这种人的观点不值一提。

霸权主义桂冠诗人鲁德亚德·吉卜林（Rudyard Kipling）甚至在其为白人至上主义所作的最有名的辩护诗的第一节中，使用了重演主义的论据：

> 担起白种人的责任
> 派出最好的子孙
> 去吧，让他们远走异国他乡
> 去满足俘虏的需要；
> 等待，披上沉重的甲胄，
> 在汹涌的民众中，在荒野上——
> 你们新发现的愤懑的民族，
> 一半是魔鬼，一半是小孩。

判断并非总是如此敏锐的泰迪·罗斯福（Teddy Roosevelt）写信给亨利·卡伯特·洛奇（Henry Cabot Lodge），说这首诗"是一首很烂的诗，但是从更深层次来看，却发挥了积极的作用"。（Weston，1972，p.35）

如果我们的时代没有增添新的有趣的曲折，那么这个故事很有可能就是19世纪的愚蠢和偏见的有力证据之一。到1920年，重演理论已经被推翻。（Gould，1977，pp.167-206）不久以后，荷兰解剖学家路易斯·鲍尔克（Louis Bolk）提出了一个恰好相反的理论。重演理论要求祖先的成年性状在后代中更加快速地发展，并从而变成青少年的特征——因此，现代孩子的性状即为成年祖先的原始性状。但是可以设想的是，相反的进程也是可能的，就像进化中经常出现的情况一样。因此我们可以设想，祖先的青少年性状在后代中发展得非常缓慢，从而使它们变成了成年人的特征。这种延迟发展现象在自然界中很常见，它叫作幼态持续。根据鲍尔克的观点，人类本质上就是幼态持续的。他列举了一系列成年人的特征，它们与刚出生或年少的猩猩的特征一样，但在成年的猩猩身上已经消失，它们包括：和身长相应的圆形头盖骨和大脑袋；小脸蛋儿；主要分布于头上、腋窝和体表的毛发；不能旋转的大舌头。我已经在第三章中（"枕骨大孔的案例"）论述了人类幼态持续中最为重要的标志之一：位于头骨下方的枕骨大孔在胎儿时期的位置。

现在想想幼态持续对人类种群排序的意义吧。在重演理论看来，低等种群的成年人就像高等种群的孩子一样。但是幼态持续理论颠覆了这个观点。在幼态持续的环境中，保留幼年时期的性状并且发育得更加缓慢是"好样的"，也就是说是高级的或高等的。这样，高等群体的成年人保留了孩子一样的特性，而低等群体则在经历更高阶段的童年之后向愚蠢退化。现在想想白人科学家的传统偏见：白人是高等的，而黑人是低等的。在重演理论的前提下，成年黑人应该像幼年白人才对。但在幼态持续的条件下，成年白人应该像幼年黑人才合理。

由于受到重演理论的影响，在长达70年的时间里，科学家们搜集了大量的客观数据，所有数据都高声传达着同样的信息：成年黑人、女性以及下等阶层的白人，就像上等阶层的白人男性儿童一样。而随着现在流行的幼态持续观点的出现，这些确凿的数据似乎只能意味着一件事：上等阶层的成年男性处于劣等的地位，因为他们丢失了其他群体所能保持的童年时期的优良性状。这个结论无懈可击。

至少有一位科学家认同这个清晰的论断，并承认女性的优势地位，他就是哈维洛克·艾利斯（Havelock Ellis），尽管他极力逃避对黑人也作类似的坦白。他甚至把农村与城市的男性进行了对比，发现城市中的男性正在向女性化的结构发展，并由此宣称城市生活的优越性（1894，p.519）："在城市文明中，有着大脑袋、小脸蛋和小骨架的男性比野蛮人更接近典型的女性。无论是大脑袋，还是宽骨盆，现代男性都正走在一条最先由女性探索出来的道路上。"但艾利斯因为背离传统而饱受争议（他写过一本书，是最早进行系统性别研究的著作之一），他把幼态持续观点应用到性别差异研究之中，但未产生任何影响。与此同时，幼态持续观点的支持者对人类种族的差异问题，采用了另外一个更为常见的策略：他们只是放弃了 70 多年以来的确凿数据，并努力寻找新的相反的信息以确认黑人的劣等性。

人类幼态持续观点主要的支持者路易斯·鲍尔克声称，幼态持续特征最明显的种族是高级种族。通过保留更多青少年特征，使他们远离了"类人猿祖先"。（1929，p.26）"就此而论，把人类分成相对较高和较低的种族，完全合乎情理。（1929，p.26）根据我自己的理论，我显然对种族不平等性深信不疑。"（1926，p.38）鲍尔克把手伸进自己的解剖学工具箱中，抽出某些能够表明成年黑人已经远离童年时期的有利特征。从这些新的事实中，可以得出一个古老而又令人舒服的结论，鲍尔克宣称（1929，p.25）："发育最为迟缓的白人，似乎是最先进的。"鲍尔克自诩是一个"自由派"人士，拒绝把黑人置于万劫不复的愚笨境地。他希望将来的进化能对他们更为仁慈一些：

> 对其他所有人种来说，达到目前白人达到的发展巅峰是有可能的。这些种族唯一要做的是，按照人类起源的生物学原理［也就是幼态持续观点］持续进步。在胚胎发育中，黑人已经经历了成为白人男性最终发展状态的阶段。那么，当延迟行为也在黑人身上持续发生时，对这个种族来说仍是过渡的阶段也将成为最终状态。（1926，pp.473-474）

由于两个原因，鲍尔克的论点几乎已经到了欺骗的地步。首先，他随随便便就忘掉了所有这些特征——比如希腊式的鼻子以及深得寇普赞赏的络腮胡子——这是重演主义者特别强调过的，因为它们让白人远离了儿童状态。其次，他回避了一个急迫而尴尬的问题：东方人而非白人才明显是幼态持续最为普遍的人种（鲍尔克有选择性地列举了这两个种族幼态持续的一些特点，并随后宣称这些差异微不足道；为了提供一个更为公平的评价，请参见阿什利·蒙塔古［Ashley Montagu，1962］的著作）。此外，女性比男性的幼态持续特征更明显。我相信，如果我不强调东方女性的优越性，而宣称完全根据幼态持续程度来完成种群排序大业从根本上是不公平的，那么我就不会被看成粗俗的白人辩护者。虽然阿纳托尔·法郎士（Anatole France）和沃尔特·惠特曼的大脑质量只有屠格涅夫的一半，他们也像屠格涅夫一样能写作。如果幼态持续程度的微小差异与智力或道德价值有任何关联，我一定会感到非常诧异。

尽管如此，陈词滥调不会自己消亡。1971年，英国心理学家和遗传决定论者埃森克（H. J. Eysenck）针对黑人劣等性，再次抛出了幼态持续论。埃森克列举了三个事实，并用幼态持续观点给它们编造了一个说法：1）黑人婴儿及儿童的感官运动发展得比白人更为迅捷——也就是说，他们与胎儿状态分离更早，他们幼态持续的程度更低；2）白人的平均智商比黑人高3岁；3）在出生之后的第一年，感官运动的发展与将来的智商之间具有一定的负相关性——也就是说，感官运动发展较快的儿童最终的智商较低。埃森克由此推断（1971，p.79）："这些发现非常重要，因为根据生物学上非常普遍的观点［幼态持续理论］，通常来说，幼年持续得越长，其认知和智力就越出色。甚至在某个给定的物种内部，这个规律也同样适用。"

埃森克没有意识到，他把论点建立在一个几乎毫不相干的关联上。（不相干的关联是统计学推论的祸患——参见第六章。它们从数学角度绝对"正确"，但却没有因果联系。例如，我们可以计算出过去5年间世界人口的增长与欧洲和北美在大陆漂移作用下间隙增加之间的强烈相关性——非常接近最大值 1.0。）我们假定，黑人的较低智商纯粹是普遍较差的环境所致。感官运动的快速发展是认定黑人的方法之一——但却不如从肤色判断来得更加准确。恶劣环境与较低智商之间可能存在某种因果关系，但感官运动的快速发展与较低的智商之间也许不存在什么因果关系，因为在这种情况下，发展快速的感官运动仅能认定一个人为黑人。埃森克的论点忽略了一个事实，即在种族主义社会中，黑人儿童一般生活在较差环境中，这很有可能导致低智商。然而，埃森克借助幼态持续理论，赋予反映其遗传论偏见的非因果关系以及由此产生的因果关系与理论意义。

我们某些人身上存在的类猿性：犯罪人类学

返祖现象和犯罪行为

在托尔斯泰（Tolstoy）最后一部伟大小说《复活》（1899）中，副检察官——一个冷酷的现实主义者——起身谴责一个被误控谋杀罪的妓女：

> 副检察官滔滔不绝地说着……他的演讲引用了当时在他们圈子里很流行的最新理论。这种理论不仅当时很时髦，就是到今天也还是被看成学术上的新事物，其中包括遗传学、先天犯罪说、隆布罗索和塔德、进化论、生存竞争……"哼，他这简直是胡说八道！"庭长笑着侧身对那个严厉的法官说。"十足的笨蛋！"严厉的法官回答说。

在布莱姆·斯托克（Bram Stoker）的《德古拉》（*Dracula*，1897）中，范·海辛（Van Helsing）教授要求米娜·哈克（Mina Harker）描述这个邪恶的伯爵："告诉我们……你明亮的眼睛所看到的。"她回答道："这个伯爵是个罪犯，而且天生就是个犯罪坏子。诺尔道（Nordau）和隆布罗索也许会这样对他归类，而作为一个罪犯，他的智力有缺陷。"*

玛丽亚·蒙特梭利（Maria Montessori）在 1913 年写出下列文字时（p.8），表达了一种对犯罪现象严阵以待的乐观情绪："这种犯罪现象在传播时无法察觉，也无法进行补救，迄今为止它们只能激起我们的厌恶和憎恨。但现在科学已经触及了这个道德毒瘤，需要人类联合起来与之进行斗争。"

这些截然不同的评价的共同主题是隆布罗索在《罪犯》（*l'uomo delinquente*）中提出的理论，它可能是人体测量学传统中最具影响力的学说。隆布罗索是一个意大利医生，他描述了一个洞见，而这个洞见引导他走向先天犯罪行为理论，并创立了一个专业——犯罪人类学。1870 年，他曾试图找出罪犯与"延续性较差"的精神病人之间在身体结构上的差异。随后，"十二月一个阴郁的早晨"，他在检查了著名强盗维希拉（Vihella）的头盖骨后，愉快地捕捉到一个一闪而过的兼有天才式发现和疯子式发明特征的洞见。因为从那个头盖骨中，他发现了一系列返祖现象，不禁让人想起类人猿而不是人类的过去：

> 这不仅仅是一个观念，还是一丝灵感。一看到那个头盖骨，我似乎突然间看到了罪犯本性中的问题，就像火红天空下一片无垠的草原被点燃了一样——一个返祖的生物，在自身内部复制了原始人种和低等动物的残忍本能。这样就从生理结构上解释了罪犯们巨大的下颌，高颧骨，突出的眉线，手掌上没有交叉的纹路，眼眶的尺寸，罪犯、野蛮人以及类人猿都有的门把手似的耳朵，对疼痛的麻木，特别锐利的目

---

* 根据莱昂纳多·伍尔夫（Leonard Wolf）在《带注解的德古拉》（*Annotated Dracula*）一书中（1975，p.300）的注释，乔纳森·哈克（Jonathan Harker）最初对德古拉伯爵（Count Dracula）的描述直接源于切萨雷·隆布罗索对天生犯罪分子的描述。伍尔夫给出了如下对比：

　　哈克写道："他［伯爵］的脸……像鹰一样，还有瘦长鼻子上的高鼻梁骨以及奇怪地弯曲的鼻孔……"

　　隆布罗索："相反［罪犯的］鼻子……就像是猛禽的喙一样，经常是钩状的。"

　　哈克："他的眉毛非常浓密，几乎快要长到鼻子上了。"

　　隆布罗索："眉毛多得已经快要覆盖鼻子了。"

　　哈克："……他的耳朵是苍白的，而且上边几乎是尖的……"

　　隆布罗索："在后缘上部的一个凸起……尖耳朵的残留……"

光，文身，过分的懒惰，乐于放纵以及为了自己的利益不负责任的罪恶渴望，一种不仅想结束受害者生命而且要肢解其尸体、撕扯上面的肉并喝干其鲜血的欲望。（Taylor et al., 1973，p.41）

隆布罗索的理论，不只是类似"犯罪行为是遗传的"这样一个模糊的声明——这种说法在当时很常见——还是一个基于人体测量数据的科学的进化理论。犯罪分子就是我们当中的进化返祖者。在一些不幸的人身上，过去再次出现了。这些人生来就像一个正常的类人猿或者野蛮人一样行动，但是在我们的文明社会中，他们的行为却被认为是犯罪。幸运的是，我们能识别天生的罪犯，因为他们身上具有类人猿的生理特征。这种返祖现象并存于身体和精神之上，但身体特征，也就是隆布罗索所说的疾病标志，是最重要的。犯罪行为也会在普通人身上发生，但是我们能从人的生理结构识别出"天生的罪犯"。生理结构事实上就是命运，天生的罪犯永远无法摆脱他们的遗传污点："我们受到无声的法则无休止的约束，在社会管理上这些法则比我们的法典有更多的权力。犯罪……似乎变成了一个正常现象。"（Lombroso，1887，p.667）

作为"天生"罪犯的动物和野蛮人

确定罪犯身上具有向猿退化的返祖现象，并不能证明隆布罗索的观点，因为只有在认定野蛮人以及低等动物具有罪恶的自然倾向的情况下，才能用人身体上的类猿现象解释其野蛮行为。如果有些人像类人猿，而类人猿是友善的，这个结论就不成立了。于是，隆布罗索把他的主要著作（《罪犯》，于1876年第一次出版）的第一部分全部用来分析动物的犯罪行为——这是曾经出版过的所有作品中对同形同性学说最可笑的背离。例如，他说蚂蚁在愤怒的驱使下杀死并肢解一只昆虫；某只淫乱的鹳鸟与奸夫一起谋杀亲夫；海狸集合起来组成犯罪团伙劫杀落单的同类；没有交配机会的雄性蚂蚁骚扰性器官萎缩的（雌性）工蚁，致使工蚁疼痛而死；他甚至把

昆虫吞噬某些植物视为一种"等同犯罪"。（Lombroso，1887，pp.1-18）

隆布罗索随后展开了下一个逻辑步骤：罪犯与"低等"群体的对比。一位来自法国的支持者写道："按照现代社会中的返祖现象，我会把罪犯比成一个突然出现的野蛮人；也许我们会认为他天生就是一个罪犯，因为他天生就是一个野蛮人。"（Bordier，1879，p.284）

隆布罗索冒险进入了动物行为学领域，并把犯罪视为低等人群的正常行为。他写了一篇和尼罗河上游的丁卡族有关的小论文（Lombroso，1896）。隆布罗索在论文中谈到了他们身上的大量文身，以及对疼痛的强大忍耐力——他们在青春期就用锤子敲掉自己的门牙。他们展示自己身体上的类猿特征，并把它们当作身体的正常部分："他们的鼻子……不仅是扁平的，而且是三叶的，就像猴子一样。"他的同事塔德写道，有些罪犯"本是红色印第安部落的道德楷模"。（Ellis，1910，p.254）哈维洛克·艾利斯（Havelock Ellis）自称是罪犯和下等人，他不以为耻，反以为荣。"不知道脸红经常被视为罪恶、无耻的衍生物。羞愧在白痴和野蛮人当中也十分罕见。西班牙人经常这么说南美的印第安人：'我们怎么能够相信一个不知道脸红的人呢'"。（1910，p.138）相信皮萨罗的印加人又能走多远呢？

事实上，隆布罗索是以一种逃避失败的方式提出了他的所有论点，因而这些论点在科学上就显得十分空洞。为了使自己的工作显得很客观，他引用了大量的数字资料，但这一切是如此脆弱，以至于布洛卡学派的大部分人都反对他的返祖理论。无论隆布罗索何时碰上与他的理论相矛盾的事实，他都会对自己的理论进行修改和变通，直到最终能把事实都吸纳进去。这种态度在他有关低等人种的论述中清晰地表现了出来，因为在他想要贬低的这些人种中，他一次又一次地碰到了与勇气和成就有关的佳话。然而他歪曲了所有的故事，使它们都能进入自己的理论体系。例如，如果他不得不承认某个令人赞许的特征，他就把这个特征与其所蔑视的其他特征相提并论。他引用了有些过时的权威塔西陀（Tacitus）的话来证明自己的推论："即使在野蛮人中发现了信用、纯洁和同情，他们的冲动以及懒惰也绝不是我们想要的。野蛮人最怕持续的工作，因此对他们来说，通往主动而有条理的劳动之路，也不过是被选择或者被奴役之路旁边的一条小路而已。"（1911，p.367）或者可以仔细品味一下他对低等而罪恶的吉普赛人所说的一句含蓄的赞语：

> 像所有罪犯一样，他们是虚荣的，但没有恐惧和羞愧之心。他们把得到的所有东西都耗费在饮酒和打扮上。他们可能光着脚，却身穿镶着花边的奇装异服；不穿袜子，却脚踏黄色的鞋子。他们有野蛮人和罪犯的浅薄见识……他们吃不干净的腐肉。他们溺于放纵，喜欢吵闹，在集市中大喊大叫。他们为了抢劫而残忍地杀人，在很久以前就被怀疑有吃人的劣迹……有记载显示，这个道德低下、文化、智力发展滞后的种族，这个除了最烂的抒情诗外一事无成、一无所获的民族，却在匈牙利创造了不可思议的音乐艺术——在罪犯身上发现的返祖现象与天赋掺杂的新的有力证明。（1911，p.40）

如果他的赞扬中没有诅咒的成分，那么至少存在贬损"原始人"具有明显可敬行为的动机。一个在折磨下勇敢死去的白人圣徒，算得上是一个英雄；而一个在同等尊严下死去的"野蛮人"，仅仅是无法感知疼痛：

> 他们［罪犯］身体上的麻木感，很容易让我们想起他们在成人仪式上承受的白人永远无法忍受的折磨。所有旅行者都知道，黑人和美国野蛮人对疼痛是麻木的：前者为了避免工作而砍掉自己的双手，并一笑置之；后者被绑在刑柱上慢慢地烧死，嘴里还愉快地唱着部落赞歌。（1887，p.319）

在对返祖罪犯与野蛮人、低等人的比较中，我们熟悉了前面讨论过的重演理论的基本论点。为了完成这个逻辑链，隆布罗索只需宣称：孩子是天生的罪犯——因为孩子是祖先的成年形态，一个活生生的原始人。隆布罗索没有在必然性面前退缩，他把文学传统中天真的孩子视为罪犯："我的学校最重要的发现之一是，到达某一特定年纪的小孩，显现出最令人悲哀的成为罪犯的发展趋势。违法犯罪行为的萌生，一般都隐藏在人类生命的早期阶段。"（1895，p.53）我们对小孩无知的印象是一种阶级偏见。我们这些安逸的平民压抑了孩子的天性："生活在上层阶级中的人是不会明白孩子对酒精饮料的那份热情的，而在较低阶层的人看来，哪怕是一个乳臭未干的小子兴高采烈地喝着啤酒或烈酒，也再平常不过了。"（1895，p.56）*

特征：解剖学的、生理学的和社会的

隆布罗索的身体解剖学特征（见图4.1），多半既不是病症也非不连续的变异，而是在一条正常的曲线上，十分接近类人猿中相同性状的平均值的极值。（用现代术语来说，这是隆布罗索错误的根源之一。人类的臂长各不相同，而且有些人的手臂一定比其他人的长。黑猩猩的手臂一般要比普通人长，但这并不意味着一个手臂相对较长的人就在基因上与类人猿相似。种群内部的正常变异是不同种群间平均值差异产生的一种不同的生物学现象。这种错误一犯再犯。这是阿瑟·詹森（Arthur Jensen）的谬误产生的根源，他声称美国白人与黑人在 IQ 上的平均差异主要是经过遗传产生的结果——见第五章中"比奈意图在美国的解除"的内容。真正意义上的返祖现象，是不连续的、基于遗传学原理的原始性状——比如某匹马生来就偶然生有功能性的侧边脚趾。隆布罗索列举了他认为类猿的特征（1887，pp.660–661）：更厚的头盖骨、更简洁的颅缝、大下巴、美丽的头盖骨表面、相对较长的胳膊、过早出现的皱纹、

---

* 在《德古拉》（*Dracula*）一书中，范·海辛教授用他那独一无二的蹩脚英语把伯爵说成是一个固执的孩子（因此他既是一个原始人，又是一个罪犯），并进而称赞了重演理论的观点：

啊！在此我希望，我们人类的大脑一直都是人类的，从未失去过上帝的荣光，它比他置于坟墓之中长达几个世纪的儿童时期的大脑更为高级，他（只有儿童时期的大脑）还没有发育到我们的水平，只能做些自私而微不足道的工作……他聪明、可爱而机智；但是就大脑而言，还没有达到人类的水平。他只有孩子的大脑。现在，我们的这个罪犯也是命运使然；他拥有和孩子一样的大脑，他所做的事情也是只有孩子才会做的。小鸟、小鱼和其他小动物都是根据原理而是按照经验学习；当他学会做一件事，他就会以这件事为基础做更多的事。

图 4.1　罪犯面部的全套图。隆布罗索的《罪犯》的图谱的卷首图片。"E"组是德国谋杀者；"I"组是窃贼（隆布罗索告诉我们，这个没有鼻子的人多年来一直戴着一个假鼻子，成功地逃脱了法律的制裁，即图中左边那个戴着圆顶礼帽的人）；"H"组是抢夺者；"A"组是商店扒手；"B""C""D"和"F"组都是骗子；而最下面一行是高贵的绅士，他们谎称自己破产了。

低窄的前额、大耳朵、较少出现的秃顶、较黑的皮肤、更高的视觉灵敏度、较弱的疼痛感以及血管反应（脸红）的缺乏。在 1886 年召开的犯罪人类学国际会议上，他甚至认为（见图 4.2）妓女的脚像类人猿一样适于抓握（大脚趾与其他脚趾分离得更宽）。

　　对于其他标志，为了寻求相似之处，隆布罗索从类人猿追溯到了更遥远、更原始的生物：他把突出的犬齿和扁平的上颚与狐猴和啮齿动物的骨骼进行比较，把奇形怪状的枕髁（头盖骨与脊柱的连接区域）与牛和猪（1896，p.188）的正常髁骨相比较，把构造异常的心脏与海牛类哺乳动物（稀有海洋哺乳动物）的正常心脏相比较。他甚至假定，在某些面部不对称的罪犯与两眼位于身体表面的比目鱼之间，也有某种意味深长的相似性！（1911，p.373）

　　为了支撑对罪犯特定缺陷的研究，隆布罗索对罪犯的头部和身体进行了测量——样本中有 383 个头盖骨的数据来自于对死亡的罪犯的测量，另有 3 839 个数据来自于活着的罪犯。作为隆布罗索式风格的一种象征，必须考虑其申明的最重要的数学依据——尽管少数罪犯的脑袋硕大（见本书第三章中"大脑袋的罪犯"的内容），但绝大多数罪犯的脑袋都比普通人小。* 隆布罗索（1911，p.365）

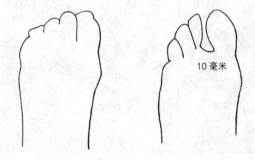

10 毫米

图 4.2　妓女的脚。这是朱莉安（L. Jullien）在 1896 召开的犯罪人类学第四次国际会议上提供的一幅图。隆布罗索在评论这幅图时说："这些观察成果极好地显示出，妓女的形态甚至比罪犯的更为反常，特别是从异常的返祖现象来看，因为适于抓握的脚形具有返祖的特征。"

---

* 依据其他标准测量头盖骨的论点经常被犯罪人类学进行强制使用。例如，早在 1843 年，沃新恩（Voisin）就提出大脑前部与后部的经典论点把罪犯置于动物之列（参见本书第三章"前与后"的内容）。他研究了 500 个年轻的罪犯，并报告了他们大脑前部和上部的缺陷——这是道德和理性所处的假定位置。他写道（1843，pp.100-101）："他们大脑的前部和上部处在一个发展程度最低的阶段，而这两个部位成就了我们，使我们置于动物之上，并且造就了我们人类。他们［罪犯的大脑］的本性使他们……完全置于人类群体之外。"

和他的门徒们（例如费里［Ferri］，1897，p. 8）不厌其烦地重复着这种说法，尽管其数据与结论之间并没有什么因果关系。图4.3呈现的是隆布罗索测量的121个男犯人和328个正常男性的颅骨容量分布图。你无须进行精确的数据统计就可以看出，这两个分布图之间差别很小——尽管隆布罗索得出的结论是："颅量较小的罪犯占大多数，而颅量较大的则比较少见"（1887，p.144）。我根据隆布罗索的量表重建了原始数据，并且计算出罪犯的颅量均值为1 450立方厘米，而守法公民的是1 484立方厘米。这两种分布（一种测量平均分散水平的方法）并没有明显区别。这意味着守法公民样本具有较大的变化范围，结果可能只是采用了更大的样本量（样本越大，涵盖极值的可能性越大）而人为造成的——这对隆布罗索是很重要的，因为它把正派人的最大脑容量提升到比罪犯的最大脑容量高出100立方厘米。

隆布罗索的特征也包括一系列社会性状。他特别强调指出：1）罪犯讲的黑话很像儿童和野蛮人说的话，即一种拟声性很强的独特语言："返祖现象对此作出了不可替代的贡献。他们说话的方式与众不同，是因为他们的感觉与常人迥异；他们像野蛮人一样说话，是因为他们在我们灿烂的欧洲文明中就是真正的野蛮人。"（1887，p.476）2）文身反映了罪犯迟钝的痛感，以及对纹饰的返祖性热爱（图4.4）。隆布罗索对罪犯的文身图案做了定量研究，并发现这些图案一般都是无法无天的（"报复性的"），或者是辩解性的（"在灾星下出生""运气不好"），尽管他发现其中有一个文着"法兰西及炸薯条万岁"。

隆布罗索从来都没把所有犯罪行为归结为返祖特征。根据他的推断，大约40%的罪犯依循遗传性的冲动；而其他人则出于激情、愤怒或者绝望。乍一看，天生罪犯的偶然性差别具有妥协、退避的迹象，但隆布罗索以一种相反的方式来使用它——这么说可以使自己的理论体系免遭反驳。人类不能以其行为而被定性。谋杀可能是人类身体中最低级的猿性行为，也可能是被正义的愤怒冲昏了头脑，

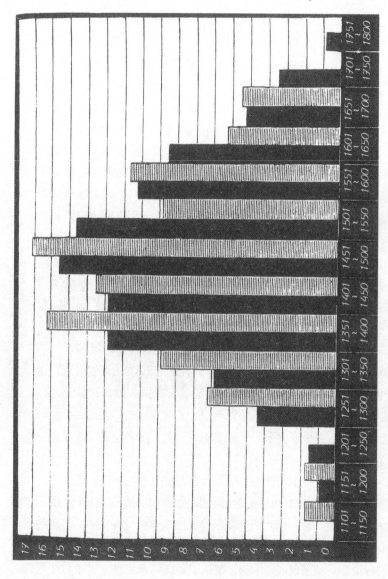

图 4.3 普通人的（黑色的）脑容量与罪犯的（阴影的）脑容量的对比。Y 轴是百分比而不是确切的数字。

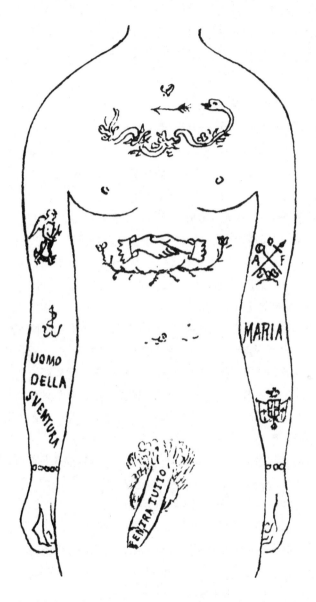

图 4.4 隆布罗索把文身看成天生犯罪行为的标志之一。隆布罗索《罪犯》中描绘的恶棍的胳膊上写着："不幸的人。"生殖器上可以看到这样的字样：它全部进来了（entra tutto）。隆布罗索在说明中告诉我们，鸡奸者身上常常有握手的图案。

比如最正直的丈夫被人戴了绿帽子。所有犯罪行为都包含在内：具有返祖特征的男人通过天性展现这些特征，不具返祖特征的男人则迫于环境压力被动展现。通过对他的体系的例外情况进行分类，隆布罗索排除了所有可能存在的伪证。

隆布罗索的撤退

隆布罗索的返祖理论在当时产生了很大的轰动，并且激起了19世纪最为激烈的科学争论之一。尽管隆布罗索引用了大量数据，但他没有对冷酷的客观性保持惯有的尊重。伟大先驱布洛卡的弟子们甚至都责备隆布罗索使用的是律师般的而非科学的方法。保罗·托比纳德谈到他（1897，p.676）时说："他没有说，这儿有一个向我暗示某种推理的事实，让我们看看我是否搞错了，让我们严密地进行研究，收集并添加其他事实……结论已经提前形成；他寻找证据，就像一个最后只说服了自己的支持者一样为自己的论点进行辩护……［隆布罗索］过于确信。"

隆布罗索在攻击中慢慢撤退。但他是像一个军事家那样撤退的。他任何时候也不会妥协，或者放弃自己的主要观点——犯罪带有生物遗传特征。他仅仅扩大了先天性原因的范围。他最初的理论具有简明和原创的优点——罪犯是我们中的类人猿，身上具有解剖学上的返祖特征。随后的版本更加分散，但也更有包容性。返祖现象仍被视为犯罪行为的主要生物学根源之一，但隆布罗索添加了几个与先天性疾病和退化现象有关的类别："我们在罪犯身上看到，"他写道（1887，p.651），"一个野蛮人同时还是一个病人。"晚期隆布罗索把特别突出的罪犯行为判定为癫痫病，并以此作为罪犯的标志之一。最后他陈述道，几乎每一个先天性罪犯都患有不同程度的癫痫病。隆布罗索的理论强加在数以千计的癫痫病患者身上的额外负担难以计数；在某种程度上，他们成了优生计划的重要目标之一，因为隆布罗索把他们的疾病解释成道德退化的标志之一。

作为一则不为今天大多数人所知的趣闻，退化与种族排序之间的关系至少给我们留下了一笔遗产——"先天性白痴"的称号，或者更温和一点说是"先天愚型",即一种被称为"唐氏综合症"的染色体混乱现象。一位名叫约翰·兰登·海顿·唐（John Langdon Haydon Down）的英国贵族、博士，在一篇题为"关于对白痴分类的观察报告"（Down，1866）的论文中，确认了这种综合症的存在。

唐认为，许多"先天性白痴"（一个在他那个年代相当专业的词汇，而不只是一个绰号）表现出身体结构上的某些特点，这些特点在他们的父母身上并不存在，但却以低等人种的典型特征展现出来。他发现了"黑种"白痴——"白种黑人，尽管具有欧洲血统"（1866，p.260），马来人和最初栖息于美洲大陆的类似人种，"有较短的前额，突出的脸颊，深凹的眼睛和有些类猿的鼻子"。（p.260）其他的则接近"蒙古族大家庭"。"很多先天性白痴都是典型的蒙古人"。（p.260）随后他继续描述唐氏综合症特征，更确切地说，是他所负责的男孩具有的唐氏综合症特征——与东方人（"匕斜"的眼睛和淡黄色的皮肤）有少数偶然的相似性和大量的不同点（棕色而稀疏的头发、厚嘴唇、布满皱纹的前额，等等）。尽管如此，他还是推断（1866，p.261）道："这个男孩的外貌很难让人相信他是欧洲人的孩子，但这些特性经常出现，也就是说，这些人毫无疑问都是人种特征退化的结果。" 唐甚至把他对人种的见解用到解释受折磨的孩子的行为上："他们擅长模仿"——在唐那个时代的传统种族主义分类中，这个特征被最频繁地引作蒙古人的典型特征。

唐把自己描述成自由的种族主义者。难道他没有通过说明低等种族的特点可能出现在较高种族的退化过程中，并以此证明人类的统一性吗？（1866，p.262）事实上，他仅仅为病理学做了隆布罗索为犯罪行为学很快就已完成的事情——通过把不良白人认定为低等种群的生物学代表而确认传统的种族主义等级。隆布罗索谈到返祖现象时说："把欧洲罪犯比作具有澳大利亚及蒙古族特征的类型。"（1887，p.254）尽管唐所提出的名称持续到了我们这个时代，但现在已经不怎么使用了。彼得·梅达华（Peter Medawar）先生告诉我说，在 19 世纪 70 年代后期，他曾和某些亚洲同事劝说《泰晤士报》放弃"先天愚型"的说法，转而采用"唐氏综合症"这个名称。这个善良的博士将始终受到世人的尊敬。

犯罪人类学的影响

1896 年，法国最杰出的反隆布罗索主义者之一达尔曼尼（Dallemagne）对隆布罗索的影响表达了自己的敬意：

> 他的思想彻底改变了我们的想法，到处都能看到由他的思想激起的那种积极的情绪，以及在所有研究领域引起的令人愉悦的效仿。二十年以来，他的思想影响了无数次辩论；这位意大利大师为所有辩论制订了规则；他的思想的诞生具有重要的意义。到处都是一派生气勃勃的气象。

达尔曼尼承担的可不只是外交官的角色，他是在记录事实。但犯罪人类学不止是一场充满活力的学术辩论。它是多年以来在法律和刑罚领域被反复讨论的话题之一。它引起了多项"改革"，而且直到第一次世界大战为止，它都是四年一度为法官、法学家、政府官员和科学家举办的国际会议的主题之一。

除了这些具体影响，隆布罗索的犯罪人类学还有更加重要的影响，即在生物决定论中人物与环境谁具有更加重要作用的论争中，他支持人物：人物遵循他们的天性。为了理解犯罪，就要研究罪犯，而不是研究他的家庭、他的教育，以及可能促成盗窃或抢劫行为的当下环境。"犯罪人类学研究自然状态下的犯罪者——即生物学和病理学范畴中的罪犯"（隆布罗索的信徒塞尔吉的引述，Zimmern，1898，p.744）。作为一个保守的政治观点，它几乎无懈可击：邪恶的、愚笨的、贫穷的、被剥夺权利的或道德堕落的人，自出生之日起其天性就已经定形了。社会体制反映人的天性。需要责备（而且研究）的是受害人，而不是他生活的环境。

例如，意大利军队已经受到几起蓄意杀人（意大利语：misdeismo）事件的困扰。一个名叫米斯迪（Misdea）的士兵（图 4.5）

杀死了他的指挥官，后来意大利语就以这个士兵的名字命名蓄意杀害。隆布罗索研究过他，并称他为"一个严重的癫痫病患者……深受邪恶的遗传的影响"。（Ferri，1911）隆布罗索建议把癫痫患者剔除出军队，费里（Ferri）也认为这样能消除蓄意杀害事件。（我怀疑在整个第二次世界大战期间，意大利军队是否真的没有一起由非癫痫患者实施的蓄意杀害案例。）无论如何，似乎没有任何人打算重新考虑新兵的权利和条件。

隆布罗索的理论具有的最不确定的潜在结果，既不能通过法律途径来实现，也无法经由支持者们提出：在罪犯实施任何犯罪之前，对具有这些特征的人进行筛选并隔离——尽管费里认为，如果某个家族连续三代有成员因为刑事犯罪而被处死的话，那么把这种家族流放，是"非常公正"的柏拉图式的防卫措施。然而，隆布罗索确实支持对孩子进行预先筛选，这样可以让老师提前作好准备，并搞清楚对那些具有返祖特征的孩子应该有什么样的期待。

> 通过犯罪人类学检验，可以解释带有犯罪特征——身体早熟、缺乏对称、头小、面部尺寸夸张——的孩子在学习和纪律方面的缺点，而且能够及时把他们与正常的同伴分开，使他们直接朝着更适合他们性格的事业发展。（1911，pp.438-439）

我们知道，在许多刑事案件的审判中，隆布罗索式特征都成了判决的重要标尺。而我们无法知道的是，有多少男人因为大量文身、不会变红的脸或不正常的大下巴和胳膊而被不公正地定罪。隆布罗索的首席助理费里写道（1897，pp.166-167）：

> 一项基于犯罪人类学的研究，为执法部门侦查犯罪提供了新的更加准确的方法。文身、人体测量、外貌、身体和精神状况、意识记录、反射活动、血管舒缩反应、视野范围、犯罪数据统计……经常足以为警察及地方预审法官的调查提供科学的指导，而目前这一切已经完全取决于他们头脑的敏

P.C.，巴西利卡塔的强盗，被关押在佩萨罗

皮埃蒙特的窃贼

佩萨罗的娈童（男妓），绰号"女人"

米斯迪

图 4.5　四个"天生"罪犯，包括杀死指挥官的无名之辈米斯迪。

锐和睿智程度。而当我们想起许多因为证据缺乏或不足而未能进行审判的案件，以及只能凭借详细线索进行审判的程序的烦琐程度，无疑很容易发现犯罪人类学对打击罪犯的实用价值。

隆布罗索详述了自己作为专家证人的一些经历。隆布罗索应邀协助裁定一起继子杀母案，他宣称（1911，p.436）两个继子中的一个有罪，因为那个人"简直是天生罪犯中最完美的类型：大嘴巴、前额凹陷、颧骨突起、上嘴唇较薄、大门牙、异乎寻常的大脑袋（1 620立方厘米）[在其他环境中是天才的标志之一，但在这里却不是]、感觉迟钝，而且惯用左手。因此他被证明有罪"。

还有一次，隆布罗索根据一个甚至连他自己都觉得模糊和偶然的证据，主张给一个叫法西奥（Fazio）的人定罪，指控他抢劫并谋杀了一个富裕的农场主。一个女孩作证说，她曾看见法西奥睡在受害人附近；但当警察到达的时候，他躲了起来。再也没有其他任何能够证明他有罪的证据了：

> 根据调查，我发现这个男人生有突出的耳朵、巨大的上颌骨和脸颊骨、狐猴似的肢体、分离的额骨、过早出现的皱纹、阴险的面孔、向右扭曲的鼻子——总之，一个接近罪犯类型的面孔，瞳孔有些好动……一幅文在胸前的巨型女人图案，并刻有"追忆塞丽娜·劳拉"（Celina Laura，他的妻子）的字样，而手臂上还文有一个女孩的图案。他有一个患癫痫病的姨妈和一个患精神病的表兄，而且调查表明，他本人是个赌徒和懒汉。无论如何，在一个对罪犯更加严厉的国家里，有生物学给这个案子提供的这些线索，再加上其他证据，足以给他定罪了。尽管如此，他还是被无罪释放了。（1911，p.437）

有所得，必有所失。（令人感到讽刺的是，是保守派而不是法学的自由本性抑制了隆布罗索的影响力。大多数法官和律师只是无法忍受入侵其固有领域的定量科学观念。他们不知道隆布罗索的犯罪人类学是一种伪科学，甚至把它当作在其领域完全合法的研究，他们拒绝犯罪人类学主要是因为它的无端越界。隆布罗索的一些法国批评者们，把研究重心放在犯罪的社会根源上，同样有效地遏制了隆布罗索的犯罪学的发展潮流——因为他们，特别是曼奴佛立安［Manouvrier］和托比纳德，能和隆布罗索一起巧妙地回避数字。）

在讨论死刑时，隆布罗索和信徒们再次强调了他们的信条，即先天性罪犯因为天性而犯罪。"返祖现象向我们表明，对先天性罪犯的惩罚是无效的，他们将无可避免地周期性犯罪。（Lombroso，1911，p.369）"理论伦理学忽略了这些病态的大脑，就像油脂流过大理石却没有渗透进去一样。"（Lombroso，1895，p.58）

费里在1897年陈述道，与其他许多学派相反，持有隆布罗索观念的犯罪人类学家在死刑合理性观点上的意见是一致的（1897，pp.238-240）。隆布罗索写道："确实存在这样一群犯罪分子，他们生而邪恶，就像一块顽石一样，使所有社会治疗手段都很难奏效——这个现实促使我们把他们完全消除，哪怕是通过死刑的方式。"他的朋友、哲学家希波吕忒·丹纳（Hippolyte Taine）甚至更加夸张地写道：

> 你已经向我们展现了生有人类面孔而性格凶猛、多变的猩猩。他们显然无法表现成其他形象。如果他们去抢夺、偷盗并杀人，那么这些行为都是由他们的天性和从过去发展起来的品行所驱使的，一旦能够证实他们将永远保持猩猩的状态，我们就有更加充分的理由消灭他们。（引自Lombroso，1911，p.428）

为了对死刑作一般性的解释，费里引用了达尔文的进化论（1897，pp.239-240）：

> 对我而言，死刑似乎是由自然规定的，并且每时每刻都对世界上的生命起作用。进化的普遍规律同样向我们展示，

> 每一个物种的至关重要的发展都是由于连续的自然选择，都是通过弱者在生存竞争中的死亡而实现。现在人类的这种选择，就像在低级动物中一样，也可能是自然的或人为的。所以，人类社会应该通过淘汰反社会的以及不协调的个人而作出一种人为的选择，这与自然法则是一致的。

尽管如此，隆布罗索和其同事们也普遍支持采取除了死刑之外的其他方式以消除社会中的先天性罪犯。比如在乡下，早期的隔离可能会减缓这种先天性趋势，并且可能在持续的密切监督之下导向一种有益的生活。而对于其他屡教不改的罪犯来说，可以提供一种较死刑更为人性化的解决方案——流放，但流放必须是永久而且不可撤销的。费里注意到，意大利帝国的国土比较小，因此他提倡"内部流放"，即流放到那些疟疾流行而不再耕作的地方："如果疟疾的消除需要进行一场人类的大屠杀，牺牲罪犯明显要比牺牲诚实百姓好一些。"（1897，p.249）最后，他建议可以把罪犯流放到非洲殖民地厄立特里。

信奉隆布罗索的犯罪学说的人类学家，不是小气的虐待狂、潜在的法西斯主义者或者保守的政治理论家。他们具有趋于自由甚至社会主义的政治观，并自视为进步的现代科学主义者。他们希望能把现代科学当成一把打扫卫生的扫帚，用以清除法律体系中过时的自由意志哲学累赘和严厉的道德责任。他们自称为犯罪学中的"积极"学派，不是因为他们确信自己是这一学派（尽管确实如此），而是因为经验、客观的哲学意义。

作为隆布罗索最主要的反对者，"经典"学派反对早期刑罚的变幻无常，他们认为，必须按照犯罪的性质严格量刑，而且所有人都必须完全对他们的行为负责（没有减轻处罚的情况）。隆布罗索借用生物学论证了罪责相等原则，而不是吉尔伯特笔下日本天皇所说的罪责相符。一个正常人可能因为一瞬间的妒火而杀人。执行死刑或者囚禁犯人的目的是什么呢？正常人不需要改造，因为他的本性是好的；社会无须为了免受他的侵害而采取保护措施，因为他不会再次犯罪。先天性的罪犯可能因为小的罪行而被告上法庭。短期判决的好处是：因为他无法被改造正常，因此短期的判决可以减少他进行下一次或许更加严重犯罪的时间。

积极学派在一系列改革中进行了最艰苦也最成功的斗争，直到最近这些改革才被认为是进步而且"自由"的，而且所有都涉及不定刑期的判决准则。从很大程度上来看，他们赢了，而极少有人意识到，我们现代的假释制度，包括提前假释和不定刑期判决，在某种意义上都是源于隆布罗索为区别对待先天性罪犯和偶然性罪犯而艰苦斗争的结果。费里在1911年写道，犯罪人类学的主要目标是"为了使罪犯的性格取代罪行的客观严重性而成为刑罚公正的主要对象和准则"。（p.52）

> 刑事处罚必须适应……罪犯的性格……这个结论的理论结果是不定刑期判决，它一直因为被传统的和形而上学的犯罪学家当作司法的异端而遭受攻击……提前裁定的判决作为一种社会防卫手段是荒谬的。它就像医院里的医生想让病人在住院时间与每种疾病一一对应一样荒唐。（Ferri, 1911, p.251）

最早的隆布罗索主义者们提倡严厉对待"先天性罪犯"。人体测量学和进化论的误用加深了这种悲剧，因为隆布罗索的生物学模型完全无效，以至于他把相当多的注意力从犯罪的社会基础转移到罪犯的先天倾向这种错误观点上。但是，实证主义者们引用了隆布罗索的扩大模型，并最终把犯罪的起源延伸到教育和生物学上，这对他们为不定刑期判决和减轻处罚的观念而进行的运动具有重大的影响。由于他们的想法大部分变成了我们的实践，所以我们倾向于把他们看成是高尚而进步的。隆布罗索的女儿继承了他的伟大工作，并挑选美国作为赞扬的对象。我们已经摆脱了古典犯罪学的统治，并展现出我们对革新的接受能力。为了建立高水平的少年管教所、缓刑制度、不定刑期判决和自由赦免法（Lombroso-Ferrero,

1911），许多州都采用了实证主义者的方案。

然而，即便如实证主义者那样推崇美国和他们自身，他们的工作仍然包含着疑问的根由，以致于许多现代改革家都质疑隆布罗索不定刑期判决的人道主义性质，并提倡回到古典犯罪学实施的固定刑罚制度。美国重要的实证主义者莫里斯·帕米莉（Maurice Parmelee）谴责了纽约州1915年颁布的一条严苛的法律。该条法律规定，对类似于骚乱、家务混乱、酗酒、流浪等违规行为，都需处以三年以下的不定期刑（Parmelee，1918）。隆布罗索的女儿对女性志愿者们所保存的罪犯的完整的情绪和行为档案大加赞赏，那些志愿者负责指导几个州的少年犯的生活。这些档案可以"让法官对孩子是先天性罪犯还是习惯性罪犯之间加以区分，如果孩子实施了犯罪行为。然而，孩子们并不知道这份档案的存在，就能允许他们在最大的自由限度下成长"（Lombroso-Ferrero，1911，p.124）。她也承认，在几种缓刑制度中，尤其是在马萨诸塞州，含有令人苦恼的骚扰、羞辱成分，因而无法确定假释是否应该一直存在下去："在波士顿中央缓刑局中，我阅读了多封假释者的来信，他们要求返回监狱，而不是继续忍受在背后羞辱他们的保护者。"

对隆布罗索这样的犯罪学家来说，不定刑期判决是从生物学上对这个州最好也最大的保护："惩罚犯罪行为，是社会针对罪犯的危险性而采取的一种防御保护（措施/机制），而不应由惩戒引发（再度）犯罪。"（Ferri，1897，p.208）危险人物将会接受较长刑期处罚，并在之后的生活中受到严密监控。所以不定刑期制度——隆布罗索的遗产——对罪犯生活的方方面面都发挥了综合性的、强有力的控制作用：罪犯的档案被放大，并控制着他的命运；他在监狱中受到监视，并需要接受近在眼前的提前释放的考验。他们也按照隆布罗索最初的想法隔绝危险分子。对隆布罗索来说，这意味着天生的罪犯身上带有猿的特征。现在，它也往往意味着挑衅者、穷人和黑人。《孤独的兄弟》（*Soledad Brother*）的作者乔治·杰克逊（George Jackson）就是死在隆布罗索的遗产之下，因为从一个加油站偷了七十美元而被判了一年至无期的不定期刑，而在监狱里待了十一年（其中八年半都是孤身一人）后又试图逃跑。

尾声

托尔斯泰对隆布罗索犯罪学的追随者的不满之处在于，他们夸大了科学的作用，这样就回避了深层次的问题，而这些问题可能导致潜在的解决问题的社会变革发生。他意识到，科学经常充当着现有机构的坚定同盟的角色。他塑造的主人公聂赫留朵夫（Nekhlyudov），试图彻底了解那个对被他冤枉过的女人错误判刑的体制。他研究了犯罪人类学的高深著作，却没有找到答案：

> 他还见过一个流浪汉和一个女人，他们的麻木迟钝和表面上的残酷使人望而生畏，但他怎么也看不出，他们就是意大利犯罪学派所谓的"犯罪型"。他只觉得自己讨厌他们，就像讨厌监狱外面那些穿礼服、佩肩章的男人和全身饰满花边的女人一样……

> 聂赫留朵夫起初想从书本上找到问题的答案，他把凡是同这个问题有关的书都买来了。他买了隆布罗索、嘉罗法洛（Garofalo）[一个信奉隆布罗索的意大利贵族]、费里、李斯特（Liszt）、摩德斯莱（Maudsley）、塔德的著作用心阅读，但越读越感到失望……科学为他解答了成百上千个与刑法有关的深奥问题，可就是没有回答自己的问题。他提出的问题很简单。他问：为什么有些人可以把另一些人关押起来，加以虐待、鞭挞、流放、杀害，而他们自己其实跟被他们虐待、鞭挞、杀害的人毫无差别？他们凭什么可以这样胡作非为？回答他的却是各种各样的议论：人有没有表达自己意志的自由？能不能用头骨测定法判断一个人是不是属于"犯罪型"？遗传在犯罪中起什么作用？有没有天生道德败坏的人？（*Resurrection*, 1899, 摘自 R. Edmonds 所译的 1966 年版，pp.402-403）

后记

我们处于一个更加敏感的时代，但主要论点似乎从来没有改变。粗糙的颅指数已经被复杂的智力测试所取代。先天犯罪的标志已经不再存在于总体解剖学的特征当中，而是以 20 世纪的标准而存在：基因以及大脑的精密构造。

在 20 世纪 60 年代中期，把男性 XYY 型染色体的变异与暴力犯罪行为联系在一起的论文已经开始出现。（正常男性从母亲那里得到一条 X 染色体，从父亲那得到一条 Y 染色体；正常的女性从父母那里各得到一条 X 染色体。偶然情况下，会有孩子从父亲那里得到两条 Y 染色体。XYY 型男性看起来和正常男性差不多，但是他们的身高比平均身高要高一些，皮肤要差一些，而且一般都在智力测试中表现欠佳——尽管这是有争议的。）根据有限的观察报告，某些带有 XYY 型染色体男性的轶闻趣事，以及精神病惩罚机构中经常出现的精神不正常的 XYY 型染色体携带者，使犯罪染色体的传说诞生了。理查德·斯派克（Richard Speck）是谋杀了芝加哥 8 个护士的嫌犯，他的辩护律师以他是一个 XYY 型染色体携带者为由为他寻求减刑，从此这一说法就一发不可收拾地变成了公众意识。（事实上，他是一个带有 XY 染色体的正常男性。）《纽约时报》发表了一篇题为《先天性罪犯》的文章，出版社炮制了大量与隆布罗索的最新返祖现象有关的报道。与此同时，相关的学术研究也风生水起，许多关于 XYY 型染色体携带者行为表现的论文相继面世。一个在我看来善意而幼稚的波士顿医生群体，开始对新生男婴进行广泛的筛查。他们希望通过监控携带有 XYY 型染色体男孩的大量样本，确定 XYY 染色体是否与攻击行为具有某种联系。但自我实现的预言呢？因为父母是被动告知的，哪怕再多的学术试验也无法抵挡连篇累牍的新闻报道，以及忧心的家长们根据长久以来所有携带 XYY 型染色体的孩子们表现出的攻击行为而作出的推断。父母所遭受的痛苦怎么办呢，尤其是当这种联系是错误的时候——而情况几乎定然就是这样。

从理论上来说，进攻性的犯罪行为与 XYY 型染色体之间没有什么联系，除了存在一种非常简单的思维，即男性比女性更有攻击性，同时男性又比女性多出一条 Y 染色体，所以 Y 染色体一定是攻击行为的源头，两条 Y 染色体必然导致双倍的攻击性。有个研究小组在 1973 年宣称（Jarvik et al.，pp.679-680）："Y 染色体是雄性决定基因，因此，一条额外的 Y 染色体让男人更具男子气概，具体表现为不同寻常的身高，增强了的生殖能力……以及好斗的倾向。"

XYY 型染色体是犯罪特征之一的说法，已经被当成神话而广泛地传播开来（Borgaonkar and Shah，1974；Pyeritz et al.，1977）。这些研究暴露出，大多数著作宣称在 XYY 型染色体与犯罪行为之间存在联系，实际上是犯了低级错误。携带 XYY 型染色体的男性似乎真的在精神病院中表现得有些比例失衡，但是没有任何有力的证据表明他们也具有更高的入狱率。在美国，至多只有 1% 的 XYY 型染色体携带者可能在精神病院中度过了一段时间（Pyeritz et al.，1977，p.92）。而被监禁在普通监狱中的人数与正常的 XY 型染色体男性的比率大致相同，科洛弗（1979）据此估计，96% 的 XYY 型染色体携带者过着正常的生活，而且永远不会与刑罚机构打任何交道。了不起的"犯罪染色体"！此外，我们也没有证据显示，在精神病院中比例相对较高的 XYY 型染色体携带者与先天性剧烈攻击行为有任何关系。

其他的科学家们已经注意到，大脑特定区域的疾病可能是犯罪行为的根源之一。在 1967 年夏天有大量贫民参加的暴动之后，3 名医生联合向知名杂志《美国医学会杂志》（*Journal of the American Medical Association*）写了一封信（引自 Chorover，1979）：

> 数百万贫民中，只有一小部分人参加了暴动，而这些暴动分子中也只有一小部分恣意纵火、诽谤和恶意攻击，意识到这一点是非常重要的。然而，如果单是贫民窟的生活条件

诱发了暴动，那么贫民窟的大部分居民为什么能够拒绝恣意暴动的诱惑呢？暴力贫民身上与爱好和平的邻居相比，有没有什么特别不同之处呢？

我们所有人都倾向于从自己领域的专业知识出发认识世界。这些医生是精神外科专家。但是，为什么一些极端气馁的人的暴力行为会指向他们大脑中特定功能的失调，而另一些国会议员和总统的腐败、暴力行为则没有产生相似的理论呢？人类所有的行为都不尽相同，有些行为能够提供投射于行为者大脑中的特殊病理学证据，有些行为不能，这是一个简单的事实。我们是否应该把精力集中在某些人对暴力行为的毫无根据的推测之上——这些人由于遵循生物决定论哲学而责备受害者？还是应该尝试消除造就贫民区的压抑氛围，并首先减轻他们因为失业所带来的精神苦恼呢？

遗传论者的智商理论：一个美国人的创新

阿尔弗雷德·比奈和制订比奈量表的初衷

比奈一时兴起的颅骨测量法

当巴黎大学心理学研究室主任阿尔弗雷德·比奈（1857—1911）首次决定研究智商测量时，他顺理成章地关注到这个衰落的世纪中备受推崇的方法，以及他伟大的同胞保罗·布洛卡的研究。总之，他从一开始就计划测量颅骨，并对布洛卡学派的基本结论没有任何怀疑。

被测者的智力和他们的脑容量之间的关系……是真实存在的，并且无一例外，都已被所有严谨的研究者所证实…… 这些研究观测了几百个被测者，我们由此推断，先前的命题［脑容量和智力相关的命题］可以说是无可置疑的。（Binet，1898，pp.294-295）

在接下来的三年里，比奈在自己于1895年创建的《心理学年鉴》（L'Année psychologique）期刊上发表了9篇关于颅骨测量法的论文。在这些研究结束之后，他开始动摇了。5项关于学龄儿童头骨的调查研究，已经动摇了他最初的坚定信念。

比奈来到不同的学校，让老师选出最聪明和最愚笨的学生，并用布洛卡建议的方法，对这些学生的头部进行了测量。在几项研究中，他的抽样数量从62名被测者增加到了230名。他写道："我深受其他科学家研究的影响，并带着这样一种观点开始研究，即智力上的优越性与脑容量的优越性紧密相关。"（1900，p.427）

比奈发现了差异，但这些差异微不足道，也许只能表明较好的学生比起较差学生拥有更高的身高平均值（分别是 1.401 米和 1.378米）。大部分结果的确偏向好学生，但是好坏之间的平均差异仅有1 毫米——正如比奈所写的，"极其微小"。比奈没有观测到他们的头盖骨前部有更大的差异，据说那里正是高智商的所在地，也是布洛卡在优胜者和不那么幸运的人之间总能发现最大不同的部位。更糟糕的是，在智商评估中某些关键数据更有利于较差的学生——比如头盖骨的前后直径，差生比优生还要长 3 毫米。即使大部分结果趋向于"正确"方向，但用这个方法来评价个体肯定是无效的。这些差异太小了，而且比奈还发现，差生内部在头骨上的差异也比优生的要显著得多。这样，尽管最小的测量值往往属于差生，但最高值也同样如此。

在一项对自身暗示性的特别研究中，比奈加深了自己的疑虑。这个实验围绕着他书中的基本主题，即无意识偏见的顽固性，以及为了证实先入之见的所谓"客观"定量资料的骇人的易受影响性。比奈写道（1900，p.323）："带着在聪明人和一般人的脑容量之间寻找差异的目的去做头部测量，我担心这会导致我在测量中无意识而又真心实意地增加聪明人的脑容量，而减少一般人的脑容量。"他意识到，当偏见潜藏而科学家却都相信自己的客观性时，就会存在较大的潜在危险性（1900，p.324）："暗示性……对我们有充分意识的行为所产生的影响，小于不充分意识行为——这恰好是它的危险所在。"

要是每个科学家都有如此直率坦荡的自省该有多好！比奈写道（1900，p. 324）："我要明确记述那些我观察自己时所看到的东西。下面的细节是大部分作者不会发表的，有的也不想让别人知道。"比奈和他的学生西蒙都在西蒙实习的医院里对同一批"白痴和低能者"的头部进行了测量。在一次重要测量中，比奈注意到，西蒙的测量值总是比他的小。于是，他又重新测量了一次。在第一次试验中，比奈承认："我只是机械地进行测量，忠于测量方法，没有带入一丝成见 。"然而在第二次："我有了一个不同的预设……我对西蒙和我在测量值上的差异感到不安。""我想把它减小到真实值……这就是自我暗示。然后，在减小第一次测量值的预期下，第二次实验测出的数值确实比第一次［对同样的头部］要小。"实际上，除了一个测量值以外，第二次试验的其他所有头部测量值都有"缩水"现象，平均减少了3毫米——这比之前测量的聪明学生和笨学生头骨间的平均差异要大得多。

比奈形象地谈到了自己的气馁：

> 我相信自己是在处理一个棘手的问题。测量需要灵活地履行各种麻烦程序；而最后还会得出令人沮丧的结论，聪明学生和愚笨学生在头部测量数值上的差异往往不到1毫米。这种通过测量头部而衡量智商的方法似乎是荒谬的……我打算放弃这项工作，也不想再发表任何有关的东西。（1922，p.403）

最后，比奈在失败的当口取得了一点微弱而令人置疑的胜利。他重新审视了全部样本，将每组学生中最好和最差的5个抽出来，而将其他所有中间数据剔除掉。两个极端数据之间的差别更大也更一致——平均相差3~4毫米。可即便是这种差异，也没有超出因为暗示而导致的潜在平均偏差。颅骨测量学是19世纪客观精神的瑰宝，但最终未能走向持续的繁荣。

比奈量表和智力测试的诞生

1904年，比奈又重新开始了智力测量这项事业。由于对之前的挫折还记忆犹新，于是他转向了其他不同的方法。他抛弃了所谓"医学"手段的颅骨测量法，放弃了寻找隆布罗索所说的解剖学特征，决定以"心理学"方法取而代之。当时，关于智力测试的文献相当匮乏，而且缺乏说服力。寂寂无名的高尔顿曾用一系列测量方法进行实验，但大多都是对生理机能和反应时间的记录，而不是对推理能力的测试。于是，为了更加直接地评估各种推理能力，比奈决定建构一组任务。

1904 年，比奈受公共教育部长委托，开展了一项有特定目的的实用研究：寻找一种可以识别在普通课堂上未能取得成功的孩子的方法，以表明这些孩子需要某种特殊形式的教育。比奈采取了一种完全务实的方式。他汇集了一系列与日常生活相关的简单任务（如数硬币或者评价哪张脸"更美"），据说这也涉及一些基本的推理过程，比如"指导才能（指挥能力）、理解力、创造力、批评（改正）。"（Binet，1909）像阅读等学习过的技能，不会直接出现在测试中。测试将由训练有素的考官亲自主持，他们引导测试者完成一系列任务，并按照难易程度进行评分。以往的测试都是为了测量智力特定的、自主的"能力"，而比奈的测量则不一样，更像是多项任务的"大杂烩"。他希望通过足够多的对不同能力的测试，可以让自己用一个简单的分数反映孩子的整体潜能。比奈用一句格言强调了这项成果的经验主义本质（1911，p.329）："我们几乎可以这样说，'只要数量足够多就行了，与测试本身没有多大关系'。"

在 1911 年去世之前，比奈共发表了 3 个量表版本。1905 年的最早版本只按难度的递增排列任务。1908 年的版本建立了从那时起所谓的 IQ 测量标准。比奈给每个年龄段都分配了对应的任务，每项任务都是这个年龄段年纪最小、拥有正常智商的孩子能够顺利完成的。参加比奈测试的孩子，从最小年龄段的任务开始，按照顺序依次进行测试，直到不能再完成任何任务为止。能够完成的最后一项任务对应的年龄，就是孩子的"智力年龄"，而其整体智力水平，则通过真实年龄减去智力年龄得到。如果某个孩子的智力年龄远低于实际年龄，那么就会被认为是需要接受特殊教育的。这样，比奈完成了教育部交给他的任务。1912 年，德国心理学家 W. 斯特恩（W.Stern）指出，应该用智力年龄除以实际年龄来计算智力水平，而不是从实际年龄中减掉智力年龄*，智商或者说 IQ 就这样诞生了。

IQ 测试对我们的时代已经产生了巨大的影响。从这个意义上来说，我们也应该探讨一下比奈的动机。如果这个测试的创建者还活着，大家也会注意到他的担忧，那么因为对智商测试的误用而导致的悲剧，也许就可以避免了。

与比奈的整体智力方法相比，他的量表中最不寻常的一点是它的客观性，也就是经验主义的一面。许多科学家深信或者明显偏爱这种方式。他们觉得理论推测是徒劳的，真正的科学进步是通过从简单实验中归纳、收集基本事实而实现的，而不是通过精妙的测试理论。但比奈主要还是一个理论家。他大胆提出问题，并且热情地参与学科内重大的哲学论争。他对智力理论领域有一种持久的兴趣。1886 年，他出版了第一本关于"推理心理学"（*Psychology of Reasoning*）的书，接着又在 1903 年发表了著名的"智力实验研究"（*Experimental Study of Intelligence*），他在文中放弃了先前的努力，并为分析人类思维而建构了一个新的思路。然而比奈明确拒绝对自己的智力量表作任何理论性的阐释，虽然这是他在自己最喜欢的领域里所做的最全面也是最重要的一项工作。一个伟大的理论家，为什么要以一种如此古怪而且明显自相矛盾的方式行事呢？

比奈的确想在自己的测量中"区分天生智力和后天教育"（1905，p.42）："我们只想测试智力本身，并在这个范围内尽可能地忽略孩子所受的训练程度……我们不让他读，不让他写，不让他做任何通过死记硬背就能顺利完成的测试。"（1905，p.42）"这些测试特别有趣的一个地方就是，让我们在必要时把美妙的与生俱来的智力从学校的束缚中解放出来。"（1908，p.259）

然而，除了想要消除学校知识对测试的影响这个明显愿望之外，

---

*除法更为恰当，因为智力年龄和实际年龄之间的相对差而非绝对差才更为重要。智力年龄 2 岁和实际年龄 4 岁之间的两年差距，也许意味着比智力年龄 14 岁和实际年龄 16 岁之间的两年差距具有更严重的缺陷。比奈的减法运算会使两种情况得到同一种结果，但采用斯特恩的方法则不同，第一种情况的 IQ 测量值为 50，第二种为 88。（斯特恩用 100 乘以实际的商数来消除小数点。）

比奈拒绝界定或推断每个孩子所得分数的意义。比奈宣称，智力是一个很复杂的概念，不能仅仅通过一个数字说清楚。这个数字，后来被叫作 IQ，只是一个粗略的东西，完全根据经验的指导而得出，并出于一个有限的实用目的而创立：

> 确切地说，这个量表并不能用来测量智力，因为智力特性是不能叠加的，因此不能像测量平面那样测量智力。（1905，p.40）

此外，这个数字只是许多表现的平均值，而不是实体本身。比奈提醒我们，智力不是一个像高度那样单一的可测量的东西。"我觉得有必要强调这个事实，"比奈（1911）告诫说，"因为以后，为了陈述的简洁，我们就会说一个 8 岁的孩子有一个 7 岁或 9 岁孩子的智商；这样的表达如果被随意接受，可能会带来误解。"比奈是一个非常优秀的理论家，他没有陷入约翰·斯图尔特·米尔（John Stuart Mill）曾经指出的逻辑谬误——"相信凡是有名的东西就一定有实，都是一个实体或存在，自身都有独立的存在形式。"

比奈的缄默还有一个社会动机。他非常担心，如果他的操作方法具体化为实体，就有可能被歪曲，即不是用来帮助识别需要帮助的孩子，而是给他们贴上不可磨灭的标签。他担心"过分热情"的校长会利用 IQ 作为方便的借口："他们可能会以如下方式推理：'现在可真是个好机会，能让我们摆脱所有这些折磨人的捣蛋鬼。'他们没有真正的审慎态度，而只是标出所有不守规矩或对上学不感兴趣的孩子。"（1905，p.169）但他更害怕的是一直以来被称作"自我实现预言"的东西。一个僵化的标签也许会决定一个老师的态度，并最终把孩子的行为转到一条预设的路径上：

> 事实上，当预先得到提示后，要发现一个人的迟钝迹象就太容易了。就像笔迹学家所做的那样，当德雷福斯被确信有罪时，他们就在他的笔迹里找到了叛徒或者间谍的迹象。（1902，p.170）

比奈不仅拒绝把 IQ 标记为先天智力，还拒绝把它视作一种可以对所有孩子按照智力价值排序的常规手段。他设计量表只是基于有限的目的，即为了完成教育部委托的任务：作为一种实用性的指导，识别那些因表现欠佳而需要特殊教育的孩子——那些我们今天称为有学习障碍或轻度弱智的孩子。比奈写道（1905，p.263）："我们的观点是，我们的量表最有价值的作用不是把它应用到正常孩子身上，而是用在智力略逊一筹的孩子身上。"至于表现不佳的原因，比奈拒绝推断。无论如何，他的测试都不能进行裁决（1905，p.37）：

> 我们的目的是测量带到我们这里来的每个孩子的智力，以便知道他是正常的还是迟钝的。因此，我们应该研究他当时的表现，仅此而已。这无关他的过去或者未来，所以，我们应该忽略他的病因，而且我们也不该有区别先天和后天性白痴的企图……对于涉及他未来的事情，我们同样应该保持回避态度；我们并不想预测他们的将来，对这种迟钝是否能治愈或者改善，我们也不置可否。我们只是想弄清楚他当下的真实智力情况。

但有一件事比奈是肯定的：不管这些孩子在学校表现不佳的原因是什么，他测量的目的都是为了识别他们，方便让他们得到帮助和提高，而不是为了给他们贴个标签并限制他们的发展。有些孩子可能天生就达不到平均成绩，但他们也能通过特殊帮助而得到提升。

严格的遗传论者和他们对手之间的差别，不像有些夸张的描述所暗示的那样，相信孩子们的表现要么全都是天生的，要么全都是环境作用和后天习得的结果。我不相信，最坚定的反遗传论者都完全否认孩子之间存在天生差异。他们认为，差异更多反映的是社会政策和教育实践的问题。遗传论者把智力测量结果视为永久性的、与生俱来的限制记号。这样，被标记的孩子就应该依据遗传被分类、被培训，然后在引导下进入适合他们各自生物特性的职业，智力测试变成了一个限制性的理论。而像比奈这样的反遗传论者，则是为了识别和帮助孩子而进行测试。他们没有否认一个显而易见的事实，即不管怎么培训，不是所有的孩子都能加入牛顿和爱因斯坦的行列。他们强调创造性教育的力量，全面而有创造性地提升所有孩子的成绩。这里，智力测试是一个通过恰当教育提高潜能的理论。

比奈沉痛地陈述道，有些心怀善意的教师，因为毫无根据的遗传论假设而陷入不合理的悲观情绪之中（1909，pp.16-17）：

> 根据我的经验，……他们似乎含蓄地承认，一个班级里有最好的学生，也一定有最差的学生。这是一个不可避免的自然现象，老师不能为这个问题烦心。这就和同一个社会中同时存在富人和穷人一样。多么深刻的错误。

如果按照生物学结论而把一个孩子标记为无能，那我们怎么才能帮助他呢？

> 如果我们什么都不做，不积极有效地进行干预，他将继续浪费时间……最后会变得泄气。这种状况对他来说极其糟糕，因为他并不是一个特殊的案例（因为有理解能力缺陷的孩子还有很多），这对我们所有人和整个社会来说，都是一个严肃的问题。在课堂上对学业失去兴趣的孩子，在课外也很有可能对学习打不起精神。（1909，p.100）

比奈反对"一旦变傻，终生难变"（quand on est bête, c'est pour longtemps）这句格言，而且谴责某些老师"对存在智力缺陷的孩子毫无兴趣。他们既缺乏同情心，也不懂得尊重孩子，他们口无遮拦地在孩子面前说一些诸如'这个孩子永远一事无成……他太笨了……他一点都不聪明'此类的话。我时常听到这样轻率的话语"。（1909，p.100）当一个考生告诉比奈，说自己绝对不可能拥有一种"真正的"哲学精神时，比奈引用了自己为毕业班致辞说过的一段话："绝不能！多么严重的一个词。有些近代思想家断言个体智商是一个定量，一个不能增加的定量，这似乎给了这样可悲的裁决以精神上的支持。我们必须抗议和反对这种残忍的悲观主义，我们必

须奋力厘清这种毫无根据的观点。"（1909，p.101）

经比奈测试鉴定出来的孩子应该获得帮助，而不是被永久地贴上（弱智的）标签。比奈有明确的教学建议，而且很多都被采用了。首先他坚信，特殊教育一定要根据有缺陷的孩子的个体需求量身定制：要基于"他们的特性和资质，我们也要根据他们的需要和能力而调整自己"（1909，p.15）。与公立学校主要为满足穷人孩子而设置的 60 ~ 80 人的普通大班相比，比奈推荐 15 ~ 20 人的小班。他特别倡导特殊的教育方法，包括他所谓的"智力矫正术"：

> 首先，他们要学的不是一般的常规课程，尽管那些可能也非常重要；他们要先学习毅力、注意力和纪律；在进行语法练习之前，他们需要先进行智力矫正训练；简而言之，他们必须首先学会怎样进行学习。（1908，p.257）

比奈有趣的智力矫正计划包括一套精心设计的体操，即通过生理机能调动心理功能而提高意志力、注意力和纪律性，这些被比奈视为学习各门学科的先决条件。其中有一项称为"雕像训练"的游戏，主要用以提高注意的持续时间，孩子在开始时可以随意运动，然后就被要求停在一个固定位置保持不动。（我小时候在纽约街头玩过这个游戏，我们也称它为"雕像"。）每天静止不动的时间都在延长。在另一个用以提升速度的游戏中，要求孩子们在限定时间内尽其所能在一张纸上画出尽可能多的圆点。

比奈愉快地谈到了自己的特殊教室的成功（1909，p.104），并认为因此受益的孩子们不仅仅增加了知识，而且提高了智力。从任何意义上来说，智力都能通过好的教育得到提高，它不是一个固定不变的先天量值：

> 在这个实际意义上，我们仅仅知道一点，即我们认为这些孩子的智力得到了提高。我们提高了构成小学生智力的东西：学习和接受教育的能力。

比奈意图在美国的解除

总的说来，比奈在使用自己的测试时坚持了三项基本原则。然而，后来美国的遗传论者忽略了他的所有警告，并且推翻了他的意图。他们把比奈量表翻译成书面形式，并作为一种测量所有孩子的常规方法。比奈的三项原则包括：

1. 分数是一个实用数值，它们不支持任何智力理论。它们不能表明任何先天或者永恒的东西。我们不能说它们测量的东西就是"智力"，或者是其他任何具体存在的实体。

2. 这种测量只是粗略的、经验主义的引导，目的是识别轻度弱智和无学习能力的需要特殊帮助的孩子。它不是对正常孩子划分等级的方法。

3. 不论这些需要帮助的孩子存在困难的原因是什么，重点应该放在通过特殊训练而使其得到提高。低分不能作为孩子天生低能的标志。

如果遵循了比奈的原则，并且确保按照他所设想的方式使用测试，我们这个世纪可能就会免遭一次严重的科学误用。讽刺的是，美国许多校委会到现在才回到原点，即像比奈最初推荐的那样使用IQ测试：作为一种工具来评估有特殊学习问题的孩子。就我个人而言，我觉得IQ类型测试对正确诊断我的具有学习障碍的儿子就很有帮助。就IQ本身来说，他的平均得分并不代表什么，它仅仅是某些高分或低分的混合物，但是低分指明了他的不足之处。

智力测试这个想法本身，并非测试误用的内在原因。误用主要是由两个谬论引起的：具化论谬误和遗传论谬误，它们被那些想利用测试维持自己社会地位和优越感的人热切（看起来似乎是这样）拥护。下一章将探讨具体化问题——即假设测试分数可以代表头脑中单一、可测量的东西，也即一般智力。

遗传论的谬误并不在于认同"IQ在某种程度上是'遗传的'"这个简单说法。我没有质疑这一点，尽管这种程度被多数热心的遗传论者明显夸大了。要在广义上找到完全没有遗传成分的人类行为或人体结构，是非常困难的。基于这个基本事实，遗传论的谬误主要存在于以下两个错误暗示中：

1. 把"遗传的"等同于"必然的"。对一个生物学家来说，遗传性指某些特征或倾向通过基因传递而沿着家族线路传播。他们很少提及这些特征受环境影响的程度和范围。用我们的话来说，"遗传的"通常意味着"必然的"。但生物学家却不这么认为。基因没有创造我们身体的点点滴滴，它们在某些环境条件下表现为一系列编码形式。此外，即使一种特征建立或确定了，环境干预仍然可以修正遗传缺陷。数百万美国人通过配戴眼镜矫正了天生的视力缺陷。全面教育可以提高我们在通俗意义上所谓的"智力"，认为IQ 具有多少比例的"遗传性"与这种观点并不冲突。有些遗传的低智商也许可以通过适当的教育得到很大程度的提高，而有些也许不可以。然而，它仅有的遗传事实并不能推断任何结论。

2. 种群内和群间的遗传困惑。遗传学理论产生的主要政治影响，不是从推测的遗传测试中产生的，而是来自逻辑上的无效扩展。通过传统的方法，比如对比亲属的分数，或者分别对比收养的孩子与生物学和法律意义上的父母的分数而进行的 IQ 遗传性研究，属于"种群内"类型——也就是说可以在一个单一相关的人种内部评估遗传性（例如美国白人）。有个普遍的谬误构成了这样的假设，即如果遗传性能够解释种群内部个体间存在的某种差异，它也就能在同种程度上解释种群间平均智商存在的差异——例如白人和黑人。但是，种群内部的个体差异与种群间的平均差异，是完全相互独立的现象。对其中一方的研究，并不能用来评测另一方。

只举一个假设的没有争议的例子就够了。人类身高比任何 IQ 价值都有更高的遗传性。取两组不同男性，第一组的平均身高是 5 英尺 10 英寸，在富裕的美国城镇上生活；第二组的平均身高是 5 英尺 6 英寸，在第三世界的村庄里挨饿受冻。每个地方的遗传可能性大约为 95%——意味着只有个子相对较高的父亲才会有个子高的儿子，个子相对较矮的父亲则有矮个儿子。这种种群内的高遗传性，既不能支持也无法反驳这样一种可能性，即更好的营养状况可能把第三世界的下一代村民的平均身高提升到超过富裕美国人的水平。同样，IQ 在种群间可能具有较高的遗传性，但美国白人和黑人的平均差异也许只能表明黑人所处的环境更差。

我时常会对这个劝告的回应感到沮丧："哦，好吧，我明白你的意思，在理论上你是正确的。逻辑上也许没有必然联系，但就算是这样，导致种群间平均差别和种群内差异的原因，还是更有可能是一样的吧。"答案仍然是"不"。种群内和种群间的遗传，并不会因为概率的上升而产生关联性，因为如果遗传力量在种群内增强，那么种群间的差异反而会变大。这两种现象是完全独立的。没有比那些"感觉"正确而又无法证明的论证更危险的了。

阿尔弗雷德·比奈规避了这些谬误，并坚持他的三项原则。美国心理学学者们歪曲了比奈的意图，并发明了 IQ 遗传理论。他们把比奈的分数具体化，把它们作为智力这种实体的测量方式。他们假定智力在很大程度上是遗传的，并且提出了一系列混淆文化差异和先天属性的似是而非的论证。他们认为，IQ 分数标志着人种和种群必然应处的社会阶层。他们假定种群的平均差异很大程度上是遗传的产物，尽管这些人在生活质量上明显具有巨大差异。

这一章分析了三位美国遗传学先驱的主要著作：戈达德把比奈量表带到美国，并把分值具体化为一种天生智力；特曼进一步阐明了斯坦福 - 比奈量表，梦想建立一个可以根据 IQ 分数分配工作的理性社会；还有耶基斯，他劝说军队对美国参与了第一次世界大战的 175 万士兵进行测试，并由此建立了据称可以证明遗传学观点的客观数据点，而最终导致了 1924 年移民法案的出台——限制移民进入这个遭受了劣等基因破坏的国家。

IQ 遗传理论是美国本土的产物。如果说这种说法对这个具有平等主义传统的国家来说更像是一个悖论，那么别忘了它在第一次世界大战中的极端民族主义，别忘了老美国人面对从南欧和东欧移民过来的廉价劳动力（有时是政治上的激进分子）浪潮时的恐惧，尤其别忘了一直存在的对土著居民的种族歧视。

戈达德与弱智的威胁

作为孟德尔基因的智力

戈达德对傻瓜的认定

> 现在，剩下的事情就是让某人认定弱智的本质，并完善智商理论。
>
> ——戈达德于 1916 年对特曼的一次评论，1917

分类学一直都是个颇有争议的学科，因为世界来到我们面前时，就不是以整齐打包的形式出现的。关于智力缺陷的分类，我们在这个世纪初就激起了有益的论辩。三种类别中的两类得到了普遍的认可：白痴不能发展完整的语言能力，智力年龄在 3 岁以下；低能者无法掌握书写能力，智力年龄在 3 到 7 岁之间。（两个术语现在都变成了骂人的脏话，很少有人能够意识到它们在古老心理学中的专业地位。）白痴与低能者的区分让多数专业人士很满意，因为两者的病症很严重，足以证明这是真正的病理学意义上的诊断。他们与我们不同。

但还是想想更加模糊、更有威胁的"轻度心智缺陷"这个领域吧——这些人可以通过接受培训而实现社会功能，他们搭起了疾病和正常之间的桥梁，因此威胁到了分类学的整座大厦。这些人的智力年龄只有 8 到 12 岁，法语上称为 débile（或"弱的"）。美国人和英国人通常称他们为"弱智"，一个陷入无望境地的模糊术语，因为其他心理学家都把弱智作为所有智力缺陷的通称，而不仅仅是指那些具有轻度心智缺陷的人。

分类学家经常把发明的名称与解决问题的方法混淆起来。积极的改革派成员戈达德就犯了这个关键错误，他曾负责一项专门针对新泽西州维德兰培训学校的弱智孩子的研究。他为"轻度"智障设计了一个名称，这个词通过一系列笑话在我们的语言中得以确立，与敲门笑话[1]和其他时代的大象笑话[2]不相上下。这些笑话的隐喻根须如此之长，以至于大部分人都认为这个名称可能具有古老的背景。但戈达德只是在我们这个世纪才创造了这个名称。他把这些人命名为"傻瓜"，一个源于希腊的词汇，意思是"愚蠢的"。

戈达德是第一个在美国普及比奈量表的人。他把比奈的文章翻译成英文，并应用和推广他的测试技术。测试能够很好地辨认处于正常智力范围之下的人群——也就是戈达德新命名的傻瓜。在这一点上，戈达德与比奈是一致的。但他们的相似之处也仅此而已。比奈拒绝把测试分数定义为"智力"，并希望通过识别而为孩子提供帮助。戈达德则认为，这些分数是对天生的、单一实体的测量。他希望通过辨识而认定界限，隔离群体，并为了阻止处于危险境地的美国血统继续恶化（这种威胁来自外来移民在国内广泛繁育的弱智人群）而主张剥夺外来移民的生育权。

智力的单一线性等级

人们试图建立对智力缺陷的线性分类，确立从白痴到低能再到傻瓜的等级秩序。这个企图包含了本书讨论的两个普遍存在于大多数生物决定论中的谬误：把智力具体化为单一、可测量的实体；把进化视为直线发展过程，而且认为从原始到进化的单一上升量表体现了多样排列的最佳方式，这种假设从莫顿的头骨研究（参见本书第二章"S.G. 莫顿——多元发生学说的实验者"的内容）一直延续到詹森对一般智力的广泛量度（参见本书第六章"结语"的内容）。在古老的背景下,发展这个概念是一种根深蒂固的偏见(Bury,1920),

---

[1]knock-knock joke，英语国家的孩子经常玩的一种游戏。玩法大致是这样，第一个人开始说"knock knock"，并模仿敲门的样子，第二个人就问"who's there？"第一个人就说出一个自己想好的单词，比如说eye。第二个人接着问"eye who"？第一个人精心设计一个与 eye 包含相同发音的词，比如"icecream"，让人感到意外和好笑。

[2]elephant joke，流行于 20 世纪 60 年代的一种游戏，其中总是包含一个与大象有关的荒谬的谜语或难题。

一种微妙的力量，即使对于那些明确否认它的人来说也是这样（Nisbet, 1980）。

汇集在智力缺陷（意味着拥有较少而不是更多智力能力）这个主题下的诸多原因和现象，有没有可能在单一量表内被有效排列，并因此说明每个人的社会等级都由这个单一量表的相应数值所决定呢？想想为轻度智障设定的普通数值所涉及的情况吧：普遍低下的智力障碍，因局部神经损坏而造成的特定学习障碍，环境劣势，文化差异以及对测试者的敌意，等等。想想可能存在的潜在原因吧：功能模式的遗传，非家族遗传的基因突变，母亲孕期疾病导致的先天性大脑损伤，出生时的外伤，胚胎及婴儿期间的营养不良，生活早、晚期存在的一系列不利环境因素，等等。但对戈达德来说，智力年龄在 8 到 12 岁之间的所有人都是傻瓜，都应该用大致相同的方式对待：接受谨慎的制度化管理，为了让他们高兴而满足他们的部分要求，而最重要的是，阻止他们繁育后代。

戈达德可能是最不敏锐的遗传学家。他根据自己的智力缺陷直线量表而把智力视为一个单一实体，假设与智力相关的所有重要东西都是与生俱来的，都是通过家族遗传的。他在 1920 年写道（引述自 Tuddenham，1962，p.491）：

> 用最大胆的话来说，我们的论点是，人类行为的决定因素是一个单一的思维过程，我们把它叫作智力；这个过程是由天生的神经机制来调节的；效率的高低由神经机制决定——某种染色体与生殖细胞一起决定个体智力或心智水平的相应程度；除了可能损坏部分机体的严重事故之外，它受后天的影响很小。

戈达德扩展了因天生智力差异而产生的系列社会现象的范围，它几乎包括了我们所关心的所有人类行为。他从傻瓜开始逐步建起量表，并把最不受欢迎的行为归咎于违法者遗传的智力缺陷。他们的问题不仅是由自身愚笨导致，更是由智力缺陷与道德缺失的关系导致。* 高智商不仅让我们学会了计算，也能让我们对道德行为作出正确的判断。

> 智力控制情感，情感的控制程度与智力的高低相对应……它遵从这样一条原则，即如果智力较低，情感就不受控制，无论情感是强是弱，都会导致不受管控的行为，经验证明，通常也是不受欢迎的行为。因此，当我们测量个体智力，并知道他的智力低于正常水平，因此可以归入我们所谓的弱智群体的时候，我们就已经对他作出了最重要的宣判。（1919，p.272）

许多罪犯、多数酒鬼和妓女，以及类似"从来不做好事"的、不能适应环境的人，都被称为傻瓜："我们知道什么是弱智，我们开始怀疑，那些不能适应环境、不愿遵从社会传统或者只会感情用事的人，都是弱智。"（1914，p.571）

比傻瓜略高一个层次的是只有一些迟钝的人，于是我们找到了劳苦大众，他们习惯于对生活逆来顺受。戈达德写道（1919，p.246）："总体来说，苦力一般都待在他们应该待的位置上。"

> 我们必须知道，有一大群人，工人，智力只比孩子好一点，必须有人告诉他们该做什么、怎么做；如果我们想避免灾难发生，一定不能把他们放到靠主观能动性或者自我判断力进行工作的岗位上……领导只是少数，多数必然都是顺从者。（1919，pp.243-244）

在更高的层次上，聪明人正当而自在地管理着社会。戈达德在1919年对普林斯顿毕业生讲话时宣称：

> 现在的事实是，20 岁的工人也许只有 10 岁的智商。为他们争取一个跟你们一样舒适的家庭是荒唐的，就像每个劳

---

* 道德与智力的关系是一个颇受欢迎的优生学主题。桑代克（Thorndike，1940，pp.264-265）援引了一个事实——欧洲皇室 269 名男性成员道德估算值与智力估算值之间的相关系数为 0.56——来驳斥一种普遍存在的印象，即所有统治者都是混蛋！

动者都该得到一份研究基金一样荒谬。在一个智力存在广泛差异的平等社会里，这种事情怎么可能发生呢？

戈达德争论道（1919，p.237）："民主意味着选出最有智慧、最聪明的人，然后由他们去告诉人们，怎样做才是幸福的。因此，民主是实现真正仁慈的贵族统治的方式。"

打破量表以进入孟德尔区间

如果智力形成了一个单一的、牢不可破的等级量表，那么怎样才能解决困扰我们的社会问题呢？因为一方面，低智力产生反社会者，另一方面，工业社会需要顺从和迟钝的工人操作机器并接受低下的报酬。在这个关键点上，我们怎么才能既按照这个牢不可破的等级把人类分成两种，同时又仍然坚持认为智力是一个单一的、可遗传的实体呢？现在我们能够理解，戈达德为什么在傻瓜这个问题上浪费了这么多精力。傻瓜威胁着种族健康，因为他们是最不受欢迎的人群，而如果没有被辨识出来，就可能会大量繁衍。我们都能识别白痴和低能者，也知道该做些什么；等级必须正好划分到傻瓜上面一级。

> 个别白痴不是我们的最大问题。他们确实令人讨厌……不过过完这一生也就结束了。他们没有在我们的种族里繁衍一批像他们那样的后代……傻瓜才是我们的最大麻烦。（1912，pp.101-102）

对孟德尔著作的重新审视，以及对遗传特征的初步破解，在戈达德工作的那个时代引起了广泛重视。现在我们知道，自己身体的每个重要特征，实际上都是通过无数基因和外部环境之间的相互作用而形成的。但在早期许多生物学家天真地认为，所有人类特征的形成，都像孟德尔的豌豆的颜色、尺寸或褶皱一样：总之他们相信，即便是身体上最复杂的部位，也能通过单组基因构成，生理和行为的差异可能记录着这些基因的不同的显性及隐性性状。优生学家带着热切的渴望抓住了这个愚蠢的想法，因为这让他们肯定，所有不想要的特征都可以追溯到单组基因，并且可以通过合理的生育限制而消除。优生学的早期文献充满了猜测，充满了对起源背景的生硬编造和杜撰。比如，追溯海军船长家族谱系中的旅行癖基因，或者使部分人平和而另一部分人控制欲强的性格基因，等等。现在我们一定不会被如此愚蠢的想法所误导，但它们代表了那个短暂的历史时期曾被普遍接受的遗传学观点，而且对美国社会产生了重大影响。

戈达德带着试图把智力具体化的终极设想，加入了这个短暂的风潮。他尝试在维兰德学校追溯有智力缺陷的家族谱系，并得出了结论，认为"弱智"遵循孟德尔遗传法则。因此，智力缺陷定然是个确定的东西，定然被某个单一基因所控制，而相对于正常智力来说，它又毫无疑问是隐性的。（1914，p.539）戈达德总结说："正常智力似乎是一个真正用孟德尔方式传承的特征单元。"（1914，p. IX）

戈达德说，这个看似不大可能的结论，是通过证据而不是任何预设的主观愿望或偏见得出的。

> 提出的任何理论或假设，都只是根据数据本身表明，并在试图了解这些数据可能包含的意义的情况下产生的。有些结论作者本人都觉得很吃惊而且是难以接受的，那么许多读者很可能也有同样的感受。（1914，p. VIII）

我们能否严肃地把戈达德视为一个被迫的、不情愿的改宗者，即为了完美契合他的整体计划并巧妙解决最迫切的问题而转而相信一个假设呢？普通智力拥有单个基因这个说法解决了一个潜在的矛盾，既能建立一个把智力标记为单一可测实体的直线量表，又能识别并剥离具有智力缺陷的群体。戈达德在这个恰当的位置把他的量表分成了两个部分：傻瓜携带两组劣质隐性基因；迟钝劳力则至少带有一组正常基因，因此能在机器前工作。此外，弱智引起的祸患现在也可以通过简单的计划生育机制而进行根除。一种基因可以被追踪、定位，然后在人类繁衍的过程中被消除。如果有一百种基因控制着智力，那么优生学就注定要失败，或者只能带着绝望的怠惰而蹒跚前行。

对傻瓜的适当照料和抚养（而非繁育）

如果智力缺陷是单一基因影响的结果，那么它的最终根除路径就很明显地摆在我们面前——不许这类人生育孩子：

> 如果父母双方都是弱智，那么他们的所有孩子也都将是弱智。显然不应该允许这样的配对发生。弱智的人不应结婚或者为人父母，这一点是非常清楚的。而要实施这项规定，很明显需要由社会中的聪明人强制执行。（1914，p.561）

如果傻瓜能够为了人类的利益而控制自己的性冲动，并打消生育的念头，那么我们还能够让他们自由地生活在我们中间。但是他们做不到，因为无耻和愚蠢是无情地联系在一起的。聪明人可以用理性来控制自己的性欲："想想性欲，这也许是人类本能中最难以控制的激情；但众所周知，聪明人连这种欲望也能控制。"（1919，p.273）傻瓜则不可能表现得如此典范而有节制：

> 他们缺乏的不仅仅是控制力，往往也缺少对道德品质的感知力；即便不允许他们结婚，也不会因此阻止他们成为父母。所以，如果我们要完全阻止弱智成为父母，就不仅仅是禁止结婚这么简单了。为此提出了两种建议：一是群居，一是绝育。（1914，p.566）

戈达德没有反对绝育，但他认为那么做是不现实的，因为社会的传统情感并不都能如此理智地阻止这种混乱的蔓延。他让那些人在新泽西州维德兰的示范机构里群居，这种办法应该是我们的首选方案。只有在那里，才能终止傻瓜的繁殖。如果公众因为建造这么多监禁中心需要花费巨额经费而踌躇不前，其实大可不必，这个花销完全可以用它所省的开支进行抵销：

> 如果有足够多的收容场所照看社区中明显弱智的人，它们将在很大程度上取代我们当前的公立救济院和监狱设施，

并可以削减精神病院的入院数量。这样的收容场所每年都可以避免因为这些人不负责任的行为而导致的生活和财产损失，而这些足以用来冲抵新建这些收容场所的费用。（1912，pp.105-106）

在这些机构里，傻瓜们可以在生物学层面满足地生活，只是被禁止了性欲这一项基本生理需求。戈达德在著作的结束部分谈到了智力缺陷的原因，并恳请人们照顾这些在收容机构的傻瓜："根据他们的智力年龄来对待他们，就像对待孩子一样，经常给他们以鼓励和表扬，绝不要阻止或责骂，并且要让他们高兴。"（1919，p.327）

阻止傻瓜移民和繁衍

当戈达德认定弱智的原因是单一基因的时候，治愈的方法看起来就十分简单了：一是不允许本地傻瓜生育，二是阻止外国傻瓜进来。作为对第二步的贡献，戈达德和他的同事们在 1912 年参观了艾利斯岛，他们"去考察那里的状况，并对彻底检测智力缺陷的移民考试提出可行性建议"。（Goddard，1917，p.253）

戈达德描绘了当时的场景。一场大雾笼罩了纽约港，没有移民能够上岸。但是有 100 个人准备离开，这时戈达德参与了进来："我们挑出了一个我们怀疑有智力缺陷的年轻人，通过一名翻译对他进行测试。按照比奈量表，这个男孩的智力年龄是 8 岁。那名翻译说：'我刚到这个国家来时，也做不好那个测试。'似乎认为这个测试不公平。而我们让他相信了，这个男孩是有缺陷的。"（Goddard，1913，p.105）

受比奈量表在美国的第一次应用的鼓舞，戈达德筹集了一笔基金，以做进一步彻底的研究。1913 年春天，他派出两名女性到艾利斯岛待了两个半月。她们接受的命令是通过肉眼挑选弱智，这是戈达德喜欢分配给女性的一项任务，他认为她们天生具有更好的直觉：

> 一个人有了对这项工作的大量经验后，几乎会对弱智有一种直觉，从很远的地方就能够把他们分辨出来。而我认为

> 最适合也最应该做这项工作的，就是女人。女人比男人观察
> 得更仔细。其他人不可能明白，这两位年轻女性如何能在完
> 全不靠比奈量表的情况下就挑出弱智。（1913，p.106）

戈达德选出的这两位女性，先后测试了35名犹太人，22名匈
牙利人，50名意大利人和45名俄国人。这几组测试不能被看成随
机抽选的样本，因为政府公务人员已经"剔除了他们认为有缺陷的
人"。为了平衡偏差，戈达德和他的同事们也会"越过那些明显的
正常人。这样就得到了大量的'普通移民'样本"（1917，p.244）。
（我一直感到很惊讶，本来应该是客观的陈述，其中却隐含了无意
识的偏见。请注意，这里所谓的普通移民是在正常人之下的，或者
至少不是明显正常的人——这本来应该是戈达德需要检测的命题，
而不是判断的前提。）

这四组比奈测试得出了一个令人震惊的结果：83%的犹太人，
80%的匈牙利人，79%的意大利人，以及87%的俄国人都是弱智——
也就在比奈量表中智力年龄低于12岁。戈达德自己也大吃一惊：
谁会相信一个国家中有五分之四的人都是傻瓜呢？"对数据继续评
估的结果也让人吃惊和难以接受，数据自身几乎都不能承认自己的
有效性。"（1917，p.247）也许翻译没能清楚地解释这些测试？但
犹太人是由一个说意第绪语的心理学家测试的，他们的得分也不比
其他组高。戈达德最终还是对测试进行了修正，剔除了其中的几项，
使测试结果降低到40%～50%，但他还是觉得烦躁不安。

戈达德的数据比他想象的还要荒谬，其中有两个原因，一个很
明显，另一个则不那么明显。不明显的原因是，戈达德首先翻译的
比奈量表对人们评分很严厉，经常把正常的对象也认作傻瓜。特曼
于1916年设定斯坦福-比奈量表时，发现戈达德的版本对人划分
的等级，比自己的要低得多。特曼说（1916，p.62），他测试的智
力年龄在12岁到14岁的104个成年人（虽然有些低，但处于正常
智力范围），如果用戈达德的量表来测试的话，有一半都是傻瓜。

至于那个明显的原因，想想一群惊魂未定的男男女女，不会说

英文，又刚刚忍受了一路的经济舱的海上远航，就足够清楚了。他们大部分都是穷人，从来没有上过学，许多人从来没有拿过笔。他们一走下船，戈达德手下一名赋有直觉的女助手马上把他们带到一边，让他们坐下，然后给他们一支铅笔，让他们在纸上写下刚才给他们看的数字，而这些数字现在已经从他们眼前拿走。他们的失败会不会是因为测试的条件或者虚弱、恐惧、困惑造成的，而不是因为天生愚笨呢？戈达德考虑到了这个可能性，但他拒绝了这个说法：

> 下一道题目是"根据记忆画一幅图案"，这项测试的通过率只有50%。对于不谙此道的人来说，这并不奇怪，因为题目看起来很困难，即使我们十分清楚地知道，哪怕只有10岁的正常孩子也能顺利地通过，但是我们必须承认，对大部分从来没有拿起过笔的移民来说，画出这幅图案几乎是不可能的。（1917，p.250）

如果允许仁慈地看待这种失败的话，那么除了愚蠢，还有什么能够解释一个人无法在3分钟内用母语说出60个单词（任何单词）呢？

> 只有45%的人能够在3分钟内说出60个单词，而一个正常的11岁的孩子有时可以在相同的时间内说出200个，我们应该如何评论这个事实呢？！除了智力或者词汇不足这些原因外，很难找到其他解释，而一个成年人缺乏词汇，很可能就意味着智力不足。不管是在什么样的环境下生活了长达15年的人，怎么可能没有学会几百个词汇，而且不能在3分钟内想出其中的60个呢？（1917，p.251）

或者是对日期甚至是年、月的无知？

> 我们是不是得再次下结论，认为移民到美国的欧洲农民没有注意时间的流逝？生活的劳苦太重，他们已经不在意究

竟是 1 月还是 7 月，是 1912 年还是 1906 年？有没有这样的可能，有的人相当聪明，只是因为环境的特殊性，没有获得这一点儿普通知识，比如日历在那片土地上没有广泛使用，或者使用的日历像俄国的一样有些复杂？如果真是这样，可以想象那种环境是什么样的！（1917，p.250）

无论是欧洲的还是当下的环境，都不能解释这种不幸的失败。于是，戈达德陈述道："我们不能回避这个一般性的结论，即这些移民都是令人吃惊的傻瓜。"（1917，p.251）傻瓜的过高比例还是困扰着戈达德，但他最终把它归因于移民性格的改变："可以确定的是，近年来的移民具有与早期移民不同的性格，这是应该引起注意的……我们现在得到的是每个种族中最差的人。"（1917，p.266）"'三等舱'的移民平均智力很低，大概就是傻瓜的水平。"（1917，p.243）戈达德大声地说出了自己的希望，也许上等舱的移民情况会好一些，但他没有测试这些富有的乘客。

接下来应该做什么呢？所有这些傻瓜是不是应该被运回去，或者一开始就应该阻止他们出发？这预示着十年内将会出台限制移民的法案，根据戈达德的说法，他的结论"为将来的科学、社会还有法律法案提供了重要参考"（1917，p.261）。但到了这个时候，戈达德对自己早期关于收容傻瓜的严苛立场已经软化。也许是因为没有足够多的迟钝工人来满足大量没人想做的工作的需要。也许傻瓜也要被招收去做这些工作。"他们做了很多没人愿意做的工作……有大量苦力活要做，而我们不愿为了留住聪明的工人，而为这些大量的工作支付太多的薪水……这也许就是傻瓜能有立足之地的原因吧。"（1917，p.269）

尽管如此，戈达德还是对接纳标准的严格控制而感到高兴。他说，在 1913 年和 1914 年被驱逐出境的有智力缺陷的人数，分别比之前 5 年的平均数增加了 350% 和 570%：

> 这要归功于那些医生们的不懈努力，因为他们相信，智力测试可以用来识别有智力缺陷的外国人，……如果美国公

众希望弱智的外国人被驱逐出去，就必须要求国会在入境关口提供必要的场所设施。（1917，p.271）

同时，也要在国内找出弱智，并且不能让他们生育。在若干研究中，戈达德追踪了几百个弱智的出身，并发表调查报告揭露愚笨的危险，而且指责国家和社区不作为，因为如果它们阻止了这些弱智的先辈进行生育，那么现在也就不会有他们的出现了。在新泽西的松林荒地中，戈达德找到了一堆乞丐和从来不干好事的人，并且向前追溯到他们的祖辈——一个正直诚实的男性与一个可能是弱智的酒肆少妇的非法结合。同样是这个男人，后来明媒正娶了一个门当户对的教友派女信徒，而由此繁衍的家族里面，全是正直的公民。由于这个男人是优秀家族和劣等谱系共同的父系祖先，戈达德于是把希腊语中"好"（kallos）和"坏"（kakos）两个词结合起来，给他起了一个假名字——马丁·卡里卡克（Martin Kallikak）。在延续了几十年的优生学运动中，戈达德的卡里卡克家族是相关神话的原型。

戈达德的研究，不过是植根于预设结论的猜想。他辨认弱智的方法，一向靠的是训练直觉较强的女性的眼睛。戈达德没有把比奈测试用于松林荒地的贫民窟。戈达德对视觉辨认的信任几乎是无限的。1919 年，他分析了埃德温·马克汉姆（Edwin Markham）的诗歌《拿着锄头的男人》：

被几个世纪的重量压弯
他靠在锄头上，凝视着地面，
他脸上岁月的空洞
他背上世界的重担……

马克汉姆的诗歌的灵感来自于米勒（Millet）著名的同名绘画。戈达德抱怨说（1919，p.239），这首诗"好像暗示，米勒画中的男人是因为社会环境的压抑，才到了这个境地，才让他喜欢自己翻种的土地。"戈达德喝道："胡说八道！大多数贫穷的农民都是因为他们自身的弱智而受苦，米勒的绘画证实了这一点。难道马克汉姆看不到这个农民有智力缺陷吗？米勒的拿着锄头的男人是一个智力发展受到抑制的人——这幅画是低能儿的完美写照。"（1919，pp.239-240）至于马克汉姆的棘手问题——"是谁的呼吸吹灭了大脑中的亮光"，戈达德的回答是，智力的火种从来就没有被点燃过。

既然戈达德通过审视一副图画就能判定智力缺陷的程度，通过活生生的人来预测就更没有问题了。他马上分派了一位令人敬畏的女士到松林荒地去，就是即将前往艾利斯岛视察的凯特女士，而且马上编造了这个劣等家族谱系的可悲出身。戈达德描述了凯特的一次辨认行动（1912，pp.77-78）：

> 尽管她已经习惯了悲惨和堕落的景象，可她还是没有完全准备好看到这里的场景。父亲，一个强壮、健康、宽阔肩膀的男人，无助地坐在一个角落里……三个孩子垂着下巴站在那里，衣不蔽体，鞋子都没有穿好，一副弱智模样，绝对错不了……通过制定和推行强制的教育法令而从有缺陷的血统中制造令人满意的公民是无效的，眼前的整个家庭就是一个活生生的证据……这位父亲尽管强壮而且充满活力，但从他的脸部可以看出，他只有一个孩子的智力。衣着破烂的母亲也是一个孩子。在这个可怜的贫穷的屋子里，未来只有一种肯定的前景，即它将制造出更多的弱智孩子，并阻碍人类的进步。

如果这种现场鉴定看上去有些草率或者可疑，我们可以设想一下戈达德在推理那些已经离开或者不可能接触到的人的智力状况时所采用的方法（1912，p.15）：

> 有了一些经验之后，这些现场工作人员就成了专家，他们能通过对比而描述他们未曾谋面的与亲眼见过的人在语言使用上的相似程度，并由此推断那些未曾相识的人的智力状况。

　　这也许只是类似荒谬性中的冰山一角，而我发现了更加有意为之的诡计。我的同事斯蒂芬·塞尔登（Steven Selden）和我一起研究了戈达德有关卡里卡克人的小册子的复印资料。卷首的插图展示了劣等家族谱系中的某个成员——曾被监禁于戈达德在维德兰的机构中，并因此而从堕落中被拯救出来。正如戈达德称呼她的一样，德布拉是一个美丽的女人（图 5.1）。她穿着白色的裙子，安静地坐在那儿读书，一只猫舒服地趴在她的腿上。另外三张图片则展示了隶属这个劣等家族谱系而生活在郊区贫民窟中的成员的状况。所有人都生着一副堕落的面孔（图 5.2）。他们的嘴巴看起来是阴险的，眼睛眯成一条暗黑的细缝。而戈达德的著作从出版到现在已经有 70 年之久了，墨水都已经褪色。但现在仍然可以很明显地看出，在机构之外生活的坏人的照片，都通过加深线条的颜色而赋予了他们的嘴巴和眼睛邪恶的样子。德布拉的三张照片则没有经过修整。

　　塞尔登把书拿到史密森影像服务中心主任詹姆斯·小华莱士（James H. Wallace, Jr）先生那里。华莱士先生报告说（在给塞尔登的信中，1980 年 3 月 17 日）：

　　　　毫无疑问，卡里卡克家族成员的照片被修整过。此外，这种修整仅限于照片上个体的面部特征——特别是眼睛、眉毛、嘴巴、鼻子和头发。

　　　　按照现在的标准，这种修整是非常粗糙和明显的。但是应该记住，在书首次出版的那个年代，我们的社会在视觉识别上并没有太多的经验。照片的广泛使用受到了种种限制，那时随便一个观察者都无法与今天一个不到 10 岁的孩子相比。……

　　　　这些刺眼的地方明显赋予个体外表一种黑暗、刺眼的特征，有时是邪恶，有时是迟钝。如果说这些修整不是为了让观察者对那些描绘的人物特征产生一种错误印象，那么就很难理解作者为什么作这些修整了。同样，照片的其他地方或者其中的其他人物没有被修整过的事实，也能证明这一点……

图 5.1　德布拉的真实照片，生活在戈达德机构中的卡里卡克的后代。

我觉得这些照片在影像处理技术中是一个非常有趣的类别。

戈达德公开认错

1928 年，戈达德改变了自己的想法，他变成了自己起初滥用过的著作的作者阿尔弗雷德·比奈的近代支持者之一。戈达德承认，他首先就把傻瓜的上限设置得太高：

> 我曾经一度非常不谨慎地假设，经过测试，小于或等于 12 岁智力年龄的人，都是弱智……当然，现在我们知道，测定为 12 岁智力年龄的人中，只有一小部分是弱智——即那些无法以普通的审慎态度处理自身事务，也无法参与到生存竞争中去的人。（1928，p.220）

但在重新设定的范围内，真正的傻瓜仍然还有很多。该对他们做些什么呢？戈达德并没有放弃他们的智力会遗传这种想法，只不过他现在引用的是比奈的观点，即通过培训，即便不是所有人，至少其中大部分人可以在社会中过上一种有意义的生活：

> 傻瓜的问题是教育和培训的问题。……这也许会让你吃惊，但是坦白地说，当看到通过即便是不完善的教育体制而对傻瓜所产生的改变，我可以毫不困难地得出结论，当我们拥有完善的教育体制时，就没有不能处理好自身事务和不能参与生存竞争的傻瓜。如果我们能在这之上附加一个给予每个人以机会的社会秩序，那我就能完全肯定这个结论了。（1928，pp.223-224）

但是，如果我们让傻瓜生活在社会上，难道他们不结婚生子？难道这不是戈达德先前做过的最危险、最强烈的警告吗？

> 有些人也许会表示反对，说这个计划忽略了优生学方面的问题。在这个社会中，这些傻瓜会结婚生子。为什么不

图 5.2　住在新泽西松林荒地的卡里卡克家族成员被修整过的照片。请注意，为了制造一种邪恶或者愚蠢的外表，戈达德是如何突出嘴巴和眉毛的。效果比戈达德小册子中的原始图片更加明显。

呢？……傻瓜父母很可能会有低能或者白痴孩子，这种情况仍然遭到反对。但没有太多证据表明结果一定会这样。危险很可能可以忽略不计。至少它不比普通人群的发生率更高。*我推测你们中有很多人都会和我一样，很难承认上文所说的也许是真实的观点。我们已经在老观念之下徘徊了太久。（1928，pp.223-224）

戈达德通过拆除自己先前在体系中设置的两个藩篱而作出了总结（1928，p.225）：

1. 弱智（傻瓜）不是不可治愈的［戈达德用斜体标出］。
2. 弱智一般不需要被隔离在机构之中。

"至于我自己，"戈达德承认道（p.224），"我认为自己已经加入对方阵营中去了。"

路易斯·特曼及对先天性 IQ 的大众营销

在没有提供任何有关概念和幼儿园年龄数据的情况下，他们基于几千份问卷调查就宣称自己在测试人类遗传性的智力天赋。这个结论显然不是通过研究得出的，而是基于人们愿意相信他们的心理基础而得出的。我认为，它大部分都是在无意识中得出的……如果这种印象落地生根，认为这些测试真的能够测量智力，它能对孩子的能力进行某种最后的审判，并且能"科学地"展示他们注定拥有的能力，那么，假如所有智力测试者及其所有问卷都被毫无预兆地沉入马尾藻海（在西印度群岛东北）底，结果可能还要好上一千倍。

——瓦尔特·利普曼（Walter Lippmann）在与路易斯·特曼辩论过程中说的一段话

---

* 不要超出戈达德意图之外去解读这句话。他没有放弃傻瓜具有遗传性这个观点本身。傻瓜父母会有傻瓜孩子，但是他们能够通过教育而变得有用。而傻瓜父母也不会繁衍更低级的缺陷人种——白痴和低能者。

大众测试和斯坦福-比奈量表

路易斯·特曼出生于印第安纳州一个农场主家庭，在14个孩子中排行第12，对智力研究的兴趣可以追溯到他九、十岁时的一件事。当时一个流动书贩兼颅相学家在他家里摸了一下他的头骨的突起部分，并预测了一些好事。特曼追随自己早年的兴趣，从来没有质疑过这个结论，即人的大脑里有一种可以测量的智力。在1906年的博士论文中，特曼研究了7个"聪明的"男孩和7个"愚蠢的"男孩，并通过诉诸于种族和民族典型的分类标准，证明自己的所有测试都是测量智力的方法。关于对创造能力的测试，他写道："我们只有把黑人与爱斯基摩人或者印第安人比较，把澳大利亚土著人与盎格鲁-撒克逊人比较，才能对一般智力和创造能力之间的明显关系感到印象深刻。"（1906，p.14）关于数学能力，他声称（1906，p.29）："人种学表明，种族的进步与处理数学概念和关系的能力的发展是密切相关的。"

特曼在第185页总结自己的研究时，记下了作为遗传学理论基础的两个谬误。通过提出两种可能假设中的一个，他把测试平均分具体化成一种称作"一般智力"的"东西"（1906，p.9）："智力到底是一个银行账户——我们可以为任何想要的目标支取，还是一捆不同的银行汇票——每张汇票只为一个特定目的支取而且不能兑换呢？"虽然承认自己没能为之提供任何事实支撑，他还是为自己的天赋论观点进行了辩护（1906，p.68）："尽管关于该主题的正面数据提供得很少，但这项研究加强了我的这个印象，即在决定同类中个体的智力等级上，天赋比培养更重要。"

戈达德把比奈量表引介到美国，但特曼才是最早普及它的设计师。比奈在1911年的终极版量表中，包含了54项任务，并按照从学前班到青少年中期的顺序排列等级。在1916年的第一次修改中，特曼把量表扩展到"优秀的成年人"，并且把任务增加到了90项。特曼当时已经是斯坦福大学的教授，于是给自己的修订版起了一个新名称——斯坦福-比奈量表，这个词成了我们这个世纪的词汇的一部分，实际上也成了所有后续"IQ"测试的标准。*

  我不会对内容作具体分析（参见 Block and Dworkin，1976；Chase，1977），但是要举两个例子，用以证明特曼的测试是如何强调预期与降格的原始答案之间的一致性的。当预期是社会标准时，那么测试测量的是某种抽象的推理，还是对日常行为的熟悉程度？特曼在比奈的条目中增加了如下项目：

>   一个印第安人有生以来第一次进城，他看见一个白人沿着街道骑着车经过。当白人经过的时候，印第安人说："白人很懒，他坐着走路。"是什么让印第安人对骑车的白人说"他坐着走路"呢？

  特曼认为"自行车"才是唯一正确的回答——不是汽车或者其他交通工具，因为在汽车和其他交通工具上腿不会上下移动；也不是马（最常见的"错误"答案），因为任何有自尊心的印第安人都知道自己看到的是什么。（我自己的回答是"马"，因为我把印第安人看成聪明的讽刺家，他们在批评软弱的城市人。）还有一些原创性的回答，像"轮椅上的残疾人"和"骑在别人背上的人"等，明显也都是错误的。

  特曼把原始的比奈量表中的这个测试项目也包含了进来："我邻居家里一直都有奇怪的来访者。首先是一个医生，然后是一个律师，再然后是一个牧师。你认为那里发生了什么？"特曼完全不许答案超出"一起死亡事故"这个标准答案的范围，尽管他认可了一个男孩的答案——"结婚"。特曼认为这个男孩是"一个受到启发的年轻优生学家"，因为男孩回答说，医生过来看一下这对夫妻是否合适，律师来安排具体事务，然后牧师让他们结成连理。他不能接受"离婚和再婚"这样的组合，尽管他报告说，一个在内华达州里诺市的同事发现这样的回答"非常非常普遍"。他也不承认说得

---

*特曼（1919）通过斯坦福－比奈测试，为我们提供了一般智力特征的详细清单：记忆、语言理解、词汇量、时空感、手眼协调、对熟悉事物的知识、判断力、相同与差异、数学推理、应对困难实践环境的才智、发现荒谬的能力、思维速度和丰富的联想、将打散后的模板或者思路重新排列成有序整体的能力、从特殊中归纳共性的能力，以及从相关事实中推导出规则的能力。

通却比较简单的回答（一次聚餐，或者一次娱乐聚会），或者这样一些原创性的答案："有人濒临死亡，但是正在结婚，并在死亡之前说出了他的遗嘱。"

但特曼的主要影响并不在于他增强和扩展了比奈量表。比奈的任务是由培训过的测试者对孩子进行一次性测试而完成的。他们不应该被当作一般等级划分的工具。但是特曼希望测试每个人，因为他希望建立一个天赋才能的等级，并将所有孩子都分配到适合自己的位置上去：

> 什么样的小学生应该接受测试呢？答案是"所有的"。如果仅仅让挑选出来的孩子接受测试，许多最需要调整的情况都将会被忽视。测试的目的是为了告诉我们什么是我们还不知道的东西，而且只测试那些被认为是明显低于或者超出平均水平的孩子是错误的。在测试那些被认为最接近平均水平的孩子时，会遇到一些最让人吃惊的结果。广泛的测试是完全必要的。（1923，p.22）

就像它的源头一样，斯坦福－比奈测试是一种个性化测试，但后来它实际上成了所有书面版本的范式。经过谨慎的篡改和删除*，特曼使量表标准化，这样，"每个年龄段的普通孩子"都能得满分（智力年龄与实际年龄相等）。为了消除孩子之间的差异，特曼也在每个实际年龄段上建立了15或者16分的标准方差。有了100分的平均分和15分的标准差，斯坦福－比奈测试成了（至今在许多方面仍然是）之后大众IQ测试市场上泛滥成灾的书面测试的主要标尺。毫无根据的一些论断说道：我们知道斯坦福－比奈量表能够测试智力，因此任何与斯坦福－比奈量表密切相关的书面测试也能测量智力。在过去的50年中，测试者们所开展的详细数据工作，并未为"测试能够测量智力"这个命题提供独立的确切的证据，他们依靠的仅仅是与一种通过预想而从未经受质疑的标准所建立起来的相关性。

---

* 这本身并不是欺骗，而是一个有效的数据步骤，用以实现平均分与不同年龄层次差异之间的一致性。

智力测试马上变成了一个价值数百万美元的产业，营销公司不敢冒险使用那些无法证实自己与特曼标准相关的测试。阿尔法部队（The Army Alpha，参见本书第五章关于"耶基斯和军队智力测试：IQ 的完全建立"的内容）开始接受大规模的测试，但是在战后的几年中，学校管理者们迎来了大批的考生。看一眼特曼后来在书中（1923）所附的广告就足以说明，当测试所有孩子的想法成为现实，当他面对和时间、成本有关的责难时，以前详细而冗长的谨慎言语是如何在不经意之间戏剧性地溜走了（图 5.3）。特曼 1923 年的广告这样写道：如果学校采用以下测试，在 30 分钟内进行的 5 个测试将会显示孩子的一生。这个测试是由包括桑代克、耶基斯和特曼自己在内的一个委员会构想的。

全国 3 ~ 8 级智力测试

把军队测试方法根据需要应用到学校产生的直接后果……这些测试项目，是经过数据统计人员试用并详细分析后，从一大堆测试中挑选出来的。已经准备好了两种量表，每种包含 5 项测试（带有实践性的练习题），而且每一种都能在 30 分钟以内完成。它们使用起来简单可靠，能够立即把孩子的智力划分成 3 ~ 8 级。打分也特别容易。

如果比奈还活着的话，可能会对这种肤浅的评估感到无比的沮丧，而且一定会强烈反对特曼的意图。比奈认为测试能够很好地分辨"轻微缺陷"，这一点他与特曼是一致的；但把特曼的目的与比奈希望区分并帮助孩子的愿望相比，两者便形成了鲜明的对照（1916，pp.6-7）：

我们能够预测的是，在不远的将来，智力测试将会让这几十万有轻微智力缺陷的人受到社会的监管和保护。它最终将减少弱智的繁殖，并且消除大量的犯罪行为、贫困和低效工业。几乎无须再去强调，监护当前这些我们经常忽略的轻微缺陷人群，正是国家需要承担的最重要的任务之一。

图 5.3 大众智力测试的一份广告，使用的是有特曼和耶基斯参与编写的考试题。

【第五章】 遗传论者的智商理论：一个美国人的创新

特曼无情地强调局限的存在及其必然性。一些"受到良好教育"的父母因为孩子只有 75 分的智商而感到十分煎熬，而特曼只需不到一个小时的时间就能摧毁父母们的希望，从而把他们的努力变得无足轻重。

> 说来也奇怪，一个母亲看到自己的儿子学习阅读，就感到备受鼓舞和充满希望。她似乎没有意识到，在他这个年龄，他应该在三年内就进入高中了。40 分钟的测试就能测出这个男孩的智力，比任何一个聪明的母亲 11 年来随时随地地观察了解到的还要多。这个孩子是个弱智，他永远不可能完成初中学业，他永远不可能成为一个高效的工人或者有责任感的公民。（1916）

当时还是年轻记者的瓦尔特·利普曼，看透了特曼这些智力数字背后预设的企图，他带着审慎的愤怒写道：

> 智力测试的危险就在于，在规模教育体制中，当不太世故的人或者怀有偏见的人对学生进行分类，从而忘记了他们的责任是教育时，他们就会停步不前。他们只会给孩子评分，而不是努力寻找孩子落后的原因。因为基于智力测试的宣传的主要内容就是：低智商人群是天生的、无望的劣等人群。

特曼的天赋技术统治论

> 如果这是正确的，那么智力测试者的情感满意度以及大众的满意度就会升高。如果他测试的真是智力，如果智力确实是一个遗传定量，那么他就能说出一个孩子应该被送往哪个学校，而且可以确定哪些孩子应该上高中，哪些应该去上大学，哪些应该进入专业学习，哪些进入手工行业成为普通劳动者。如果测试者能够让自己的说法站住脚，那么他马上就能占据自神权政体崩溃以来所有知识分子都未能拥有的权力和地位。远景如此迷人，即便只是管中窥豹，也足以令人陶醉。只要可以证明智力是由遗传决定的，而测试者可以测

出智商，或者至少能够让人相信这一点，我们就可以想象未来将会是什么样子的！与对科学方法的普通批判性辩护相比，无意识的诱惑往往更为强大。在微妙的统计幻象、错综复杂的谬误和一些附带说明的帮助下，作为公众欺骗基础的自我欺骗，几乎是自发地形成了。

——瓦尔特·利普曼在与特曼辩论时说的一段话

柏拉图曾经梦想过一个由哲人国王们统治的理性世界。特曼复兴了这个危险的幻想，而且带着他的智力测试团体开始了篡夺行动。如果所有人都应该在测试之后被分配适合自己智力状况的角色，那么我们首先应该在历史上建构第一个公平、高效的社会。

为了摆脱最底层的困扰，特曼认为，我们必须首先限制或者淘汰那些因为智力过低而无法过一种有效或者道德的生活的人。社会病理学之所以存在，主要就是因为天生弱智。特曼（1916，p.7）批评了隆布罗索的观点——身体的外部特征可能标志着罪犯的犯罪行为，天赋才是真正的根源。最直接的迹象就是低智商，而不是长臂和突出的下颌：

> 从智力测试的结果来看，隆布罗索的理论完全是不可信的。类似测试证明，至少有25%的罪犯最重要的特征无疑就是弱智。在囚犯中普遍存在的身体反常现象，不是犯罪的记号，而是弱智的生理特征，它们除了象征智力缺陷外，并没有诊断上的重要意义。（1916，p.7）

弱智人群肩负着不幸遗传的双重负担，而由于缺乏智力，自身相当衰弱，而且容易导致不道德的行为。如果要消除这种社会病理，我们一定会认为，原因就是反社会者自身的生物性——于是，我们通过把他们监禁在机构中，尤其是阻止他们结婚和繁育后代，而实现了淘汰他们的目的。

> 不是所有的罪犯都是弱智，但是所有弱智都至少是潜在的罪犯。每个弱智的女性一定是潜在的妓女，这一点几乎是

无可争辩的。就像商业判断、社会判断或者任何其他类型的高级思维过程一样，道德判断也是智力的作用。如果智力保持在幼稚状态，道德就不会开花结果。（1916，p.11）

弱智在社会中是无能为力的，他们不仅在经济上，而且在其他方面，都是一种负担而非一种资产，因为他们有成为少年犯或者罪犯的倾向……对付不可救药的弱智最有效方法就是永久的监护。公立学校更重要的责任应该集中在多数更有希望而学习成绩较差的孩子身上。（1919，pp.132-133）

在呼吁进行广泛的测试时，特曼写道（1916，p.12）："考虑到恶行和犯罪的巨大代价——每年的花费仅仅在美国可能就不少于500万美元，心理学测试显然在这里发现了自己最有价值的用途。"当区分出反社会者，并把他们从社会中淘汰出去以后，智力测试也许就能根据生物学原理而把人们分配到适合他们智力水平的岗位上去。特曼希望他的测试员们可以"确定在每个重要行业中成功所需的最低'智商'"（1916，p.17）。任何尽责的教授都会努力为自己的学生寻找工作，而很少有人大胆到把自己的弟子吹捧成社会新秩序的使者。

工业上关注的无疑是雇员的智力与对他们的工作期望不对等而造成的巨大损失……任何拥有500到1 000人的企业，像大型商场，雇用一名受过良好训练的心理学家，就能避免几倍于他薪水的损失。

对IQ低于100的人来说，特曼实际上封闭了他们通往受人尊重和回报丰厚的职业的道路（1919，p.282），并认为"巨大成功"可能需要IQ超过115或者120。但令他更加感兴趣的事情是，他要为量表底端那些他认为"仅仅是较差"的人建立等级。现代工业社会需要技术工人，就像《圣经》里乡村生活的隐喻中需要砍柴挑水的小工一样。而这里有许多：

现代工业组织的进化与机器带来的新的程序，使我们对

弱智的利用效率越来越高。一个有计划和思考能力的人可以带领 10 到 20 个劳动力，让他们做指定的工作，几乎不需要什么智谋或者创造性的工作。（1919，p.276）

IQ 在 75 分及以下的人，应该在没有技术要求的领域劳动；而在 75 到 85 分区间的人，则主要从事半技术性劳动。同样，更加具体的判断也能由此推断出来。"比如 IQ 超过 85 而去当理发师，完全就是一种浪费。"（1919，p.288）IQ 只有 75 而去当"司机或售票员，带有一种风险，因为它会招致社会不满。"（Terman,1919）对智力在"70 到 85 这个范围"的人来说，对他们进行适当的职业训练和安置是必要的。如果不这么做，他们就可能会离开学校，而且"很容易就加入反社会的层级中，或者参加布尔什维克不满分子的军队"（1919，p.285）。

特曼调查了各种职业的 IQ 分布情况，并得出了满意的结论，认为一种按照智力状况进行的分配已经自然而然地发生了，尽管仍然存在缺陷。令人两难的例外情况也能解释得通了。比如，他研究了 47 个快递公司的员工，机械、重复性的工作"极少能够有机会让他们锻炼自己的独创性，甚至个人判断力"（1919，p.275）。但他们的 IQ 平均值是 95，而且有 1/4 的人超过了 104，因此是处于聪明人行列的。特曼很困惑，但还是把他们这么低的成就主要归因于缺少"某种情感的、道德的或者其他所需的特质"，不过他也承认，"经济压力"可能会迫使一些人"在能为更严谨的工作作好准备之前就辍学了"（1919，p.275）。在另一项研究中，特曼搜集了 256 个"流浪汉或失业者"的样本，大多来自帕洛阿尔托的"流浪汉旅馆"。他希望在量表的最下端发现他们的 IQ 平均值；然而，尽管流浪汉们平均 89 的智商没有显示出多大天赋，可还是排在司机、女售货员、消防员和警察之上。为了消除这种尴尬，特曼在表格中使用了一种奇怪的排列方式。流浪汉的分值中的确有些不合时宜的高分，但流浪汉比任何其他组别的起伏都要大，并包括了大量低分。因此，特曼把每组中只占 1/4 的低分排列了出来，然后彻底把流浪汉打入了冷宫。

如果特曼提倡的仅仅是基于成绩的英才制度，人们可能还是会谴责他的精英主义思想，但至少会对这种机制表示欢迎，因为它为辛勤工作和积极进取的人提供了机会。但特曼相信，阶层界限已经由天生智力确定了，其相应的职业、地位和薪酬等级反映的正是现存社会等级的生物学价值。如果理发师不再是意大利人，他们也会继续在穷苦人中出现，并且理应待在他们中间：

> 人们普遍认为，来自受教育家庭的孩子在测试中表现得更好，主要是因为他们优越的家庭环境。这完全是一个无端的臆测。实际上，有关先天和后天对智力表现影响的所有调查都一致认为，原始天赋比环境对智力表现的影响更大。普遍的观察表明，一个家庭所属的社会阶层，更依赖于父母的智力和性格等天性，而不是机会。……成功并且有教养的父母所养育的孩子，比生活在可怜无知的家庭中的孩子在测试中得分更高，仅仅因为他们的遗传特性更好。（1916，p.115）

已逝天才的僵死的 IQ

特曼认为，社会需要大量"仅仅较差"的人开动机器，但社会最终的健康运行还是取决于极少数高智商天才的领导。特曼和他的同事发表了一套名为《天才的基因研究》（*Genetic Studies of Genius*）的五卷本著作，试图定义和追踪处于斯坦福 - 比奈量表顶端的那些人。

在其中一卷中，特曼决定回头测量一下那些主要的历史推动者们的 IQ——政治家、士兵和知识分子。如果他们位于顶端，那么 IQ 肯定就是最具价值的唯一测量方法。但如果无法用魔法召回年轻的哥白尼，然后问他那个白人骑的是什么，一个死人的 IQ 又怎么能够重新获得呢？特曼和他的同事们试图重建过去名人的 IQ，并且出版了厚厚的一本书（Cox，1926），在充满荒谬的文献中，这也算得上珍品了——尽管詹森（1979，pp.113 and 355）和其他人还是严肃认真地对待它。[*]

特曼（1917）已经发表了关于弗兰西斯·高尔顿的初步研究，并得出了结论：这个智力测试先驱的智商高达惊人的 200 分。因此，他鼓励自己的同事继续开展更大规模的调研。卡特尔（J.M.Cattel）对 1 000 位重要的历史推动者进行了研究，并通过他们在生物学词典上条目的长度而发表了一份排名。特曼的同事凯瑟琳·科克斯（Catherine M. Cox）把这个清单削减到 282 人，并搜集整理了他们早年生活的详细的生物学资料，进而评估了每个人的两项 IQ 值——其中一项叫作 A_1 IQ，是从出生到 17 岁的 IQ 值；另外一项叫 A_2 IQ，是从 17 岁到 26 岁的 IQ 值。

科克斯从一开始就遇到了难题。她让包括特曼在内的 5 个人去读自己的档案材料，然后为每个人评估这两项 IQ 分数。其中有 3 个人的平均值在很大程度上是相同的，A_1 IQ 在 135 附近，A_2 IQ 在 145 附近。而另外两位的评分则明显不同，一个超出了所有人的平均分，另一个则低于共有的平均分。科克斯粗暴地剔除了他们的分数，因此也就扔掉了 40% 的数据。她解释说，在计算平均值的时候，低分和高分本来就可以互相抵消而达到平衡（1926，p.72）。但如果在同一个研究小组中 5 个人的分数都不能达成一致，这种做法又如何做到标准的连贯性呢？我们就不提什么客观性了。

除了这些实际困难的掣肘，研究的基本逻辑从一开始就存在无可挽回的缺陷。科克斯所记录的研究对象的 IQ 差异，并没有评测他们的不同成就，更不用提天生智力了。相反，这种差异是科克斯对她的研究对象编纂的童年和青年生活信息的不同特点的一种方法论上的人工产物。科克斯在最开始为每个人设置了一个基本 IQ 值 100，然后评分者根据提供的数据在这个基本数值上增加（或者罕见地减少）。

---

[*] 詹森写道："300 个历史人物的 IQ 平均估算值……他们童年的证据能够充分证明，可靠的 IQ 估算值是 155……因此，如果这些杰出人士也做过 IQ 测试的话，那么他们中的大部分很可能在童年就被认为是有智力天赋的。"（Jensen，1979，p.113）

　　科克斯的档案资料中混杂了童年和青年时代的各种成就，特别强调早熟的例子。由于她的方法是根据档案中每个显著项目而在100这个基数上加分，IQ记录和估算的只不过是现存信息的多少。一般来说，低IQ数值反映的就是信息匮乏的现状，而高IQ则是清单比较详细的结果。（甚至连科克斯自己都承认，她测量的并不是真正的IQ，而只是从有限的数据中推导出数值，不过这个免责声明在大众报道中总是被遗忘了。）要想哪怕只是暂时相信这种程序可以重现"天才"真正的IQ顺序，我们必须假设所有对象的童年都被注视到了，并且带着几乎同样的关注被记录了下来。我们还必须承认（科克斯是这样做的），缺乏早熟童年的记载意味着生活乏味、不值得书写，因为没有超常的天赋，所以无人费心去记载。

　　科克斯得出的两个基本结论马上激起了人们强烈的质疑，普遍认为她的IQ分数反映的是历史事件的现存记录，而不是天才们的真正成就。首先，IQ在人的一生中不应朝着一个确定的方向变化。但是，A_1 IQ在她的研究中的平均值是135，A_2 IQ的平均值则高出很多，达到145。当我们仔细审视她的档案资料（在Cox 1926年的书中有完整的展现）时，原因已经非常明显，这明显是采用她的评估方法而产生的人为结果。她掌握的研究对象青年时期的资料比儿童时期要多得多（A_2 IQ记录的是17岁到26岁的成就，A_1 IQ记录的是更早时期的）。其次，科克斯发表了一些风云人物的令人困惑的低A_1 IQ值，其中包括塞万提斯和哥白尼，他们该项数值都是105。她的档案资料解释了原因：由于对他们的童年生活知之甚少，没有什么数据能够加在100的基数上。科克斯根据数值的可信度建立了7个等级。信不信由你，第7个等级是"不基于任何数据的猜测"。

　　作为进一步的、明显的测试，我们必须考虑到出生在卑微环境中的天才，他们的家庭教师和书记员不会鼓励他们记下早熟的大胆成就。像约翰·斯图尔特·米尔，也许在襁褓中就学习了希腊语，但是法拉第或班扬有这样的机会吗？穷人的孩子处在双重的不利环境中，不仅没有人费心为他们记录早年的生活，他们也因为自己的穷困而被直接降级。至于科克斯，她用优生学家们喜欢的策略，从天才的父母的职业和社会地位推断出天生遗传的智力高低！她把父母的职业在 1 到 5 的范围内排序，如果父母的排序在 3，就给他们的孩子 100 的 IQ 基数，每增加或减少一个等级就在这个数字上增加（或减少）10 分。一个孩子在自己生命中的第一个 17 年即便什么有价值的事情也没有做过，也能因为父母的财富、职业和地位更高而得到 120 分。

想想可怜的马塞纳的情况吧，他是拿破仑的伟大将军，但 A_1 IQ 得分最低，只有 100。除了知道他曾经在伯父远航的船上担任过两次侍者外，我们对他的童年一无所知。科克斯写道（p.88）：

> 战舰指挥官的侄子们的 IQ 值可能会比 100 多一点，然而他们在两次远航中都只担任了船上侍者的职位，而且直到 17 岁之前，除了担任船上侍者之外，没有任何更多关于他们的记录。这样看来，他们的 IQ 平均值应该在 100 以下。

其他令人钦佩而有贫穷父母和可怜记录的对象，本应得到令人耻辱的低于 100 分的分数。但是科克斯懂得捏造数据和审时度势，她把他们的分数都提升至三位数，哪怕只是作了轻微的变动。想想不幸的圣西尔吧，他曾得到一个远亲的救助，他的 A_1 IQ 的得分是 105："父亲在成为屠夫之后又做了制革工人，这让他儿子的职业 IQ 位于 90 到 100；而两名远亲获得了显著的军事荣誉，因此暗示这个家族具有更高的天赋"。（pp.90-91）与自己书中著名的朝圣者相比，约翰·班扬面对更多的家族障碍，但科克斯最终还是为他实现了 105 的分数：

> 班扬的父亲是个铜匠或者铁匠，但在村里是得到大家认可的一个铁匠；他母亲并不是那类卑劣贫穷的人，而是"以自己的方式生活得正派可敬的人"。这是评分在 90 到 100 的充分证据。但是他的记录更详细，尽管他的父母"卑下和

微不足道", 但却让他到学校学习"读书和写字", 这可能表明他的确表现出了一种比未来铁匠更高的天赋。（p.90）

迈克·法拉第也化解了父母地位的劣势，作为一个商店店员，因为诚信和好问天性等小细节，侥幸得到了 105 分。他的 A_2 IQ 分数提升到了 150 分，不过是因为记载了他的出彩的青年时代的更多信息。但在有个例子中，科克斯无法容忍自己的方法得出的令人不快的结果。出生卑微的莎士比亚，其童年我们一无所知，得分应该在 100 分以下。因此科克斯只能把他排除在外，尽管她把几个同样缺乏童年记录的人都包含在内了。

在其他几个反映科克斯和特曼社会偏见的奇怪打分中，几个早熟的年轻人（尤其是克莱夫、李比希和斯威夫特）因为在学校的叛逆行为（特别是不愿学习经典）而被降级。在为作曲家评级的过程中，因为对表演艺术的敌意而导致的扣分现象非常明显，他们（作为一个分组）排在最终清单的底端，仅在士兵之上。看看下文对莫扎特有所保留的陈述吧："3 岁开始学习弹钢琴的孩子，在小小年纪接受了音乐指导并受益，在 14 岁的时候学习演奏最困难的复调音乐，可能在其社会群组中超出了平均水平。"

最后，我怀疑科克斯已经意识到，自己的研究方式并非那么可靠，然而，她还是勇敢地坚持了下去。按知名度进行的排名（卡特尔条目的长度）与所得 IQ 分值之间的相关性，可以说低得令人失望——知名度与 A_2 IQ 之间的相关系数只有 0.25，知名度与 A_1 IQ 间的相关系数则没有任何记录（根据我的计算是更低的 0.20）。而科克斯所做的一切说明了这样一个事实，即最有名的 10 个对象比最不出名的 10 个对象的 A_1 IQ 平均值高了 4 分——是的，只有 4 分。

科克斯对其可以搜集到的有关研究主体的信息进行了测量，计算 A_2 IQ 和"可靠性指数"之间的强相关系数（0.77）。科克斯的 IQ 就是不同数据数量的人为产物，我实在想不出更好的表述，它并没有测量天赋，其实，甚至连测量简单才能都算不上。科克斯意识到了这一点，她把信息很少的研究对象的 A_1 IQ 分值上调到

135，把 A_2 IQ 得分纳入 145 的群组中，试图以最后努力"修正"在信息遗失情况下得出的分数。这些调整很大程度上提高了 IQ 平均值，但却导致了其他的尴尬。修正前，知名度最高的 50 个人的 A_1 IQ 平均分为 142，而知名度最低的 50 个人得到 133 分，恰到好处地处于较低分数段中。修正后，前 50 人的平均值为 160 分，而后 50 人则高达 165 分。最终，只有歌德和伏尔泰在 IQ 和知名度得分上均处于顶端位置。因此，有人可能会以改编的伏尔泰关于上帝的著名妙语作为结论：即便没有足够的关于历史上杰出人士的 IQ 信息，美国遗传论者也会努力把它们创造出来，这几乎是一定的。

特曼对种群差异的看法

特曼的实证研究测量了数据学家所说的 IQ"种群内方差"——也就是在单一人群中（例如一所学校里的所有孩子）的分差。他最起码能够证明，在童年时代测试成绩好或者差的孩子，随着一天天长大，他们通常仍然在同龄人中保持着起初的排名。特曼把这些差异的大部分原因归结为生物学天赋的不同，但除了断言所有思想正常的人从本性上都承认后天教育受到先天主导之外，并没有什么其他证据。这种遗传论可能会因其精英主义观念，以及随之提出的机构监护和强制节育提议，而伤害我们的感情。但它本身并没有引起有关种群间天生差异的更多争议。

就像几乎所有遗传论者所做和仍然在做的那样，特曼得出了这个无效的推断。接着，他把真实的病理起源和导致正常行为差异的各种原因混为一谈，越错越远。比如，我们知道唐氏综合症表现出的智力迟钝在于特殊的基因缺陷（一条多余的染色体）。但我们不能因此就把许多明显是正常孩子的低 IQ 情况归因于与生俱来的生理问题。如果真是那样，那只要有人因为荷尔蒙失衡而出现异常肥胖的现象，我们就可以说，所有超重的人都无法避免肥胖。虽然特曼让所有分数都处于正常曲线的保护之下（1916，pp.65-67），但是组内孩子的 IQ 排名数据的稳定性，在很大程度上还是依赖于有生理疾病的个人的持续较低的 IQ 水平。这也就意味着，所有差异都有共同的根源，也可以说是单一的原因。总之，把种群内部的差异外推到种群之间，这种方法是站不住脚的。以有病理特征的个体的先天生理为基础，把种群内部的正常差异归因于遗传特征，就更加没有根据了。

不过，IQ 遗传论者至少没有继承颅骨学先驱们对女性的苛刻看法。特曼声称，女孩的 IQ 得分并不比男孩低，而有限的就业机会是对她们智力才能的不公和浪费（1916，p.72；1919，p.288）。他曾提到，假设 IQ 能和金钱报酬挂钩，那么得分在 100 到 120、通常应当老师或"高级速记员"的女性赚的钱，一般只与 IQ 是 85、通常是司机、消防员或警察的男性差不多（1919，p.278）。

但是，特曼认可种族、阶层的遗传论观点，并把证实它作为自己研究的主要目的。在有关 IQ 用途的章节的结尾处（1916，pp.19-20），特曼提出了三个问题：

> 在社会和工业范围内，所谓下层阶级的明显弱势地位，是他们天赋较差的结果，还是仅仅因为他们所处的家庭环境和受到的学校教育更差？受教育阶层的孩子中出现天才的比率是不是比无知、贫穷家庭的孩子更高？低等种族是天生就是劣等的，还是因为缺少学习机会而使他们更加不幸？

尽管社会地位和 IQ 之间的相关系数只有可怜的 0.4，特曼（1917）还是提出了五个主要原因加以说明："在决定我们所讨论的这些特性的本质上，原始天赋比环境重要得多。"（p.91）前三个原因是基于额外的相关性，没有为天生原因提供任何证据。特曼通过计算得出：1）社会地位与教师对智力评估分数的相关系数是 0.55；2）社会地位与学校成绩之间的相关系数是 0.47；3）"同龄学生进展情况"与社会地位之间的相关程度更低，但他没有作具体说明*。所有五个特性——IQ、社会地位、教师评估、学校成绩和

---

* 在特曼的研究中有一个令人懊恼的特性，即当相关系数很高且对他有利时，他会引用；而当相关系数对他的假设有利而数值较低时，他就不给出确切数值。在之前讨论过的科克斯对过世天才的研究中，还有特曼对不同职业的 IQ 分析中，这种策略都随处可见。

年龄阶段——可能是对复杂程度相同的未知原因的多余测量，而对于 IQ 和社会地位之间的 0.4 的基本相关系数，任何附加组的相关系数都不会带来太大影响。如果 0.4 这个相关系数不能为先天原因提供证据，那么附加组的相关系数也不能。

由于混淆了可能病理和正常差异的关系，第四个论据显得有些文不对题，特曼自己也承认有些牵强（1916，p.98），正如上文已经提到的那样：个别弱智儿童也会出生在富裕家庭，也可能有理智而成功的父母。

第五个论据展现了特曼持久而坚定的遗传论信念，以及他对外部环境影响的令人惊讶的漠视。在加利福利亚一家孤儿院里，特曼测量了 20 个孩子的 IQ。只有三个是"完全正常的"，其余 17 个的 IQ 都在 75 ～ 95。特曼认为低分不能归结为没有父母的生活，因为（p.99）：

> 这所孤儿院的条件还算是不错的，并且像中产阶级的普通家庭生活一样，能够提供激发智力的正常发展环境。住在孤儿院的孩子们，在加利福利亚一个村庄的一所优秀公立学校里上学。

对被送到这些机构中的孩子来说，得低分一定是因为测试反映了他们的生理特性：

> 在这些机构中所做的一些测试显示，安置在这里生活的孩子中，高、中度智力低下的情况非常普遍。尽管并非所有人都是下等社会阶层的孩子，但的确大部分都是。（p.99）

除了他们待在孤儿院这个事实，特曼并没有提供这 20 个被测试儿童的生活的直接证据。他甚至都不能确定他们是否都来自"下等社会阶层"。当然，哪怕是最简单的猜测，也会把低 IQ 值与这些孩子生活在孤儿院这个不争的事实联系起来。

特曼简单地从个人上升到社会阶层，再提升到种族。他对经常出现的 70 ~ 80 的 IQ 得分感到很沮丧，并悲叹道（1916，pp.91-92）：

> 在苦力和女佣中，有成千上万这样的人。……测试说出了真相。这些男孩除了最基本的训练外，是不可教化的。再多的学校教育也不能让他们成为聪明的选民或者有能力的公民……他们所代表的智力水平，在西班牙 - 印第安人群、西南部墨西哥家庭以及黑人中非常常见。他们的迟钝似乎是种族性的，或者至少是家族世系中天生的。在印第安人、墨西哥人和黑人中，出现这类人的频率非常高。这个事实强烈地暗示着，种族智力的特征差异问题，需要通过实验进行重新思考。作者预测，这样做以后我们就会发现在一般智力上存在巨大的种族差异，而这种差异是任何精神文化体制都不能抹杀的。这个群体的儿童应该被隔离到特殊的班级里，并给予具体的实践性教导。他们不能掌握抽象的方法，但是他们通常能够成为有效率的工人，能够照顾好自己。尽管从优生学的观点来说，他们强大的繁衍能力会造成严重的问题，但现在还不可能说服整个社会禁止他们繁育。

特曼觉察到，自己对天赋的论证是薄弱的。但有什么关系呢？难道我们还需要解释一个用常识就能说明的道理吗？

毕竟，普遍的观察告诉我们，决定一个家庭所属社会阶层的，主要是智力和性格等天生特性而不是机会，难道不是吗？从已知的遗传性中，我们应该很自然地期待并发现，那些富有、有文化、成功的父母的孩子，比在贫民窟和贫困中成长的孩子有更好的天赋，难道不是吗？几乎所有能得到的科学证据都能为上述问题给出肯定的答案。（1917，p.99）

但是，是谁的共识呢？

特曼转变观念

特曼于 1937 年修订的斯坦福 - 比奈测试版本，与 1916 年初次出版的版本很不一样，乍一看都不大可能是一个作者写的。因为时代变了，沙文主义和优生学的浪潮陷入了大萧条的困境之中。1916年，特曼把成年人的智力年龄定在 16 岁，因为他无法找到年龄更大的学生的随机样本。1937 年，他把这个范围调到了 18 岁；因为"当测试进行的时候，就业状况极不乐观，于是促成了这个任务，即降低学校的过高淘汰率，而淘汰通常是在 14 岁以后发生的"。（1937，p.30）

特曼并没有明确放弃自己先前的结论，但它们都沉寂了下来。除了少数谨慎的言辞，再也听不到他关于遗传论的只言片语。种群差异的所有潜在原因都被限定在外部环境因素中。特曼给出了不同社会阶层 IQ 平均差异的旧的曲线图，但是他提醒我们，这些平均差异很小，并不能对个体作出预测说明。同时，我们也不知道怎么划分遗传与环境影响之间的平均差异：

> 几乎没有必要强调，这些数字表示的只是平均值，从每个种群内部的 IQ 变化情况来看，它们各自的分布在很大程度上是相互重叠的。也没有必要指出，它们对于遗传和环境因素在决定所观察的平均差异中所起的相对贡献，这些数据自身并没有为结论提供任何证据。

几页之后，特曼讨论了城市孩子与农村孩子的差异，他注意到了农村孩子的较低得分，并且奇怪地发现，当他们进入学校后，IQ 随着年龄的增长而不断下降，而城市里的半技术和无技术工人的孩子的 IQ 却在上升。他没有表达明确的观点，但是提到自己现在唯一想测试的就是有关环境的假设：

> 要搞清楚农村孩子较低的 IQ，是否能够归结为农村社区相对较差的教学设施，而城市里经济状况较差阶层的孩子 IQ 的增加，能否归因于学校出勤率可能带来的充实的知识环境，都需要广泛的研究，并认真制订有针对性的计划。

一个是时间，一个是风俗。

耶基斯和军队智力测试：IQ 的完全建立

心理学的一大进步

1915 年，即将进入 40 岁的罗伯特·耶基斯，还是一个沮丧的男人。从 1912 年起，他就在哈佛大学工作。他是一个优秀的组织者，也是他这个专业里能言善辩的倡议人。但当时心理学还没有摆脱"软科学"的名声，如果它还算是一门科学的话。有些大学不承认它的存在，另外一些则把它归入人文学科，放在哲学系中。耶基斯希望通过证明心理学也是一门像物理学一样严谨的科学，从而首先建立自己的专业。和同时代的大多数人一样，耶基斯也把严谨的科学与数字和定量研究等同起来。耶基斯相信，在智力测试这个处于萌芽阶段的学科领域，最有可能得到详尽而客观的数据。如果心理学能在科学的保护下提出人类潜能的问题，那么心理学就会发展壮大，就能够作为一门真正的科学而被接纳，就值得财政和公共机构支持：

> 我们中的大多数人都完全相信，人类的未来在很大程度上取决于各种生物学和社会科学的发展……我们必须……为了改善智力测量的方法而努力奋斗，因为没有人再怀疑研究人类行为在实践和理论上的重要性。我们必须学会测量行为的各种形式和内容的测试技巧，这具有心理学和社会生物学的重要性。（Yerkes, 1917a, p.111）

但是智力测试缺乏充分的支持，而且自身内部也存在争议。

首先，它是由训练不佳的业余人员广泛开展的，经由他们得出的明显荒谬的结论，败坏了这个行业的名声。1915 年在芝加哥召开的年度美国心理学联合会中，一个批评家报告说，芝加哥市长本人在一次比奈表测试中被测为傻瓜。耶基斯在会上加入了批评家们的讨论，并宣称："我们正在建立一门科学，但我们还没有设计出一种任何人都能操作的机制。"（引述自 Chase, 1977, p.242）

其次，现有的量表即便得到恰当应用，也会得出完全不同的结论。正如上文提到过的，在斯坦福 - 比奈量表测试中处于正常范围内但分数低的人，在戈达德版本的比奈量表测试中有半数都是傻瓜。最终，贫乏的支持和偶然才能出现的一致性，没能使我们建立起足够详尽一致的数据库而获得信任。（Yerkes，1917b）

战争总能造就一批带有隐秘动机的追随者。很多只是恶棍和牟利者，但也有少数人是因为受到了更高理想的激励。随着第一次世界大战的临近，耶基斯就有了这样一个推动科学历史发展的"伟大观点"：心理学家有没有可能说服军队当局测试所有新兵呢？如果可行，心理学的哲学基石就能创立了：大量详尽、有用、一致的数据会推动心理学从一门模糊的艺术转变成受人尊敬的科学。耶基斯在同行和政府圈子中宣扬自己的观点，并在最后赢得了胜利。耶基斯作为上校军官，在第一次世界大战期间主管对175万新兵所作的智力测试。后来，他宣称智力测试"帮助我们赢得了战争"。与此同时他补充道，"智力测试在其他科学内部顺便把自己建立起来了，并且证明了它在人类工程中有值得严肃考虑的权利"。（引述自 Kevles，1968，p.581）

耶基斯把美国心理测量学界所有重要的遗传论者都聚集起来，共同编写军队智力测试程序。从1917年5月到7月，他与特曼、戈达德和其他同事一起，一直在戈达德的新泽西州维德兰培训学校中工作。

他们的计划包含三种测试。有文化的新兵做一种笔试，叫作军队阿尔法测试（Army Alpha）。文盲和在阿尔法测试中失败的人做一种图像测试，叫作军队贝塔测试（Army Beta）。在贝塔测试中失败的人会应召做一种个人测试，通常是比奈量表的某个版本。军队心理学家会为每人确定一个等级，按照 A 到 E 的顺序排列（每个等级又增设"+""-"等级），并为他们在军中的恰当安置提出建议。耶基斯认为 C- 等级的士兵应被看作"低于平均智力——普通二等兵"。D 等级的士兵"基本不适合担任需要特殊技巧、前瞻深谋或保持警惕的任务"。D 和 E 等级的士兵不能"阅读或理解书面指令"。

我个人认为，军队并没有利用这些测试。我们可以想象，职业军官对一个自作聪明、不请自来的年轻心理学家是怎样的感觉，这些没有经过基础训练就能推测一个军官等级的人，霸占了一整栋楼开展测试（如果他们可以的话），在一堆人中花一个小时观察每个新兵，进而取代军官的传统角色，判断哪个人适合担任哪种军事任务。耶基斯的团队在有些军营里受到了敌视；在另一些军营中，他们遭受了各种各样更加难堪的回应：他们受到礼遇，军队为他们提供了相应设施，之后他们就被无视了。*一些军官开始怀疑耶基斯的动机，并对测试项目发起了三次独立的调研。有人总结说，这种行为应该被控制，因为"没有理论家可以为了获得研究数据和维护人类的未来利益，就能……把它当作一种爱好"（引述自 Kevles，1968，p.577）。

尽管如此，测试确实在某些领域产生了强烈的影响。在战争开始的时候，军队和国家护卫队保留了 9 000 名军官。最后有两万名军官参与到指挥之中，其中三分之二的军官在开展测试的训练营中开始自己的工作。在有些军营中，如果无人得分在 C 以下，就可以考虑作为军官进行培训。

但耶基斯测试产生的主要影响却不是在军队中。耶基斯也许没有为军队带来胜利，但却肯定赢得了自己的战斗。现在他有 175 万人的统一数据，在阿尔法和贝塔测试中他首次设计了可以批量生产的书面智力测试试题。来自学校和商业的咨询如潮水一般涌了过来。在有关美国军队心理测试的大量专题论文中（Yerkes，1921），耶基斯把关于伟大社会重要性的一个陈述隐藏在 96 页的一个旁白中。

---

* 在整个职业生涯中，耶基斯一直抱怨军队心理学没有受到应有的尊重，尽管它在第一次世界大战中取得了成就。在第二次世界大战中，上了年纪的耶基斯还在埋怨和争论，说纳粹之所以能占美国上风，就是因为他们对军队人事心理测试的恰当运用和鼓励。"德国在军队心理学上的发展领先了我们很长时间……纳粹取得了在军队历史上完全无法比拟的某种东西……德国所采取的措施，就是对我军在 1917—1918 年采用的军队心理学和人事制度的继承和发扬。"（Yerkes, 1941, p.209）

他提到了"来自贸易公司、教育机构和个人的持续大量需求，要求使用军队的心理测试方法，或者进行调整后用于特殊需求"。比奈的目的现在被回避了，因为他发展这种技术是为了测试所有小学生的。现在测试可以为每一个人打分和分类，规模测试的时代已经到了。

军队测试的结果

军队测试的主要影响不是源自军队对个人分数的怠惰应用，而是源于伴随耶基斯的概要统计报告而作的普遍宣传（Yerkes，1921，pp.553-875）。后来成为著名心理学家的波林（E.G.Boring），当时还是耶基斯的助理（和军队的上尉），他从档案中挑选出16万个案例而构建的数据，在20世纪20年代产生了遗传论的重重回响。这个任务是非常艰巨的。波林亲自精选的样本非常庞大，而且只有一个助手帮忙；此外，三种不同测试（阿尔法、贝塔和个人测试）必须转换成同一标准，这样不同种族、民族的平均数值才能在参与不同测试（例如，少数黑人参加了阿尔法测试）的样本基础上建立起来。

在波林大海一样的数据中，三个"事实"浮出了水面，而且在作为测试源泉而被遗忘之后的很长时间中，还持续影响着美国的社会政治生活。

1. 美国成年白人的平均智力年龄仅仅处在傻瓜的边缘，也就是令人震惊的可怜的13岁。特曼以前把正常标准设置在16岁。新的数据成为优生学家们团结的焦点之一，他们预测了一种末日之景，并哀叹我们智力下滑，而且是因为穷人和弱智不受限制的繁衍，黑、白人种血缘混杂的蔓延，以及南欧和东欧移民渣滓的涌入，使天生聪明的血统陷入了困境。耶基斯[*]写道：

---

[*] 我怀疑耶基斯1921年发表的大量专题论文是否都是他自己写的。而他是这个政府报告列出的唯一作者，所以我还是把这个陈述当作他说的话，这么做既是因为方便，也是因为缺乏其他信息。

按照传统，普通成年人的智力年龄大约应是 16 岁。但是这个数据的基础只是对 62 个人的测试，他们之中有 32 个人是 16 ~ 20 岁的高中生，有 30 个人是"有一定成就但只有很少教育优势的商人"。这个群体太小了，无法得出令人十分信服的结论，再进一步说，样本可能也不够典型……而从白人中征募的士兵的主样本，从阿尔法和贝塔测试中转化成通用的术语后，智力年龄似乎应该是 13（13.08）岁。（1921，p.785）

但即便像他写的这样，耶基斯还是开始感觉到这种陈述的逻辑错误。平均数就是它自身，它不可能比它应该是的数值小 3 岁。因此，耶基斯又思考了一下，然后补充道：

但是，我们很难说这些新兵比平均年龄小了 3 岁。事实上，也许能从外部基础上进行证明，新兵要比高中生和商人更能代表一个国家的平均智力水平。（1921，p.785）

如果 13.08 岁是白人的平均智力年龄，从 8 到 12 岁都是傻瓜，那么我们这个国家有将近一半的人都是傻瓜。耶基斯总结说（1921，p.791）："如果按照那个术语的当下定义，完全不可能排除所有傻瓜，因为 37% 的白人和 89% 的黑人智力年龄都在 13 岁以下。"

2. 欧洲移民可以按照来源划分等级。许多国家的普通人都是傻瓜。南欧肤色较黑的人种和东欧的斯拉夫人，没有西欧、北欧的白人聪明。北欧人的优越地位不是沙文主义的偏见。俄国人的平均智力年龄是 11.34 岁，意大利人是 11.01 岁，波兰人是 10.74 岁。波兰笑话 [1] 与傻瓜笑话是一码事——事实上它们描述的是同一种动物。

3. 黑人处在量表的最底端，平均智力年龄是 10.41 岁。有些军营想让分析朝着明显的种族主义方向走得更深远一些。在李将军的军营中，黑人被根据肤色黝黑程度而分成三组，颜色较浅的一组得分最高（p.531）。耶基斯说，军官的意见与数据是一致的（p.742）：

---

[1]Polish joke，包含对波兰人的成见的一些笑话，通常有冒犯的意思。

所有军官都一致认为，黑人缺乏主动性，没有领导能力，不能承担责任。所有军官似乎更加认同的是，黑人是一个快乐的志愿兵，很自然地就能屈从于他人。这些特征都是为了立即服从，尽管不一定是为了良好的纪律，因为他们中的偷盗和性病问题比白人军人更加普遍。

耶基斯和他的同伴顺便也测试了其他几种社会偏见。有些进展很糟糕，尤其是颇受欢迎的优生学观念——认为大部分违纪者都是弱智。因为政治原因而尽职尽责的反对者们，59%的人都得到了A级评分。即使一点儿也不忠诚的人，也比一般人的得分要高（p.803）。但是还有其他结果可以支撑社会偏见。作为随军人员，耶基斯的团队决定测试一个更加传统的人群：本地妓女。他们发现53%（其中44%为白人，68%为黑人）的妓女的智力年龄在10岁，处于戈达德版比奈量表的10岁之下。（他们认为，戈达德量表测出的人的等级，要低于其他版本比奈量表的结果。）耶基斯总结道（p.808）：

妓女的军队测试结果证实了在我国其他不同地方进行的平民测试中得出的结论，也就是说，30%～60%的妓女是有智力缺陷的，她们在很大程度上是程度较轻的傻瓜；在所有妓女中15%～25%的智力等级是非常低的，最好（按照多数州的现有法律尽可能地）把她们作为弱智而永久隔离在相关机构之中。

我们必须得感激这点小幽默，它令读者在阅读长达800页数据统计学专著的枯燥过程中眼前一亮。军队把当地妓女召集起来，让她们坐下来参加比奈测试，这个想法一直让我觉得很有趣，也肯定让女士们感到更加茫然。

作为纯粹的数字，这些数据没有包含固有的社会信息。它们可以被用来促进机会均等，也可以强调强加于这么多美国人身上的劣势。耶基斯可能会认为，13岁的平均智力年龄反映了这样一个事实，即相对来说很少有新兵能有机会进入或者完成高中学习。至于有些民族的士兵的低平均分，他会把它归因于来自这些国家的大多数新兵都是不会说英语、不熟悉美国文化的近期移民这个事实。他也可能会意识到，黑人的低分与奴隶制和种族主义之间的历史联系。

但在长达 800 页的著作中，我们没有读到任何与环境的作用和影响有关的字眼。这些测试是由美国一个委员会写的，成员包括本章所有讨论过的重要遗传论者。论证的圈子不可能被打破。所有重要发现都接受了遗传论解释，而且通常以近乎诡辩的方法进行争论，目的就是为了越过明显的环境影响。格林利夫军营心理学校的一份传单宣称（请原谅语法问题）：这些测试没有测量职业契合度和教育成就，它们测试的是智力能力。后者在评估军队价值时的重要作用已经得到了证明。（p.424）而他们的首领自己也说道（Yerkes，引述自 Chase，1977，p.249）：

> 之所以这样构建和实施阿尔法和贝塔测试，主要是为了减少具有外国身份或者因为缺少教育而几乎无法使用英语的人的不利因素。这些分组测试原本是打算测量本地人的智力能力的，而现在我们明确知道情况就是这样。它们在某种程度上受到教育成就的影响，但主要是士兵的天生智力而不是环境因素决定了他们在军队中的智力等级。

对军队智力测试的批评

测试的内容

阿尔法测试包括八个部分，贝塔测试包括七个；每种测试都不到一小时，而且能让很多组同时参与。阿尔法测试的大部分项目都是参与测试的那一代人所熟悉的内容：逻辑推理，数字填空，语句排序，等等。这种相似性不是意外，无论从字面上还是从隐喻意义上看，阿尔法测试都是书面测试的鼻祖。耶基斯的学生布里格姆后来成了高考委员会的秘书，他在军队测试模型的基础上发展了学术倾向测试。如果人们在精读耶基斯的专著时有一种奇怪的似曾相识的感觉，我想他们一定是想起了自己所读的大学的委员会以及所有伴随的焦虑情绪。

这些熟悉的部分没有遭到文化偏见的特别控诉，至少不比它们的现代后辈们多。当然，总体来说，它们能测试读写能力，而读写能力记录的教育成果比遗传能力要多得多。此外，一位校长曾说，他测试具有相同年龄以及相似学习经历的孩子，因此可以记录一些内在的生物性，而这种方式不适合军队新兵——因为他们在接受教育方面千差万别，而他们的分数只能表明受教育的不同程度。少数几项耶基斯认为是"测量天生智力"的主张，在我们看来是十分有趣的。想想阿尔法的类比题："华盛顿对亚当就像第一对……"

但从耶基斯的分析来看，每种测试都有一部分是荒谬的。当多项选择测试题中包含类似下面的问题时，耶基斯和他的同事们怎么能把近期移民的低得分归因于天生的愚笨性呢？

酥油（Crisco，宝洁公司旗下的一个食品品牌）是一种：**专利药品**，消毒剂，牙膏，食品

非洲黑人的腿的数量是：**2**，4，6，8

克里斯蒂·马修森（Christy Mathewson，棒球联盟投球手）作为一名作家，艺术家，**棒球选手**，喜剧演员而非常有名。

我做出了最后一题，但是我聪明的兄弟却没有，而令我沮丧的是，他长大后定居在纽约，却彻底忘记了三个伟大的棒球队的英勇行为。

耶基斯可能回答说，近期移民一般做的是贝塔测试，而不是阿尔法测试。但是，贝塔测试是与阿尔法测试主题相同的图像版本。在这个完全是图像的测试中，开始的项目可能会被认为是非常普通的：给一张脸画上一个嘴巴，或者给一只兔子画上一只耳朵。但后面的项目就需要给一把小刀画上一个铆钉，给一个灯泡画上灯丝，给一个留声机画上喇叭，给一个网球场画上网，给一个投手画出手中的球（耶基斯解释说，如果被测试者在投球的路径上画出一个球，

则明显是错的，因为可以从投球者的姿势看出，他还没有把球投出去）。早期批评家弗朗兹·博厄斯（Franz Boas）讲了一个西西里士兵的故事，这个士兵在一个没有烟囱的房屋顶上画了一个他在本国经常可以看到的十字架，而他的答案被认为是错误的。

测试有严格的时间限制，因为后面还有 50 个人等在门外。测试员并不指望新兵能完成所有测试，这一点开展阿尔法测试的人是知道的，但却没有人告诉参加贝塔测试的士兵。耶基斯想搞清楚的是，为什么有这么多新兵在这么多项目的测试中得了零分（新兵大都觉得测试没有价值——参见本书第五章中"欺骗性的概要统计：零值的问题"的内容）。在紧张、焦虑、拥挤（即便不是这样）的情况下，尤其是在阿尔法测试的第一部分每个题目只出现一次的情况下，我们还有多少人能够充分理解并在指令指定的 10 秒钟内写出任何东西呢？

注意！看着 4，当我说"开始"时，在圆而不是三角形和正方形中写出"1"，在三角形和圆而不是正方形中写上"2"。开始。

注意！看着 6，当我说"开始"时，在第二个圆圈中写出问题的正确答案："一年有多少个月？"在第三个圆圈中什么也不写，但要在第四个圆圈中写下任何一个你刚才回答的问题的错误答案。开始。

不充分条件

耶基斯的实验计划要求严格，而且非常困难。他的测试官必须保证测试的进度，并马上给出测试评分，这样失败者就有机会参加另一种测试。当需要面对军营中几个厚脸皮的显而易见的敌意时，耶基斯的测试官们除了滑稽地走完固定程序，对这种额外的负担就一筹莫展了。他们继续妥协、放弃，并在必要时作出改变。一个营地和另一个营地之间测试开展的步骤非常不同，以至于测试的结果都无法进行核对和对比。耶基斯过于不切实际和目标设定过高本来没有什么错，但他让整个努力变成了一团糟。实验计划的细节都在耶基斯的专著中，但是几乎没有人读过。概要统计数据成了种族主义者和优生学家手中一个重要的社会武器，它们腐烂的内核在专著中暴露了出来，但是当它的表面闪着如此适宜的光辉时，又有谁愿意去深究呢？

军队受命为耶基斯的测试提供甚至建造特殊的大楼，但现实中推行的却是另外一个样子（1921，p.61）。测试官不得不将就得到的条件，他们经常住在没有任何家具的狭窄营房里，缺少声音和照明设备，光线也很差。有个营地的主测试官抱怨道（p.106）："测试不准确，我认为有部分原因是房间里的人太多了，以至于坐在后面的人无法听清和透彻地理解指令。"

耶基斯的测试官和一般军官的关系变得紧张起来，卡斯特军营中的测试官抱怨说（p.111）："部分普通军官对这个课题一无所知，这与他们对这个问题的漠不关心是完全一致的。"耶基斯要求进行限制和调节（p.155）：

> 测试官应该特别注意努力采纳军方的观点，应该避免无法保证结论准确性的一些说法。一般来说，与技术性描述、数据展现或者学术论证相比，直接的、常识性的陈述应该显得更有说服力。

由于摩擦和猜疑加剧，战备秘书在所有军营指挥官中进行民意测验，询问他们对于耶基斯测试的意见。他收到了100多份回复，几乎全部都是负面的。耶基斯承认（p.43），他们"除了少数几个例外，几乎所有人都不喜欢心理学工作，这导致总参谋部部分军官得出结论，认为这项工作对军队几乎没有什么价值，不应该再继续下去了"。耶基斯进行了反击，并赢得了谅解（但他根本没有得到所承诺的升职、委任和雇用）；他的工作在一片疑云之下继续开展。

微不足道而又令人沮丧的事情从来都只增不减。杰克逊军营的表格用完了，测试不得不改在白纸上进行（p.78）。而主要的、持久的困难一直伴随着整个事业，并正如我将要证明的那样，最终剥夺了概要统计的全部意义。新兵必须被安排到适合他们的测试中。不管是由于缺乏教育，还是因为在外国出生而不会英文，他们本来都应该参加贝塔测试；无论是直接安排，还是在阿尔法测试失败后再次进行安排，都应该如此。耶基斯的团队雄心勃勃地准备完成这个过程。至少在三个军营中，他们标出了辨识标签，有的甚至直接在测试失败的人身上写下字母——为进一步评估作好辨识准备（p.73，p.76）："在分组测试完成后的六个小时之内，获得 D 等级的人员名单将被送到综合办公室职员手里。在这些人出现后，办公室职员会在每个人身上标上一个字母 P（表明精神病医生将会对他们做进一步检查）。"但是，阿尔法和贝塔测试的区分标准在不同军营之间差别很大。根据军营之间的一项调查显示，在最早版本的阿尔法测试中，要求测试者参加进一步测试的最低分从 20 到 100 不等（p.476）。耶基斯承认（p.354）：

> 这种缺乏统筹的各自为战当然是不幸的。但是，鉴于测试的设施不同，被测试小组的特点也不同，要为所有军营建立一个统一标准，似乎完全是不可能的。

对耶基斯最狂热的崇拜者布里格姆甚至也抱怨道 (1921)：

> 在不同军营，对选择参加贝塔测试的士兵的测试方法各不相同，有时甚至在同一个军营的不同时间也不相同。既没有判定是否识字的统一标准，也没有甄别文盲的普通方法。

问题变得更加严峻了，已经超越了军营之间的简单分歧。长久存在的统筹困难又加上了一种系统性的偏见，在很大程度上降低了黑人和移民的平均分数。由于下面两个主要原因，很多人只参加了阿尔法测试，而且得分为零或者稍高于零，他们不是天生愚笨，而是因为他们是文盲，按照耶基斯的实验计划，他们本来应该参加贝塔测试的。第一个主要原因是，新兵们在总体上接受教育的年数比耶基斯预期的要少。而贝塔测试的题目开始变长，整个测试在这个瓶颈这里卡住了。在一个军营中，受过小学三年级的教育就足够参加阿尔法测试了；而在另外一个军营，无论是谁，只要声称自己识字，不管什么教育程度，都能参加阿尔法测试。迪克斯军营的主考官说（p.72）："为避免贝塔测试组过于庞大，参加阿尔法测试的门槛设置得很低。"

第二个也是更重要的原因，时间的压力以及正规军官的敌意，经常阻止错误参加了阿尔法测试的人再参加贝塔测试。耶基斯承认（p.472）："但是从来没有成功地表现出来，不断召回……是如此重要，因此应该允许团队策略的不断介入。"随着前进的步伐变得更加混乱，问题也变得更加严重了。迪克斯军营的主考官抱怨道（pp.72-73）："在六月，召回一千个人参加个人测试是不可能的。七月，连在阿尔法测试中失败的黑人也未能被召回。"成熟的实验计划几乎没有被应用到黑人身上，他们像往常一样遭受着所有漠视，以及更多的蔑视。例如，贝塔测试的失败应该导向个人测试。半数黑人在贝塔测试中得到 D −，但这些人中只有五分之一被召回，而有五分之四的人没能接受进一步的测试（p.708）。但我们知道，当我们遵从实验计划的时候，黑人的分数会有很大程度的提高。有一个军营（p.736），参加阿尔法测试并得到 D −评级的士兵中，只有14.1% 在贝塔测试中没有得到更高的分数。

在波林的概要统计实验中，这种系统偏见的影响很明显。他精选了 4 893 个既参加阿尔法测试又参加过贝塔测试的男性案例。他把他们的分数转化成同一标准，并通过计算得出，参加阿尔法测试的平均智力年龄是 10.775 岁，参加贝塔测试的平均智力年龄是12.158 岁（p.655）。在总结中他只采用了贝塔测试的分数，耶基斯的程序是有效的。而无数本该参加贝塔测试的人，却只参加了阿尔法测试，因此分数糟糕透顶。但是，这有什么关系呢？这些人主要是受教育程度很低的黑人，以及不能熟练使用英语的移民。但正是这些组别的低分，产生了后来的遗传论轰动。

可疑且违背常理的程序：一种个人证词

学者们经常会忘记，他们的主要资料来源——书面记录是如何糟糕，而且不能完整地表现经验事实。有些事情必须看得见、摸得着、尝得到。对参加测试的黑人文盲或者外国新兵来说，他们对这种新奇体验感到既焦虑又困惑，从来没有人告诉他们为什么参加，或者结果如何，比如最后会怎么样呢，是开除还是上前线？ 1968 年（引述自 Kelves），一个考官忆起自己主持贝塔测试的情景："看到一个从来没有拿过笔的人在回答问题时如此努力，让人感慨良多。"耶基斯忽视或者说有意忽略了一些重要的东西。贝塔测试只包含图片、数字和符号。但它仍然需要用笔来完成，在七个部分的测试中，有三个部分需要数字常识和书写这些数字的能力。

耶基斯的专著是如此透彻，以至于两种测试中小到动作编排等程序，都可以被所有测试员和监考官重构起来。他提供试题，并为测试官们准备所有解释材料的完整副本。测试官的标准用语和姿势都被完整地再现了出来。由于我想知道测试的完整过程是什么样的，我在自己的"作为社会武器的生物学"课堂中，给 53 个哈佛本科生做了一次贝塔测试（针对文盲的测试）。我竭力从所有细节上小心翼翼地遵从耶基斯的实验计划。我感觉自己精确地重构了测试的原始状况，除了一个重要的例外：我的学生们知道自己在做什么，不需要在表格上写下自己的名字，因而没有如临大敌的感觉。（后来有个朋友建议说，我应该让他们写出名字，并公布结果，当然只是为了激起他们在最初测试中应有的焦虑。）

在开始前我就知道，内部矛盾和前在偏见将使耶基斯从结果中得出的遗传论结论彻底变得无效。在后来的职业生涯中，波林自己也称这些结论为"荒谬的"（在 1962 年的访谈中，引述自 Kelves，1968）。但令我不解的是，既然根据测试员的说法，新兵本应在一种思维框架中记录下任何与他们的天赋才能有关的东西，那么如此严苛的测试条件怎么能使这种说法变成一个彻底的笑柄。总之，可以肯定的是，大部分人做完测试之后，要么完全被弄糊涂了，要么被吓得屁滚尿流。

新兵被领进一个房间，坐在测试官面前，演示者站在讲台上，几位监考官坐在下面。测试官要求用一种"和蔼的态度"开展测试，因为"参加这项测试的测试对象有时候会生气并拒绝答题"（p.163）。新兵对测试及其目的一无所知。测试官简单地说道："这里有一些试卷。在你被告知之前，千万不要打开它们，或者试图把它们翻过来。"然后，这些人就在试卷上填上自己的姓名、年龄和受教育程度（文盲们在帮助下完成）。在马马虎虎的准备工作之后，测试官马上开始变得投入起来：

> 注意。看着这个人（指向演示者）。他（再一次指向演示者）将会在这里（用教鞭敲黑板）演示你们（指向小组的不同成员）将要在试卷上做的事情（测试官指向小组成员面前的几份试卷，拿起其中一份，在黑板旁边举起来，然后归还试卷，继而指向演示者和黑板，然后指一下那些参加考试的人及其试卷）。不许问问题。等待，直到我说"开始"！（p.163）

对比之下，参加阿尔法测试的人实际上更被信息给淹没了（p.157），因为阿尔法测试的考官说：

> 注意！这项测试的目的是看看你们在记忆、思考和执行命令方面表现如何。我们不是在寻找一个疯子。我们的目的是帮助你们发现自己在军中最适合的岗位。你们在这项测试中的得分会放进你们的资格卡中，也会让你们连队的指挥官知晓。你们要做的有些事情非常简单。但也有一些你可能会觉得很难。你们不要指望能得满分，但要尽力去做……仔细听。不要问问题。

贝塔测试官附加于词汇上的极端限制，不止反映了耶基斯对受测新兵的鄙视——他们可能由于愚笨而无法理解指令的含义。许多贝塔测试者都是不会说英语的近期移民，指令必须尽可能形象，而且要有示意动作。耶基斯建议（p.163）："有个军营因为有一个作为演示者的'橱窗售货员'而取得了巨大成功。我们应该也可以考虑让演员来做这份工作。"有一个特别重要的信息没有被传达到：测试者没有被告知，完成至少三项测试实际上是不可能的，他们无须这么做。

在讲台上，演示者站在用帘子遮住的黑板前；测试官站在演示者旁边。在七项测试开始之前，帘子被卷起来，向被测者展示一个试题样本（在图5.4中被再现了出来），为解释恰当的测试步骤，测试官和演示者合演一小节哑剧。然后测试官发出继续指令，演示者关闭帘子，紧接着又卷起帘子，进入下一道题。第一个测试——走迷宫——就经历了如下的演示过程：

> 演示者用蜡笔缓慢、犹疑不决地走完第一个迷宫。测试官走完第二个迷宫，示意演示者继续。演示者犯了一个错误，走进了迷宫左上角的一条死路。测试官显然没有注意到演示者在干什么，直到他划掉路尽头的那条线，测试官连忙使劲摇头说"不，不"，然后抓住演示者的手，重新回到演示者应该正确开始的地方。为了显示行为的匆忙，演示者走完剩下的所有迷宫，只是在模棱两可的地方犹豫不决。测试官说"好"。然后举起空白试卷，"看这里，"然后画出一条想象中从左至右贯穿页面上所有迷宫的曲线，然后说，"好。开始。做（指着这些测试者然后又指一下书）。快点。"

这个段落可能比较天真有趣（我有一些学生是这么认为的）。相比之下，下面的陈述就有点严酷了。

> 迷宫测试应该尽快完成，必须让测试者明白这一点。测试官和监考员在房间里来回走动，指示那些还没有开始做题的人说，"做这个，做这个，快点，抓紧时间！"两分钟后，测试官说："停下！翻页到测试2。"

测试官演示测试2，数方块，用三维模型表示（我儿子留下了一些婴儿时期的类似模型）。注意，可以给不会书写数字的新兵打

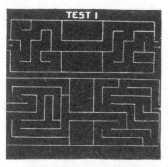

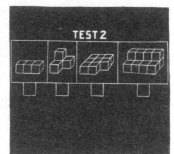

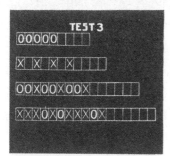

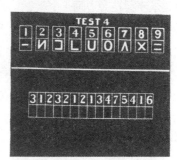

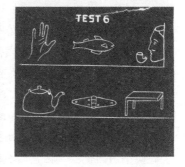

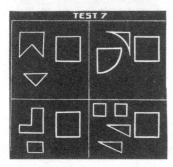

图 5.4 贝塔测试中 7 个部分的黑板示例。
来自于耶基斯，1921。

零分，即便他们数对了所有方块的数量。测试3，X-O系列，今天几乎每个人都知道这是"数字填空"的形象化版本。测试4，数字符号，要求把9位数字翻译成对等的符号。看上去够简单的，但是测试包含90项内容，在给定的两分钟时间内，几乎没有人能够完成。一个不会书写数字的人，面对两组不是很熟悉的符号，必然遭受一种额外的严峻考验。测试5，检查数字，要求在两个平行的栏目中对比数列，最长的数列有11位。如果两栏中同一行的数字是相同的，就要求新兵在旁边画一个叉。3分钟检查50个序列组，几乎没有新兵可以完成。对于不会书写或者不能识别数字的人，任务实际上再次变得不可能完成。

测试6，完成图像，这是贝塔测试对阿尔法测试中多项选择题的直观模拟，目的是通过询问有关商业产品、著名体育或电影明星或者不同城市的主要工业等问题，测试新兵的固有智力。它的有关说明值得我们重复一遍：

> "这里是测试6。看。许多图片。"每个人都找到位置之后，"现在看着，"测试官指着手的图形对演示者说，"把它补充完整。"演示者无动于衷，而且看起来非常迷茫。测试官指着手的图片，然后指指缺了手指的地方，对演示者说："补充完整，补充完整。"然后，演示者画了一个手指。测试官说："对。"测试官然后指着鱼和缺了眼睛的地方对演示者说："补充完整。"在演示者画完缺失的眼睛之后，测试者指着剩下的四个图画说："把它们都补充完整。"演示者明显很努力地慢慢完成了剩下的示例。当所有示例都完成后，测试官说："好了。开始。抓紧时间！"在这项测试过程中，监考官在房间里来回走动，站在无动于衷的人旁边，指着他们的试卷说："补充完整！把它们补充完整！"他尽力让每个人都开始答题。三分钟后，测试官说："停下！但不要翻页！"

试题本身也值得复印出来（图5.5）。最幸运的人也需要画猪尾巴、螃蟹腿、保龄球、网球场中的网以及扑克牌中杰克缺失的方片，

图 5.5　测试天生智力的贝塔测试的第 6 部分。

更不要提留声机的喇叭了（对我的学生来说是一个真正的难题）。
耶基斯提供了如下的打分细则：

个人项目的评分规则

　　项目 4——右手任何角度的汤匙都可以得分，左手或者单独的汤匙不能得分。

项目 5——烟囱必须在恰当位置。有烟不得分。

项目 6——两只耳朵方向相同不得分。

项目 8——在邮票的合适位置画一个简单的方块或者打叉可以得分。

项目 10——缺的部分是铆钉。"耳状"线条可以忽略不计。

项目 13——缺的部分是腿。

项目 15——球应该画在男人的手中。如果画在女人的手中或者在运动的路线上，不得分。

项目 16——一条表示网的直线可以得分。

项目 18——任何像喇叭的图形,指向任何方向都可以得分。

项目 19——手和粉扑必须指向正确的方向。

项目 20——缺的部分是方块。没有画出剑柄不算错。

最后是第 7 项测试，几何构图，要求把一个方块分成几个组成部分。这项测试的 10 个题项只安排了两分半钟。

我认为，从测试条件和基本特点上来看，要让人相信贝塔测试测量的是任何能够表明智力内在状况的东西，是非常荒谬的。测试尽管要求态度和蔼，但在进行时却是在近乎疯狂的速度中完成的。许多测试在规定时间内都无法完成，但是新兵事前并没有得到提醒。我的学生整理的 7 个测试的完成情况如下（参见下表）。

测试项目序号	做完的	没做完的
1	44	9
2	21	32
3	45	8
4	12	41
5	18	35
6	49	4
7	40	13

对其中的两项测试——数字符号和数字检查（4和5）——大多数学生只是因为写得不够快而无法完成90和50道题，即使题目对所有人来说都十分简单。第3项测试没有完成的人数最多，而相对于题目的数量和给定的时间来说，数方块（第2项测试）实在是太困难了。

总之，许多新兵都无法看见或听清测试官的指令，有些人从来没有参加过测试，甚至都没有拿过笔。许多人都不明白指令，而且完全糊涂了。那些确实能够理解指令的人，在规定时间内只能完成多数测试中的很小一部分。同时，如果焦虑和迷惑还没有达到足以让结果无效的程度，监考官就会不停地走来走去，指着那些新兵，大声催促他们加快速度，他们用这些具体指令传达了普遍的信息。除此之外，由于测试6公然存在的文化偏见，以及指向那些不会书写数字或者从来没有写过任何东西的人的微妙偏见，我们能够得到的只能是一片混乱。

论证不充分的证据就隐藏在概要统计中，尽管耶基斯和波林选择以不同的方式阐释它们。专著中给出了每个部分的得分的分布频率。因为耶基斯相信先天智力是呈正态分布的（一个单一模式的"标准"式样，频率从某个中间分值向两边呈对称性递减），因此他希望每项测试的分数都呈正态分布。但是只有两项测试——走迷宫和完成图画（第1项和第6项）——接近于正态分布。（这两项也是我的学生觉得最简单而且完成比率最高的测试。）其他几项测试都呈现出一种双峰并峙的格局，在某个中间值上有一个高峰，在零分这个最小值上又有另一个高峰（图5.6）。

对出现双峰的常见解释是，新兵对测试持有两种不同的态度。有一些人理解了自己应该做什么，并且用不同的方法去完成。另一些人则不管出于什么原因，不能明白指令的意思，因此得了零分。由于强加的高度焦虑，糟糕的视听环境，以及普遍缺乏的测试经验，如果还有人把零分理解成天生愚笨的证据，并认为其智力状况位于得到少许得分的人们之下，将是非常愚蠢的——尽管耶基斯用这种

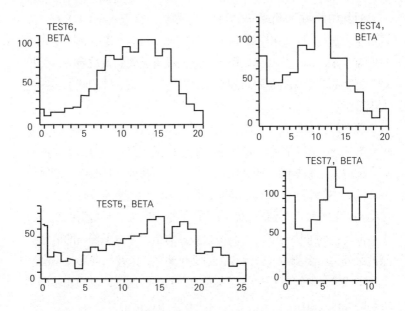

图 5.6   贝塔测试中 4 项分数的概率分布。请注意测试 4、5 和 7 中突出的零分样态。

方法摆脱了困境（参见本书第五章中关于"欺骗性的概要统计：零值的问题"的内容）。（我的学生整理了耶基斯的测试中产生第二峰值——零分的得分情况，发现测试 4 和 5 的完成比率最低。作为这个测试的唯一例外，我的学生大多都完成了测试 3，而在军队样本中产生的零分是最多的。但测试 3 是对"这个数列的下一个数字是什么"的直观模拟，我的学生们已经做了很多次，具体数量多到他们自己都记不清了。）

　　数据统计学家所接受的训练，就是质疑具有多种样态的分布。这种分布常常暗示着系统的不均衡，或者更加直白地说，不同的样态具有不同的原因。像"把苹果和橘子混在一起是不明智的"等耳熟能详的谚语，在这里都能用得上。多样态分布本来应该把耶基斯导向一种怀疑态度，即认为自己的测试不是测量所谓的智力这种单一实体的。但是他的数据统计学家找到了一种方法，可以用一种对遗传论猜测有利的方式而对零得分进行重新分布（参见下一节的内容）。

哦，对了，有没有人想知道我的学生测试的结果如何呢？他们当然做得非常棒。但是没有什么值得大惊小怪的，因为这些测试是他们一生中所要参加的所有测试的极度简化的"先驱"。53个学生中，有31个得了A，16个得了B。还有超过10%（53人中的6个）的人分数在C等分界线以上，按照有些军营的标准，他们可能只适合当列兵。

欺骗性的概要统计：零值的问题

如果贝塔测试对零分这个第二峰值的人为成分还犹豫不定，那么阿尔法测试将会把这种人为因素大大地增强，并且由于相同的原因而变成一个十足的灾难。贝塔测试宣告了零分模式的出现，不过它们从来没有达到中值主要模式的高度。但是在阿尔法测试的8项内容中，有6项都产生了零分峰值模式。（只有1项测试结果呈中频正态分布，其他7项都产生了一个比中频模式更低的零分模式。）零分模式经常远超所有其他的分值。在有一项测试中，近40%的得分是零分（图5.7a）。在另一项测试中，零分是唯一公值，其他分数均呈水平分布（大约是零分的1/5），一直延伸到高分区域才出现平缓的下降趋势（图5.7b）。

我再说一遍，我们对零分大量出现的常见解释是，许多人不懂指令。如果是这样，测试就是无效的。在耶基斯的专著中，通篇都隐匿着无数类似陈述，这证明测试者非常担心零分在测试中高频率出现，同时想利用常识来解释零分的出现。他们从贝塔测试中剔除了一些测试项目（p.372），因为它们产生了高达30.7%的零分（尽管有些零分出现频率更高的阿尔法测试项目被保留了下来）。"为了减少零分的数量"，他们降低了几项测试的初始项的难度（p.341）。在贝塔测试中，他们把可接受程度也作为标准之一包括了进来（p.373）："要容易表示，正如比率较低的零分所表明的那样。"他们多次承认，零分的高频率出现反映的是指令翻译和

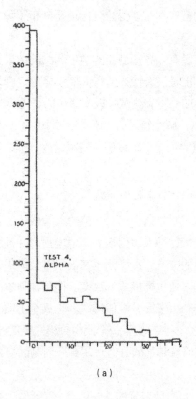

（a）

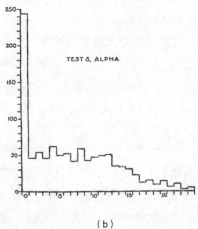

（b）

图 5.7　在几项阿尔法测试中，零分是最常见的分值。

传达的糟糕状况，而不是新兵的愚笨："零分大量出现，甚至在军官中也是如此，这表明指令是无法令人满意的。"（p.340）"早期报告的主要担忧是在效果上，即如何把最困难的任务'传达出来'。在任何测试中零分比例过高，都被认为是'传达'测试意图失败的证据。"（p.379）

有了所有这些认识，有人猜测波林可能会作出两种决定，要么把零分从概要统计中清除出去，要么假定大部分新兵在能够听懂指令的情况下可以得到的分数，并对零得分进行修正。而波林则用一种相反的方法"修正"了零分，实际上是把许多零分降到了负数范围内。

波林还是以足以让所有结论无效的相同遗传论假设开始：测试的本义就是测量天生智力。零分的集中出现，一定是那些因为太笨而无法答对任何题目的人导致的。让他们都得零分是不是公平？毕竟有一些人肯定是太愚蠢了，他们得零分是公平。而其他还有一些笨蛋，肯定借助零分这个最小值而挽救了自己可能更加糟糕的命运。如果测试中包括足够简单的题目，他们的表现可能更加糟糕，这样就与零分有了区别。波林区分了真正的"零分"和"心理零分"，前者是逻辑上无法再低的固有的最小值，后者是特殊测试可以定义的任意起点。（作为一般命题，波林的观点有一定的合理性。但在军队测试这个特殊语境中，显然是荒谬的。）

> 因此，零分并不意味着没有任何能力，也不意味着测试对象的最低点；它是某种特定测量方法下的终止点，测试中……没有得到正分而被打了零分的人，实际上得到了在价值上与他们的愚笨程度相对应的额外奖励。（p.622）

因此，波林通过把同一个人得到零分的项目与在其他测试中得到几分的项目进行对比，从而"修正"了每一个零分。如果他在其他测试中得分很好，他就不会因为在这个测试中得到零分而受到双倍处罚；如果他也做得很糟，那么他的零分就转为负数。

通过这种方法，使耶基斯基本程序的弱点因为应对一种额外的偏见而被放大了。零分仅仅意味着，很多人因为与智力无关的一系列原因而不清楚自己应该做什么。耶基斯本该意识到这一点，因为他自己的报告已经证明：如果困惑和骚扰减少一些，那么那些在分组测试中得到零分的人，都可以在相同或者相似的个人测试中得到一些分数。他写道（p.406）："在格林利夫的迷宫测试中，得零分的比率从贝塔测试中的 28% 降低到了 2%，在数字符号测试中同样从 49% 降低到了 6%。"

但是，通过对零分的有意忽视或者适当分布情况，耶基斯有了修正这种偏见的机会，因而，他的统计数据正好与事实相反。他们通过把大多数零分降低到负数范围内而实施双倍的处罚。

欺骗性的概要统计：避开与环境的明显相关性

对于任何寻找环境与"智力测试"表现相关性的人来说，耶基斯的专著都是一座信息宝库。由于耶基斯明确否认环境具有任何实质的原初作用，而同时又继续主张智力测试测量的是天生智力，两种说法之间似乎有些矛盾。也许有人怀疑耶基斯由于自身的盲目，而没有阅读自己的信息。事实上，情况更加奇怪。耶基斯非常仔细地阅读了；他对与环境的每一种相关性都大伤脑筋，然后用一种有时近乎荒谬的论证方式，成功地把它们"解释"了出去。

一些小的研究项目被报告出来了，零星地分布在其中的一两页纸上。耶基斯发现，平均得分与十二指肠虫感染在四个方面都有强烈关联：

	感染的	未感染的
白人阿尔法	94.38	118.50
白人贝塔	45.38	53.26
黑人阿尔法	34.86	40.82
黑人贝塔	22.14	26.09

这些结果可能会诱导人们明确承认：健康状况，尤其是与贫困相关的疾病，对得分有影响。尽管耶基斯没有否认这种可能性，但他强调了另外一种解释（p.811）："较低的内在能力，可能会导致易患十二指肠虫感染疾病的生活状况。"

在透过职业状况研究测试分数的分布情况时，耶基斯推测，由于智力自身即会带来回报，测试分数也应随着专业技能而水涨船高。他把每种工作都分为学徒、熟工和专家三个等级，并努力寻找不同组别之间应该增加的分数。但他没有发现固定的模式。他也没有放弃自己的假设，反而坚信自己把员工分成三类是错误的（pp.831-832）：

> 工业运行的选择程序导致更加灵敏的智力选择程序，如同从学徒提升到熟练工人，进而从熟练工人提升到专家这个过程一样，这种假设是合理的。那些智力低下的人会永远待在技术领域的底层，或者在一个特定行业中被淘汰。基于这种假设，有人开始质疑员工面试过程的精确性了。

在耶基斯的主要模式中，他进一步发现了智力与教育程度的关联。他计算出测试分数和教育年数的相关系数是 0.75。在阿尔法测试中，低于平均分数的 348 个人中，只有 1 个人上过大学（一个牙科学生），10 个人上过高中，4 个人高中毕业。但是，耶基斯没有因此得出受到学校教育更多导致自身分数增加的结论；相反，认为天生智力更高的人受到的教育更多。"天生智力是使学生长留在学校的最重要因素，把这些数据累积起来，就可以证实这个理论了。"（p.780）

在考虑黑人和白人的区别时，耶基斯发现了分数与教育之间最密切的关系。他进行了一次十分重要的社会观察，但是用惯有的天赋论对它进行了歪曲：

> 外国出生的白人新兵受到的教育较少；这个组中超过一半的新兵上学没有超过小学五年级，而据说有 1/8 即 12.5%

的人根本没有上过学。在美国，基础教育不仅是对所有人免费的，而且是所有人有义务接受的，令人吃惊的是，尽管黑人新兵在这个国家长大，却有一大部分人说自己没有接受过教育。

耶基斯说，黑人未能接受学校教育，必然能够反映出他们具有基于天生弱智的厌学倾向。至于种族隔离（如果不是授权的话，那么也是官方批准的），黑人学校的糟糕条件以及他们不得不因为贫穷而为生计奔波，等等，一个字也没有提到。耶基斯承认教育质量的差异，但他假设这种影响一定很小，而且与受过同等年数教育的白人相比，黑人的得分更低，这一点被他引作黑人天生愚笨的主要证据（p.773）：

> 当然，全国的等级标准并不都是相同的，尤其是在白人孩子与黑人孩子学校之间，因此，毫无疑问的是，在不同的组别中"四年级文化程度"的含义也是不同的，但是这种差别不能成为种群间明显智力差异的原因。

可能致使耶基斯改变想法（如果他能够灵活看待自己的研究）的数据，在他的专著中被制成了表格，但是没被采用。耶基斯注意到了黑人教育的地域差异。来自南方各州的黑人新兵的教育程度不超过小学三年级，而北方各州半数以上都达到了五年级（p.760）。在北方有 25% 的黑人完成了小学教育，而在南方只有 7%。耶基斯还提到（p.734）："和北方群组比起来，南方群组中参加阿尔法测试的比率要小得多，相反参加贝塔测试的比率则很高。"许多年后，艾希里·蒙塔古（Ashley Montagu, 1945）研究了耶基斯提供的表格，并肯定了耶基斯的结论："在南方的 13 个州里，黑人阿尔法测试的平均分是 21.31，而在北方 9 州中，平均分是 39.90。"蒙塔古随后提到，4 个分数最高的北方州（45.31）的黑人的分数，超过了 9 个南方州的白人的平均分（43.94）。他发现贝塔测试的结果也差不多，6 个北方州的黑人的平均分是 34.63，14 个南方州的白人的平均分为 31.11。像往常一样，遗传论者总有合适的答案：只有最优秀的黑人才能聪明地搬到北方。对心地善良和具有常识的人来说，用教育质量进行解释，总是显得更加合理一些，尤其是当蒙塔古发现，在州教育经费与该州新兵平均得分之间具有非常高的相关性的时候。

还有一种持久存在的相关性威胁着耶基斯的遗传论调，而他的补救性论证则成了后来限制移民运动的主要社会武器之一。耶基斯曾按照来源国把测试分数制成表格，他注意到这种模式非常切合北欧中心主义者的心理。他把新兵按照来源国一分为二，一边是英国人、斯堪的纳维亚人和日耳曼人，另一边是拉丁人和斯拉夫人，并且认为（p.699）"差别巨大"（实际上有两年智力年龄的极值差距）——当然，他支持的是北欧人。

但耶基斯也承认，存在一个潜在问题。大部分拉丁人和斯拉夫人都是近来才到的，他们要么英语说得很烂，要么完全不会说英语；日耳曼移民的主潮已经过去很久了。根据耶基斯的观点，这本来应该是无关紧要的。不会说英语的人没有受到额外惩罚。因为他们可以参加贝塔测试，这种图像测试可以在文字、语言能力之外测量天生智力。但数据还是显示，这对不熟悉英语的人就是一种明显的惩罚。那些在阿尔法测试中得到 E 级评分的白人新兵，后来又参加了贝塔测试（pp.382-383），其中会说英语的平均得分是 101.6 分，而不会说英语的只有 77.8 分。而在个人测试量表中，除去了贝塔测试的干扰和困惑，本地人和外来者之间并没有多大差别（p.403）。（但只有极少数人接受了这种个人测试，他们的表现也没有对民族的平均得分产生什么影响。）耶基斯不得不承认（p.395）："这表明，与没有不利语言条件的新兵相比，有语言困难的在贝塔测试中付出了相当程度的代价。"

另外一种相关因素甚至成了更为潜在的困扰。耶基斯发现，国外出生的新兵的分数随着他们在美国定居的年数而逐年增长。

定居的年数	平均智力年龄
0—5	11.29
6—10	11.70
11—15	12.53
16—20	13.50
20—	13.74

难道这还没有显示出，是对美国生活方式的熟悉程度而不是天生的智力导致了分数的差异吗？耶基斯承认了这种可能性，但对拯救遗传论仍然抱有很高的期望（p.704）：

> 显然，在这个国家定居时间较长的群组，在智力测试中确实表现得更好一些*。至于这种差异，我不清楚是由美国化更加彻底的群组更好适应测试造成的，还是受其他因素作用而导致的结果。例如，可能是因为更加聪明的移民在美国取得了成功，然后留在了这个国家，但是这种说法被许多成功移民返回欧洲的事实给削弱了。这些差异究竟是代表一种真正的智力差异，还是仅仅是由测试方法造成的人为结果？我们最好把这个问题留给将来回答。

日耳曼至上主义者马上会提供这个问题的答案：近期移民吸收了欧洲白人中的渣滓，以及社会阶层较低的拉丁人和斯拉夫人。定居时间较长的移民主要属于优越的北方血统。测试结果与在美国居住年限的相关性，是基因状况的一种人为结果。

军队智力测试本该为社会改革提供动力，因为它们反映了不利环境剥夺了数以百万计的新兵发展自身智能的机会。一次又一次，测试数据指向了分数与环境之间的高度相关性。而为了保留自己的遗传论偏见，那些设计和开展测试的专家们一次又一次地作出了扭曲的、奇怪的解释。

---

* 注意，语言选择也可以表明一种偏见。2.5 年的智力年龄差异（13.74—11.29），本只代表"稍好一点的"表现。而北欧—日耳曼与拉丁—斯拉夫群组间更小的（但可能是遗传的）2 年智力差异，则被描述成"相当大的"差距。

特曼、戈达德和耶基斯的遗传论偏见是如此强大，以至于他们能对当前的实际状况视而不见！特曼严肃地争辩道，好孤儿院预先排除了其孩子 IQ 低下的环境原因。戈达德测试了刚刚结束底舱疲惫旅行的迷惑而惊恐的移民，并且自认为抓住了天生智力。耶基斯对他的新兵纠缠不休，在强大的零分模式中找到了困惑和干扰的证据，并因此得出了与种族、民族种群天赋才能相关的数据。我们不能把所有这些结论都归因于某种神秘的"时代倾向"，因为当代的批评家们也看穿了这些废话。甚至按照他们那个时代的标准，美国遗传论者也是教条主义者。只是这些教条随着有利于他们的浪潮而涌进了广为接受的思想国度，并产生了悲剧性的后果。

军队数据的政治影响

民主能否在一个平均智力年龄只有 13 岁的国家存在？

耶基斯被自己测试的白人新兵的 13.08 岁的平均智力年龄给困住了。这切合他自己心中的偏见以及多数传统美国人的优生学恐惧，但可能因为太完美了而不像是真的，或者由于分数太低而令人无法相信。耶基斯意识到，较为聪明的人都从样本中排除了——人伍的军官和"专职商务人员从实验计划中剔除了，因为他们在战争中对工业活动很重要。"（p.785）不过明显迟钝和弱智的人在进行耶基斯测试之前也被挑选了出来，因此两相抵消了。因而，13 岁的平均智力年龄可能有一点低，但也不会错得太离谱（p.785）。

耶基斯面临着两种可能性。他可以认为数据是荒谬的，并用自己的方法找出产生这种离谱的错误的原因。如果他真有这种倾向，他本来可以轻易发现，是三个主要的偏见合力把平均分拉到了这个令人难以置信的数值上。首先，他的测试是受教育程度和对美国文化的熟悉程度，而不是所谓的天生智力——许多新兵，无论智力高低，都不幸地要么在教育上有缺陷，要么对美国文化不熟悉，或者因为太穷而无法理解马修森先生的经典成就（包括 an e.r.a. of 1.14 in 1909）。第二，耶基斯没有遵循自己设计的实验计划。大约有三分之二的白人参加了阿尔法测试，而他们之中频频出现的零分则说明，许多人本来应该参加贝塔测试的。而由于时间问题和一群厚脸皮的无所谓态度合谋起来针对他们，导致许多新兵未能再次参加测试。最后，波林处理零分的方法使本来已经（人为的）很低的分数雪上加霜。

耶基斯也可以接受数据，并保留一点困惑。当然，他选择的是第二种策略：

> 现在我们从临床经验得知，有人的智力能力大概相当于13岁的智力年龄。在此之前我们从来没有想到，这个人的智力能力等于或者接近国家的平均水平。傻瓜可以被定义为智力年龄在7至12岁的人。如果这个定义变成智力年龄在13岁以下的任何人，正如我们最近所看到的那样，可能近半数的白人新兵（47.3%）都是傻瓜。因此，如果按照当前的定义，弱智出现的频率似乎比原先预测的要高得多。

耶基斯的同事也十分困惑。发明了傻瓜这个词的戈达德开始怀疑自己的创造："我们似乎在一个困境中绝望了：要么半数的人口都是弱智，要么不应该把12岁智力年龄包含在弱智范围内。"（1919，p.352）他也选择了耶基斯的方案，并对美国的民主发出了警告性的呼吁：

> 如果最终发现普通人的智力是13岁——而不是16岁——将只能确认某些人开始怀疑的事实；也就是说，普通人只能带着中等程度的智力谨慎地处理自己的事务，只能过一般的生活，并且在服从指令而不是自我计划的情况下，可能会过得更好。换句话说，这表明我们发现的大多数人类社会状态都是有根本原因的，更进一步说，我们试图改变现状的绝大多数努力都是不明智的，因为我们还没有理解普通人的天性。（1919，p.236）

对那些试图把这项运动纳入社会福利范畴的人来说，13 这个数字不幸变成了一个门槛。毕竟，如果普通人比傻瓜好不了多少，那么贫穷在起源上根本就是生物性的，无论提供教育还是较好的就业机会都无法缓解。在一次题为"民主对美国是否安全"的著名讲演中，哈佛大学心理学系主任（W.McDougall，转引自 Chase，1977，p.226）说道：

> 军队测试的结果表明，大约 75% 的人口没有足够的天赋发展自身的智力，因而不能完成普通高中学业。特曼教授和他的同事们针对学龄儿童广泛开展的智力测试，得出了完全一致的结论。

科尔盖特大学校长卡滕（G.G.Cutten）在 1922 年的就职演说中宣称（转引自 Cravens，1978，p.224）："我们无法想象，还有什么比在一个平均智力年龄只有 13 岁多一点的人口中实行真正民主会引起更加糟糕的混乱。"

再一次，一个引人注意的数据"事实"如同客观的科学发现一样，上升到了突出的地位——而可能让它彻底坍塌的谬误和欺骗则隐藏在一本 800 页的专著的细节之中，鼓吹者们从来都没有读过这本专著。

军队测试和鼓动限制移民的行为：布里格姆的美国人智力研究专著

13 岁的平均智力年龄对政治有影响，但比起耶基斯的数据对不同种族和民族造成的分歧，它对社会的潜在破坏还算是小的；因为遗传论者现在可以宣称，不同群体间存在天生智力差异这个事实及其程度最终被一劳永逸地彻底确立下来了。耶基斯的学生、后来的普林斯顿大学心理学教授布里格姆说（1923，p. X X）：

> 我们这里有一项调研，当然，它在可信度上超过所有正在进行的相关类似调研一百倍。这些来自军队的数据，第一

次为种族智力特征差异研究作出了真正重要的贡献。它为我
们得出的结论赋予了一种科学的依据。

布里格姆于 1923 年出版了一本专著，篇幅短小，行文也足够
直率（有人也许会说是清晰），被所有宣传者拿来使用。《美国人
智力研究》（*A Study of American Intelligence*，1923）成了把军队种
群差异研究结果转化成社会行动的主要工具（参见 Kamin，1974，
以及 Chase，1977）。耶基斯亲自为这本书作了序，并且赞扬了布
里格姆的客观性：

> 作者提供的不是理论，也不是观点，而是事实。我们理
> 应思考一下它们的可信度和含义，因为我们作为公民，没有
> 一个人能够承担由于忽视种族退化而带来的威胁，或者忽略
> 移民对国家发展和福利的明显影响而造成的后果。（Brigham，
> 1923，p. Ⅶ）

由于布里格姆的种群差异"事实"完全来自于军队测试结果，
他首先就会对"耶基斯的测试可能并不是纯粹测量天生智力的方法"
这种说法不予理会。他承认，阿尔法测试可能把教育影响与天赋才
能混杂在一起，因为它需要识字。但贝塔测试却只记录了纯粹的天
生智力："贝塔测试不需要会英文，在任何意义上看，都不能认为
是对教育的测量。"（p.100）无论如何，他都为这种好的测试方法
而辩护，至于测试是否记录了耶基斯所说的"美国化更加彻底的群
组在面对测试时具有更好的适应能力"（p.93）的观点，是无关紧
要的，因为（p.96）：

> 如果应用的测试包括一些"典型的美国式"的神秘状况，
> 那我们的确都是幸运的，因为这是美国，我们问询的目的是
> 为了对移民的性格进行测量。* 对"典型的美国式"状况的
> 无力回应，明显是我们不愿看到的特征。

---

* 在布里格姆著作的其他部分，他一直声称，自己的目标是测试并解释智力的天生差异。

一旦布里格姆证明这些测试就是测量天生智力的，那么他将把自己著作的大部分内容都用来驱散那些可能威胁到这个基本假设的普遍印象。例如，犹太人（主要是近期移民）在军队测试中被评测的智力是非常低的，而与如此众多的犹太裔学者、政治家和表演艺术家取得的巨大成就相比，这个发现不是很矛盾的吗？布里格姆推测，犹太人可能比其他种群的变化范围更大；低平均分无法把少数顶尖天才排除在外。无论如何，布里格姆补充说，我们可能由于出乎意料而对某些伟大人物的犹太血统倾注了过多的关注："有能力的犹太人受到广泛认同，不仅仅因为他有能力，而是因为他们既有能力又是犹太人。"（p.190）"那么我们的数据宁愿否认普遍的信念，而不愿认同犹太人具有高等的智力。"（p.190）

　　那么北方黑人相对于南方黑人的较高分数呢？由于耶基斯也曾表示，北方黑人一般来说比南方黑人上学的年数更长，难道分数反映出来的教育差异不如天赋的差距大吗？布里格姆没有否认教育的微弱作用（p.191），但是还把北方黑人的高分主要归结为更优的生物性，原因主要有两个：首先，北方黑人身上"混杂了较多的白人血液"；第二，"经济及社会的力量把更多聪明的黑人吸引到北方，比如较高的工资，较好的生活条件，同等的受教育权利，以及较低程度的社会排斥，等等"。（p.192）

　　布里格姆在与移民问题有关的遗传论调上遭到了最大的挑战。即使是耶基斯，都对美国移民的分数随着居住时间的增长而稳步增长的原因表达了不可知论立场——这可是耶基斯唯一一次考虑可以替代生物论的其他理论。它的影响肯定很大，但规律给人的印象更加深刻。居住时间每延长五年，测试分数都会相应增加，无一例外（参见 244 页的图表）；新近到来的与居住时间最长的移民之间的智力差距，已经达到了两岁半之多。

　　布里格姆通过循环论证让自己徘徊在可怕的环境主义边缘。他以假设自己想要证明的结论开始论证。他接受了一个已经被证明了的十分矛盾的说法，认为无论阿尔法测试是否具有识字要求，贝塔测试毫无疑问测量的是天生智力，并据此从一开始就否定了环境的影响。那么，通过揭示混合测试分数的下降并不单是阿尔法测试中产生的差异的结果，可以证明近期移民得分下降具有生物学的基础：

> 智力随着居住年限的增加而增加，这种假设可能犯了与智力测量方法一样的错误，因为我们必须假设自己测量的是天生智力，而任何其他导致测试分数增加的因素都可被视为是错误的……如果居留五年的移民组别中的所有成员都同样参加了阿尔法、贝塔和个人测试，那么所有人都会一视同仁，而显示出来的关系也就不会有产生任何错误的可能性了。（p.100）

布里格姆争论说，如果居民群组的差异不是固有的，那么它们就会反映出在确定参加阿尔法和贝塔混合测试的比例时出现的技术错误；它们不可能从测试自身的缺陷中出现，因此，根据这个定义，它们也就不可能表明是对美国习俗、语言等环境因素熟悉程度的增长而导致。

布里格姆研究了测试者在阿尔法和贝塔测试中的表现，发现贝塔测试中居民组别之间的差异一直存在，并且提出了与直觉相反的假设，即移民到来的时间越短，其天生智力越低。他说："我们确实发现，每种测试（阿尔法测试和贝塔测试）中分数增加的情况都是大致相同的。那么这就意味着，在天生智力上真正有差别的，是居住满五年的居民群组，而不是或多或少带着语言和教育缺陷干苦力的群组。"

> 有一种看法是：我们的分数曲线表明，智力随着居住年限的增加而增加。我们被迫把这幅画面反过来，接受这样一种假设，即曲线表明军队中测试的移民的层次在逐步降低，从1902年以来，他们在每隔五年的时间段内涌入到这个国家中来（pp.110-111）。……持续的移民浪潮使移民的平均

智力逐步降低（p.155）。

但是，为什么近期移民一定就更加愚蠢呢？为了解决这个难题，布里格姆调用了两笔古老遗产，一笔是当时最重要的种族主义理论家——美国的麦迪逊·格兰特（Madison Grant）（《伟大种族的消逝》［*The Passing of the Great Race*］的作者）的，另一笔是法国颅骨测量学全盛时期的乔治斯·瓦谢·德·拉普居伯爵（Count Georges Vacher de Lapouge）的。布里格姆说，欧洲人种是三个原始种族的不同程度的混合体：1）北欧人，"士兵、船员、冒险家和探险者的种族，但最重要的是统治者、管理者和独裁者……在北部的多数地区，欧洲人的封建主义、等级制度和种族自豪感是有迹可循的。"他们"盛气凌人，个人主义，相信自我……因此他们也通常是清教徒"（Grant，引述自 Brigham，p.182）；2）阿尔卑斯人，他们"在政治和宗教上都习惯于服从权威，通常都是罗马天主教徒"（Grant，引述自 Brigham，p.183）；3）地中海人，由于他们在古希腊和古罗马的成就，格朗特对他们表示赞赏，而布里格姆却鄙视他们，因为他们的平均得分甚至比阿尔卑斯人还要低一些。

后来，布里格姆努力对不同的欧洲人种——北欧人、阿尔卑斯人和地中海人的血统进行评估，并在科学及种族偏见，而非对民族起源进行政治探究的基础上，计算军人的分数。他设计的平均智商数值如下：北欧人，13.28；阿尔卑斯人，11.67；地中海人，11.43。

居民群组的智力每隔五年逐步递减的事实，轻而易举就获得了天赋论的解释。在过去的 20 年中，移民的特征发生了显著的变化。在那之前，到来的主要是北欧人；从那以后，随着移民重心从德国、斯堪的纳维亚和英国列岛转向东欧和南欧的大量平民——意大利人、希腊人、土耳其人、匈牙利人、波兰人、俄国人和其他斯拉夫人（包括犹太人，布里格姆把他们从种族上定义为"阿尔卑斯山的斯拉夫人"），越来越多的阿尔卑斯人和地中海人也如洪水一般向我们涌了过来。至于这些近期移民的劣等性，毫无疑问是存在的

（p.202）：

> 七月四日，有个演讲者站在一个高高的讲台上，大声喊出了科西阿斯（在比米斯高地构筑了坚固防御工事的波兰上校）的名字。大家普遍认为他令人信服地提升了波兰的智力层次。但他一个人是无法改变波兰移民的智力分布状况的。

但是布里格姆意识到，他的天赋论面前还矗立着两个困难。他证明了军队测试测量的是天生智力，但他还是害怕无知的反对者可能会把北欧人的高得分归因于群组中有太多会说英语的人。

因此，他把北欧群组分为两种，一种是来自加拿大和英国的讲英语的本地人，他们的平均智力年龄是 13.84；一种是"不讲英语者"，主要来自德国、荷兰和斯堪的纳维亚，平均智力年龄是12.97。布里格姆再次真正证明了环境论者的说法，即军队测试测量的是对美国语言和习俗熟悉的程度；但他又一次编造了天赋论的谎言。讲英语与不讲英语的北欧人的差距，只有北欧人和地中海人的一半差距。既然北欧人之间的差异仅仅代表语言、文化等环境的影响（正如布里格姆自己承认的那样），为什么不把欧洲种族的差异归结为相同的原因呢？毕竟，所谓的不讲英语的北欧人一般说来更熟悉美国的生活方式，仅仅在这个基础上，他们就应该比阿尔卑斯人和地中海人的平均得分更高。布里格姆称这些人为"不讲英语者"，而且把他们作为自己的语言假设的测试对象。但事实上，他只知道他们的来源国，而不了解他们对英语的熟悉程度。一般说来，这些所谓的不讲英语的北欧人，比阿尔卑斯人和地中海人在美国待的时间都要长得多。许多人会说流利的英语，并且由于在美国居住了足够长的时间，因而掌握了难懂的保龄球、商业产品和电影明星等知识。如果他们能够获得美国文化的媒体信息，并且比说英语的北欧人的平均智力年龄低了将近 1 岁，为什么不能把阿尔卑斯人和地中海人将近两年的智力劣势归因于不熟悉美国生活呢？用同一个原因来解释持续存在的影响，当然会显得有些吝啬。然而，布里格姆一方面承认了北欧人之间存在差异的环境因素，另一方面又继续用天赋论来解释他鄙视的南欧和东欧人的较低分数（pp.171-172）：

> 当然，这里有强有力的历史和社会学原因可以解释不讲英语的北欧群组的劣等性。另一方面，如果有人完全不顾事实而认为语言因素在测试时神秘地帮助了这个群组，并借此否认北欧种族的优越性，那么他可能是在北欧人中剔除了会说英语的人，但他还是会发现，与阿尔卑斯人和地中海人相比，不讲英语的北欧人还是具有明显的优势。这个事实清楚地表明，天赋差异存在的潜在原因是种族，而不是语言。

应对完这个挑战，布里格姆又遇到了另外一个无法应付的挑战。他随后把以居住年限每隔五年划分的移民群组分数下降的原因，归结为其中北欧人所占比例的下降。但他必须承认，自己犯了一个懊恼的时代错误。北欧移民浪潮在很久以前就结束了，在最近的五年群组中，近两三年的移民主要是相对稳定的阿尔卑斯人和地中海人。种族构成保持稳定，而分数还是在下降。难道这还不能至少暗示语言和文化的影响？在解释北欧群体的巨大差异时，布里格姆毕竟已经避开了生物学；在面对阿尔卑斯人和地中海人之间的相似差异时，为什么不能使用同样的方式呢？偏见再次战胜了常识，布里格姆发明了一种令人难以置信的解释，尽管他自己也承认没有直接证据。由于阿尔卑斯人和地中海人的分数在下降，那么随着时间的流逝，掺杂了这些异类的民族必然逐渐诞生更差的血统（p.178）：

> 智力下降的主要原因有两个：一个因素是种族因为移民涌入而发生的变化，另一个因素是每个种族输送给我们的代表们越来越差了。

布里格姆抱怨说，美国的前景将是惨淡的。欧洲人的威胁已经够糟了，但美国还面对着一个更加严重的特殊问题（p. XXI）：

> 与欧洲移民相比，我们美洲还经受着历史上最具灾难性

的发展过程——黑人的涌入。

布里格姆以政治性的呼吁结束了他的小册子，他用遗传论调为当时两个最热门的政治话题添油加醋：限制移民政策和限制繁育措施（pp.209-210）：

> 美国人智力下降的速度将比欧洲民族更快，因为这里有黑人出现。尽管有些丑陋，但确是我们研究得出的显而易见的事实。但是，如果能够唤起公众用行动加以阻止，美国智力的恶化也不是不可避免的。为了保证持续向上的逐步进化，我们没有道理不动用立法程序。
>
> 应该采取措施以保持或者增加我们现有的智力能力，当然一定要在科学指引之下进行，而不能作为政治上的权宜之计。移民不仅应该进行限制，而且要严加挑选。修正移民及归化法律，对我们目前面临的困难将只能起到轻微的缓解作用。真正重要的措施是，在现有人口中阻止有缺陷的血缘的传播。

正如耶基斯对布里格姆的评论一样："作者提供的不是理论，也不是观点，而只是事实。"

移民法案的胜利

军队测试产生了一系列社会作用。最持久的影响当然是在智力测试领域自身。它们是第一个得到尊重的书面 IQ 测试，并为遗传论思想——违背比奈的愿望而鼓吹对所有孩子进行测试和排序——的运用提供了基本技术。

其他传播者利用军队测试结果而为种族隔离行为进行辩护，并限制黑人接受高等教育。科妮莉亚·詹姆斯·卡伦（Cornelia James Cannon）在 1922 年的《大西洋月刊》中发文指出，根据测试 89% 的黑人都是傻瓜，并且认为（引述自 Chase，1977，p.263）：

> 应该重点发展小学教育，以及训练那些不需更高能力的

行为、习惯和技能。特别是在南方……黑、白分离的教育体制可能也有其合理性，而不仅仅是因为种族偏见……作为一个为一半成员的智力年龄从来都没有达到过 10 岁的种族的年轻人预备的公立学校体制，还有待进一步的完善。

而军队测试数据对移民大辩论产生了最直接也最深远的影响，它后来成了美国一个重要的政治问题。即便没有科学的支撑，限制法案也即将诞生。（想想限制主义者可能得到多么广泛的支持——从担心低薪劳动力过多的传统手工艺联盟，到把移民看作无政府主义投弹手以及帮助萨科和范泽蒂成为殉道者的沙文主义者和美国政坛显要们。）但 1924 年限制法案出台的时间，尤其是它的奇怪特征，充分反映了科学家及优生学家的游说效果，军队数据成了他们最强有力的攻城重锤。（参见 Chase，1977；Kamin，1974；Ludmerer，1972）

哥伦比亚大学的受托人和美国自然历史博物馆馆长亨利·费尔菲尔德·奥斯本（Henry Fairfield Osborn）在 1923 年写下了一段话，我读了不禁为之一震，并想起了第一次世界大战时期可怕的死亡数据：

> 我认为这些测试值得我们在战争中付出的代价，即使代价是人的生命，如果它以任何人都无法认为是偏见的方式，向我们的人民清晰地显示出我们这个国家智力缺乏的状况，以及来到我们中间的那些不同种族的移民的智力程度……我们已经而且将永远明白，黑人与我们是不同的。同样，我们认识到，许多我们曾经认为在智力上略胜我们一筹的欧洲人种和亚洲人种，实际上远比我们低劣得多。

在导致 1924 年美国《移民限制法案》通过的国会辩论上，频频使用了军队数据。优生学家不仅为限制移民而四处游说，而且通过强加于劣等血统民族之上的严厉配额而改变法案的性质——1924 年法案的特征之一是，如果没有军队测试数据的支持和优生学家的宣传，它可能永远也不会得到推行，甚至都不会加以考虑。总而言之，在测试中得分最低的南欧、东欧、阿尔卑斯和地中海民族的人，应该永远禁止入境。优生学家参与了斗争，并且赢得了美国历史上科学种族主义最伟大的胜利之一。1921 年的首次限制法案设定的移民配额是 3%，可以来自任何民族，并可以在美国定居。在受到由优生学家的宣传构成的阻碍之后，1924 年法案重新设定了 2% 的移民配额，而且只能来自 1890 年人口普查中已有记录的民族。1890 年的数据一直沿用到了 1930 年。既然法案是在 1924 年通过的，为什么参考年限是 1890 年，而不是 1920 年呢？因为 1890 年象征着移民史上的分水岭之一。在那一年之前，来自南欧和东欧的移民相对较少，而后来逐渐成了主潮。讽刺，然而有效。卡尔文·柯立芝（Calvin Coolidge，时任美国总统）在签署法案时写道："美国，必须保持是美国人的美国。"

布里格姆公开认错

布里格姆的数据对民族配额的确立产生了如此重要的影响，但是 6 年过后，他的内心却发生了深刻的转变。他意识到，不能把测试分数具体化为大脑中的实体：

> 许多在测试领域工作的心理学家一直都为自己的错误命令而深感内疚，这很容易让他们不知不觉地从测试分数滑向一种由测试名称暗示的假设能力。因此，他们提到了感官区别、感知、记忆、智力以及类似的东西，而参照物仅仅是一种确定的、客观的测试状况。（Brigham，1930，p.159）

此外，布里格姆现在还意识到，由于两个原因，使得作为测量天生智力的军队测试的数据是没有价值的。而他对每个原因都带着一种卑微道歉，这在科学文献中是很少见的。首先，他承认阿尔法和贝塔测试不能合并到同一范围——正如他和耶基斯在炮制种族及民族平均分数时所做的那样。测试测量的是不同的东西，无论在任何情况下，每种测试本质上都是不一致的。从阿尔法和贝塔测试中按照不同比例提供的新兵样本，代表着各个不同的民族。民族是完全无法对比的（Brigham，1930，p.164）：

> 把阿尔法和贝塔测试混在一起并产生一个共同范围，这种方法被作者在其早期军队测试分析中使用，并应用到外国出生的新兵样本身上，这项研究及其建立在假设的种族差异基础上的整个上层建筑，完全坍塌了。

第二，布里格姆承认，测试测量的是新兵对美国语言和文化的熟悉程度，而不是天生智力：

> 要想对比个体或者种群，很明显的是，使用本国语言开展的测试，只能用于那些拥有同等机会掌握本国语言的个体身上。这个要求排除了在具有不同学习背景的人中进行测试的可能性，比如在不使用测试所用语言的家乡长大的人，或者同时使用两种语言的人。在研究出生于这个国家而父母使用另外一种语言的孩子时，我们经常会违反后面一条规定。这很重要，因为我们对双语的作用并不十分清楚……使用现有的测试方法，也许根本就不能完成对不同民族和种群的对比研究……这些种族对比研究最自命不凡之处——作者自认为的——就是没有基础。（Brigham，1930，p.165）

布里格姆付出了个人的代价，但并没有颠覆测试已经取得的成就。配额仍然在那里，而且切实减缓了南欧和东欧的移民进程。整个 20 世纪 30 年代，将要遭受大屠杀的犹太难民想要移民到美国，但是不被允许。法律配额以及持续的优生学宣传，使西欧和北欧的移民即便在配额充足的情况下，也仍然被挡在门外。蔡斯（1977）估计，从 1924 年到第二次世界大战爆发，配额限制大约挡住了欧洲南部、中部和东部的 600 万移民（假设移民继续按照 1924 年之前的比率增长）。对众多希望离开而又无处可去的人来说，我们知道发生了什么。通向毁灭的道路往往不是直接的，但可以肯定的是，观念可以成为和枪支、炮弹一样的代理人。

西里尔·伯特的真正错误：因素分析和智力的具体化

> 这是英国心理学派的标志性优势，即从弗朗西斯·高尔顿以降，采用数学分析的方法而把智力测试从骗子的不足信的托词变成了一种可知的具有科学精确性的工具。
>
> ——西里尔·伯特（Cyril Burt，1921，p.130）

西里尔·伯特勋爵的案例

如果说我有过懒散生活的愿望的话，那么我的愿望就是变成双胞胎，从出生之日起即与我的孪生兄弟分开，各自在不同的社会阶层中被抚养成人。我们可以把自己租赁给一大群社会科学家，并实事求是地开出我们的价码。因为这是在人类环境影响下基因分离的真正有说服力的自然实验，我们是绝无仅有的两个代表。

因此，关于分别抚养的双胞胎的研究，应该在 IQ 遗传的相关文献中占据骄人地位。事实上也是如此，除了存在一个问题——双胞胎的极端稀有性。几乎没有调查者能够找到 20 对以上的双胞胎。但在这种微不足道的研究中，有一个项目似乎脱颖而出了：它就是西里尔·伯特（1883—1971）的研究。西里尔·伯特是智力测试的老前辈，他前后相继的两份职业，都为他在教育心理学的理论和实践中赢得了超群的地位。20 年来，他一直是伦敦的官方心理学家，负责该市的学校的智力测验的管理和解说工作。后来，他接替了英国伦敦大学查尔斯·斯皮尔曼（Charles Spearman）的最具影响力的心理学教授职位（1932—1950）。在漫长的退休时间里，西里尔·伯特勋爵发表了若干论文，并通过引证分别抚养的双胞胎在 IQ 分数上的极高相关性来支持自己遗传学观点。伯特的研究从所有同行中脱颖而出，因为他找到了 35 对双胞胎，这比之前任何类似尝试都高出一倍以上。阿瑟·詹森（Arthur Jensen）在其臭名昭著的文章（1969）——"关于假想的美国黑人和白人之间根深蒂固的遗传差异"——中引用了伯特勋爵的数据，并作为最重要的参考数据，也就不足为奇了。

伯特彻底毁掉的故事，在今天已经是老生常谈了。普林斯顿心理学家里昂·卡敏（Leon Kamin）首先注意到，在伯特发表的一系列论文中，当他的双胞胎样本数量从不到 20 对增加到超过 50 对时，每对双胞胎的 IQ 平均相关系数的小数点后三位都没有发生任何变化——数据如此反常，以至于我们都觉得是不可能的。之后在 1976 年，伦敦《星期天日报》的医学通信记者奥利弗·吉列（Oliver Gillie)，对由不能原谅的疏忽而导致的有意识的伪造行为提起了控诉。吉列发现，在其他许多研究中，伯特的两个"合作者"——玛格丽特·霍华德（Margaret Howard）和康维（J. Conway）——也就是两位为他收集、处理数据的女性，根本就不存在，至少伯特在使用她们的名字写作论文期间，从来没有与她们有过任何联系。考虑到伯特在遗传学领域的恒久地位，这些控诉导致了对伯特的"证据"的重新评估。事实上，他其他的关键性研究也同样具有欺骗性，尤其是亲属间 IQ 的相关性——因为太理想而令人无法相信，明显是根据理想的数据分布而不是自然的测量方法构建的（Dorfman，1978）——以及英国智力水平下降的有关数据。

伯特的支持者们起初认为，这些指控只是左翼分子从语言上诋毁遗传学地位而极易被戳穿的阴谋。埃森克给伯特的姐姐写信说道："我想整个事件只是一些极左的环境论者艰苦努力的一部分，仅仅为了和科学事实玩一场政治游戏。我敢保证，在不久的将来，西里尔勋爵的荣誉和正直将毫无疑问地得到世人肯定。" 曾经称伯特为"天生的贵族"和"世界上最伟大的心理学家之一"的阿瑟·詹森总结道，双胞胎的数据是不可信的，尽管其不准确仅仅是因为疏忽造成的。

我认为，到目前为止，L.S. 赫恩肖（L.S.Hearnshaw）出版的关于伯特的辉煌的"官方"传记解决了这个问题，因为数据允许他这么做（赫恩肖在没有任何指控出现之前，受伯特姐姐的委托写了这本书）。赫恩肖从一开始就是伯特的一个不够资格的仰慕者，他赞成伯特的智力观点，并最终得出结论说，伯特所有的主张都是正确的。但情况因此更加糟糕。赫恩肖努力使我们相信，伯特奇怪的大量伪造并非狡诈之徒的"理智"计划，而是当他知道游戏即将结束之时（我承认，我的原初质疑）努力挽救自己的遗传学教条的结果，这是一个病态的备受折磨的人的举动。（当然，所有这些都没有触及到问题深处，为什么这么明显的伪造数据这么长时间以来都没有人敢挑战？这种信仰对我们遗传学的预想根基又意味着什么？）

赫恩肖相信，伯特早期的著作是诚实的，但他从 20 世纪 40 年代开始伪造数据，并因为先前死板的信念以及经常出现的毫无借口的草率和肤浅而饱受诟病。伯特的世界在战争期间开始坍塌，肯定有部分原因是他自己造成的。他的研究数据在伦敦闪电战中消失了；他的婚姻失败了；当他拒绝在法定年龄光荣退休并力图保持掌控权时，他被赶出了自己的公寓；在他为自己设定的时间之内拒绝放弃掌控权之后，他被自己创办的杂志除去了编辑之名；他的遗传学教条不再与一个刚刚亲历了灾难的人的年纪相称。此外，伯特明显患有梅妮艾疾病，一种平衡感官失调引起的疾病，也常常为他的人格带来消极的影响。

赫恩肖引用了伯特职业生涯后期使用的四个伪证。前面我已经提到了三个（捏造双胞胎、亲属 IQ 相关性和伦敦智力水平下滑三个数据）。多少年以来，第四个伪证听起来都是最奇怪的，因为伯特的说法如此荒谬，而其举动也是如此明显，很容易就能被人发现。这不应该是一个理智之人的行为。伯特曾经谋划过学术上的弑父行动，他宣称自己才是心理学"因素分析"技术的创建者，而不是他的前辈和导师查斯·斯皮尔曼。斯皮尔曼在1904年发表的一篇著名文章中发明了这项技术。当斯皮尔曼还占据着伯特后来继任的伦敦大学的那把交椅的时候，伯特没有挑战这个优先性，事实上他还经常证实这一点。伯特的确曾在自己那本关于因素分析的有名著作（1940）中陈述道："斯皮尔曼的卓越是每一个因素论者都认可的。"（1940，p. X）

伯特最初的举动是重写已经发生的历史，当时斯皮尔曼仍然健在，因而引起了这位从伯特现在位置上光荣退休之人的两次尖锐反驳。伯特马上作出了让步，他写了一封信给斯皮尔曼，也许并非出于顺从和诡媚："当然是您最先提出这个说法的……我在想我是不是在哪里误入歧途了。我是否应该把我的观点都罗列出来，然后让像您老人家这样的老师在我这个学生犯错误的地方打上一个叉，在您认为解释正确的地方划上一个勾，这样做是不是最简单呢？"

但当斯皮尔曼去世之后，伯特在其整个余生发起了一场"更加肆无忌惮和过分"（Hearnshaw，1979）的运动。赫恩肖说（1979，pp.286-287）："20世纪30年代，勉强能够听见的反对斯皮尔曼的窃窃私语，经过发酵变成了一场声音刺耳的轻视斯皮尔曼的运动，这场运动不断向前发展，直到伯特傲慢地认为自己已经完全取代了斯皮尔曼的名声。的确，伯特似乎更加着迷于优先性这个问题，并且更加难以取悦自我。"伯特编造的故事很简单：卡尔·皮尔森（Karl Pearson）于1901年发明了因素分析技术（或者更加接近于此的什么东西），比斯皮尔曼的文章早了三年。但是皮尔森没有把它应用于心理学研究。伯特理解了它的含义，并将其纳入智力测验的研究之中，随后作了若干重要的修正和改造。因此，线索直接从皮尔森过渡到伯特那里，斯皮尔曼1904年发表的论文仅仅只是转移了注意力而已。

伯特一遍又一遍地重复着这个故事。他甚至利用自己诸多别名中的一个，在一封写给自己的杂志的信件中讲述了这个故事，署名是雅克·拉弗蒂（Jacques Lafitte），一位不知名的法国心理学家。除了伏尔泰和比奈，拉弗蒂先生只引用英文资料并且陈述道："正式的、充分的第一次陈述，当然是卡尔·皮尔森于1901年对主轴方法的证明。"但任何人都能在一小时之后，马上辨认出伯特编造的故事——因为在1947年之前，伯特从来没有在他的任何著作中引用过皮尔森的论文，而他早期所有和因素分析有关的研究，都是对斯皮尔曼的确证，并且文中还清楚地显示出伯特式方法的衍生特征。

如果伯特为了追求名誉，而选择把重心放在重写让自己成为创造者的历史上，因素分析当然是非常重要的。但尽管智力测验历史上所有的流行文献都和IQ有关，事实上没有任何文章（在专业圈子之外）写过与因素分析的角色、影响和意义有关的东西。我怀疑，之所以会出现这样的疏忽，主要原因是因素分析的数学技术太过深奥。作为一种粗略的经验性测量的直线标度，IQ起初是很容易被人们理解的。因素分析根植于抽象的数据理论，并且以发现大规模数据矩阵里"潜在"的结构为基础，它从一开始就被认为是个大麻烦。但对任何希望了解我们这个世纪智力测验的历史，以及它在当前持续存在的原理的人来说，对因素分析的疏忽都是一个严重的疏漏。因为正如伯特正确地提出（1914，p.36）的那样，智力测验的历史包含两条相关的重要线索：智力年龄化（比奈的IQ测试）和相关性方法（因素分析）。此外，正如斯皮尔曼在其职业生涯中一直强调的那样，IQ直线测量理论判断的关键在于因素分析。伯特发起的运动是不正当的，但他选择的策略是正确的——心理学的万神殿里有一尊永恒的高尚神龛，它的位置是为那个发展因素分析的人保留的。

我的生物学职业生涯的开始阶段，就是用因素分析的方法研究一组爬行动物的化石。当我学习这门技术的时候，感觉它就像利用纯粹的逻辑而从最初的原理发展而来的。事实上，几乎其所有步骤都是作为对具体智力理论的评判而出现的。尽管是纯粹的推导数学，因素分析还是在某种社会背景下为了某种确定的原因而被创造出来的。尽管它的数据基础是无懈可击的，它还是作为一种认识智力的心理结构的工具而被持久使用，并且从一开始就深陷概念错误的泥淖。事实上，它的主要错误包含了这本书的重要主题之一：具体化——在某种情况下，像智力这样一个模糊的社会定义也可以被认为是一种"东西"，在大脑里有一个确定的地点，并具有某种确定程度的遗传性——它能被当成一个单一数据而进行测量，因而允许把人种按照智力数据的大小进行直线排列。通过确定一条数学因素轴，即"一般智力"，斯皮尔曼和伯特为直线测量提供了理论判断依据，而比奈据此提出把线性测量作为粗略经验的指导。

关于对西里尔·伯特的著作的激烈辩论，仅仅是围绕他职业生涯后期的伪造展开的。这个观点遮蔽了西里尔勋爵更加重要的影响，即作为最有权威的智力测量者，他致力创建的把智力当作一个真实的、单一的"东西"的因素分析模型。伯特的贡献根植于具体化的错误。他后来的伪造是一个被击败的男人的事后想法；而其早期的"诚实的"错误一直在我们这个世纪回响，甚至影响了数百万人的生命。

相关性、原因和因素分析

相关性和原因

柏拉图的精神已经消亡很久了。我们一直无法逃避这样一种哲学传统，即世界上我们能够看见和测量的东西只是潜在真实的未竟表象。关于数据的许多幻想都来自于我们的直觉——千万不要相信直觉——相比数据本身，构建各种数据表格的抽象方法定然更能表达某种更加真实和基础的东西。（很多和数据有关的专业训练都包含有意抵制这种直觉的努力。）相关性技术尤其受制于这种误用，因为它似乎为因果推理提供了一条路径（有时它确实如此——但仅仅是有时候）。

相关性评估的是一个数量随另外一个数量变化的趋势。例如，随着孩子的成长，他的胳膊和腿都会变长；这种关联的趋势朝着同一个方向变化，被称为正相关性。并非身体的所有部分在成长过程中都表现出这种正相关性。例如，牙齿在换牙之后就不会再长大。从 10 岁到成年，正门牙长度和腿长的关系可以说是零相关性——腿可以长长，牙齿却不会再变大。另外有些相关性可能是负的——一个量增加而另一个减少。令人沮丧的是，在童年时期，我们就开始失去神经元，而且不会再生。因此，在童年中期之后腿的长度和神经元的数量之间的关系就表现出负相关性——腿长增加而神经元减少。请注意，我没有提到任何和因果关系有关的东西。我们不知道这些相关性为什么出现，只知道它们是否出现了。

标准的相关性测量被称为皮氏积差相关系数（Pearson's product moment correlation coefficient），简称相关系数，用 r 表示。相关系数为"+1"表示完全正相关，"0"代表不相关，"−1"代表完全负相关，相关系数在"+1"和"−1"之间波动。*

粗略地说，r 测量的是标出落点的椭圆形（参见图 6.1）。较扁的椭圆表示较高的相关性——最扁的椭圆，也就是一条直线，表示相关系数 r 的值为 1.0。较圆的椭圆代表着较低的相关性，最圆的椭圆，也就是一个正圆，表示零相关性（一个量增加的同时，无法预测另一个量是否会增加、减少还是保持不变）。

尽管相关系数容易计算，它却遭到解释错误的困扰。我们可以用例子来说明。假设我标出某个孩子成长过程中臂长与腿长的对比数据，我将会得到一个具有两种有趣含义的较高相关性。首先，我实现了简化。我从两维开始（腿和胳膊的长度），现在我把两维减少到了一维。因为相关性非常大，我们因此可以说这条线本身（一维）几乎代表所有两维共同提供的信息。第二，在这种情况下，我能够

---

* 皮尔森的线性相关系数 r 并非适合所有相关性的测量法，因为它只评估数量学家所谓的两个数量之间的线性关系强度——所有落点都在一条单一直线上的趋势。其他严格依赖的关系不会得出等于 1 的 r 值。例如，如果一个变量增加 2 个单位，而对应的另一个变量增加 2^2 个单位，那么 r 值会小于 1，即使这两个变量可能会完美"相关"。它们的落点构成的可能是一条抛物线，而不是一条直线，而皮尔森的 r 值只测量线性关系的强度。

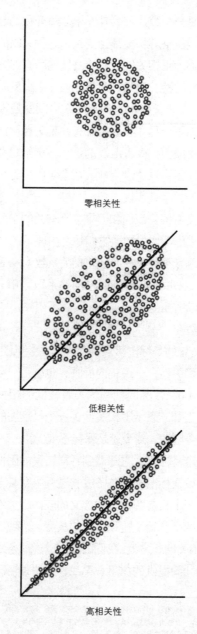

零相关性

低相关性

高相关性

图 6.1 根据落点所构成的椭圆形显现的相关性强度。椭圆越扁长，相关性越高。

通过合理推断而解释两维减少到一维的原因。腿长和臂长紧密相关，因为它们都是潜在的生物学现象的分部测量，换句话说，它们就是成长本身。

但是，为了避免使人对相关性——意即能够清楚确认各种原因的神奇方法——抱有太多期望，我们可以思考一下我的年龄和过去十年间汽油价格变化的关系。相关性近乎完美，但并不意味着存在任何因果性。我的年龄和汽油价格的相关性接近于 1.0，由此看来，紧密相关性比薄弱相关性更能显示因果关系的看法也是不正确的。我提到臂长和腿长的原因不是它们的相关性有多高，而是因为我了解了一些生物学状况。原因的推断一定来自其他什么地方，而不是简单的相关性事实——尽管意料之外的相关性也可能引导我们寻求其中的原因，只要我们记住自己不一定能找到就行了。毫无疑问，我们这个世界上绝大多数的相关性，都是没有因果联系的。过去几年中，稳步增长的任何东西，都与地球和哈雷彗星间的距离（也在增长）强烈相关——但即使是最专注的占星家，也无法看清多数关系中的因果性。相关性意味着因果性这种无效假设，这可能就属于人类推理过程中那两三个最严重、最普遍的错误之一。

极少有人被类似年龄—汽油这么荒谬的相关性所蒙骗。但我们要思考一下这个中间案例。我有一张数据表格，上面显示了 20 个孩子击打和投掷棒球的距离。我用曲线图标出了这些数据，通过计算得出了具有高相关性的数值 r。我想大多数人可能都与我有同感，觉得这不是一个毫无意义的相关性；但由于缺乏更多的有关信息，相关性本身没有告诉我们任何潜在的因果联系。我能够对这个相关性提出至少三个完全不同而且同样合理的原因解释（真正的原因可能是它们的结合）：

1. 这些孩子年龄不同，年龄大的孩子能够击打和投掷得更远。

2. 不同练习和训练产生的差异。有些孩子是小小联盟的明星，能告诉你罗杰斯·霍恩斯比（Rogers Hornsby）在哪一年击打了 0.424（是在 1924 年，那时我也还是一个淘气的孩子）；其他人可能只知道比利·马丁（Billy Martin）是啤酒广告里的一个人物。

3. 天生能力产生的差异，即便通过高强度的训练也不能完全抹杀。（如果样本中包含按照传统抚养模式养育的男孩和女孩，情况将会变得更加复杂。相关性可能就要归因于第四个原因——性别差异；此外，我们还要考虑性别差异产生的原因：后天训练，先天天赋，或者先天与后天的某种结合。）

总之，大多数相关性都是没有原因的；而当相关性具有因果关系时，相关性的事实和程度也无法厘清原因的属性。

超过两维的相关性

这些两维的例子很容易理解（无论它们多么难以解释）。但超过两个变量的相关性呢？身体由许多部分组成，不仅只有胳膊和腿，我们也许想知道，这些变量在人类成长过程中的相互作用。出于简便性考虑，我们只增加一个变量——头的长度，来建立一个三维系统。现在，我们可以用两种方法来勾勒三个变量的相关结构：

1. 我们可以搜集成对变量的所有相关系数，然后把它们放在同一张表格或者相关性矩阵中（图6.2）。从左上方到右下方的直线，记录了每个变量之间的完美相关性。这条直线被称为主对角线，它所代表的所有相关系数都是1。矩阵在主对角线周围呈对称性分布，因为变量1和变量2之间的相关性，与变量2和变量1之间的相关性是完全一致的。因此，分布于主对角线上下的三个数值，就是我们要寻找的相关系数：胳膊和腿，胳膊和头，以及腿和头。

2. 我们可以把所有落点都绘制在一张三维图表中（图6.3）。因为相关性都是正值，所以这些落点均呈椭圆球形（或橄榄球形）分布。（在二维图表中，它们构成椭圆形。）穿过橄榄球体的主轴，表示所有变量之间具有强烈正相关性。

我们可以从理性和直观上理解三维的相关性。但如果有20维或者100维呢？如果我们测量一个正在发育的身体的100个部分，那么我们的相关性矩阵将会包括10 000项内容。要描绘这些信息，我们必须在100维空间里工作，用100条相互垂直的轴来显示原初

	胳膊	腿	头
胳膊	1.0	0.91	0.72
腿	0.91	1.0	0.63
头	0.72	0.63	1.0

图 6.2　三维的相关性矩阵

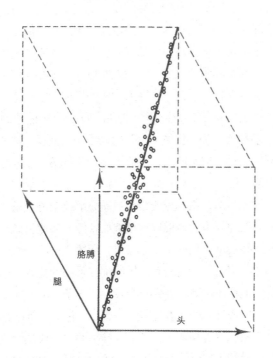

图 6.3　三维图表显示的三个变量之间的相关性

的测量。尽管这 100 条轴不代表任何数学问题（在技术上，它们形成了超空间），我们也无法把他们绘制在欧几里得的三维世界中。

身体发育中的 100 个变量，可能并不代表 100 个不同的生物学现象。在有三维变量的案例中，我们用单维（橄榄球体的那根长轴）来解决问题，那么如果有 100 个变量，我们同样可以简化成较少的维度。在这个过程中，我们肯定会丢失部分信息——就像我们把三维的细长橄榄球捏成能够代表它的二维长轴一样。但是我们为了得到简化效果，以及解读已有的生物学术语中维度的可能性，我们也许还是愿意接受这个损失的。

因素分析及其目标

带着这个例子，我们进入因素分析的核心目标。因素分析是一种数学技术，它能把具有相关性的复杂系统减少到只有少数几个维度。从字面上看，它把矩阵——通常是有相关系数的矩阵——分解成因素。（是否还记得高中代数练习里有一项就叫"因素分解"，即通过提取同类项而简化成一个惊人的算式？）在几何学中，分解因素的过程，就相当于在一个由点构成的橄榄球中划定不同的轴。在有 100 维的情况下，我们不可能在超时空的橄榄球的那根长轴上—— 一条称为"第一主成分线"的直线——恢复足够的信息。我们需要额外的轴。按照惯例，我们需用一条与第一主成分线相垂直的线代表第二维。从定义上看，第二条轴，或者说是第二主成分线，它比任何垂直于第一主成分的线都更能分解剩余的变量。举个例子说明，如果超空间里的橄榄球被拍扁后就像一条比目鱼一样，那么第一主成分线会从头到尾由中心穿过，而第二主成分线则从一侧到另一侧由中心穿过。之后所有的轴线都与前面的垂直，但其分解剩余变量的功能稳步递减。我们将会发现，五条主成分线几乎能够分解超空间中橄榄球体的所有变量——也就是说，五维的超空间橄榄球就足以让我们感到满意了，就像二维平面中一块披萨或一条比目鱼能够表达我们所需要的所有信息一样，即便原始物体都是三维的。如果我们选择止步五维，那么我们可以获得相当好的简化效果，哪怕必然损失小部分信息，我们也是可以接受的。我们可以从概念上理解五维，甚至可以从生物学上解释它。

因为因素分解是在相关系数的矩阵上展开的，我将使用相关系数的一种几何学表现来解释这项技术是如何运作的。原始变量用单位长度的矢量线来表示*，它从一个公有的点向外发散。如果两个变量的相关性较高，那么它们的矢量就彼此靠近。两个矢量夹角的余弦，表明两者之间的相关系数。如果两条矢量重叠，那么它们就完全正相关，或者说相关度是1；零度的余弦是1。如果两条矢量相互垂直，它们就完全独立，其相关性为零；90度的余弦是0。如果两条矢量指向完全相反的方向，那么它们的相关性就完全是负的，或者说相关系数是－1；180度的余弦是－1。高度正相关系数的矩阵用一组矢量线表示，每两条矢量线之间只有一个很小的锐角（图6.4）。当我们利用计算主成分的方法，把这样一组矢量线分解为极少数几个维面时，我们就选择分解能力最强的轴作为第一成分，也即所有矢量的总平均数。我们通过考察矢量在轴上的映射水平来评定轴的分解能力，即通过从矢量顶端画一条垂直于轴的直线来完成。矢量在轴上的映射长度与矢量自身精确长度的比率，即是测出的轴分解矢量信息的比例。（这很难用语言表达清楚，但我想图6.5会解答这个疑惑。）如果矢量处于轴的附近，它就具有高分解性，

---

*（为狂热者提供的脚注——其他人可以跳过。）这里，我将从技术上讨论一个名为"主成分分析"的过程，它与因素分析不大一样。在主成分分析中，我们保留原始变量的所有信息，按照与因素分析相同的标准在主成分定位中添加新轴——也就是说，第一条轴比其他任何轴都能解释更多的信息，后面的轴与其他的轴保持合适的角度，而容纳的信息稳步递减。在真实的因素分析中，我们（通过各种步骤）提前已经确定在因素轴上不包括所有信息。但两种技术——在主成分定位中的真实因素分析和主成分分析——在概念上是一致的，只是计算的模式不同。在两种方法中，第一条轴（斯皮尔曼智力测试中的g）是"最契合"的一维，它比任何其他轴线都更能分解某组矢量的更多信息。

大约在过去十年间，语义学的困惑也蔓延到了数量学领域，于是将"因素分析"这个术语限定为计算主成分之后的轴的旋转，而将"主成分分析"这个术语的外延进行了扩展，它既包括真正的主成分分析（保留所有信息），又包括主成分定位时的因素分析（减少维度并损失信息）。这种定义上的演变，完全是为了跟上主题和术语变化的历史。在瑟斯通（Thurstone）和其他人发明轴旋转之前，斯皮尔曼、伯特和其他一批心理测量学家已经在这个领域工作了数十载。他们在主成分定位中进行了一切可能的演算，并称自己为"因素分析者"。因此，我将继续用"因素分析"这个术语的原始含义囊括任何轴的定位——主成分的旋转、垂直或倾斜。

尽管也许有些草率，我还是将用一个通俗快捷的方法来讨论因素轴的作用。在技术上，因素轴用以分解原始变量中的方差。我会照常把它们视为"解释"或者"分解"信息的工具——就像它们在通俗意义上（尽管不是技术上）对信息的处理一样。也就是说，当一个原始变量的矢量线投影到一组因素轴上，在因素轴系统之外，在更高的维度上，它的方差并没有完全被分解。

因为轴包含了它的所有信息。如果矢量离开轴向最大的分离角度 90 度靠近，轴对它的分解能力就越来越小。

　　我们定位了第一主成分线（或者轴），因此它比任何其他轴都更能分解信息。因为我们的高度正相关系数矩阵是用一组紧密结合的矢量表示的，第一主成分线就从这组矢量的中间穿过（图 6.4）。第二主成分线与第一主成分线呈直角，并能分解最多的剩余信息。但如果第一成分线已经分解了所有矢量中的大部分信息，那么第二成分线和更靠后的主轴只会处理剩下的小部分信息（图 6.4）。

　　大自然中，这种高度正相关的系统经常会被发现。例如，在我自己对因素关系的第一次研究中，我考察了 22 种盘龙目爬行动物（背上有帆的兽化石，经常与恐龙混淆，但实际上是哺乳动物的祖先）的骨头的 14 个矢量。我的第一主成分线分解了 14 个矢量中 97.1% 的信息，给后面的轴只留下了 2.9%。我的 14 个矢量形成了一种极为密集的状态（实际上都重叠了）；第一条轴从这些矢量中间穿过。我的盘龙样本的身长在小于 2 英尺到大于 11 英尺之间。它们看起来都非常相似，体型较大的样本的 14 块骨头的测量数值也较大。所有骨头之间的相关系数都非常高；事实上，最小的也有 0.912 那么高。也没什么值得大惊小怪的，毕竟大动物的骨头大，小动物的骨头小。我可以将我的第一主成分线解释成一个抽取的标准因素，因此它把（在信息损失最小的情况下）我的 14 个原始测量值缩减成一个单一的维度，这个维度被解读为增长的身体长度。在这种情况下，因素分析通过减少维度（从 14 个减到有效的 1 个）而获得简化效果，并通过对作为标准因素的第一条轴的生物学说明而得到一种合理的解释。

　　因素分析成了理解相关性复杂系统的灵丹妙药，但在我们大声欢呼和大唱赞歌之前，我们应该意识到还存在一个巨大的问题，它同样也会遭遇我们先前检验相关系数时面对的警告和反对声音。在接下来的部分，我将主要考虑两个问题。

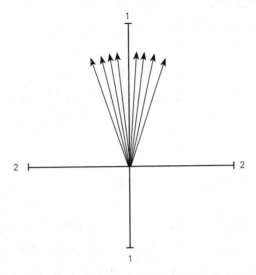

图 6.4 当所有相关系数都高度正相关时，在 8 种测试中相关性呈现出来的几何形分布。第一主成分线标为 1，与所有矢量接近；第二主成分线标为 2，与第一主成分线呈直角，它无法解释矢量中的太多信息。

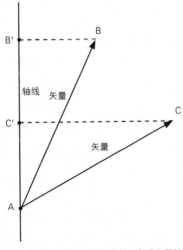

图 6.5 计算以轴解释的一个矢量中的信息。从矢量的顶点画一条垂直于轴的直线。轴所分解的信息量就是矢量映射到轴上的长度与矢量自身的真实长度的比率。如果一条矢量靠近轴线，那么这个比率就高，矢量上大部分信息都能被轴分解。矢量 AB 靠近轴，映射 AB′ 与矢量自身长度的比率就高。矢量 AC 距离轴线较远，它的映射 AC′ 的长度与自身的比率就低。

具体化的错误

第一主成分线是一种数学抽象，可以用来计算任何相关系数矩阵；但它不是一个具有物理真实特性的"物体"。因素分析者经常会受到具体化诱惑的折磨——把物质的意义赋予所有强大的主成分线。有时候这么做是正确的；我相信自己在研究盘龙时把第一个轴作为标准因素就是一个很好的例子。但这种结论绝不能仅仅从数学中得出，而还应具有对测量对象的物质性的额外知识。无意义的相关性系统也有主成分线，它们甚至比有意义的主成分线能够在其他系统中分解更多信息。在 5 乘 5 的相关性矩阵里，有过去 10 年的我的年龄数值、墨西哥的人口数、瑞士奶酪的价格、我的宠物乌龟的重量以及银河系的平均距离，对这个矩阵的因素分析会产生一个强大的第一主成分线。因为所有的相关性都是高度的正相关，这个主成分线可能会像我在盘龙研究中的第一条轴一样，能够分解大部分的信息，但它没有任何具有启发性的物质意义。

在智力研究中，因素分析被用于智力测试的相关性矩阵中。例如，对 100 个人进行 10 次测试。在 10 乘 10 的相关性矩阵中，每一个有意义的项，都是这 100 人中每人所做的 2 项测试分数的相关系数。从早期智力测试开始我们就知道，这些相关性系数中大部分都是正相关的，这没什么好奇怪的：也就是说，在一项测试中分数较高的人，通常在其他测试中分数也较高。智力测试的大多数相关性矩阵都包含一个正项优势。这个最基本的观察，成了因素分析的起点。查尔斯·斯皮尔曼于 1904 年发明了这项技术，实际上是把它作为一种工具，利用它从智力测试的相关性矩阵中推导出原因。

由于相关性矩阵中大部分系数都是正的，因此因素分析一定会产生一个相当强大的第一主成分。斯皮尔曼在 1904 年间接地计算出了这个成分，然后得出了一个基本无效的推论，并从那以后一直祸害着因素分析。他将因素分析具体化为一个"实体"，并为此努力作出某种清晰的说明。他称之为 g，或者说是一般意义上的智力，并且把它想象成已经确定潜存于所有精神认知活动之下的单一特质——这种特质可以用一个单一的数字来表达，并以之按照智力价值的线性范围为人种排序。

斯皮尔曼的 g——智力测试相关性矩阵的第一主成分——没有在多项成长研究（比如我的盘龙研究）中获得支配性地位。在最好的情况下，g 也只能分解测试矩阵中 50% ~ 60% 的信息。与成长中的身体的两个部分的相关性相比，不同测试间的相关性通常要微弱得多。在大多数情况下，智力测试矩阵中相关性的最高值也无法达到我在盘龙矩阵得到的最低值—— 0.912。

虽然在某些成长研究中 g 无法与第一主成分的强度相比，但我认为它所具有的相当大的分解能力也不是偶然的。因果关系的原因存在于大多数智力测试的正相关性之后。但是为什么呢？我们不能从某个强大的第一主成分中推断出原因，就像我们也不能从一个单一相关系数大小中推导出原因一样。我们不能把 g 具体化为一个"物体"，除非除了相关性事实本身之外，我们还有其他令人信服的独立信息。

先前我提到了一个假设的投掷和击打棒球的相关性的例子，智力测试的情况与之很像。由于相关性很强，我们有权认为它的出现不是偶然的。但是，我们不能从相关性中推导出原因，因为原因一定非常复杂。

斯皮尔曼的 g 特别容易遭遇解释的模糊性，恰恰是因为两个最相互矛盾的随机假设都和它完全一致：1）它反映智力的敏锐度和遗传水平（有些人在大部分测试中都表现很好，是因为他们天生就聪明一些）；或者 2）它记录了环境的优势和缺陷（有些人在大部分测试中都表现得很好，是因为他们接受了好的教育，在成长的过程中家里有足够的食物、书本和慈爱的父母）。如果 g 的简单存在可以从纯粹的遗传学或者纯粹的环境论得到解释，那么仅仅是它的存在——甚至包括合理的强度——完全不能导致任何恰当的具体化。具体化的诱惑非常强大。我们发现了"潜藏"于一大组相关系数外部性之下的某种东西，某种比表面测量尺寸更加真实的东西，

【第六章】 西里尔·伯特的真正错误：因素分析和智力的具体化

275

这种想法令人兴奋。这是柏拉图主义的精髓：潜藏在表象后的抽象的、永恒的真实性。但这是我们必须抵制的诱惑，因为它反映的是一个古老的思想偏见，而非一个自然真理。

主成分的旋转和非必要性

还有一个技术性更强的论证清楚地证明，主成分不能自动地被具体化为一个有原因的实体。如果主成分代表简化相关性矩阵的唯一方法，那么我们就可以合理地寻求它们的某些特殊形态。但它代表着把轴线插入一个多维空间的唯一方法。主成分有一个确定的几何形态分布，用建立它们的标准之一加以说明——第一主成分可以分解一组矢量中最大数量的信息，后面的成分应该相互垂直。但是这个标准不是什么神圣的东西；矢量可以被分解成置于其空间的任何一组轴线。主成分在某些情况下提供了洞见，但是其他标准通常更加有用。

考虑一下如下的情况，也许可以选择另外一种放置轴线的方案。在图 6.6 中，我们展示了四项智力测试相关性：两项言语测试，两项算数天赋测试。即便所有测试都是正相关，两个"聚类"也是非常明显的。假设我们希望通过因素分析来确认这些聚类。如果我们使用主成分，那么我们几乎没有任何可能认识它们。第一主成分（斯皮尔曼的 g）恰好在两个聚类中间。它不靠近任何矢量，但能分解每个矢量大致相同的信息，并由此遮蔽言语和算数集群的存在。这个成分是不是一个实体？"一般智力"是否存在？或者说，在这种情况下，g 是否只是两种信息无效合并的无意义的平均数？

我们可以在第二主成分（被称为"双极因素"，因为当矢量处于第一主成分的两边时，第二主成分上的映射一些是正的，一些是负的）中挑出言语和算数聚类。在这种情况下，言语测试映射在第二成分的负极，而算数测试在正极。但如果第一主成分控制所有矢量，我们就可能无法同时发现这些聚类。因为第二主成分上的映射很小，这种模式很容易被忽略（参见图 6.6）。

在 20 世纪 30 年代，为了应对这种困境，重新认识经常被主成分忽略的矢量聚类，因素分析者改进了部分方法。他们把因素轴从主成分的位置旋转到新的位置上。他们按照几种标准建立了旋转方式，其共同目标是把轴放置在靠近聚类的地方。例如在图 6.7 中，我们就可以用这种标准：把轴置于矢量附近，即整幅图中的极端或者边远的位置。现在如果我们把所有矢量都分解在这些旋转的轴上，我们就很容易发现聚类；因为数学测试在旋转轴 1 上映射高，在旋转轴 2 上映射低，而言语测试在轴旋转轴 2 上高，旋转轴 1 上低。此外，g 消失了。我们找不到智力的任何一个"一般因素"，没有什么东西可以被具体化成一个表示综合能力的单一数字。然而我们没有失去任何信息。两条旋转轴就如同两条主成分一样，分解了 4 条矢量上的所有信息。它们只是把同样的信息分布在不同的分解轴上。如果 g 只能代表把轴放置于一组矢量当中的诸多可能方法中的一种，我们怎么能说它是处于具体化状态的一个实体呢？

简而言之，因素分析通过减少维度而简化多组数据，其中为了认识少数维度中有秩序的结构，必须损失一些信息。作为一种简化工具，它显示出在多种原则中的重要价值。但是许多因素分析者超出了简化功能，并努力想把因素定义成有原因的实体。这种具体化的错误从一开始就困扰着这项技术。这个错误"从它被创造之时起就存在"，斯皮尔曼在发明因素分析以研究智力测试的相关性矩阵之初，就把他的主成分具体化为 g，或者说天生的一般智力。因素分析可以通过把我们导向相关性之外的信息而帮助我们理解原因。但是因素自身既不是东西，也不是原因；它们是抽象的数学概念。因为同一组矢量（参见图 6.6，图 6.7）可以被分为 g 和一条分解能力较弱的剩余轴，或者被分为两条具有同等分解能力的轴来识别言语和算数聚类，完全没有 g 什么事，因此，我们不能说斯皮尔曼的"一般智力"是先于并导向智力测试相关性的一个不可避免的实体。即使我们选择性地辩护说，g 是一个非偶然性的结果，它的分解能力与几何位置也都不能指出其在原因项中具有什么意义——如果仅仅因为它的特征与智力的极端遗传论和极端环境论观点相一致的话。

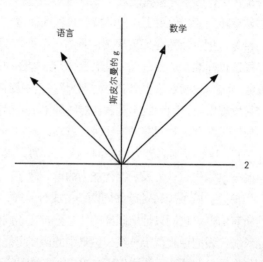

图 6.6 四项智力测试的主成分分析。每项相关性都很高，第一主轴，也就是斯皮尔曼的 g，显示出了总体相关性。但语言和数学天赋的类因素在这种分析模式中没有被很好地分解。

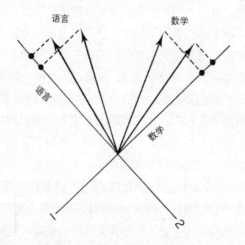

图 6.7 旋转图 6.6 中两条对应相同的四项智力测试矢量的因素轴，使它们靠近处于聚类外围的矢量。语言和数学天赋的类因素现在可以被清楚地识别出来（请看轴上用点表示的较高映射），但是 g 消失了。

查尔斯·斯皮尔曼和一般智力

二因素理论

就像纽约城里见怪不怪、无处不在的蟑螂一样，相关系数现在遍地都是，只需按一下哪怕最便宜的便携式计算器的按键，就能得出想要的相关性系数。无论多么必要，它们都仅仅被认为是所有数据分析中能够处理超过一维数量的自动装备。在这样一种背景下，我们很容易忘记它们曾被赞为研究领域的一个突破，作为一种崭新而令人兴奋的工具，它能发现原始数量表格中的潜在结构。在阅读美国伟大生物学家、数据学家雷蒙德·波尔（Raymond Pearl）（参见 Pearl，1905 和 1906；Pearl and Fuller，1905）早期的论文时，我们还可以感受到这种兴奋。波尔在世纪的转折点拿到博士学位，然后就像一个得到闪闪发光的新玩具的快乐小男孩一样，把所见的一切都关联起来，他把地虫的长度与它们身体的节数对比（从中他没有发现什么关联，只好说增加的长度反映更大的节，而不是更多），人类头部尺寸与智力的对比（他从中发现了极小的相关性，但将其归因于更好营养的间接影响）。

查尔斯·斯皮尔曼也是卓越的心理学家和优秀的数据学家[*]，在那个令人兴奋的时期，他开始研究智力测试之间的相关性。斯皮尔曼注意到，如果让人接受两项智力测试，那么两项测试间的相关系数几乎总是正的。斯皮尔曼思考了这个结果，并且觉得它似乎意味着较高的普遍性。正相关性清楚地表明，每种测试都不是测量智力活动中某项独立的特性。在普遍正相关的背后有一种简单结构；但结构是什么呢？斯皮尔曼构想了两种情况：第一，正相关性可以减少至很小的一组独立特性——早期心理学中颅骨测量学和其他学派所说的"官能"。例如，智力也许包含独立的数学、语言和空间天赋"区域"。斯皮尔曼把这种称为"寡头政治的"智力理论。

---

[*] 斯皮尔曼在相关性问题上有特殊的兴趣，他发明了可能仅次于皮尔森的测量两种变量相关性的 r 系数——所谓的斯皮尔曼的等级相关系数（rank-correlation coefficient）。

第二，正相关性可以减少至一个单一的潜在的一般因素——斯皮尔曼把这种称为"君主的"智力理论。斯皮尔曼发现，在这两种情况下潜在因素——无论它们是少数的（寡头政治的）还是单一的（君主的）——都无法囊括多次智力测试的正相关系数矩阵中的所有信息。一些"剩余的"变量会保留下来——每种测试中的特殊信息，与其他任何信息都毫不相关。换句话说，每种测试都有自己的"无政府"成分。斯皮尔曼把每种测试中的剩余变量，也就是特殊信息，叫做 s。斯皮尔曼因此推理认为，研究潜在结构可能会导致"二因素理论"，即每种测试都包含某种特殊信息（s），同时也反映斯皮尔曼称为 g 的单一潜在因素，也就是一般智力。也就是说，每种测试都可能包含特殊信息，同时也会记录一组独立的潜在机制——多因素理论视域下的一个或若干信息。如果坚持最简单的二因素理论，那么所有智力的共同特性将被缩减成一个单一的潜在实体——一个能被测量的真正的"一般智力"，能够提供一种按照智力价值划分等级的清晰标准。

查尔斯·斯皮尔曼发展了因素分析法——仍然是现代多重变量数量学中最重要的技术——作为一种程序，通过分析相关系数矩阵中的共同变量，能被缩减为一个单一的"一般"因素，还是能被缩减为若干独立的因素"组"，最终确定是二因素理论还是多因素理论。他只在二因素理论中找到了单一的"智力"，而他在 1904 年发表的一篇文章，后来赢得一个反对该篇文章主要结论的人的高度评价："在智力测试的历史上，没有任何事件能像斯皮尔曼提出其著名的二因素理论一样显得如此重要。"（Guilford，1936，p.155）斯皮尔曼非常高兴，毫不谦虚地为他 1904 年发表的论文拟定了一个夸张的题目——"被客观测量和决定的一般智力"，10 年后（1914，p.237），他感到欢欣鼓舞，"未来有关遗传能力的研究，一定要以'二因素'理论为中心。仅此一点，似乎就能把令人迷惑的混乱事实缩减至一种清晰明了的秩序。通过这种方法，问题被清楚地提出来了；从很多方面来看，问题的答案已经被预先确定了；无论在任何地方，问题一提出就已经有了最终的决定性的解决方案。"

四元相关系数交乘差的方法

在最早的著作中，斯皮尔曼没有使用本书第六章中"因素分析及其目标"中所描述的主成分方法。他发展了一种尽管单调，却更为简单的步骤，能够更好地适应前计算机时代，当时的所有计算都是用手演算的。[*]他计算测试中所有成对相关系数的整个矩阵，根据四个量所有的排列组合算出每组排列组合中的一个数字，他称为"四元相关系数交乘差"。我们可以尝试以如下例子来理解四元相关系数交乘差的概念，并说明斯皮尔曼用其测量的矩阵的共同变量能被缩减为单一的一般因素，还是少量的若干类因素。

假如我们想计算一组按年龄从小到大排列的老鼠的四个变量的四元相关系数交乘差——腿长、腿宽、尾长和尾宽。我们要计算所有成对变量的相关系数，并且毫不奇怪地发现，所有的变量都是正的——随着老鼠逐渐长大，它们身体的各个部分也逐渐变大。但我们想知道的是，正相关性中的共同变量是否全都反映出一个单一的一般因素——成长自身——或者说在这种情况下，是否成长的两个单独成分必然能被确认——一个腿因素和一个尾巴因素，或者说一个长度因素和一个宽度因素。斯皮尔曼给出了计算四元相关系数交乘差的公式，如下：

$$r_{13} \times r_{24} - r_{23} \times r_{14}$$

r 是相关系数，下角的两个数字代表着相关的两个量（在这个例子中，1是腿长，2是腿宽，3是尾长，4是尾宽——因此 r_{13} 是1和3两个变量的相关系数，或者说是腿长和尾长的相关系数）。在我们的例子中，四元相关系数交乘差是：

（腿长和尾长）×（腿宽和尾宽）-（腿宽和尾长）×（腿长和尾宽）

---

[*]通过四元公式计算出来的 g 与本书第六章中"因素分析及其目标"中所描述的第一主成分，在概念上是一样的，数量上也几乎相等，在现代因素分析中仍被使用。

【第六章】西里尔·伯特的真正错误：因素分析和智力的具体化

根据斯皮尔曼的说法，四元相关系数交乘差为零，意味着单一的一般因素的存在；而无论是正值还是负值，均表明类因素一定能被识别。例如，假设对应普通身长和普通身宽的类因素控制老鼠的生长。在这种情况下，我们会得到四元相关系数交乘差的较高正值，因为一种长度和另一种长度，或者一种宽度和另一种宽度的相关系数，比一种长度和一种宽度之间的相关系数要高。（注意：四元等式左边包括长度乘以长度，或者宽度乘以宽度，而等式的右边仅包括长度乘以宽度。）但是，如果只有一个单一的一般成长因素调节老鼠的大小，那么长度乘以宽度应该与长度乘以长度或者宽度乘以宽度的相关性一样高——这样四元相关系数交乘差就等于零。图 6.8 显示的就是一个假设的四个量的相关性矩阵，可以得出其四元相关系数交乘差为零（这些数值来自斯皮尔曼另一本书中的例子，1927，p.74）。图 6.8 表明，一个不同的假想矩阵可以得到一个正四元相关系数交乘差和一个结论（如果其他四元表现出同样的模式），那就是长和宽的类因素必须被识别出。

在图 6.8 中上方的那个矩阵，显示出在心理学整个因素分析历史上持续产生回响的另外一个重点。注意：尽管四元相关系数交乘差是零，相关系数不需要相等（几乎总是不相等）。在这个例子中，腿宽乘以腿长的相关性是 0.80，而尾宽乘以尾长的相关性只有 0.18。当四元相关系数交乘差为零时，这些数值反映了一般因素 g 的变化的"饱和度"。腿长比尾长的饱和度高——也就是说它们更加接近 g，或者能够更好地反映出 g（用现代术语来说，它们在几何呈现中接近第一主成分，就像图 6.6 中显示的那样）。尾长没有负荷更多和 g 有关的信息。* 它们极少包含共同变量，必须用 s——每个变量的特有信息来解释。现在转到智力测试：如果 g 代表一般智力，那么 g 饱和度最高的智力测试是一般智力的最好代表，而较低 g 负荷（高 s 值）的测试不能作为测量一般智力价值的合适方法。g 负荷

---

* 术语"饱和度"和"负荷"指的是测试与因素轴的相关性。如果一项测试对一个因素"负荷"强，那么它的大多数信息都能够由这个因素来解释。

	LL	LW	TL	TW
LL	1.0			
LW	0.80	1.0		
TL	0.60	0.48	1.0	
TW	0.30	0.24	0.18	1.0

四元相关系数交乘差：

$0.60 \times 0.24 - 0.48 \times 0.30$
$0.144 - 0.144 = 0$

一般因素存在

	LL	LW	TL	TW
LL	1.0			
LW	0.80	1.0		
TL	0.40	0.20	1.0	
TW	0.20	0.40	0.50	1.0

四元相关系数交乘差：

$0.40 \times 0.40 - 0.20 \times 0.20$
$0.16 - 0.04 = 0.12$

长和宽的类因素存在

图 6.8 四元相关系数交乘差为零（上图）和四元的假想相关性矩阵得出的正值（下图）：LL= 腿长，LW= 腿宽，TL= 尾长，TW= 尾宽。正四元相关系数交乘差表明长和宽的类因素存在。

的力度成了一种标准，用以决定一种特殊的智力测试（例如，IQ）是否是一般智力的良好测试方法。

当相关性矩阵中包含大量测试信息的时候，斯皮尔曼的四元计算步骤就显得非常烦琐了。每个四元相关系数交乘差都必须单独计算。如果共同变量只反映那个单一的普通因素，那么四元交乘差就应该等于零。但就和任何统计程序一样，不是所有情况都能与期望相吻合（在抛掷硬币时，抛到正反面的几率是一样的，但你极少会连续六次抛到正面）。当单一的 g 存在、期待值为 0 时，计算得出的四元交乘差可能会是正或者负的。因此，斯皮尔曼计算所有四元交乘差，并致力寻求正态分布频率，使四元交乘差为零，以此证明了 g 的存在。

斯皮尔曼的 g 和心理学伟大的不饱和性

查尔斯·斯皮尔曼计算了所有的四元交乘差，并且发现其分布足够接近正态，平均值非常接近于零，因此他宣称智力测试中的共同变量只记录了一个单一的潜在因素——斯皮尔曼的 g，也就是一般智力。斯皮尔曼没有掩饰自己的兴奋，因为他觉得自己发现了能够让心理学成为一门真正科学的难以捉摸的实体。他发现了智力的天生本质，这种真实潜藏于所有寻找它的浅表的、不充分的方法背后。斯皮尔曼的 g 是心理学领域里一块智者的石头，它是坚实而且定量的"东西"——一个基本质点，为一种类似物理学一样根基牢固的精确科学铺平了道路。

斯皮尔曼在自己 1904 年的文章里宣称，g 在所有智力认定的过程中无处不在："智力活动的所有分支都有一个共同的基本功能……而在每种情况中剩下的或者具体的要素完全与其他因素无关……这个 g 可能楔入无论什么能力中，而远没有被限定在内在相关性已经被测量的某一小组能力中，并在某个特殊表格中被绘制出来。"

到现在为止，传统的学校科目反映的是天资，而不是信息的获取："不同的感官、教育和其他特殊的技能的检验，都应被看作是对一个共同智力功能的各自独立部分的评估。"（1904，p.273）因此，斯皮尔曼想利用英国传统的精英教育来解决一个传统的困境：为什么古典的训练能够培养出一个优秀的士兵或政治家？"最终我们应该确定测量一般智力的各种方法的精确性，而不是继续无效地抗议，认为与统领军队的能力或治理国家的能力相比，希腊句法的高分根本就不是测试。"（1904，p.277）我们应该简单而干脆地决定拉丁语法和军事敏锐感的不同 g 负荷，而不是作毫无结果的争论。如果它们都靠近 g，那么这两种技能的结合，可能就是对未来统领能力的良好评估。

科学研究有不同的方式，所有的方式都是合理的，但只有一部分是有效的。甲虫分类学家很高兴看到每个新种类的特殊之处，但可能对减少、综合或者研究"甲虫"的本质没有什么兴趣——如果这样的本质存在的话！斯皮尔曼走向了反面的另一个极端，认为外部世界不过是导向更简单的潜在真实性的表层向导。在普遍的意象中（尽管有些专家会抛弃这种方法），物理学是终极的科学，因为它能简化我们生活的物质世界的明显更加复杂的原因。像斯皮尔曼这样的简化主义者，一直致力于机体生物学、心理学或者社会学这种所谓的软科学，还要经常遭受所谓的"物理学嫉妒"的折磨。他们努力按照他自己模糊的物理学幻像实践自己的科学——努力寻找简化法则及其基础案例。斯皮尔曼描绘了他对认知科学最为渺远的希望（1923，p.30）：

> 即使不要它的帮助，科学也能使事件的一致性更加深刻，它 [科学] 发现其他的东西更加深奥，同时相应地也更加复杂，必须为它们赋予法则……当我们四处寻找理想的解决方案时，某些信息可以在基于运动的三条主要的物理科学法则中被发现。与身体的物理学一致的是，今天我们正在寻找一种精神的物理学。

只要把 g 作为量化的基础质点，心理学就能够在真正的科学中占有合适的地位。"在这些原则中，"他于 1923 年写道（p.355），"我们必须冒险地希望，遗失已久的心理学基础最终可以找回，而且从此以后，它应和其他基础坚实的科学，甚至和物理学一起，抢占恰当的地位。"斯皮尔曼把自己的著作称为"观念上的哥白尼革命"（1927，p.411），并且欢呼道，"这个科学领域的灰姑娘，勇于得到和物理学一样的荣耀程度"（1937，p.21）。

斯皮尔曼的 g 和对 IQ 的理论辩护

斯皮尔曼努力通过简化至潜在的原因而寻找同一性，并经常用最坦率的语言来陈述 IQ 测试者的意图。他认为，IQ（1931）是"没有任何规律或原因的、同时做的分测验的平均值。"他谴责那种打着智力旗号而进行的"混杂测验"。事实上，尽管他在 1904 年把 g 描绘为一般智力，后来还是放弃了智力这个词，因为智力测试者们无尽的论证和不同的步骤，把它投入到一种无可挽回的模糊性之中（1927，p.412；1950，p.67）。

但是要把斯皮尔曼视为 IQ 测试的反对者，可能也是不正确的——尽管斯皮尔曼的确可能与 IQ 测试的观点完全相反。测试者为了构建测试程序，把明显不相关的项目放在一起，除了申明这种做法能够得出更好结果之外，不为这种古怪的程序提供任何解释，斯皮尔曼很瞧不起测试者这种没有理论指导的经验主义。但他没有否认比奈测试的有效性，甚至为这个测试的复活感到高兴，"通过这个伟大的调查［比奈的范围］，整个局面发生了改变。近来遭受诟病的智力测试，现在被热情地介绍到了各个国家。它们在每个地方的应用都十分成功。"（1914，p.312）

令斯皮尔曼感到苦恼的是，他确信 IQ 测试者们正做着正确的事情，即把一系列不相关的东西置于同一个范围内，只不过他们拒绝认识这种程序背后的理论依据，因而他仍然认为他们的工作是草率的经验主义。

斯皮尔曼激烈地争论说，对比奈测试的辩护就在自己的理论范畴之内，即有一个单一的 g 潜藏于所有认知行为的背后。IQ 测试能够有效是因为它们的创立者对此一无所知，但它们相当精确地测试出了那个 g。每项单独的测试都有 g 负荷和特殊信息（或者 s），而 g 负荷在无限接近于零到无限接近于 100% 之间变动。令人觉得讽刺的是，测量最精确的 g 是最不同种类的单项测试的集合的平均分。每种测试都在某种程度上测量了 g。多样测试能够保证单一测试中的 s 因素会朝所有可能方向变化，并且能相互抵消。最后只剩下作为所有测试共同因素的 g。IQ 之所以有效，是因为它测试的是 g。

> 他们把最多样式的测试放在一起，这个非凡的步骤取得了成功，对此马上就有一个解释。即如果每种表现都有两个因素的作用，其中一个随机变化，另外一个保持不变，那么在通常情况下，随机变化的因素显然会相互抵消，而让另一个因素或者说恒定因素，处于主导地位。（1914，p.313；也参见 1923，p.6；以及 1927，p.77）

比奈"多样测试的混合"是一个正确的理论假定，而不仅仅是一个熟练操作者根据直觉进行的猜测："以如此的智慧创造出的混合体原则，似乎是我们能够想象的最武断和最无意义的步骤，但它真的具有深厚的理论基础，以及一种至高无上的实践功用性。"（Spearman，引述自 Tuddenham，1962，p.503）

斯皮尔曼的 g 和随之产生的相关说法认为，智力是单一的可测量的实体，这为智力测试从遗传学上提供了曾有的唯一有希望的理论辩护。随着智力测试在 20 世纪早期的出现，逐渐发展出西里尔·伯特（1914，p.36）正确认定的两种研究传统，一种是相关性方法（因素分析），一种是年龄范围方法（IQ 测试）。赫恩肖在他撰写的伯特传记中提出了类似的观点（1979，p.47）："20 世纪创新的不是智力概念本身，而是相关性技术下的可操作性，以及测量方案设计上的可行性。"

在因素分析模型与遗传论者对 IQ 测试所作的解释的密切相关性上，没有人比斯皮尔曼认识得更为清楚。在 1914 年发表于《优生学评论》（*Eugenics Review*）的文章中，他曾预言了这两种伟大的智力测试传统的结合："这两种研究路线中的任何一个，都是另外一个不可或缺的支持者……西蒙－比奈测试的价值是如此伟大，即便这只是在理论的黑暗中摸索前行，如果可以在照亮本质和原理的全部光亮中使用它们，效果将会好上千倍。"当斯皮尔曼的因素分析模式在他职业生涯的晚期遭受攻击的时候（参见本书第六章"瑟斯通的批评与重构"的内容），他把 g 作为 IQ 的基本原理并为之辩护："从数量学上看，这个决定是基于其极度的简单性。从心理学上看，它为'一般性'或'IQ'这样有用的概念提供了唯一可信的基础。"（1939，p.79）

可以肯定的是，专业测试者们不会总是注意到，斯皮尔曼恳请他们在工作中使用 g 这个基本原理。许多测试者公然放弃了这个理论，并坚持用实践功用性为自己的努力辩护。但是，理论的沉默并不意味着理论的确定。IQ 具体化为一种生物学实体是基于这样一种信念，即斯皮尔曼的 g 测试的是一个在人类大脑中单独存放且可进行测量的"东西"。多数具有较强理论意识的智力测试者，都采纳了这个观点（参见 Terman et al.，1917，p.152）。布里格姆没有把其著名论调的改变仅仅归因于一个迟来的认识，即对军队的智力测试把文化测试视为其内在特性（参见本书第五章末"布里格姆公开认错"的内容）。他也指出，在联合测试中无法提取单一的强大的 g，因此 g 本来就不可能测量智力（Brigham，1930）。我至少要为阿瑟·詹森说句话：他意识到自己的 IQ 遗传学理论靠的是 g 的有效性，他把自己主要著作中的大部分篇幅，都用来为斯皮尔曼的原初论证形式进行辩护，理查德·赫恩斯坦和查尔斯·莫雷在《钟形曲线》（1994）中也是如此——参见本书附录的论文。对斯皮尔曼公式概念中的错误的批驳，应集中于作为 IQ 观点的先决条件的遗传理论的基础层面，而不仅仅纠缠于数据分析步骤中紊乱的细枝末节。

斯皮尔曼的 g 的具体化

斯皮尔曼不满足于他已深入研究的智力测试的经验性结果，而是发现所有的表现背后都有一个抽象因素。他也无法从辨认出我们称之为智力因素的工作中获得足够满足。*斯皮尔曼觉得有必要对g要求更多的东西：它必须测量大脑中某个物理特性；在最直接的物质意义上，它必须是一种"东西"。即使神经学没有发现任何与g相同的物质，但大脑在智力测试中的表现也证明确实存在这样一种物理基质。斯皮尔曼因此再次陷入了对物理学的嫉妒之中，他描绘了自己的"冒险行为，放弃了所有实际可观察到的心理现象，而通过与物理学的类比，发明了一种潜在的被称为智力能量的东西"（1927，p.89）。

斯皮尔曼注意到g的基本性质——它对智力活动不同程度的影响——并尽力想象什么样的物理实体能够最好地契合这种行为。斯皮尔曼说，有一种能量形式遍布整个大脑，它具有确切的位置，并能激活一组特定的"引擎"，除此之外什么也没有。一般情况下，能量越多，活跃度越高，智力越高。斯皮尔曼写道（1923，p.5）：

> 同一个人在形式和主题的所有变量中，也即在所有认知意识方面，这种持续的成功趋势只能通过处于比意识现象更深层次的某种因素才能得以解释。因此，一种假设的潜在于所有认知表现中的纯粹量化因素的概念就出现了……这个因素悬置了更多的信息，它包含了"能量"或"能力"的性质，在整个大脑皮质中起到普遍的作用（可能甚至包括整个神经系统）。

如果g作为一种一般能量而遍布整个皮层，那么在每种测试中的5个因素一定有更多的确定位置。它们一定代表着特定的神经组，并由与g相等的能量以不同的方式激活。斯皮尔曼写道（不仅仅是比喻），s因素是通过g循环添加燃料的引擎。

---

* 至少在他早期著作中是这样。正如我们所看到的，他后来放弃了智力这个词，因为它在普遍使用中具有令人发疯的模糊性。但他一直认为，如果语言（和技术）的困惑没有让这个术语成为一个笑话，那么g应该被称为智力的单一认知本质。

大脑每种不同的运算，都必须有特别因素（对它而言）的辅助。因为这个作为生理学基质的因素，意味着在特殊运算中能起特别作用的神经组。这些神经组因此可能成为备选的"引擎"，有选择地分配和供给普遍"能量"。一个成功的行为，总是部分依靠整个皮层发展的潜在能量，部分依靠特殊神经组的有效工作。这两个因素的相关影响可能由于运算种类不同而产生很大变化；有些种类可能更多取决于能量的潜能，而其他种类更多取决于引擎的效率。（1923，pp.5-6）

测试中产生的 g 负荷差异，暂时这样理解：一种智力运算可能主要取决于它的引擎的特点（高 s 和低 g 负荷），而另一种则可能取决于激活引擎后产生的普通能量的大小（高 g 负荷）。

斯皮尔曼确信自己发现了智力的基础，他是如此肯定，甚至宣称自己的概念是无可辩驳的。他期望可以在生理学中发现某种与 g 对应的身体能量："心理学家需要的那种物质能量总有一天会被发现的，这种希望似乎是有根据的。"（1927，p.407）针对这个发现，斯皮尔曼声称："生理学将会取得伟大的胜利。"（1927，p.408）退一步讲，如果没有发现任何身体能量，一定还有另外一种能量——但它是一种不同种类的能量：

> 如果最糟糕的事情发生了，需要的生理学解释始终无法找到，那么智力事实依旧还是事实。如果它们能被一种潜在能量的概念解释，那么这个概念就必须是许多最好的心理学家一直所要求的那样——它最好被认为纯粹是精神的概念。（1927，p.408）

至少在 1927 年，斯皮尔曼从来没有考虑过这个明显的选择：他对 g 的具体化努力也许从一开始就是无效的。在整个学术生涯中，斯皮尔曼一直在努力寻找智力运作的其他规律，即能够证明其一般能量和特殊引擎理论的规律。他阐明了（1927，p.133）一种所谓"恒定输出的法则"，即任何智力活动的中断，都会引起同样集中的其他智力活动的开始。因此他推理道，一般能量总能保持完整性，并且必然总是激活某种东西。另一方面，他发现疲劳是一种"选择性的转移"——也就是说一种智力活动中的疲劳会使某些相关区域产生疲惫，而与其他区域无关（1927，p.318）。因此，疲劳不是因为"普通心理—生理学意义上的能量供给的减少"，而必定是由于毒素的聚集而对某种神经产生了选择性的影响。斯皮尔曼说，疲劳"主要关系到引擎，而不是能量"。（1927，p.318）

但正如我们在智力测试的历史中经常发现的那样，斯皮尔曼的怀疑开始增长，并最终在1950年（死后）出版的书中公开承认了错误。他似乎把能量与引擎理论归结为年少轻狂的结果（尽管他是在中年时期坚定地为之辩护的）。他甚至放弃了因素具体化的努力，因为后来他意识到，一个抽象的数学概念无需与一种物理真实相对应。伟大的理论家进入了自己敌人的阵营，并把自己重新塑造为一位谨慎的经验主义者（1950，p.25）：

> 我们没有义务回答诸如此类的问题："因素"的存在具有"真实性"吗？它们允许真正的"测试"吗？"能力"这个概念到底有没有原因或能量？或者它仅仅为了描述性的目的而存在？……在他们那个时代，处于他们所处的位置，这样的主题毫无疑问棒极了。而他这个高级的作者丝毫没有沉迷于这些问题之中。贺拉斯说过，偶尔的可笑之举也是可乐之处。但是为了当下的目的，他觉得自己一直被局限在最空洞的实证科学范畴之内。实际上他使用的方法无非是描述和预测……余下的多数是用隐喻和明喻的方式进行阐明。

在因素分析的历史上，洒满了由具体化误导的行为碎片。我不否认因果关系模式可能会有可识的、潜在的物理原因，我也同意埃森克的说法（1953，p.113）："在某种情况中，因素可能被认为是假设的、具有因果关系的影响，它先于并能决定某组变量中的可见关系。只有从这方面来看，它们才会对心理学产生兴趣，并发挥重要作用。"我的不满之处在于这种推测行为，即认为因素的存在本身即为因果关系的猜想提供了某种许可。因素分析学家经常提醒我们要小心这种猜想，但是发现潜在本质的柏拉图式冲动促使我们一再违背这种适当的提醒。我们可以带着某种事后之见善意地嘲笑精神病医生莫尔（T. V. Moore），他早在 1933 年就假设抑郁症存在一种精神紧张的、轻信的、躁狂的、认知的和体制上的确定基因，因为他的因素分析模型可以把这些症状的假定数量在不同轴上进行分组（Wolfle，1940）。但在 1972 年，两位研究者在对不同文化音乐习惯的因素分析中，在 19 条轴中的第 13 条发现了奶制品与好声音之间的关系，然后宣称"很多时候额外的蛋白质源是活力十足的歌声的重要原因"（Lomax and Berkowitz，1972，p. 232）。

由于两个主要原因，自动的具体化过程是无效的。第一，正如我在本章"主成分的旋转和非必要性"部分简单讨论过，并将还在本章"瑟斯通和精神矢量"部分详加讨论的那样，没有一组因素能与真实世界完全一致。任何具有正相关系数的矩阵都可以被因素分解为 g，这是斯皮尔曼的做法；而任何一组次因素都可以被分解为一组没有单一主导方向的"结构简单"的因素，这是瑟斯通的做法。既然这两种方法分解的是等量的信息，那么它们在数学上的意义就应该是相同的。但是它们导致了完全相反的心理学解释。我们怎能说这一个或者另一个是现实的镜子呢？

第二，任何一组独立的因素都可以用不同的方式进行解读。斯皮尔曼认为，他发现的强大的 g 是大脑内部的一种普通能量，同时也是隐藏在所有精神认识行为之后的独立现实的证据。而斯皮尔曼的名声最大的因素分析学同事戈德弗雷·汤姆森勋爵（Sir Godfrey Thomson），虽然接受斯皮尔曼的数学结果，但是一直选择用相反的方式来解释它们。斯皮尔曼认为大脑可以被分成一组特殊的引擎，由普通能量提供动力。汤姆森利用同样的数据推理得出，大脑完全没有任何具体的结构。根据他的说法，神经细胞要么全部同时工作，要么全部同时停止——它们要么打开，要么关闭，没有中间状态。每种智力测试都会抽查随机排列的神经元。g 负荷高的测试捕捉到许多处于积极状态的神经元；g负荷低的其他测试只简单抽查非结构化大脑的小部分神经元。汤姆森总结道（1939）："大脑是一个丰富的相对无差别的复合体，能对生理学意义上具有内部交流可能性的复杂网络产生无数影响，远远不是划分为几个'单独因素'那么简单。"如果相同的数学模式可以产生如此不同的解释，那么什么说法才是基于现实的呢？

斯皮尔曼关于g的遗传观点

斯皮尔曼的两个主要的说法，都在其最具遗传性的智力测试理论中出现了：即认为智力是一个独立的"东西"，并断定它有一个物理基质。但是两个说法没有完全被证明：那个独立的物理基质可以从环境和教育影响中获取不同能量，而不一定来自于天生差异。斯皮尔曼对g的遗传性作了一个更加直接的论证。

斯皮尔曼确认g和s分别对应能量和引擎，并再次为其论证提供了一个框架。他认为s因素记录了所受教育的情况，而g的强度则反映遗传性。斯皮尔曼说道（1927，p.392），如果g到了16岁就停止增长，而教育则可能会继续进行，那么怎么能说g受到了教育的影响呢？如果g测的是斯皮尔曼所说的教育（或者是综合关联能力）而不是记忆力（学习知识并记住它们的能力），而且学校的任务只是传授信息，那么g怎么能被学习所改变呢？引擎可能充满信息并由训练塑造，但大脑的普通能量是其天生构造的结果：

> 训练的影响被限制在特殊因素中，没有触及一般因素；从生理学上讲，某种神经元可能习惯于特殊行为，但大脑的自由能量却不受影响……毫无疑问，特殊能力的发展在很大程度上是取决于环境影响的，但是普通能力的发展几乎完全是由遗传控制的。（1914，pp.233-234）

作为测量g的IQ，记录了天生的一般智力；智力测量的两个伟大传统（IQ测试与因素分析）的联姻因为遗传性问题而十分圆满。在种群差异这个恼火问题上，斯皮尔曼与当时西欧主要的男科学家的常见观点一致（参见图 6.9）。关于黑人，他写道（1927，p.379），他们启发了他用 g 来解释军队的智力测试：

> 从所有测试的平均分数看，有色人种比白人落后两年；他们的劣等性贯穿于所有 10 项测试中，但在 g 饱和程度最高的人中表现得最为突出。

换句话说，在测试中表现最差的黑人与天生的一般智力 g 的相关程度最高。

关于南欧和东欧的白人，斯皮尔曼写道（1927，p.379），他们支持了 1924 年颁布的《美国移民限制法案》：

> 几乎每个调研者都会强调的普遍结论是：在"智力"上，日耳曼血统比南欧血统有明显的优势。对正在形成的迫切希望放宽移民准入条件的美国法案中，这个成果似乎会产生相当重要的实际后果。

但是，由此认为斯皮尔曼是人类种群间智力差异的遗传学理论的缔造者，可能也是不正确的。他提供了一些重要原料，特别是智力是天生的、独立的、可以评分的"东西"这一观点。他也坚持种族和民族间的平均智力存在差异的传统观点。但他没有强调差异的必然性。事实上，他把性别差异归因于训练和社会传统（1927，p.229），没有提及社会阶层。此外，在讨论种族差异时，他总是把其平均分数的遗传论说法，与任何种族或民族内部的变化范围远远超过种群间的平均差异的观点结合起来——因此，一个"劣等"种族中的许多成员都会具有超过"优等"种群的平均智力（例如，1927，p.380）。*

斯皮尔曼也认识到遗传学论调的政治力量，尽管他没有公然放弃这种说法："所有通过训练而提升人类能力的伟大努力，都因为某些人的冷漠而遭受挫折，他们坚持认为严格繁育才是唯一可行的

---

* 理查德·赫恩斯坦和查尔斯·莫雷为避免对《钟形曲线》（1994）的种族主义控诉，强调了相同论证——参见书后附录的前两篇论文。

金融家的理想形象

债券

图 6.9　种族主义者对犹太金融家的成见，复印自斯皮尔曼 1914 年发表的文章（参见附录）的首页。斯皮尔曼用这个形象批评类因素观点中这种特殊的智力项目，但其发表本身说明了另一个年代对它的接受。

方法。"（1927，p.376）

　　而最重要的是，斯皮尔曼似乎对人种遗传差异这个话题不感兴趣。当这个问题把他卷入其中，并用印刷机的油墨埋葬了他的职业时，当他为遗传学派提供了基本的论证时，g 的发明者带着明显的冷漠站到了一边。他研究因素分析，是因为他想理解人类大脑的构造，而不是成为测量种群乃至个人差异的向导。斯皮尔曼可能是一个不大情愿的奉承者，而 IQ 和因素分析政治性强有力地结合成一种智力遗传理论，则是由斯皮尔曼所在学院的心理学头把交椅的继任者西里尔·伯特设计的。关于智力的固有性，斯皮尔曼也许并不在意，但在西里尔勋爵生命中却是一个根深蒂固的观念。

西里尔·伯特和遗传论综述

伯特坚定的遗传论的渊源

　　西里尔·伯特在 1909 年发表了第一篇论文，他说智力是天生的，社会阶层的差异大部分是遗传的产物；他也引用斯皮尔曼的 g 作为主要证据。伯特在核心刊物上的最后一篇文章是在他去世之后的 1972 年发表的。他的论调大同小异：智力是天生的，斯皮尔曼 g 的存在证明了这一点。而对于斯皮尔曼更加可疑的品性，西里尔·伯特当然安之若素。其 1972 年的论文宣称：

> 我们得出的两个结论似乎是清楚的，也没有任何问题。关于一般因素参与每种认知过程的假设，看起来是受到神经学、生物学猜想的启发，实际上来自于数据证据；一般因素的差异很大程度上取决于个人基因的结构，这个结论是不容置疑的。从这两个假设推出的天赋的、一般认知能力的概念，尽管纯粹是一种抽象，却完全与经验事实相一致。（1972，p.188）

改变的只是西里尔勋爵使用的形容词的强度。1912 年，他说这个论证是"总结性的"；而到 1972 年，它就变成了"不容置疑的"。

作为 i.g.c.（天生的、一般的、认知的）能力的因素分析，处于伯特智力概念的核心。他在关于因素分析的主要著作（1940，p.216）中，进一步加大了对斯皮尔曼理论的个性化使用力度。因素分析表明"一个普通因素参与所有的认知过程"，而且，"这个普通因素如果不是完全的，似乎也在很大程度上，是遗传或天生的"——又一次回到了 i.g.c. 能力上。三年前（1937，pp.10-11），他甚至用图表的方法把 g 捆绑在一种必然存在的遗传性上：

> 这个处在中心地位的无处不在的一般智力因素，表现出了进一步的特征，并由测试和数据揭示出来。它似乎是遗传的，或者至少是与生俱来的。无论知识还是实践，不管兴趣还是努力，都无法使它增减。

其他人，包括斯皮尔曼自己，把 g 和遗传性联系起来。但是除了西里尔勋爵，没有任何人如此顽固地去追求它，几乎近于一种强迫性的嗜好：没有人把它当作一种有效的政治工具到处挥舞。遗传学偏见与作为一种独立的、可测量的、实体性的、可具体化的智力的结合，为伯特奠定了坚实的地位。

我已经讨论了第二成分的根源：智力作为一种可具体化的因素。但是第一成分——严格的遗传论——是什么时候从伯特的生命观点中出现的呢？它并未遵照因素分析自身的逻辑，因为它做不到（参见本章"具体化的错误"的内容）。要回答这个问题，我不想提到伯特的灵魂或者他所处的时代（尽管赫恩肖在1979年给出了一些建议）。但是我会证明，伯特的遗传学结论在其实证工作（不管是诚实的还是欺骗性的）中是没有根基的，它只代表了一个强加于研究之上的潜在偏见，而这项研究本该是用来证明它的。通过对固有偏见的执着追求，他变成了正确判断的歪曲者，并且最终成为了虚言假道的鼓动者。[*]

伯特对先天性的最初"证明"

在漫长的职业生涯中，伯特持续引用1909年发表的第一篇论文，文章致力于证明智力天生论。但是由于逻辑错误（循环论证），以及数据本身明显的不足和浅薄，这项研究一直蹒跚不前。这篇论文只证明了和智力有关的唯一的东西——伯特是带着对智力天生的确信在前而开始其研究的，而且在此基础上进行了错误地推理，最终又回到了最初的确信上。在他那里，"证据"不过是一种可供选择的橱窗装饰。

在1909年发表的论文的开头，伯特为自己设定了三个目标。前两个反映了斯皮尔曼在因素分析领域所作的开拓性工作的影响（"一般智力能够被发现和测量""它的性质可以被分离，它的意义可以被分析"）。第三个目标反映了伯特的特别关注："它的发展主要是由环境影响和个人努力决定的，还取决于种族特征或者家族遗传特征。"（1909，p.96）

---

[*] 关于伯特的智力先天性观点，赫恩肖写道（1979，p.49）："这对他来说几乎是一篇关于信仰的文章，他准备用这一信仰与所有的反对意见辩论，而不是把它看作一个可以在实证测试中进行争论的临时假设。伯特从一开始就表现出了对其最终结论正确性的过多信心，这一点不难感觉到。"

伯特不仅认为第三个问题是所有问题中最重要的，而且对我们为什么应该如此关心这个问题给出了他自己的答案。它的重要性如下：

> ……越来越相信家族天性在进化中比个体性格的作用更加强大，越来越忧虑尚未补足的人道主义和慈善事业可能悬置不良血统的自然淘汰过程——现代社会学的这些特征在这个关键时刻提出了这个问题，即能力是否来自遗传。（1909，p.169）

伯特从两所牛津的学校中挑选了 43 个男孩，其中 30 个来自于小学，都是小商人的儿子，还有 13 个来自预备学校，都是上层家庭的孩子。样本少得近乎荒唐。在这项"智力遗传性的证明实验"（1909，p.179）中，伯特让每个男孩做了 12 组测试，以此考查"复杂程度不同的智力功能"。（这些测试大多数不同于通常意义上的直接认知能力考查，而更像是陈旧的高尔顿优生学的生理测试——注意力、记忆力、感官分辨力和反应时间。）然后，伯特得到了每个男孩"智力的谨慎的经验性评估"。他没有遵照比奈的严格测试方法，而是通过询问"专家"观察员的方式，根据这些男孩独立于学校学习能力之外的智力顺序，为他们划分等级。他根据校长、教师和测试范围之内"两个公正的有能力的男孩"的意见，获得了智力的排序。伯特用大胆写在英国殖民主义胜利之日的这段话，引导那两个男孩明白智力的意义：

> 假如你必须在这 30 个男孩中挑一个最聪明的，作为某个未知国家探险队的队长，你会选择谁？除了你自己，还会是谁？（1909，p.106）

然后，伯特开始寻找孩子们在 12 项测试中的表现与专家观察员提供的排序之间的相关性。他发现，有 5 项测试与智力的相关系数是 0.5，"较低的感觉——触觉和质量"的测试相关性最差，而更加清晰的认知输入能力的测试相关性最高。伯特确信 12 项测试都测量了智力，然后开始分析分数本身。他发现，在所有测试中，除了那些与质量和触觉有关的测试，上层男孩都比中下层男孩表现得更好。因而，上层男孩必然更加聪明。

但上层男孩的智力优势是与生俱来的，还是家庭或学校优势的结果呢？伯特给出了四个论证以忽略环境的作用：

1. 中下层男孩所处的环境没有穷到产生区分作用的地步，因为他们的父母能够支付每周所需的9便士以供他们上学："在社会的最底层，智力测试中的普遍劣势可能被归因于恶劣环境和后天影响……但对于每周能花9便士去中央小学上学的男孩来说，这样的环境不应该有什么问题"（1909，p.173）。换句话说，环境不会发生作用，除非它能使一个孩子饿肚子。

2. "家庭和社会生活的教育的影响"似乎很小。伯特借助多年经验磨练出来的良好直觉，作出了这个公认的主观评价。"但是必须承认，对未曾亲眼所见所有男孩真实行为的人们来说；这种推理始终无法让他们真正信服。"

3. 测试自身的特征排除了许多环境的影响。作为感官和行为测试，它们没有包括"可以分级评估的获得性技能或知识……因此，这里有理由相信，表现出来的差异主要都是天生的"（1909，p.180）。

4. 一年半以后，有些男孩开始工作，或者进入了新学校，而对他们进行的重新测试也没有产生等级上的重要差异。（环境可能对早年生活产生更重要的影响，而不仅仅反映在最近的状况中，伯特有没有想到这一点？）

与这个问题有关的所有论点，以及整个研究的设计，都是明显的循环论证。伯特的观点，基于测试中的表现和"公正的"观察者编制的智力等级之间的相关性。（关于测试本身的"性质"的争论只排在第二位，因为如果测试与智力的独立评估无关，那么它们在伯特的设计中也就无足轻重了。）为了解释这种相关性，同时让测试本身多少有点用途，我们必须知道这些主观排序意味着什么。因为不管意图多么真诚，如果老师、校长和同事的排序比天赋基因的差异记录了更多的养育过程中的优势，那么这些排序就主要是对环境的记录，测试分数可能只是为同样的事实提供了另外一种（更加不完美的）方法。伯特把两种标准的相关性作为遗传性的证据，而他没有指出，两种标准测试的都是他偏好的特性。

不论在什么情况下，所有这些关于遗传性的论证都是间接性的。伯特也把一项和遗传性直接相关的测试作为自己最后的证明：测量的男孩的智力与他们的父母息息相关：

> 无论在哪个环节，只要和智力相关，这些上层社会的孩子都会感到和父母一样的自我优越感。……这些测试的水平与机遇或训练无关，主要依赖于天生本性。这些男孩的智力水平之所以和父母近似，一定是因为遗传的作用。因此我们通过实验证明，智力是遗传的。（1909，p.181）

但是伯特是如何测量父母的智力的呢？恐怕在伯特自己看来，答案都是令人吃惊的，因为他根本没有测量：他只是根据职业和社会地位进行了推测。知识分子、上层社会的父母，肯定天生就比生意人更加聪明。但是，这项研究之所以被设计出来，就是为了评估测试中的表现是否能够反映天生特性或者社会地位的优越性。因此，不能回避这个问题，更不能据此推断出智力直接来自于社会地位。

我们知道，伯特晚期的所有遗传性研究都具有某种欺骗性。而在他早期诚实的工作中，也充满了谜一样的错误，这些错误如此致命，以至于几乎不敢把它们置于阳光之下。正如在1909年的研究中所做的那样，伯特引用父母与子女间智力的相关性继续为智力的先天性辩护。他继续按照社会地位的高低，而不是测试中的实际表现，评估父母的智力。

例如，在完成牛津项目之后，伯特在利物浦开始了另外一项范围更广的测试。他引用父母和子女之间存在的高相关性作为智力先天性的主要证据，但从未提及父母的分数。50年后，当潘罗斯（L.S.Penrose）阅读伯特的旧作时，他注意到了缺失的数据，并问伯特是如何测试父母的智力的。老人回答道（引述自 Hearnshaw，1979，p.29）：

> 父母的智力，主要是通过从事的实际工作来评估的，并在面谈中加以证实；为了使印象化的评估更加标准化，大约有五分之一的父母也接受了测试。

赫恩肖评论（1979，p.30）道："不够充分的报告和缺乏审慎的结论，标志着伯特对基因领域的第一次入侵。由于此时正是其职业生涯的开端，我们能在这里发现他为日后的麻烦埋下的种子。"

甚至当伯特在确确实实测试那些对象时，他也从来不会按照测试结果报告真实的分数，而是认为那些测试没有测出真正的智力水平，于是像其他专家一样，根据自己的主观判断"调整"数据。他在一本重要的著作中承认了这一点（1921，p.280）：

> 我没有采用测试的原本结果。在与老师仔细讨论后，这些结果可以自由更改，只要老师对他自己学生相关优点的评估看起来比粗糙的测试分数更加准确。

这个方法并非没有值得肯定的地方。它确实承认，在短暂的系列测试中得出的一个数值，是无法抓住像智力这样微妙的概念的。它给了知识丰富的老师和其他人一个记录自己正确判断的机会。但它也确实让一种所谓经过客观严格测试的特定假设成为了笑柄。如果一个人事先就相信有教养的孩子天生聪明，那么他的测试分数会朝什么方向调整呢？ *

无视样本的单薄、论证结构的非逻辑性以及论证过程的可疑性，伯特以一种个人胜利式的陈述完成了 1909 年的论文（p.176）：

> 因此，父母的智力是可以遗传的，个人的智力是可以测

---

* 有时候，伯特甚至下降到更低的逻辑循环中，声称测试必须测量天生的智力，因为测试者就是为此创建它们的："的确，自比奈以后，几乎所有试图创建'智力测试'的研究者，都主要是在寻找测试某种天生能力的方法，它和获得性的知识与技能是不同的。带着这种认识去询问'智力'受环境的影响有多少，以及'智力'受天赋的影响有多少，就明显显得非常愚蠢了：定义本身就已经提出并且解决了这个问题。"（1943，p.88）

量的，而且一般智力是可以分析的；迄今为止少数心理学家合理地冒险坚持的程度也就是它们能够被分析、测量和遗传的程度。

伯特在 1912 年写给《优生学评论》的论文中再次使用了这些数据，并以更少的样本增加了额外的"证据"。他讨论了阿尔弗雷德·比奈的两个女儿，注意到她们的父亲不愿意把身体特征与杰出的智力联系在一起，他指出，那个日耳曼血统的金发蓝眼的大脑袋女儿是客观而直率的，而肤色较黑的女儿则相对不切实际和多愁善感。一针见血。

伯特不是个傻瓜。大量新闻报道了他的著作的欺骗性，说他只是一个阴暗狡诈之徒。我承认自己是带着媒体给我的这种印象，开始读他的作品的。但在阅读的过程中，我开始尊重伯特的博学多识，因为他在许多领域都表现出非凡的敏感性，推理的过程也相当复杂精妙；结果我开始从许多方面欣赏他的而不是我自己的著作。但是这种评价，使他在推理智力先天性的非常薄弱之处，显得更加具有迷惑性。如果他只是一个傻瓜，那么愚蠢的论证可能表明与其性格的一致性。

在我的词典中，"固有观点"的定义是："一个人无法逃离的一种固执的或者沉迷的观点，经常是妄想性的"。智力的先天性是伯特的固有观点。当他把聪明的技巧用于其他领域时，他的推理非常精妙，经常能够发现伟大的洞见。而当他思考智力的先天性，在为他赢得声誉并最终为他带来厄运的遗传论教条面前，他的双眼就被蒙蔽了，理性思维也随之蒸发不见。伯特的推理模式的双重性也许是值得我们注意的。但我发现更值得注意的是，他的论证和数据包含如此明显的错误和似是而非的结论，而这些论证和数据都能在大众读物中轻松获得，竟然还有很多人相信他的智力观点。这些伪装成客观的公共教条，教会了我们什么呢？

后期论证

我选择批评伯特最早的作品，也许是不公平的。也许年轻时的愚蠢很快就变得成熟，变得智慧和审慎。事实完全不是这样；伯特如果不具备个体发育的前后一致性，那他就不是伯特了。1909年的论证从来没有发生改变，从来没有哪怕是微小的变化，始终得到既有的支持。智力的先天性还作为一种教条而发挥了作用。想想伯特最著名的作品《智力落后儿童》（*The Backward Child*，1937）中的主要观点吧，这本书是在他的影响力达到顶点时写的，那时他还没有沦落到有意识欺骗的境地。

伯特说，智力落后是由学校的成绩来决定的，而与智力测试无关：儿童智力落后的标准就是比正常学年落后超过一年。伯特认为，如果环境影响真的那么重要，那么它就应该对这类儿童最有影响（那些在学校远远落后的儿童更明显具有基因缺陷）。伯特因此开展了一项关于环境的数据研究，把智力落后儿童的比例与伦敦区的穷困水平联系在一起。他计算出一系列令人印象深刻的高相关系数：与贫困线以下人口比例的相关系数是0.73，与密集区人口比例是0.89，与失业人口比例是0.68，与少年犯比例是0.93。这些数据似乎为对智力落后的主要环境影响提供了一个初步依据，但是伯特提出了异议。还有另外的可能性。也许天生穷困的血统创造了这些最糟糕的地方，然后把他们吸引到这些地方来，穷困的程度只是劣等基因的一种不完美的衡量。

伯特受其固有观念的引导，选择认为天生的愚笨是贫困的主要原因（1937，p.105）。他以IQ测试作为主要论证方式。大多数智力落后的儿童比平均值75～80低1～2分，这在技术上处于所谓"迟钝"的范围内。因为IQ记录的是天生的智力，因此大多数智力落后的孩子之所以在学校表现差，是因为他们迟钝，而不是（或者仅仅间接地）因为他们很穷。伯特再次进入了他的循环论证。他希望证明天生的智力缺陷是学校表现差的主要原因。他很清楚地知道，IQ分数与先天性的关系在IQ意义的激烈争论中，还是一个没有解决的问题——他多次承认，即便是在最好的情况下，斯坦福-比奈测试也只是对先天性的一个不完全的衡量（例如，1921，p.90）。

但是他把这些测试分数作为引导，并且总结道：

> 超过半数以上的例子表明，智力落后看起来主要是因为固有的智力因素；因此，智力落后就是天生的，没有任何治愈的希望。（1937，p.110）

想一想伯特在这句话中对先天性的奇怪定义。用伯特的话说，作为与生俱来的、遗传性的先天性格，组成了有机体生物结构的一部分。但是证明某种特质具有不受后天影响的天性，并不能保证它的先天必然性。伯特遗传了糟糕的视力。没有医生能让他的眼睛恢复到天生的正常水平，但是伯特带着眼镜，因而他的视力模糊只是概念上的。

《智力落后儿童》里的很多陈述都与伯特的遗传论偏见相契合。他曾写到一种不利的环境因素——穷人中经常复发的黏膜炎——并且怀疑其具有遗传性（非常疑似），他以醒目的嘲讽形象强调：

> ……在那些脸部发育明显有缺陷的人中特别常见——圆而后缩的前额，突出的口鼻，短小上翻的鼻子，厚厚的嘴唇，这些特征加在一起赋予了贫民窟的孩子一种黑人的或者近乎类人猿的轮廓……"几乎还不是类人猿的猿"，这是一位班主任的评论，他想用一个短语来概括伯特的描述。（1937，p.186）

他想理解犹太人的智力成就，并将这些成就，至少是部分，归因于遗传性的近视。近视让他们远离各种游戏，而特别适于注视账本。

> 在发明眼镜之前，靠自身能力记账、看账的犹太人，如果到50岁的时候产生了正常的远视倾向，他就丧失了这种能力；另一方面（正如我自己可以证明）近视的人……可以不用眼镜而应付近距离的工作，而且不丧失工作效率。（1937，p.219）

伯特的盲区

伯特的遗传论偏见的遮蔽力量，可以通过研究他处理智力以外的事物的方法来得到最好的了解。因为在那些方面，他一直表现出一种令人称赞的谨慎。他认识到因果关系的复杂性，以及环境可能带来的微妙影响。他斥责简单的假设，并且主张直到找到进一步的证据才能作出判断。但是一回到他最喜欢的智力主题，伯特的盲区就出现了，他的遗传论问答教学法也再次出现了。

伯特是带着力度和敏感来书写糟糕环境的微弱影响的。他注意到，他采访过的伦敦人中有 23% 从来没有见过一片草地，"甚至从来没有到过市政公园"，64% 的人从来没有见过火车，98% 的人从来没有见过大海。下面这段话可以显示出家长式作风的傲慢与偏见，但也有力地再现了工人阶级家庭的穷困景像，以及这种环境对儿童智力的影响。（1937，p.127）

> 除了自己的生活，他的父母几乎对其他东西一无所知，他们没有时间，没有闲心，没有能力，也没有心情向孩子传授所知的那一点有限的知识。与母亲的对话，可能主要集中在类似打扫卫生、做饭和责骂这样的话题。而父亲不工作的时候，可能大部分时间都"窝在某个角落"以恢复疲惫的身心，或者戴着帽子，脱掉外套，坐在火炉边忧郁沉闷地抽烟。孩子接收的词汇量只有几百个，大多数都不准确，要么内容粗鲁，要么发音错误，而剩下的一小部分也不适合在学校课堂中使用。家里没有一本有书名的著作；孩子的整个世界就是砖墙围绕和烟雾缭绕的空间。一年到头，他可能没有去过比最近的商店或者邻近的广场更远的地方。乡村和海边对他来说只是一个词汇，模糊地意味着事故后残疾人被送往的某个地方，或者是父母在结婚后几周从海滩旅行中带回来用贝壳镶边的"南端照片纪念品"或"马盖特（英国英格兰肯特郡的海港，避暑胜地）绘画纪念品"。

伯特把一个来自"率直的汽车售票员"的评论加到他的描述中："书本学习，不是为那些还得填饱自己肚子的孩子准备的，而只是为了那些能使自己成为衣冠楚楚的知识分子的人准备的。"

伯特可以把他的理解应用到除了智力之外的任何地方。想想他对少年犯和左撇子的观点吧。伯特广泛地探讨了少年犯的成因，并最终归结为儿童和环境的相互影响："这个问题根本不在于'问题儿童'自身，它总是因为儿童和他所处的环境的相互影响。"（1940，p.243）如果糟糕的行为表现可以得到这样的评估，那为什么不说智力表现也是一样的呢？也许有人怀疑伯特之所以这么做又是因为测试分数，测试成绩好的行为不端分子，不可能由于天生的愚笨而举止失度。但事实上，行为不端分子与伯特认为的智力天生缺陷的可怜儿童一样，都在智力测试中表现糟糕。但是伯特意识到，行为不端分子的 IQ 分数可能没有反映他们的遗传能力，因为他们反感参加测试：

> 对行为不端分子来说，这些测试一定是学校测试的翻版，他们不仅觉得没有什么兴趣，甚至非常厌恶。他们从一开始就预想自己可能更加失败而不是成功，更容易受到批评而不是表扬……除非真正采取巧妙的措施打消他们的质疑，确保他们的良好意愿的安全，否则他们在测试中的表现明显会跌至真正水平之下……青少年犯罪的原因中……智力缺陷的作用，毫无疑问地被那些只相信比奈—西蒙的人放大了，而忽视了贬低其结果的因素。（1921，p.189-190）

但为什么不说贫困也会导致一种相同的厌恶感和失败感呢？

伯特（1937，p.270）认为左撇子是"行动无能……它干扰了课堂的正常秩序。"作为伦敦市属学校的主要心理学家，他做了许多成因研究。在这个案例中潜在确信没有成为他的负担，他设计并且试图测试潜在环境影响的广泛性。他研究了中世纪和文艺复兴时期的绘画，想搞清楚圣母玛利亚是否经常把婴儿时期的耶稣抱在右边。如果真是这样，婴儿就会用左臂搂住母亲的脖子，而让右手更加自由、更加灵巧（真正的右撇子）地活动。他想，更高频率地使用右手也许表明了内部器官的不对称，并且需要我们利用习惯加以保护。如果心脏和胃处在中间靠左的位置，那么战士或工人自然会让左半身回避潜在的危险，"他们相信右半身有更加坚实的支撑，所以用右手和右臂使用重型工具和武器"（1937，p.270）。文章结尾时，伯特很谨慎地得出了一个他无法确证的结论：

> 我只能不得已地认为，可能所有形式的左撇子都只是间接地遗传：后天的影响总是参与进来……因此像在心理学的其他地方一样，我必须重申，对这个问题我们现有的知识太过贫乏，因此不能肯定地宣称什么是天生的，什么不是天生的。（1937，pp.303-304）

如果用"智力"替换"左撇子"，这个句子就是典型的明智的推断。事实上，左撇子是比智力更加明显的实体，可能更加容易受到确定的特殊遗传性的影响。这个案例明显对伯特测试先天性更加有利，然而伯特在测试了所有他能够设计的环境影响——有些甚至远远超出了他的能力范围——之后，最终宣称这个问题太过复杂而无法解决。

伯特对先天性的政治应用

伯特把他对个人智力的先天性信念，扩展到种群间的普遍差异上。他没有觉得（1912）种族在遗传智力方面有太多差异。他说（1921，p.197），男孩和女孩之间的行为差异，很大程度上是受父母教育方式影响的结果。但是，社会阶层的差异，成功者的智慧和穷人的迟钝，则是对遗传能力的反映。如果种族是美国主要的社会问题，那么阶层就是英国最为关注的对象。

在转折性的有关"能力与收入"的文章*（1943）中，伯特总结道，"个人收入的巨大差距，在很大程度上是受到先天智力巨大差异的间接影响，尽管不能全部归因于此。"数据"没有支持这个观点（仍

---

* 赫恩肖（1979）怀疑，这篇文章标志着伯特开始使用欺骗性数据。

然有许多教育学家、社会改革家坚持），即儿童和成人智力上明显的不平等，主要是经济状况不平等的间接结果"（1943，p.141）。

伯特经常矢口否认自己希望通过把测试作为衡量先天智力的标准而控制取得成功的机会。他争辩说情况正好相反，测试能够确认低等班级中天生具有较高智力水平的人，他们的智慧在恶劣的环境中是很难被识别出来的。因为"在民族中，生存努力的成败，一定会越来越多地取决于一小部分能力、性格、天赋出众的人的成绩"（1959，p.31）。这些人必须被辨认出来并好好培养，只有这样才能弥补"普通大众的相对愚笨"（1959，p.31）。他们应该受到鼓励和奖赏，因为一个民族的兴衰，不是取决于整个种族奇特的基因，而是在于其"主要成员和主要阶层的相对生育能力的变化"（1962，p.49）。

测试可能是这样一种工具，即它让少数儿童能够逃避相对死板的班级结构的局限。但这些测试对大部分低等班级的儿童的影响又是怎样的呢？伯特曾把智力也得到相当程度发展的低等班级的儿童不公平地标记为遗传性无能——因此他们理所应当地接受较低的社会地位？

> 我们面向未来的教育政策基于这样一种假设，即不同社会阶层之间的平均智力水平没有真正的差异，或者没有任何程度上的重大差异。任何这样的尝试不仅注定要失败；而对作为整体的民族的福利来说，它也可能产生灾难性的后果，与此同时，还会导致受关注学生的不必要失望。无论是否与我们的期望和理想一致，基因不平等的事实都是我们无法逃避的东西（1959，p.28）……儿童能够企及的限度，是由它们天生能力的限度所冷酷决定的（1969）。

伯特对斯皮尔曼理论的拓展

作为智力测试的遗传论者，西里尔·伯特可能更加为人所知；但他理论心理学家的名誉，主要还是来自他的因素分析著作。正如他后来声明的那样，他没有发明这项技术；但他是斯皮尔曼的继承者，无论是在字面还是比喻意义上，他都成了他那一代人中最重要的英国因素分析学家。

伯特对因素分析的真正贡献是巨大的。他关于因素分析的著作内容复杂而推理严密，是斯皮尔曼学派最辉煌的成就。伯特写道，它"可能比我曾写过的任何书都更能对心理学产生更加持续性的贡献"（引自赫恩肖所写的传记中伯特写给姐姐的信，Hearnshaw，1979，p.154）。伯特在对斯皮尔曼的方法的两个重要拓展也是开创性的（尽管他没有发明这项技术）——伯特称之为"人与人的相关性"（现在因素分析狂热爱好者们都知道这是"Q模式因素分析"）的一种反向技术（我在本章"伯特和g的政治用途"将进行讨论），以及在斯皮尔曼的二因素理论中增加了"类因素"的概念。

伯特在1909年发表的第一篇论文中，严格遵守斯皮尔曼的观点。斯皮尔曼坚持认为，每种测试只记录两种精神特性——所有测试中常见的一般因素和某种测试中特有的特殊因素。他否认测试聚类在两个层面中显示出形成"类因素"的重要趋势——也就是说，他没有发现古老心理学的一种"官能"，例如，没有聚类能够代表语言、空间或者算术能力。在1909年的论文中，伯特的确注意到，在联合测试中有一种"可识别的，但是非常微弱"的类聚趋势。但他宣称，这种趋势非常微弱，足以忽略不计（他的原话是"趋近于零的微弱"），并且认为自己的结论"确认并且扩展"了斯皮尔曼的理论。

但与斯皮尔曼不同，伯特是测试的实践者（负责伦敦所有学校的测试）。对因素分析的进一步研究促使他更加深入地分辨类因素，尽管它们总是g的附属分支。作为引导学生的实践难题，伯特意识到自己不能忽视类因素的存在。如果完全使用斯皮尔曼的方法，那么学生除了需要知道自己究竟是聪明还是愚笨之外，还需要了解什么呢？必须确认学生在更加具体领域里的长处和弱点，并据此将他们导向某种专业。

伯特在从事因素分析的主要工作的时候，斯皮尔曼的难以应付的四元交乘差方法，被我在本章"因素分析及其目标"中概述过的主成分方法取代了。伯特通过研究个人测试在第二和更加靠后的主成分上的映射来分辨类因素。看看图6.6，在正相关系数的矩阵里，代表个人测试的矢量都聚集在一起。第一主成分，也就是斯皮尔曼的g，从这些聚类中间穿过，并且比其他任何轴都能分解更多信息。伯特意识到，如果坚持斯皮尔曼的二因素理论，那么在后面的轴上就无法找到一致的模式——因为如果它们唯一的共同变量已经用g来解释，那么矢量就不能形成子聚类了。但是如果子聚类的矢量显示出更多的特有能力时，那么第一主成分一定会从子聚类中间穿过，如果它恰好是所有矢量的平均契合的话。由于第二主成分垂直于第一主成分，一些子聚类一定投射在它的正轴，其他的则投射在负轴（如图6.6显示的语言测试投射在负轴，而算数测试投射在正轴）。伯特称这些轴为双极因素，因为它们包括正负投射的聚类。他把正负映射的聚类认定为类因素。

认为伯特对类因素的认定是对斯皮尔曼理论的挑战，似乎有一些肤浅，事实上它实现了斯皮尔曼最终表示欢迎的拓展和提高。斯皮尔曼观点的核心是g的首要性，决定智力的其他所有因素都是g的辅助。伯特确认的类因素保留了等级制度的概念，并且通过在g和s之间增加一个层面，扩展这个概念。事实上，伯特把类因素作为g的辅助层面的设想，把斯皮尔曼的理论从威胁它的数据中拯救了出来。斯皮尔曼原本是否认类因素的，但是它们的证据还在进一步集聚。许多因素分析学者开始把这个证据视为对g的诋毁，并且认为它是推翻斯皮尔曼整个理论大厦的一个楔子。伯特加固了这座大厦，不仅保留了g的突出地位，并且通过列举附属于g的更多层面拓展了斯皮尔曼的理论。伯特写道（1949，p.199），因素"是按照层级的基础组织排列的……首先有一个综合的一般因素，覆盖所有认知能力；然后有一小组相对宽泛的类因素，覆盖根据不同形式和内容划分的不同能力……所有这一系列因素似乎都是按照连续的层面排列的，最低层面的因素是最特殊的，数量也是最多的。"

斯皮尔曼倡导二因素理论；伯特则宣称其四因素理论：一般因

素即是斯皮尔曼的 g，特别因素即他确认的类因素，特殊因素即斯皮尔曼的 s（在所有情况下表现出的某种独立特性），还有伯特所说的"偶然因素"（在某种情况下测出的某种特性）。*伯特综合了所有的方面。用斯皮尔曼的术语来说，伯特的理论在认识 g 的主导地位时是君主制的，确认类因素时是寡头政治的，认识每种测试中的 s 因素时是无政府主义的。但是伯特的策略不是折中主义；它是在斯皮尔曼的层级理论基础上，增加了一个附属于 g 的层面。

此外，伯特接受并且详细阐释了斯皮尔曼不同阶层具有不同天性的观点。斯皮尔曼认为 g 是遗传的，s 是训练的结果。伯特同意这一观点，但他把教育的影响也扩展到了类因素上。他保留了遗传的而且不可避免的 g 与能够通过教育得到提高的更特殊的能力之间的差别：

> 虽然一般智力缺陷不可避免地为教育进步设置了某种确定界限，但特殊智力能力缺陷却很少如此。（1937，p.537）

伯特还带着惯有的信心和决心宣称，因素分析最基本的作用在于它能辨别遗传的永久能力：

> 从我的教育著作的第一页开始，它就显得非常重要，不仅因为它能显出智力认知活动背后的那个一般因素，而且因为这个一般因素（或者说它的某种重要成分）是与生俱来的，或者说是永久性的。（1940，p.57）
>
> 因此在很大程度上，寻找因素就成了这样一种努力，它能发现似乎会永远帮助或者限制我们今后个人行为的天生潜能。（1940，p.230）

伯特的因素具体化观点

正如赫恩肖失望地指出的那样，伯特关于因素具化的观点是不

---

* 这个偶然性变量，代表了特殊测试的特殊属性，也就是数量学家所说的"测量错误"部分。量化它非常重要，因为它可以通过一种叫做"变量分析"的技术确认原因，并从而形成对比的基本层面。但是它代表的是某种情况下的特殊性，而非一个测试或受测者的性质。

统一的，有时甚至是矛盾的（有时在同一出版物中）。*伯特经常认为，应该抵制因素具体化的诱惑：

> 毫无疑问，这种在某种程度上我们都很偏爱的因果关系式语言，部分来自于人类思维中不可抑制的具体化倾向，甚至是对所有可以这么做的东西的拟人化冲动——以为推导出来的原因是真实的，并且赋予这种真实性一种鲜活的力量。（1940，p.66）

他在说到这种错误思想时，显得非常雄辩：

> 普通的思想喜欢把模式精简得像原子一样——把记忆当作位于颅腔中的一种基本能力，把所有意识都挤到松果体中；把所有抱怨都称为风湿病，认为它们都是某种细菌的影响；宣称力量蕴藏在头发或者血液中；认为美有一种像亮光漆一样可以被涂抹的基本特性。但当前科学的整个趋势都是去寻找一种统一的原则，不是在简单的独立原因中，而是在类似的结构模式或者系统中。（1940，p.237）

并且他明确地否认因素是大脑里的一种"东西"（1937，p.459）：

> 简言之，"因素"应该被认为是简便的数学抽象，而不是存放于大脑单独"器官"中的有形智力"官能"。

还有什么能比这说得更清楚呢？

但在一篇生物学评论中，伯特（1961，p.53）将其论证聚焦在斯皮尔曼身上，但并非关于因素是否应该具体化的问题，而是应该怎样将它们具体化："斯皮尔曼用'大脑能量'确认一般因素，而我用大脑的普通结构来确认一般因素。"在同一篇文章中，他对由

---

*很多学者经常抱怨伯特在面对困难而有争议的问题时的含糊其辞、见风使舵和骑墙派作风。文森特（D.F.Vincent）普遍提到他与伯特关于因素分析的通信（Hearnshaw，1979，pp.177-178）："我无法得到一个简单问题的简单答案，我只能得到 6 张大纸的打印文字，所有内容都非常礼貌，非常诚挚，同时提出我并不是特别感兴趣但出于礼貌我又必须回答的 6 个附加问题……然后我就会得到更多张大纸的打印文字，以及提出的更多问题……在第一封通信之后，我的问题就变成了怎样才能不失礼数地结束这种通信。"

数学因素确认的实体的可疑的物理定位，提供了更多细节。他说，类因素是大脑皮质的确定区域（1961，p.57），而一般因素代表皮层组织的复杂性和总量："个人大脑组织的一般特征——也就是神经元构成体的系统复杂性的一般程度——对我来说就代表着一般因素，并且能够解释在各种认知测试中获得的高度正相关性"（1961，pp.57-58；也参见 1959，p.106）。*

除非有人受到什么东西的诱惑，认为其后期的陈述是因为信念的转变，即从 1940 年那个谨慎的学者变成晚年陷入欺骗泥淖的缺乏判断力的人。而我注意到，伯特在 1940 年对具体化问题进行了类似的论证，并且伴有相关提醒：

> 现在，尽管我不能用任何形式的能量确认一般因素 g 的存在，但我该做好确信其"真实存在"的准备，就像我们可以合理地认为物理能量真实存在一样（1940，p.214）。我不认为智力就一定是某种特定的能量形式，而是在中枢神经系统结构中某种具体的、确定的个体差异——这些差异的具体性质可以用组织学术语进行描述（1940，pp.216-217）。

为了显示神经"非全有即全无"的特征不再"支持独立或'直角'因素的最终分析要求"，伯特甚至走得更远。（1940，p.222）

但是，也许伯特希望具体化的最佳暗示，是他为 1940 年的重要著作所选择的书名上。他的书名为《心理因素》（*The Factors of the Mind*）。

伯特追随斯皮尔曼，试图为从智力测试相关性矩阵中提取出来的数学因素，找到在大脑中的物理位置。但伯特还是要走得更远，他在一个连斯皮尔曼都不敢涉足的领域，把自己确立为其中的具体化实例。伯特并不满足于在如此通俗和物质化的世界中，把因素作

---

* 也许有人认为伯特仅仅在数学证据的基础上拒绝对它进行具体化，并以此来解决这个明显矛盾（1940），但他是在独立的神经学信息证实可以用因素确认大脑中结构的存在之后，才这么做的。伯特在对比正常人和"低分缺陷"者大脑的过程中，确实推动了某些神经学论证的进步（例如，1961，p.57）。但是这些论证是分散的、次要的和敷衍了事的。在一次次发表的文章中，伯特几乎是逐字逐句地重复，并没有引证数据的来源，也没有为数学因素和皮层特性的结合提供任何具体原因。

为其中类似小块神经组织这种东西。他有一种更广阔的视野，这种视野激起了他自身的柏拉图精神。地球上的物质对象，是对超出我们视野范围的理想世界的更高本质的直接和不完全呈现。

在漫长的职业生涯中，伯特用因素分析方法处理了多种数据。他对因素的解释展现出一种超越现实的柏拉图式理念，因素无法通过物质对象完整呈现出来，但是它们可以通过其在主成分因素上的潜在的本质理念而从物质对象中被辨认出来。他分析了一组情感特征（1940，pp.406-408），并且确认其第一主成分是"一般情绪"因素。（他也找到了内向—外向和愉快—悲伤等两组双极因素。）他在超感知觉的研究中，发现了"一个一般的超常因素"（Hearnshaw，1979，p.222）。他分析人类的身体，并把第一主成分理解为人类的一种理想形式（1940，p.113）。

即便有这些例子，我们也无需从一个更高、更宽泛的现实推断伯特的想法：也许他认为这些理想化的一般因素只是分类的原则，主要是帮助人类理解的。但是，在因素分析的美学判断方面，伯特清楚地表达出他的确信，也就是说美的真正标准是存在的，它们独立于人类能够欣赏的存在之外。伯特选了50张带有插图的明信片，明信片上插图内容的范围从大师到"我在贫民窟报亭能找到的最粗俗、最闪亮的生日卡片"。他让一组被测试者把这些卡片按照美的顺序进行排列，然后对等级之间的相关性进行因素分析。他又发现了第一主成分中潜藏的一般因素，并宣称这就是美的普遍标准，而在认识这个更高现实之后，他还表达了个人对维多利亚时期礼仪塑像的一种轻蔑：

> 我们看见了美，是因为美就在那里……我想争论的是，就像逻辑关系一样，美的关系也有某种独立的客观的存在：凡人皆有一死，但米洛斯的维纳斯还是比广场上维多利亚女皇的塑像更加美丽，泰姬陵比阿尔伯特纪念碑更加可爱。

在分析智力的时候，伯特经常说（例如1939，1940，1949），他的四因素层级理论的每个层面都与"传统逻辑层级"（1939，p.85）的可识别分类相对应———一般因素对应属，类因素对应种，特殊因素对应共有属性，偶然因素对应偶然属性。他似乎认为，这些类别不仅能为人类给复杂的世界排序提供方便，而且可以作为理解等级化现实的必要方式。

伯特当然相信，在日常可见的客观世界之外，还存在其他的王国。他接受了心灵学的大部分数据，并假定有一个超越灵魂或者心灵的粒子———"由某些活人的精神在潜意识的心灵感应式的交互作用下形成的类精神，也许还包括由死人的精神构成并再次吸入死人尸体的灵魂储存"（Burt，引述自 Hearnshaw，1979，p.225）。在这个更高的精神现实中，"精神因素"可能与真正的理念模式一样客观存在。

伯特成功地支持了和因素属性有关的三个矛盾观点：数学抽象是为了人类的方便；真实的实体存在于大脑的物理属性中；思想的真正分类在一个更高的、有等级秩序的精神王国中进行。作为具体化论者的斯皮尔曼都没有这么大胆；他从来没有冒险越过亚里士多德的思想，即把理想化的抽象能力定位在物质性的身体中。伯特至少部分地飞越到了柏拉图的王国，超出了物质身体的范畴。在这个意义上，伯特是最为大胆的，或者说是他们中最彻底的具体化论者。

伯特和 g 的政治用途

因素分析经常被用于测试的相关性矩阵中。伯特开辟了因素分析的"反向"模式，它与一般模式在数学上等同，但是基于个体而非测试之间的相关。如果在普通模式（技术上称为 R—模式分析）中每个矢量代表的是同一项测试中不同人的分数，那么伯特的反向模式（技术上称为 Q—模式分析）中每个矢量反映的是同一个人在不同测试中的分数。换句话说，现在每个矢量代表的是一个人，而不是一项测试，矢量间的相关性测试的是个体之间的相关度。

伯特费尽心力升级了一种在数学上与一般模式相同的技术，而且这种技术通常使用起来更加烦琐和昂贵（因为这种实验设计总是比一般模式需要更多的实验对象），那么伯特为什么还要这么做呢？答案就在伯特不同寻常的兴趣中。斯皮尔曼和其他大多数因素分析论者，都希望通过研究不同功能的智力测试间的相关性而搞清楚思维的性质或者说精神的结构。西里尔·伯特是伦敦郡委员会的官方心理学家（1913—1932），他对小学生的等级划分更感兴趣。伯特以一种自传式的语调写道（1961，p.56）："［戈弗雷勋爵］汤姆逊主要对测试*能力*的描述和*能力*之间的差异感兴趣；而我对参与测试的*人*和他们之间的差异感兴趣"（伯特分别在"能力"和"人"这两个词上用了斜体）。

对伯特来说，对比不是抽象的东西。他希望按照自己的独特方法评估小学生，这种独特的方法基于两个指导性原则：第一（这一章的主题），一般智力是独立的可测量的实体（斯皮尔曼的 g）；第二（伯特的固有观念），人的一般智力几乎完全是与生俱来并且无法改变的。因此，伯特按照线性排列的先天智力价值，探寻人与人之间的关系。他使用因素分析方法证实这种独立范围的存在，并且把人置于其中。他写道（1940，p.136）："因素分析的确切对象，是从一组实证性的测试中推导出的每个个体的独一数值。"伯特寻找（1940，p.176）"一种能够作为一般因素的理想秩序，它对每个测试者和被测者来说是共同的，尽管毫无疑问会受到其他无关因素的影响，但它在其中占据的是主导地位。"

伯特基于遗传能力能够单独排序的想法，为智力测试遗传学理论在英国取得重大政治胜利作出了很大贡献。如果说 1924 年的《移民限制法案》标志着美国心理学遗传学理论的主要胜利，那么所谓的 11+ 测试法则为翻版的英国遗传学理论的胜利产生了同样的影响。这种制度让小学生在 10 岁或 11 岁时参加广泛的测试，然后把孩子分流到不同的中学。这些测试的结果，主要是为了评估每个孩子的斯皮尔曼 g，其中 20% 的孩子将被送到英国"公立重点"中学，在那里做好进入大学学习的准备，而 80% 则被分到技术学校或者普通中学，因为他们被认定不适合接受高等教育。

西里尔·伯特认为，为了"避免过去所有伟大文明的最终衰亡悲剧"（1959，p.117），分流是一种明智之举：

> 为了孩子自身与整个国家的共同利益，那些能力最强的人——聪明人中的佼佼者——应该被尽可能精确地分辨出来，这是最起码的要求。在迄今为止所有的实验方法中，所谓的 11+ 测试法，已经被证明是最有价值的。（1959，p.117）

伯特唯一的抱怨（1959，p.32）是，测试和分流对孩子来说进行得太迟了。

11+ 测试体制和后续的学校分流措施，20 年间在一系列政府委员会发布的官方报告中反复出现（1926 年和 1931 年的哈多报告，1938 年的斯潘士报告，1943 年的诺伍德报告，以及教育委员会的教育重建白皮书——所有这一切最终导致了 1944 年《巴特勒教育法案》的颁布，在 20 世纪 60 年代中期劳工党发誓结束 11+ 筛选体制之前，这项法案一直是各种教育政策制定的依据）。在伯特的欺骗性著作刚被曝光，他自己也因此遭到谴责和抨击时，人们常常把他当作 11+ 测试体制的创建者。这是不正确的；伯特甚至都还不是各种报告委员会的成员，尽管他经常为他们当顾问，也为他们写了大量的报告。*但究竟是否出自伯特之手，并非最重要的问题。这些报告体现出了一种特殊的教育理念，其中受到因素分析的英国学派的影响清晰可辨，而且明显与西里尔·伯特的版本密切相关。

11+ 测试是斯皮尔曼智力分级理论的体现，它的先天一般因素遍及所有的认知活动。甚至有批评家提到，有的系列报告就像 "'g' 的赞歌"（Hearnshaw，1979，p.112）。第一份哈多报告就是用类似 "i.g.c."（innate，天生的；general，一般的；cognitive，认知的）能力这样的伯特最喜欢的术语，定义了测试的智力："在儿童时期，

---

*赫恩肖（1979）认为伯特对 1938 年的斯潘士报告有很大的影响，这项报告建议对 11 岁以上的孩子进行分类，明确反对统一标准的综合学校。伯特对诺伍德报告感到很生气，因为它贬低了心理学的证据；但是正如赫恩肖指出的，这次生气"掩饰了其与建议的基本一致性，而从原则上看，这些建议与他先前支持的斯潘士委员会的没有明显区别。"

智力的发展好像就受到独立的中心因素的控制，大家都知道它就是
'一般因素'，也可以更加宽泛地定义为天生的、全面的智力能力，
它似乎渗入到孩子所想、所说或所做的一切行为中：它似乎是决定
孩子课堂表现的最重要的因素。"

对英国因素分析论者来说，11+ 测试是缺乏一般原理支撑的；
此外，它的有些细节可以追溯到伯特学派。例如，为什么要在 11
岁的时候进行测试和分流？它一定有实践和历史的原因，即 11 岁
是从小学过渡到中学的传统年龄。不过因素分析论者为此提供了两
个重要的理论依据：第一，有关儿童成长的研究表明，g 在早年生
活中变化最大，而在 11 岁时会有第一次较为稳定的表现。斯皮尔
曼在 1927 年写道（p.367）："一旦用一种真正精确的方法测出某
个 11 岁上下的孩子的 g 的相对数量，如果老师和家长希望他经过
后续的爆发而到达更高水准，那么这种希望很有可能只是一个幻
影。"第二，伯特的"类因素"（主要是为了按照一般智力价值进
行分类）只能被看作是对 g 的干扰，在 11 岁之前无法对孩子产生
强烈影响。1931 年的哈多报告宣称："特殊能力在 11 岁之前几乎
不会有任何明显的表现。"

伯特经常说自己支持 11+ 测试的主要意图是"开明"的——为
那些天生才能尚未被发现的处于不利境地的孩子，提供接受高等教
育的途径。我不怀疑少数能力强的孩子因此得到了帮助，但是连伯
特自己都不相信，会有很多智力超群的孩子埋没在下层阶级之中。
（他同时也相信，他们的数量正在迅速减少，因为聪明人正沿着社
会的阶梯往上爬，以致下层阶级的人的智力更趋衰退 [1946, p.15]。
赫恩斯坦 [1971] 因为相同的论断而引起了很大的骚动，几年之后
同样的一幕又再次上演。）*

但 11+ 测试对人类生活和希望的主要影响，必定体现在它的基
本数字结论上——因为天生智力水平较低，80% 的孩子不宜接受高

---

* 当赫恩斯坦和查尔斯·莫雷以类似论断作为《钟形曲线》的公开话题和一般基础时，这种循环论证取得了全
面而持久的成就。

等教育。在英国 11+ 测试体制中度过的两年里，有两件事从记忆中涌现出来：已经被学校认定为有足够能力进入高等院校的孩子们，穿着校服昂然走过利兹市大街，让每个失去资格的同学都能把他们认出来；有个朋友在 11+ 测试中失败，但她最终还是进入了大学，因为她自学了拉丁文，这对进入大学学习某些课程来说是必须的，而她在普通中学中没有人教授拉丁文。（无论他们的天赋和愿望如何，有多少其他工人阶级的孩子能有这样的决心和信念？）

伯特通过发现和教育天赋突出的少数人而拯救英国，进而实现他的优生学理念。至于剩下的人，我猜他也希望他们一切都好，并且让他们接受与他所识别的能力对等的教育。但 80% 的人不包括在他保卫英国的伟大计划中。关于他们，他写道（1959，p.123）：

> 教会孩子如何面对 11+ 测试（或任何其他测试）的失败，是教育最基本的内容之一，正如应教会他们在半英里赛跑、拳击比赛或与其他学校的足球比赛中接受打击一样。

如果伯特愿意严肃地把劣等智力的永恒标签与一次赛跑中的偶然失利相提并论，那么他能感受到生活希望被生物学结论所摧毁的痛苦吗？

瑟斯通和精神矢量

瑟斯通的批评与重构

瑟斯通出生（1887）并成长于芝加哥（1917 年获芝加哥大学博士学位，1924 年成为母校的心理学教授，直到 1955 年去世）。瑟斯通能在大萧条时期怀着一颗美国心完成其主要著作，也许他本来就应该成为斯皮尔曼的 g 的终结天使，这一点也不奇怪。我们可以很容易地用英雄模式构建一种心理神话：瑟斯通，没有受到阶级偏见的蒙蔽，看穿了具体化的错误和遗传论的假设，揭穿了 g 逻辑上的谬误性、科学上的无用性以及道德上的模糊性。但是复杂的世界很少赋予这种叙述以有效性，这个叙述和其他大多数叙述一样错误和空洞。瑟斯通确实由于上述原因而反驳 g，而不是因为他知道导致它的更深刻的概念错误。事实上，瑟斯通不喜欢 g，是因为他感觉它不够真实！

瑟斯通不怀疑因素分析的主要目标，应是努力识别可与确定原因联系起来的精神实体。西里尔·伯特为其主要著作命名为《心理因素》，发明了测试和作为矢量的因素的几何学描述法（图 6.6 和图 6.7）的瑟斯通，给其主要著作（1935）命名为《心智矢量》（*The Vectors of Mind*）。瑟斯通（1935，p.53）写道："因素分析的目的是发现智力官能。"

瑟斯通认为斯皮尔曼和伯特的主成分分析法不能识别智力的真正矢量，因为它将因素轴置于错误的几何学位置。他极力反对第一主成分（产生了斯皮尔曼的 g）和后续成分（可以识别测试中正负投射聚类形成的"类因素"）。

斯皮尔曼的 g 的第一主成分是正相关系数矩阵中所有测试的总平均数，所有矢量必须大致指向同一个方向（图 6.4）。瑟斯通问道，如果一条轴的位置取决于所包含的测试，并且在不同测试中的位置发生了大幅转换，那么这样一条轴的心理学意义是什么呢？

看看我们从瑟斯通《心智矢量》扩展版（1947）中取出的一幅图吧（参见图 6.10）。曲线在球面上形成了一个三角形。每条矢量从球面中心向外发射（没有显示出来），并在球面的某个点上形成交叉，可由 12 个小圆圈中的一个表示出来。瑟斯通假设，12 个矢量代表着对衡量智力的三个"真实"官能——A、B、C（如果你愿意的话，可以把它们叫做语言的、数字的和空间的官能）——的测试。左边一组 12 项测试中，有 8 项主要是测试空间能力的，靠近 C；有两项是测试语言能力的，靠近 A；有两项是反映数字能力的，靠近 B。但每组测试的数量或分布并非不可更改。这些决定是任意的；事实上，测试者经常完全无法作出决定，因为他提前不知道哪种测试测量什么潜在官能。另一组测试（图 6.10 右边）可能碰巧有 8 项都是测试

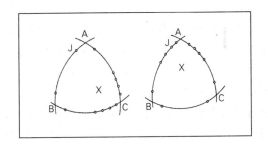

图 6.10　瑟斯通图解第一主成分的位置（两幅图中的 x）是如何受到测试类型影响的。

语言能力的，而测试数字能力和空间能力的则分别只有两项。

　　瑟斯通认为，三种官能都是真实的，并且在位置上不会发生什么变化，不论它在一组测试中包括多少项。还是看看斯皮尔曼的 g 的情况吧。斯皮尔曼的 g 只是所有测试的平均值，由于一组测试包含了更多空间测试内容——图 6.10 中的 x，它的位置可能由于任意原因而发生明显变化（迫使 g 更加靠近 C 点），而另一组则由于语言测试项目更多而让 g 更靠近 A 点。如果 g 只是一个平均数，并且容易受到不同能力测试数量变化的冲击，那么 g 还有什么心理学意义呢？瑟斯通这样写道（1940，p.208）：

> 　　这种因素总是能在任何一组正相关测试中被发现，它不过是一组按照整体要求测试出的所有能力的平均值。由于测试是偶然、随意地集合在一起的，其不同组别之间的结果也必然大不相同，因而也就失去了心理学上的基本意义……一般因素只是任意组合的测试的平均值，因而无法引起我们的兴趣。

　　伯特通过寻找第二和后续主成分上的正负投射聚类来辨别类因素。瑟斯通极力反对这种方法，不是在数学的基础上，而是因为他觉得测试不可能在真实"东西"上产生负投射。如果一个因素代表一条真实的心智矢量，那么个体测试要么部分测出那个实体，并在因素上进行正投射，要么完全无法测出，因为只有零投射。但任何一项测试都不可能在心智真实矢量上产生负投射：

一个负项……必须这样解释，即意味着有某种能力能对测试表现产生不利影响。如果说有某种能力有助于测试，我们可以理解；如果说有一种能力对测试没有影响，我们也可以想象；但是说有什么能力能对测试产生不利影响，却是很难理解的。当然，正确的认知测试的因素矩阵不会包含很多负项，而在更理想的情况下，应该没有任何负项才对。（1940，pp.193-194）

因此，瑟斯通开始寻找"正确因素矩阵"，即通过消除测试在轴上的负投射，而确保所有投射都是正值或者是零。斯皮尔曼和伯特的主成分轴无法实现这个目标，因为它们必然包含第一主成分轴（g）上的所有正投射，以及后续的"两级轴"上混合在一起的正、负投射。

在因素分析的历史上，瑟斯通的方案代表着最令人吃惊的创见，同时也是最简单的创见。既然不让第一主成分轴作为所有矢量的总平均，并避免让其他轴包含稳定递减的矢量上的剩余信息，为什么不试试让所有轴都靠近矢量聚类呢？通过若干测试，这些聚类可以反映不完全测量的真实"心智矢量"。一条置于类似聚类附近的因素轴，对衡量主能力 * 的测试而言，将会产生较高正投射，而对所有衡量其他主要能力的测试而言，只要主能力都是相互独立并且互不相关的，就会产生非常低的零投射。

但在数学上，怎么才能将因素轴置于聚类附近呢？这里，瑟斯通有他自己的伟大洞见。斯皮尔曼和伯特的第一主成分轴（图6.6），并未处在可以呈现的唯一位置。它们代表着解决问题的一种可能方案，斯皮尔曼对独立的一般智力存在的先在证明，已经指明了这一点。换句话说，它们是受理论约束的，而在数学上不是必然的——这个理论也许是错的。瑟斯通决定保留斯皮尔曼—伯特策略中的一个特性：他的因素轴保持相互垂直状态，因此它们在数学上互不相

---

* 瑟斯通把他的因素具体化，并称之为"主要能力"或"心智矢量"。所有这些术语都代表了瑟斯通体系中的相同数学对象——置于测试矢量聚类附近的因素轴。

关。瑟斯通推理指出，心智的真正矢量必须能够代表相互独立的主要能力。因此，瑟斯通计算了斯皮尔曼—伯特的主成分，然后把它们旋转到不同位置，直到它们足够靠近（同时仍然保持垂直）矢量的真实聚类。在旋转后的位置，每条因素轴接受它周围少数矢量聚类的较高正投射，接受所有其他矢量的零或者接近于零的投射。当每条矢量在一条因素轴上有较高投射，而在其他轴上为零或者接近零投射时，瑟斯通就把这种结果称为简单结构。他再次把因素问题定义为：通过把因素轴从主成分位置旋转到最大程度接近矢量聚类位置的方式而形成一种简单结构。

图 6.6 和图 6.7 从几何学上显示了这个过程。两个聚类中的矢量分别代表着语言和数学能力。在图 6.6 中，第一主成分 g 是所有矢量的平均值，第二主成分是一条双极轴，语言测试在上面是负投射，而算数测试是正投射。但语言和算数聚类在双极轴上不能被精确确认，因为它们的大部分信息都被投射到 g 上，只剩下很少一部分分别投射在第二条轴上。但如果把轴旋转到瑟斯通的简单结构（图 6.7）的位置，那么两个聚类都可以被很好确认，因为它们都在一条因素轴附近。算数测试在第一简单结构轴上投射高，在第二轴上投射低；语言测试在第二轴上投射高，在第一轴上投射低。

因素问题不是通过图片解决，而是通过计算来解决。瑟斯通利用几个数学原理而发现了简单结构。其中一个现在还经常被使用，即所谓的"最大方差法"，也就是在旋转每条因素轴的基础上寻找最大方差。"方差"是通过测试在轴上的投射分布来计算的。第一主成分上的方差较低，因为所有测试都有相同的正投射，并且分布范围有限。而置于聚类附近的轴的方差较高，因为这种轴上分布着许多数值很高的正投射，以及其他为零或者接近于零的投射，这样就扩大了分布范围。*

---

* 在生物学或社会科学类数学统计课或方法论课上做过因素分析的读者，一定会记得如何把轴旋转到最大方差位置。比如我在学习因素分析的这个步骤时，就觉得它似乎是一种基于在寻找聚类时主成分不足的数学推论。而实际上，从历史上看，它的出现与某种智力确定理论有关（瑟斯通相信有独立的主要智力能力），并且反对由主成分支撑的另外一种理论（涉及一般智力和较少因素等级）。

　　主成分与简单结构的方法在数学上是一样的，哪一种也不比另一种"更好"。通过旋转轴，信息既没有增加，也没有减少；它们只是被重新分布了。究竟喜欢哪一种方法，主要取决于赋予因素轴的意义。第一主成分可以被证明是存在的。对斯皮尔曼来说，它作为天生一般智力的测量方法，一直备受推崇。而对瑟斯通而言，它是任意一组测试的毫无意义的平均值，缺乏心理学上的重要性，计算的仅仅是它向简单结构旋转的中间步骤的数值。

　　不是所有矢量组都有明确的"简单结构"。没有聚类而随机排列的一组矢量无法用一组因素进行反映，它只有数量很少的高投射，以及很多接近于零的投射。一个简单结构的发现意味着，矢量被按组分为相互独立的聚类。瑟斯通继续在智力测试的矢量中寻找简单结构，并因此宣称，测试评估了少数独立"主要智力能力"，或者说智能矢量——在某种意义上说，这是一种比较复古的"官能心理学"，认为智力是互相独立的能力的聚集。

　　　　现在，当一个因素矩阵中可以发现许多零项时，负项也同时消失了，这种现象反复出现。它看起来不像是一种巧合。原因可能在处理不同任务的不同智力过程中找到……它们就是我所说的主要智力能力。（1940，p.194）

　　瑟斯通认为，自己已经发现了具有固定几何学位置的真正智力实体。主要智力能力（或是他所说的PMA's，Primary Mental Abilities）没有在不同组测试中转换位置，或者改变数量。语言PMA's存在于固定的点，不管它是由三项测试构成的一组测试所测定，还是由25项不同项目构成的另一组测试所测定。

　　　　因素分析方法让其对象通过客观实验步骤而把主要能力分离开来，因此它可能是这样一个问题，即一组任务中能够显示出多少种能力。（1938，p.1）

　　瑟斯通把其简单结构轴具体化为主要智力能力，并试图确定它们的数量。当他发现新的 PMA's 或浓缩的其他主要智力能力时，他的观点发生了转换，但其基本模型仍只包括 7 个 PMA's——V 代表语言理解能力，W 代表词汇频度，N 代表数字（计算能力），S 代表空间视觉，M 代表相关记忆，P 代表感知速度，R 代表推理。[*]

但在轴的旋转过程中，斯皮尔曼的必然的、天生的一般智力——g 发生了什么变化？它只是消失了。它被旋转没了；它不在那儿了（图 6.7）。瑟斯通研究了斯皮尔曼和伯特用以发现 g 的相同数据。但是现在，它被一个主导的、天生的一般智力和一些附属的可培养的类因素构成的等级取代了，相同的数据产生了一组独立并且同等重要的 PMA's，没有等级区分，没有主导的一般因素。如果 g 只代表处理信息的方式之一，它只能解释本质上不同而数学上相同的信息，那么 g 在心理学上有什么意义呢？瑟斯通写下了他最著名的实验研究报告（1938，p. Ⅶ）：

> 目前，我们在研究中没有发现斯皮尔曼的一般因素。……到目前为止我们可以确定的是，假设的充满一般常见因素的测试，在所有未曾出现过的主要因素中划分方差。目前，我们正在研究分析的一组包含 56 项内容的测试中，我们无法报告任何与一般常见因素有关的信息。

PMA's 的平等主义解释

在因素分析的历史上，代表特殊能力的类因素还有一段传奇的旅程。在斯皮尔曼的体系中，它们被称为四次方程的"干扰项"，经常被有目的地消除掉，方法是剔除聚类中的多余测试，直到只剩最后一项——一种提出无可辩驳的假设的绝妙方法。在一项著名的研究中，其主要目的就是为了搞清楚是否存在类因素。布朗和斯蒂芬森（Brown and Stephenson，1933）让 300 个 10 岁的男孩做了 22

---

[*] 瑟斯通像伯特一样提交了许多其他因素分析的数据。受到自己等级模型限制的伯特，不管是研究解剖学、心灵学，还是美学数据，总能发现一个主导的一般因素和辅助的两极。瑟斯通结合自身的模型，总能发现独立的主因素。例如在1950年，他提交了性格测试的因素分析，并从中发现了主因素，数量还是 7 个。他把 7 个主因素称为活力、冲动、情感稳定性、社会性、运动爱好、权力和反思能力。

项认知测试。他们计算了一些干扰程度较高的四次方程，并舍弃了其中的两项测试，"因为对于我们当前的目的来说，20 项测试已经够多了。"然后他们又消除了另外一项，因为它产生较大的四次方程，并让测试者有借口这样说，"哪怕是在最糟糕的情况下，从这么多测试中删除其中的一项，也不是什么大的事情。"更高的数值使更多四次方程被删除，包括剩下 19 项测试中有相关性的两项测试，因为"包括这个相关性在内的所有四次方程的平均值，是可能性错误数值的 5 倍。"最后，大概有四分之一的四次方程都消失了，而剩下的 11 000 个构成了一种足以接近正常水准的分布情况。他们声称，斯皮尔曼的"二因素理论令人满意地通过了经验的考验。""科学实验心理学的基础和发展就是证据；尽管我们非常谦虚，但它在某种程度上还是构成了一场'哥白尼式革命'。"（Brown and Stephenson，1933，p.353）

对西里尔·伯特而言，尽管类因素在职业导向中是真实而且至关重要的，但它还是附属于那个占主导地位的天生的 g。

而对瑟斯通来说，陈旧的类因素变成了智力能力。它们是无可削减的智力存在；而 g 只是一个错觉。

哥白尼的日心说可以被视为一种纯粹的数学假设，它为托勒密（Ptolemy）用地心说解释相同天文学数据提供了一种更加简便的呈现方式。的确，哥白尼谨慎而实际的支持者们，包括《天体运行论》（De Revolutionibus）的序言作者在内，都在那个充满禁书目录和审查的世界里，加速推进了这种实用主义课程的产生。但是只有当由伽利略领导的哥白尼支持者，坚持认为这种说法才是天空的真正组成形式而不只是天体运动的简单数学表达时，哥白尼理论最终才制造出一种轰动效应。

斯皮尔曼—伯特与瑟斯通学派的因素分析的情况也是这样。他们的数学表达方式是相同的，并且同样值得支持。争论之所以到达一种激烈的程度，是因为两种数学学派提出的关于智力真实性的两种观点完全不同——接受其中任何一种，都会对教育实践活动产生根本性影响。

如果使用斯皮尔曼的 g，那么每个孩子都能在天生智力的独立范围内进行排序；所有其他能力都只起辅助作用。一般能力在早期就可以被测量出来，应该依据智力预期（如在 11+ 测试中）对孩子们进行分类。

如果使用瑟斯通的 PMA's，则没有什么一般能力可以被测量。一些孩子在某些能力上表现突出，而另一些则在某些不同的独立智力能力上胜出。此外，一旦 g 的霸权被打破，PMA's 就会像春天的鲜花一样盛开。瑟斯通只识别出几种能力，而据称其他有影响的研究指出了多达 120 种（Guilford，1956），甚至更多的能力组合（Guilford,1959，p.477）。（吉尔福德的 120 个因素不是凭经验推导出来的，而是根据一种理论模型预测的——可以用立方算式 $6 \times 5 \times 4 = 120$ 来代表——为实证研究指定了可供发掘的因素。）

即便是在瑟斯通的少数 PMA's 的世界中，小学生的线性排列也没有容身之地。每个孩子的本质都将成为他的独特性，瑟斯通写道（1935，p.53）：

> 即便每个个体都可以用数量有限的独立参照能力进行描述，世界上每个人都与众不同的结论仍然是可能的。每个人都可以用数量有限的独立能力得分进行描述。这些得分的排列顺序也可能足以保证个性的保留。

在经济大萧条中，许多知识分子精英沦为贫民，有平等主义理想（尽管很少实践）的美国，对具有内在价值的英国传统社会平等观形成了挑战。斯皮尔曼的 g 在旋转后不见了，一般智力价值也就随之蒸发了。

有人可能会认为，伯特和瑟斯通的争论，是关于因素轴的数学争论。这种解释可能与对伽利略和教会争斗的解释一样目光短浅——认为这种争斗是两种在数学上等同的描绘天体运动的机制的较量。当伯特面对瑟斯通的进攻而为 11+ 测试进行反驳的时候，他当然了解当时的大背景：

> 在教育实践中，可以根据孩子的能力不同进行分类，我们无需考虑他们的一般能力程度，只需按照特殊天分把他们分配到不同类型的学校中；简而言之，11+ 测试可以按照热身赛的规则进行实施，它让每个人都能在这片奇妙的土地上取得成功，并且因此而获得某种奖励。而最终被推翻的一般因素的轻率假设，为这种不切实际的想法得到认可作出了很大贡献。（1955，p.165）

瑟斯通极力为自己的观点制造舆论（和替代性测试），他主张不应该单从一个数字来判断孩子。取而代之的是，他希望根据一系列 PMA's 分数来评估某个人的优势和弱点（曾被作为他成功改变美国测试实践的证据，参见 Guilford，1959；Tuddenham，1962，p.515）。

> 用众所周知的重要的主因素来描述一个人，比用类似智力年龄或者智商这样的单一指数来描述一个人的智力天赋，要可取得多……如果有人坚持认为有一个像 IQ 这样的单一指数，那么它能通过计算所有已知能力的平均数而获得。但是，这样一个指数会模糊对人的描述，每个人的优点和局限都要被它抹平了。（1946，p.110）

两页之后，瑟斯通很清楚地把他抽象的智力理论与他所倾向的社会观点联系了起来。

> 这项工作不仅与确认卓越智能的科学目标是一致的，而且似乎也与一种区别待人的愿望相一致，即通过使人成为独特个体的智力和身体天赋来识别每一个人。（1946，p.112）

瑟斯通完成了基本重建过程，他没有攻击任何一个激发斯皮尔曼和伯特的深刻假想——具体化和遗传论。他在因素分析的传统理论范畴之内工作，并且力图在不改变前提条件的基础上重建其结果和意义。

瑟斯通从不怀疑，他的 PMA's 是证据确凿的存在（参见他早在 1924 年的作品，pp.146-147。因为致力于具体化抽象概念的种子——在这个案例中是聚集——就像我们身体中的某些东西一样）。他甚至揣测，在生物学找到方法证实智力特征之前，他的数学方法就能够确认它们的存在："在能用神经学或遗传学方法证实主要智力能力之前，我们很有可能使用因素分析的方法把它们分辨出来。我们使用几种不同方法对相同现象进行研究，最终的结果肯定是一致的"（1938，p.2）。

智力矢量是真实的，尽管它们的原因也许是复杂和多层面的。瑟斯通承认环境具有强烈的潜在影响，但是他更强调先天的生物性：

> 一些因素可能最终由内分泌的影响所决定。其他的可能由体液或者中枢神经系统的具体化学和生理参数所决定。另外有些因素由某些解剖区域的神经或血管的关系所决定；还有一些因素包含自主神经系统的动力参数；另外一些则由经验和教育所决定。（1947，p.57）

瑟斯通从对双胞胎的 PMA's 遗传性研究中引用证据攻击环境论学派。他也认为，即使训练能同时提高天资聪颖和天赋低劣的孩子的成绩，但同时它通常也会扩大天生的差异：

> 在决定智力表现的因素中，遗传占有至关重要的地位。我确信，环境论者的观点大多建立在感伤主义的基础上。他们在这个问题上甚至表现得有些狂热。如果有事实支持遗传论的解释，那么就不能把猛烈的不民主的控诉加在生物学家身上。如果说有任何人在这个问题上不民主，那只能是自然母亲。至于智力能力能否通过训练获得，肯定的答案似乎是唯一正确的答案。但另一方面，如果两个观察能力明显不同的男孩接受同样的思维训练，恐怕在训练结束之后，他们之间的差别只会比之前拉得更大。（1946，p.111）

正如我在整本书中所强调的一样，社会学偏好和生物学责任之间不能简单划等号。我们可以客观地讲述遗传论的坏故事，即把整个种族、阶层和性别都归入永久的生物劣等性之中，也可以讲述环境论的好故事，即鼓吹所有人都具有不可缩减的价值。其他偏见必须被分解成（请原谅我的习惯性用法）一个复杂的等式。只有与等级和差异价值观念相结合，遗传论才会成为种族优劣分类的工具。伯特在遗传综合论中把两种观点结合了起来。瑟斯通超越伯特之处在于他对具体化的简单形式的贡献，同时他并不反对遗传论观点（尽管他肯定从来没有像伯特那样一门心思地追求它们）。但他选择不在一般能力的单一范围内进行排序和权衡，他对伯特划分等级的主要工具——斯皮尔曼的g——的摧毁，改变了智力测试的历史。

斯皮尔曼和伯特的反应

当瑟斯通散播g只是一个幻想的观点的时候，斯皮尔曼还健在，而且和过去一样好斗，伯特则正处于权力和影响的巅峰时期。斯皮尔曼通过把批评整合进自己灵活多变的体系，驾轻就熟地为g辩护了30年。而这一次他发现，瑟斯通不那么容易被整合进来：

> 迄今为止，所有对g的攻击，似乎最终都被弱化成对它进行更加简单的解释的一种努力。但是现在出现了一个非同寻常的危机；在最近的研究中，没有什么可以解释的；一般因素就这么消失了。此外，我所说的研究不是一项普通的研究。与作者本人的杰出一样，瑟斯通有关主要智力能力的近作，无论在设计的周密性，还是视野的综合性上，都罕有可匹。
> （Spearman，1939，p.78）

斯皮尔曼承认，作为测试平均数的g，可以根据测试的不同而改变位置。但是他坚持认为，它变化的范围很小，而且受测试间广泛正相关性所决定，它总是指向大致相同的方向。瑟斯通没有消除g，他只是利用数学迂回术来使之模糊化，并使它一点点地分布于一组类因素上："这种做法的创新之处在于，它把 g 散布于许多类因素上，并使每个类因素上分布的碎片由于太小而无法察觉。"（1939，p.14）

然后斯皮尔曼转而使用瑟斯通喜欢的论证方式来反驳他。作为一个确定的具体化论者，瑟斯通相信，PMA's"存在"于因素空间中的某个固定位置。他说斯皮尔曼和伯特的因素不是"真的"，因为在不同组别的测试中，它们的数量和位置都会发生变化。斯皮尔曼反驳说，瑟斯通的 PMA's 也是人为选择的测试的结果，而不是智力的不变矢量。只要简单地构建起一系列能够多次测量同一个对象的繁冗测试，并且建立一个密集的矢量聚类，一个 PMA 就可以被创造出来了。同样，任何 PMA 都能够通过减少或者消除与之相关的测试而分离出来。在有人发明测试来确认它们之前，PMA's 并非处于当前不变的位置，它们是测试自身的产物：

> 我们被导向这样一种观点，即类因素远远不是构成少数被大幅削减的"主要"能力，而是在数量上不可胜数，范围上不断变化，甚至在存在上不够稳定的因素。能力的任何因素都能构成一个类因素，也能不再成为一个类因素。（1939，p.15）

斯皮尔曼的抱怨是有原因的。例如，两年后瑟斯通发现了一种新的他无法解释的 PMA（L.L.Thurstone and T.G.Thurstone，1941）。瑟斯通把它命名为 X_1，他是通过三项数点测试的高相关性确认它的。他甚至承认，如果那组测试中只有一项数点测试，他可能就彻底错过了 X_1：

> 所有这些测试都有一个共同因素，但由于这三项数点测试实际上同组内其他测试是分开的，而且数字因素没有任何饱和度，因此我们无法猜测因素的属性。毫无疑问，如果测试组内的数点测试只有一项，那么这种能力很可能就会在测试的具体变化中丢失。（Thurstone and Thurstone，1941，pp.23-24）

对具体化的依赖让瑟斯通对一个明显的选择视而不见。他假设 X_1 真实存在，而之前错过它，是因为没有包含认识它的足够测试。但假设 X_1 是这些测试的衍生物，那么现在的"发现"只不过是因为三个多余的矢量构成了一个矢量聚类（一个潜在的 PMA），而如果只有一项不同的测试，那么它将只会被看成一个奇怪的东西。

在瑟斯通的论证中有一个普遍的错误，即 PMA's 不是取决于测试，相同因素在任何构成合理的测试组中都会消失。瑟斯通认为，每项个人测试都会记录相同的 PMA's，只要使用的是"完整的、多因素决定的"简单结构就可以了（1947，p.363）——换句话说，也就是在所有心智矢量都被合理地确认并且置于恰当位置的时候。事实上，如果真的只有有限的心智矢量，如果我们能够知道所有矢量何时能被确认，那么任何繁冗的测试，都一定会被放入简单结构中无法更改的位置上。但是，也许没有这样一种"多因素决定的"简单结构，其中所有可能的因素轴都能被发现。也许因素轴的数量也不确定，而随着新测试的增多，它们的数量也会无限增多。也许它们真的取决于测试，完全不是真正存在的潜在实体。对主要能力数量的估量，从瑟斯通的 7 个增加到吉尔福德的 120 个或者更多，这个事实本身表明，心智矢量也许真是大脑的虚构。

如果说斯皮尔曼是通过支持他所钟爱的 g 来反击瑟斯通，那么伯特则是通过对同样十分接近他自己想法的主题的辩护来回避问题——通过双极轴上聚类的正负投射来确认类因素。瑟斯通对斯皮尔曼和伯特的攻击，不是通过反对具体化实现的，相反他认为必须进行具体化，他只是瞧不起具体化的英国方式。他解构了斯皮尔曼的位置上变化太大的 g，又拒绝了伯特的双极因素，因为"消极能力"是不可能存在的。伯特非常恰当地回应道，瑟斯通是一名太不敏感的具体化论者。因素不是头脑中的物质对象，而是划分那个秩序现实的原则。（伯特也经常提出相反的论证——参见本章"伯特的因素具体化观点"的内容。）它是根据逻辑的二分法和对立进行划分的（Burt，1939）。负投射并不意味着某个人拥有某种确定东西的数量小于零，它们只记录两个抽象思维特征之间的对比关系。某种东西增多常常伴随着另外一种东西的减少——例如管理能力和学术创造能力。

斯皮尔曼和伯特是他们的"王牌"都认为，瑟斯通没有对他们的真实性作出令人信服的修正，而只是对相同的数据提供了一种替代性的数学分析。

> 当然，我们可以构建某种总能导向因素—模式的研究方法，并显示（如果我们愿意）常常被称为"简单结构"的某种程度的"等级"信息。但结果并没有什么意义：即使使用的是同一组数据，使用前者，我们几乎总能证明一般因素的存在；使用后者，我们几乎总能证明它不存在。（Burt, 1940, pp.27-28）

但就是这个辩护，给他们自己带来了和瑟斯通一样的毁灭，难道伯特和斯皮尔曼不明白这一点吗？他们是对的，毫无疑问是对的。瑟斯通没有证明另一种替代性的真实。他从对心智结构的不同假设开始，创造了一种与他的偏好更加一致的数学模式。但是相同的批评用在斯皮尔曼和伯特身上同样有力。他们也是从智力属性的假设开始，然后发明了一套支持它的数学体系。如果相同的数据能够适用于两种如此不同的数学模式，我们怎么能肯定地说一个代表着现实，而另一个只是牵制性的修补呢？也许对现实的两种观点都是错误的，他们共同的失败在于他们犯了同一个错误：他们都试图把因素具体化。

哥白尼是对的，即使他广为接受的天体位置图示可能是从托勒密的体系中产生的。伯特和斯皮尔曼也可能是对的，即使瑟斯通用同样的数学方法处理了相同的数据。为了证明这两个观点，我们必须诉诸抽象的数学之外的某些合理的东西。这种情况下，我们必须发现生物学的某些基础。如果生物化学家曾经发现斯皮尔曼的大脑能量，如果神经学家曾把瑟斯通的 PMA's 投射到大脑皮层的某个区域，那么一种更好选择的基础也许已经建立起来了。所有的争论者都利用生物学而提出了软弱无力的观点，但都未能在神经学对象与任何一条因素轴之间确立某种具体的关联。

我们只剩下了数学，因此不能证明其中任何一个体系。两个体系都受到错误的具体化概念的困扰。因素分析是很好的描述工具，我认为它根本不会发现难以捉摸的（虚幻的）因素或心智矢量。瑟斯通废除了 g，但他并非正确利用其替代体系做到这一点，而是犯了同样的错误——因此暴露出整个过程中的方法论错误。*

倾斜轴和二阶 g

作为矢量测试领域几何学再现方向的先驱，瑟斯通没能立即把握技术分析中的缺陷，这是很奇怪的。如果测试是正相关的，那么在同组中任何两个矢量之间的夹角都不能超过 90 度（因为直角意味着相关系数为零）。瑟斯通希望他的简单结构轴能在整个矢量组中尽可能接近聚类。但是他坚持认为，所有轴都应互相垂直。这个标准限定了轴不能真正接近矢量聚类——如图 6.11 所示。因为矢量的最大夹角不能超过 90 度，因此，相互垂直的两条轴，定然位于聚类之外。为什么不废除这个标准，让轴自身相关（轴之间的夹角不超过 90 度），并使它们正好处于聚类之中呢？

垂直的轴有一个巨大的概念优势。他们在数学上是相互独立的（不相关）。如果有人希望确认因素轴就是"主要智力能力"，那么它们最好是不相关的——因为如果因素轴自身相关，那么相关的原因不是比因素自身更为"重要"了吗？而相关轴还有不同的概念优势：它们能被置于可能代表"智力能力"的矢量聚类附近。你不能使从正相关系数矩阵中得出的矢量组兼得两者：因素可能相互独立，而且只是接近聚类，或者相互关联，并且位于聚类之中。（说不上哪种系统"更好"，每一种都在特定情况下才有优势。相关轴和不相关轴仍然还在使用，争论还在继续，即便如今因素分析已经

---

* 塔登汉姆（Tuddenham，1962，p.516）写道："如果测试创建者在效率和预测价值方面付出了代价，他们就会继续使用因素步骤，但是因素分析可以提供短暂的、创造性的'基本能力'的希望已经衰退了。上半个世纪因素分析持续存在的困难，意味着线性的确定数字对智力进行概念化的模式可能存在一些基本错误。统计学家的格言是，只要是存在的都能够被测量；因素分析论者在这个基础上增加了一个假设，即只要是能'测量'的都是存在的。但是这种关系不能颠倒，这个假设也许是错的。"

计算机化，也仍是如此。）

　　在 20 世纪 30 年代早期，瑟斯通发明了旋转轴和简单结构。在 20 世纪 30 年代晚期，他开始使用倾斜简单结构，或者说相关轴系统。（不相关轴被称作直角轴或是相互垂直轴；相关轴是"倾斜的"，因为它们之间的夹角小于 90 度。）正如可以用几种方法来决定直角简单结构一样，倾斜轴也能用不同的方法进行计算。在一个相对简单的方法中，如图 6.11 所示，在总集中占据极端位置的真实矢量可被当作因素轴。请注意，对比图 6.7 和图 6.11，看看语言因素轴和数学技能因素轴是怎样从真实聚类之外（用垂直的方法）移动到聚类之中的（用倾斜的方法）。

　　大多数因素分析者都是基于这样一种假设，即相关性是有原因的，而因素轴能够帮助我们认识这些原因。如果因素轴自身相关，那么为什么不使用相同的论证方法，问问这种相关性是反映了更高还是更低的基本原因呢？智力测试的倾斜简单结构轴经常是正相关的（如图 6.11）。这种相关性的原因也许无法用斯皮尔曼的 g 辨别？这个过时的一般因素是否终究不可避免？

　　瑟斯通和他所谓的"二阶" g 较劲。我承认，我不明白他为什

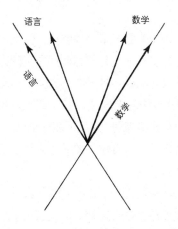

图 6.11　瑟斯通倾斜简单结构轴中图 6.6 和 6.7 中所描绘的四项相同的智力测试。因素轴不再互相垂直。在这个例子中，因素轴与聚类外部矢量是一致的。

么会如此较劲，除非多年以来他在解决直角问题上的努力促使他下定决心，要让这个概念从一开始就能让人熟知并且接受。如果说有人能理解矢量的几何呈现，那么这个人一定是瑟斯通。这种呈现方式确保倾斜轴是正相关的，并因此保证二阶一般因素必定存在。二阶 g 只是以一种更加富于幻想的方式确认原始相关系数表达的内容——几乎所有的智力测试相关系数都是正的。

无论如何，瑟斯通最终还是向二阶一般因素的必然性和公认存在低下了头。他曾用最斯皮尔曼式的术语描述道（1946，p.110）：

> 这里似乎存在着大量的特殊能力，可以用因素方法确认为主要能力，在这些特殊能力之后，似乎还存在某种核心能量因素，它们能够推动所有这些特殊能力的活动。

瑟斯通与英国因素分析者之间的争论，看上去似乎以一种折中的方式在喧哗与躁动中平息了下来，它更符合斯皮尔曼和伯特的心愿，而使可怜的瑟斯通处于一种极力挽回颜面的不光彩地位。如果倾斜轴的相关性产生一个二阶 g，那么斯皮尔曼和伯特一贯坚持的一般因素不就是正确的吗？瑟斯通本来表明，类因素比任何英国因素分析论者所承认的因素都更加重要，但这里 g 的重要性不是再一次确定了吗？

阿瑟·詹森（1979）提出了一种解释，但他糟糕而错误地再现了这场论辩的历史。二阶 g 没有把瑟斯通和英国因素分析论者团结起来，它也没有为双方制订一种妥协的方案。毕竟，我引用的瑟斯通关于按照 IQ 划分等级的无效性，以及基于主要智力能力为每个人构建简要情况的必要性等观点，都写在他承认二阶一般因素之后。两个学派没有联合起来，斯皮尔曼的 g 也由于以下三个基本原因而未能被证明是正确的：

1. 对斯皮尔曼和伯特而言，g 不可能仅仅只是存在；它必须是主导的。等级的观点——带有主控性的固有的 g 和辅助的可教育的类因素——对英国学派来说是根本的。还有什么能够支持线性等级划分呢？还有什么能为 11+ 测试辩护呢？由于这种测试也许测量了主控性的智力，这决定了孩子的一般潜能，并塑造了他的整个智力未来。

瑟斯通承认存在一个二阶 g，但他把它看作仅次于他继续称为"主要"智力能力的第二重要的能力。与任何心理学推测都极为不同的是，基本的数学原理肯定支持他的观点。在测试矩阵中，二阶 g（倾斜简单结构轴的相关性）只解释信息总量中很小的一部分。另一方面，斯皮尔曼的 g（第一主成分）通常包含超过一半的信息量。英国学派的整个心理学运作方式，以及所有的实践机制，都取决于 g 的突出地位，而不仅仅依靠它的存在。当瑟斯通于 1947 年修订了《心智矢量》，并承认二阶一般因素之后，他继续把自己与英国因素分析者对比，宣称自己的机制认为类因素是主要的，而二阶一般因素是次要的，而英国因素分析论者则鼓吹 g 的重要性，认为类因素才是次要的。

2. 瑟斯通的替代观点反驳了斯皮尔曼 g 的必然真实性，宣称这一说法的主要原因依然保留了其自身的全部力量。瑟斯通不过是把不同的因素轴置于不同的位置，从而从相同的数据中得出对比鲜明的观点。直接因素轴的数学分析过渡到心理学意义，似乎已经不再可能了。

在一种方案或另一种方案缺少确凿生物学证据的情况下，怎么能够决定呢？最终，无论一名科学家如何不想承认它，决定似乎都成了一种口味的选择，或者是基于个人或者文化偏见的潜在喜好。作为有阶级意识的英国特权人士，斯皮尔曼和伯特为 g 及其线性排序而辩护。瑟斯通在偏向于个人形象和无数主要能力。在一则无心然而有趣的题外话中，瑟斯通曾对自己与伯特之间存在的技术差异感到好笑，并且认为伯特倾向于使用代数方法，而没有使用从其空间 PMA 缺陷中产生的几何学因素呈现法：

> 结构阐释明显不对伯特的胃口，因为在他的文章中没有一张图表。也许这意味着在形象化方式方面的个体差异，而

它导致了科学家在方法和解释上的差异。（1947，p. Ⅳ）

3. 伯特和斯皮尔曼的因素心理学解释，基于 g 是主导而且真实的想法——一种固有的一般智力，标志着个人的基本属性。而在瑟斯通的分析中，最多允许它们是一个二阶 g。但是假设他们胜出，并且确立了主导的 g 的必然性呢？他们的论证还是会失败，原因我们每个人都知道。而问题在于，我讨论过的所有伟大的因素分析者都犯了一个逻辑错误——想把因素具体化为实体的愿望。奇怪的是，我追溯的整个历史似乎对此都毫不在意。如果伯特和瑟斯通从来没有出现过，如果整个专业都永远满足于斯皮尔曼的二因素理论，并在他提出 g 以后的四分之三个世纪里，一直都高唱主导的 g 的赞歌，这个错误还是会像现在一样刺眼。

智力测试中普遍存在正相关性，这个事实是科学史上最不值得大惊小怪的主要发现之一。因为正相关性几乎是每种自相矛盾的理论对自身潜在原因的预测，其中包含两种极端的观点：纯粹的遗传论（斯皮尔曼和伯特一起传播的）和纯粹的环境论（没有哪个重要的思想家会愚蠢到提出这种观点）。首先，人们在所有测试中要么做得都很好，要么都很差，因为他们要么天生聪明，要么天生愚笨。其次，他们要么做得都很好，要么都很差，因为他们还是一个孩子时，要么生活在一个富有环境中，能够吃饱吃好，还能读书和学习，要么生活在一个缺吃少穿的环境中。两种理论都预示着普遍的正相关性，相关性事实自身什么也不能证明。因为 g 只是一个表达相关性的详尽方式，所以它假定的存在也不能解释原因。

瑟斯通对因素分析的应用

瑟斯通有时夸大了他的阐释工作的范围。不过他也有谦虚的倾向，而这种倾向在伯特或斯皮尔曼身上是永远不会发现的。在反思的时候他意识到，因素分析只是记录某个领域知识的原始状态的一种方法。当一种理论没有确定的原则，而只是一堆粗糙的数据时，因素分析就是一种毫无理性的经验性技术，以及一种可能为更深、更远、更有成效的探究提供某些建议的相关性模式的希望（1935，p. VI）：

> 没有人想到用相关性方法或者因素分析法研究经典结构的根本法则，因为经典结构的法则已经是众所周知的。如果人们对物体下落的规律一无所知，那么用因素分解的方法分析从高处丢下或者落下的物体的许多属性，就是很有道理的。然后就会发现，有个因素与下落的时间和距离紧密相关，而这个因素在物体重量上是零负荷。因素分析方法的有效性，将会处于科学的边界。

当他修订《心智矢量》时，一切如常（1947，p.56）：

> 因素分析的探索性经常不被理解。在科学的边界，因素分析有其重要作用……因素分析是有用的，尤其是在那些缺乏基本有效概念以及难以构想决定性实验的领域中。新方法的地位很卑微。它让我们能够勾勒这个崭新领域的第一张最粗略的草图。

请注意共同的用语——有用的"在科学的边界"。按照瑟斯通的说法，决定把因素分析作为一种重要方法，意味着深层次上对原理和原因的忽略。心理学上最伟大的三位因素分析学者，从来没有超出这些方法的范畴——尽管他们为神经学、内分泌学和其他发现天生生物性的潜在方式动了一下嘴皮子——证明瑟斯通有多么英明。这个说法的悲剧性在于，尽管如此，英国遗传论者还是推动了天赋论者对主导的 g 的解释，并因此抹煞了数百万人的希望。

结语：阿瑟·詹森和斯皮尔曼的 g 的复兴

1979 年当我研究这一章时，我知道斯皮尔曼的 g 的幽灵徘徊在现代智力理论之中。而我认为它的形象被遮蔽了，它的影响也在很大程度上不被认可了。我希望对概念错误的构成使用历史的分析，这样可以暴露当代 IQ 和智力观点中某些隐藏的谬误。我从来没有期望，能从清晰的斯皮尔曼式的观点中找到对 IQ 的现代性辩护。

而后来美国最知名的遗传论者阿瑟·詹森（1979），则以一个守旧的斯皮尔曼主义者出现，并将长达 800 页的 IQ 辩护词的中心都放在 g 的真实性上。时间更加靠后的理查德·赫恩斯坦和查尔斯·莫雷，也基于同一个谬误创作了同等篇幅的《钟形曲线》（1994）。在此我将分析一下詹森的错误，而对《钟形曲线》的错误分析，请参见书后附录的两篇论文。历史经常重复自己的错误。

詹森利用斯皮尔曼和伯特选择的主成分方位（尽管他也乐意接受瑟斯通的 g，即倾斜简单结构轴之间的相关性），进行他的大部分因素分析。通观全书，他通常使用无效的数学模式来命名或者具体化因素。我们用 g 来指一般智力，也指一般运动能力（与辅助类因素一起意指手与手臂长度、手眼协调度和身体平衡能力）。

詹森清楚地把智力定义为"一个不确定规模和变化程度的智力测试组的 g 因素"（p.249）。他说："我们用 g 来辨认智力。""测试能让个体按照 g 排序，从某种意义上说， g 能被看作一种智力测试。"（p.224）IQ 是我们最有效的智力测试，因为在智力测试的因素分析中，它在第一主成分（g）上的投射非常强烈。詹森报告（p.219）说，韦克斯勒成人量表的 IQ 完整程度与 g 的相关系数为 0.9，而 1937 年斯坦福 - 比奈在 g 的投射上约有 0.8 的相关系数，并保持着"在连续的年龄阶段的高度稳定状态"（少数小型类因素不会总是出现，并且在任何情况下都是不稳定的）。

詹森宣称 g 的"普遍存在"，并且把它的范围扩展到连斯皮尔曼都会觉得尴尬的领域中。詹森不仅要对人类划分等级，他甚至认为所有上帝的造物，都可以根据 g 进行排序，从最低级的阿米巴变形虫（p.175）到最顶端的外星生物莫不如此（p.248）。自从上次阅读到肯特关于在木星上有连接人类和上帝的更高等级生物的猜想以来，我从未遇到过如此清晰的生物链构想。

詹森把西方思想中最古老的文化偏见中的两个结合了起来：作

为生命组织模型的进化阶梯，以及作为等级划分标准的抽象特性的具体化。詹森选择了"智力"，并且确实声称，在简单行为测试中，无脊椎动物、鱼类和乌龟的表现显示出与人类拥有相同的本质，只是形式减少了——也就是 g，被具体化为一种可测量的对象。进化，并沿着阶梯向上爬升到 g 越来越多的王国。

作为一名古生物学者，我感到非常震惊。进化构成了丰富的分支结构，而不是一个直线的序列。詹森说到"种类范围的不同层次——也就是蚯蚓、螃蟹、鱼、乌龟、鸽子、老鼠和猴子"。难道他没有认识到，现代的蚯蚓和螃蟹是 5 亿多年以前的脊椎动物经过不同路径进化后的后代？它们不是我们的祖先，在任何有意义的层面上，它们甚至都不比人类"更低级"或者更简单。它们代表着适应自己生活方式的解决办法，一定不能带着一种傲慢的态度来评判它们，认为一种奇特的灵长类动物制定了所有生命的标准。对脊椎动物而言，正如詹森所说，"乌龟在动物进化史中不比鱼的等级更高"。乌龟比大多数现代鱼类进化更早，它们有几百个种类，而现代多刺的鱼类几乎有 2 万个不同的种类。那么"鱼类"和"乌龟"哪个等级更高呢？詹森真的认为鸽子—老鼠—猴子—人类代表着温血脊椎动物的进化序列吗？

詹森的进化论漫画，暴露了他自己按照暗示价值进行直线排序的偏好。带着这样一种观点，g 几乎变得无法拒绝，詹森用它作为一种划分等级的普遍标准：

> 由比较心理学家发展而来的实验性测试的最容易区分的共同特征，也即鸡是从狗变来，狗从猴子变来，猴子从猩猩变来，暗示它们按照 g 的维度大致可以划分……g 可以被视为一个种类关系概念，它带着广泛的生物学基础攀升到了灵长类动物的顶点。（p.251）

詹森对他赋予 g 的地球等级卫士的位置还不满意，他要把它延伸到整个宇宙中去，认为所有能想到的智力都必须依此进行测量：

在讨论一个人能够想到的文化上最不相同的生物时，可以清楚地知道智力概念的普遍存在——宇宙中的外星生物……我们能够容易设想，在"智性"生物中，有谁是没有 g 的，或者与我们都知道的情形不同，有谁的 g 是定性的而不是定量的吗？（p.248）

詹森也讨论过瑟斯通的著作，但把它作为一种批评而撇在了一边，因为瑟斯通最终只承认一个二阶 g。而詹森还没有意识到的是，如果 g 只是一个数字上的薄弱的二阶影响，那么它就不能支撑这样一种说法，即智力是思维活动中唯一的占主导地位的实体。我认为詹森也感觉到了自己的困难，因为在一张图表中（p.220），他计算了作为第一主成分的经典 g，然后又旋转所有因素（包括 g）而得到了一组简单结构轴。因此，他两次记下了每种测试中相同的东西——作为第一主成分的 g 和散布在简单结构轴上的相同信息——给予了一些测试超过 100% 的全部信息。由于在相同的图表中 g 在简单结构轴上映射的高负荷，可能会导致有人错误地推断出，g 即使在简单结构方案中也一样强大。

詹森蔑视瑟斯通的直角简单结构，认为它"直接就是错的"（p.675），并且是"科学上的一个恶劣错误"（p.258），因而对它不予理会。既然他也承认简单结构与主成分在数学上是对等的，为什么又会毫不犹豫地拒绝它呢？詹森说，它的错"不是数学上的，而是心理学和科学上的"（p.675），因为它把一般因素旋转不见了，"它人为地隐藏或湮没了重要的一般因素"（p.258）。詹森掉进了恶性循环的陷阱。他的假设的先决条件之一就是 g 的存在，所以简单结构是错误的，因为它分散了 g。而瑟斯通发展出简单结构这个概念，很大程度上就在于他认为 g 是一个数学上的人为结果。瑟斯通希望分散 g，并且成功了；站在他的立场，认为没有任何能够反驳自己重复过去行为的证据。

詹森还更加具体地用 g 支持了自己的观点，认为白人与黑人之间的平均 IQ 差距说明了黑人天生的智力缺陷。他在其书中第 271 页用引言作出"斯皮尔曼的有趣假设"，即与白人相比，黑人在测试中表现最差，这与 g 密切相关：

> 这种假设对于研究测试的偏见是非常重要的，因为如果假设是正确的，就意味着白人和黑人在测试中分数差异，不能主要归因于这种或那种测试中异质文化的特性，而是所有能力测试中共有的一般因素。与一个或者更多小的类因素相关的人种间的平均差异，与用更加广泛的不同测试中所共有的一般因素来解释相比，用文化差异来解释似乎更容易。
> （p.535）

这里我们看到了斯皮尔曼传统中最古老的论证的复兴——一个固有的主导的 g 和可教育的类因素之间的对照。但正如我说过的，g 既不是一个清晰的东西，也不一定是个天生的东西。即使有数据能够证明斯皮尔曼的"有趣假设"，其结果也不能证明詹森必然具有天生差异的观点。

有一件事情让我很感激詹森：他用事例证明，一个具体化的斯皮尔曼的 g，仍然是关于人类种群间存在 IQ 平均差异的遗传理论的充满希望的辩护。赫恩斯坦和莫雷的《钟形曲线》（1994）为单一的、可划分的、天生的和实际上不可改变的智力理论辩护——因为这些作者也把他们的整个理论大厦建立在斯皮尔曼的 g 这块谬误的基石上。具体化的概念错误从一开始就困扰着 g，瑟斯通的批评在今天和在 20 世纪 30 年代一样有效。斯皮尔曼的 g 不是一个必然的实体，它只是许多类似的数学方法中的一种。g 的空想性是詹森的著作、《钟形曲线》和整个遗传论学派腐烂的核心。

最终的思考

> 相信任何一个有名称的东西都一定是一个实体或者生命，自身都有一个独立的存在，这种倾向总是非常强烈。如

果找不到真正的实体对应这个名称，人们不会因此而设想没有这样的实体存在，而是把它想象成某种特别深奥而神秘的东西。

约翰·斯图尔特·米尔

【第七章】

一个积极的结论

沃尔特·惠特曼——一个小脑袋的大伟人（参见本书第三章中"小脑袋的杰出男性"的内容），曾建议我们"充分利用负面事物"；这本书注意到了他的言论，尽管也许有人会说这带有一种报复性。也许我们大多数人会感激做清洁用的扫帚，但这种东西几乎不能引起太多情感；它也确实没有什么整合作用。我没有把这本书当作消极的揭露，一旦生物决定论的错误以社会偏见的形式被暴露出来，这本书就将变得毫无价值。我们是进化的动物，这是无法否认的事实，我相信对此我们还要了解更多。但这种理解难以穿透具体化和等级划分等根深蒂固的思维习惯——这种习惯在社会环境中形成，反过来又会支持这种社会体制。由于以下三个主要原因，我希望我的信息，至少我表达出来的信息，是非常积极的。

作为实证科学的揭露

反驳意味着科学的负面，这个普遍的印象源于历史上共有的错误观点。直线式的发展观，不仅作为一种社会偏见排在此书批判榜单的第二位（位于种族等级划分之后），而且也暗示了科学发展观念的错误。由此看来，任何科学都是从无知的虚无中开始，然后在搜集的越来越多的信息中逐渐接近真相，最后在事实真相的积累过程中创建理论。在这个领域中，反驳最初可能是消极的，因为在积累知识的木桶中，它只会剥离一些没用的东西。但是理论的木桶总是满满的，科学研究从一开始就是在各种复杂的境遇中解释事实真相。创世论生物学在物种起源方面大错特错，但比起达尔文的进化论，居维叶的神创论也并不更空洞或落后。科学进步最初靠的是替代，而不是叠加。如果知识的木桶总是满的，那么在把更好的理论放进去之前，我们必须首先丢弃一些无用的东西。

科学家并不仅仅为了清理和净化而去揭露。他们根据对事物本性的不同理解而反驳旧的观念。

通过揭露而学习

如果说揭露存在某种持续的价值，那么它就不能仅仅用另一种社会偏见代替当前的偏见。它必须根据充分的生物学知识剔除谬误。（社会偏见本身可能是顽固的，但支撑它们的特定生物学基础却可以被推翻。）

由于我们在人体生物学、进化论、遗传学等领域的知识有所增加，所以否定了生物决定论的许多具体理论。比如，莫顿的臭名昭著的错误，不会再被那些遵从经典数据程序的现代科学家以如此单调的方式进行重复。戈达德的单一基因导致低能的说法，还没有从根本上被社会所接受，但其遗传理论——多基因遗传观点，却是一个重要的进步。尽管在今天看起来似乎很荒诞，但早期的孟德尔学派确实试图把一些最微妙、最复杂的特性（无政治意义的解剖学及性格特征）归结为单一基因的作用。在类似人类肤色等特征上，多基因遗传理论肯定了很多基因的作用和环境的主要作用，以及它们之间的相互影响。

更加重要的是，作为生物学知识的必然要求，人种明显缺乏遗传变异——揭穿生物决定论的主要生物学依据——只是进化历史上的一个偶然事件，而不是先验或必然的真理。假如在我们的祖先古猿属中，有若干物种幸存，这个世界或许会是另外一个样子。这个情节在理论上是绝对合理的，因为新物种是通过与旧物种的隔绝而产生的（祖先通常也会生存下来，至少在一段时间之内是这样），并非直接从祖先成批次地转变成新的后代。我们——也就是现代智人——面对智能明显低劣于我们的人种的时候，将会陷入不可避免的道德困境之中。我们应该如何对待他们呢——奴役？消灭？共存？役使？保留？还是把他们关在动物园？

同样，我们这个物种，也就是现代智人，或许也已产生了一些具有不同遗传能力的下属物种（种族）。如果我们的物种也拥有上百万年的历史（许多物种都是这样），而且各个种族在大部分时间里在地理上相互隔离，彼此之间没有重要的基因交换，那么大量的遗传差异就会逐渐在种群之间集聚起来。但是现代智人最多只有上千年的历史，而且所有现代人类种族可能都是从十万年前某个共同的祖先分离出来的。某些外表上的显著特征，造成了我们对某些差别的主观判断。然而生物学家们最近断言——正如长期以来一直怀疑的那样——人种间的所有遗传学差异都微乎其微。尽管不同种族之间基因变化的频率各不相同，但我们并没有发现"种族基因"——也就是说，存在适合某些种族而不适合其他所有种族的基因。为了研究血液差异，勒翁廷（Lewontin，1972）研究了 17 组基因编码的变异情况，发现只有 6.3% 的基因变异可以归结为种族的影响。85.4% 的变异发生在普通人群中（剩下的 8.3% 发生在当地一个部落内）。就像勒翁廷说的（来自私人沟通）：如果发生了一场大屠杀，最后只有新几内亚森林深处的一个小部落得以幸存，那么在我们五十亿人中表现出来的几乎所有种群之间的基因变异，都将被保留下来。

在人类种群间仅仅存在有限的基因差异，从最深层次的意义上说，这个信息对拯救生命不仅有用，而且有趣。美国的优生学家把贫穷的疾病归因于穷人的劣质基因，而除了让这些人绝育之外，他们也无法提出系统的解决方案。当约瑟夫·戈德伯格（Joseph Goldberger）证明了糙皮病只是穷人缺少维生素的结果而并非由基因混乱导致，此时，他就能治愈这种疾病了。

生物学与人性

如果人们在遗传学上非常相似，如果先前所谓的对关于人类事务的直接生物学描绘，记录的只是文化而非本性方面的偏见，那么生物学在我们研究自我的过程中的导向作用将会荡然无存吗？到最后我们会像 18 世纪某些经验主义哲学家所想象的那样，在出生时就是一张白纸吗？作为一名进化论生物学家，如果不从根本上否认我们的专业洞察力，我是无法接受这样一片空白的。人类与其他有机物种的进化是一致的，这是达尔文对自然界最骄傲的物种的演化所持的基本观点。

我们是大自然不可分割的一部分，但并不能因此而否认人类的独特性。"人类只是一种动物"与"人类是由上帝的想象所创造"的观点一样荒诞。认为现代智人在某种程度上与众不同，并非纯粹的狂妄思想——因为每个物种都有自己独特的一面，我们能在蜜蜂的舞蹈、座头鲸的歌声和人类的智能之间作出评判吗？

人类的特性对世界的影响是巨大的，因为它已经建立起一种全新的进化模式，可以使学到的知识和行为代代相传。人类的特性最初只停留于我们的大脑中，并通过赋予我们掌控世界的智力和能量中诞生的文化表现出来。人类社会随着文化的演进而改变，它不是生物进化的结果。我们没有任何证据证明，自从五万年以前智人化石出现以来，人类大脑在结构或体积上有所变化。（布洛卡是正确的，他认为克鲁马努人的颅容量并不比我们小。）我们的星球在近四十亿年以前开始凝固，而自从五万年以前开始在最短的时间内发生了最伟大的变化，而从这时起人类所做的一切，都是文化演变的结果。人类的生物进化（达尔文的）将会继续下去，但与文化演进的速度相比，生物进化几乎可以忽略不计，因此对人类历史的影响也就显得微乎其微。在导致美国黑人镰状细胞性贫血的基因出现的频率不断下降的同时，我们已经发明了铁路、汽车、收音机、电视、飞机、电脑、原子弹和宇宙飞船。

文化演进的速度可以很快，因为它与生物进化的方式不同，它是按照拉马克模式进行的——通过对后天获得的特征的继承。无论这一代人学到了什么，他们都可以通过文字、说明、教诲、惯例和传统等多种为确保文化延续而发明的方法传给下一代。另一方面，达尔文的进化论是一个间接的过程：在建立优势性状的时候，必须有基因突变发生，而且要在之后的自然选择中保留下来。由于基因突变的发生具有不确定性，并非优先导向优势性状，这就使得达尔文式的进化过程十分缓慢。文化演进不仅迅速，而且其过程是可逆的，因为它的结果不是来自基因编码。

关于生物决定论的那场经典论争的失败，其原因就在于，他们用以区别不同种群的特征，通常都是文化演进的结果。决定论者的确是在生物进化而非文化演进所形成的解剖学特征中寻找证据，但他们在这么做的时候，试图利用解剖学推断与之相关的某些能力和行为，他们认为这些能力和行为与解剖学联系在一起，而我们认为只是文化的作用。莫顿和布洛卡对颅骨容量就像对中趾长度一样不感兴趣，他们关注的是可能关系到种群平均大脑质量差异的心理特征。现在我们相信，人类种群的不同态度和思维方式，是文化演进的产物，与基因无关。简言之，人类特性的生物学基础，导致我们反对生物决定论本身。我们的大脑是智力的生物学基础；智力是文化的基石；而文化的传播在"继承"和"修正"等有限领域建立起了一种进化的新模式，与达尔文的进化过程相比，这种新模式显得更有效率。正如哲学家斯蒂芬·图尔明（Stephen Toulmin）所说（1977，p.4）："文化具有从内部把自身加之于自然之上的能力。"

然而，如果说生物学催生了文化，那么文化在发展中很少涉及人类种群的基因变异，同样也是事实。在分析人类行为时，生物学真的没有扮演其他有效的角色吗？除了提供像"复杂的文化需要特定的智力水平"这种没有启发性的认识，生物学是否仅仅就是一个没有任何洞见的基础呢？

大多数生物学家会认同我的观点，即否定种群之间的许多行为差异以及近代人类社会的复杂变化具有遗传学基础。但那些假定不变的人格、行为，以及所有文化中人类所共有的思维特征，又该如何解释呢？简单点说，如何解释一般的"人性"呢？一些生物学家也许会承认，达尔文式的进化在其早期形成阶段，以及积极维持其一系列具体的适应性行为中，具有实质性的作用，而这些行为构成了"人性"的生物学前提。我相信这种争论的旧传统——其最新表达为"人类生物社会学"——已经失去了作用，不是因为与生物学无关，或者人类行为只反映空洞的文化，而是由于在分析人性的遗传学中，人类生物学扮演了不同且更为自由的角色。

社会生物学以对自然选择的全部内容——个体差异化繁殖的成功——开始的。按照达尔文的法则，个体选择对后代影响最大的基因，仅此而已。（达尔文主义不是为了物种或生态系统的利益，而是关于进化、增加的复杂性或者日趋和谐的理论。）自相矛盾的是（好像对很多人来说都是这样），自私思想和利他主义都可以照此标准而被选择出来——善意的行为可能对个人有利，可能因为它们建立了互惠互利的纽带，也可能因为它们帮助了携带利他主义基因复本的同类。

人类社会生物学家按照这个主观标准，调查了我们的行为。当他们发现某种行为具有利于个体基因的适应性时，他们就会根据影响自身具体行为的基因变异的自然选择，而为这种行为的起源提出一种说法。（除了根据适应性进行的推论之外，这些说法很少有其他根据。）人类社会生物学是关于某些特定的适应性行为起源的学说，它通过自然选择理念*维持自己的理论。因此这些行为一定有一个遗传学基础，因为自然选择在缺少基因变异的情况下无法进行。例如，社会生物学家们努力识别侵略、恶意、排外、妥协、同

---

* 过去几年间的社会生物学争论，是从这个强硬观点产生的——对人类特定行为的遗传学提议（根据适应性的推断）。其他进化论者自称"社会生物学家"，但拒绝这种对人类特性的主观臆测。如果一个社会生物学者相信生物进化与人类行为相关，那么我认为每个人（创世论者除外）都是社会生物学家。然而，在这个意义上，这个术语就失去了意义。作为一种关于人类行为特性的适应性和遗传学基础的确定理论，人类社会生物学进入了文学领域（不仅专业而且知名）。

性恋 *，也许还包括野心等行为的适应性和遗传学基础（Wilson，1975）。

一方面，有人绝望地断定，生物学无法教给我们任何有关人类行为的知识；另一方面，决定论认为，具体行为必须接受自然选择作用的遗传学指令。我相信，现代生物学能在两者之间建立一个范式。我在两个领域中看见了生物学的洞见：

1. 丰富的类比。人类的许多行为肯定都是适应性的，否则，我们就不会在这里出现。但是，人类的适应性绝对不是遗传学影响的充分条件，甚至都不是一个恰当条件。因为正如我前面论述过的，适应性也许是人类在遗传性和非遗传的文化演进的交替作用下产生的。由于文化演进比达尔文的生物进化速度更快，因此在人类种群表现出的行为多样性中，它的影响应该更普遍。但即使适应性行为是非遗传的，生物学的类比在解释适应性行为的含义方面，也许能派上用场。适应性的约束往往是很强大的，一些功能可能必须得以某种特定的方式进行，不管它们的潜在动力是来自学习还是遗传指令。

例如，为了研究自然界的运行模式（肉食者吃食草动物，食草动物又以植物为食），生态学家发展了一种强大的定量理论，名为最优觅食策略。康奈尔大学的人类学家布鲁斯·温特哈尔德（Bruce Winterhalder）展示了安大略北部克里语（Cree-speaking）族社会，以及他们在猎杀及诱捕行为中遵循这个理论的预言的情况，尽管温特哈尔德用生物学理论去解释人们的打猎行为，但他并不认为自己所研究的人像生态学预测的那样是在遗传选择的作用下打猎的。他写道（个人交流，1978 年 7 月）：

---

* 为了避免"因为同性恋没有后代，所以他们没有适应能力"这种观点具有说服力，我要报告一下威尔逊（E.O.Wilson, 1975, 1978）的如下观点。人类原始社会由许多竞争性的家庭单元组成。有些单元由单一异性恋基因组成；其他单元的基因库中则包含同性恋因素。同性恋者的作用主要体现在，帮助他们的异性恋同类抚养后代。这种行为有助于他们基因的遗传，因为他们帮助抚养的许多同类比他们自己的后代（如果他们是异性恋的话）携带的遗传基因更多。有同性恋倾向的群体抚养了更多后代，因为相对于他们不育带来的损失而言，他们通过额外的呵护以及更高的存活率，而抚养了超过平均数量的后代。这样，与单一异性恋群体相比，混有同性恋者的群体反而占据绝对优势，同性恋者的基因也因此得以保存下来。

毫无疑问，人类狩猎行为的变化以及聚居行为的根源，都存在于社会文化领域。因此，我曾经用过的模型被修改而不是被采纳了，然后又被应用到特定领域的分析之中……例如，*一旦作出打猎的决定* [他用的是斜体]，这个模型就有助于分析猎人会从现有的猎物中选择哪些作为目标。然而，对于分析克里族为什么仍然打猎（他们没有必要这样做），他们如何在某个特定的日子里决定是否打猎或者加入施工队，以及打猎对于克里人的意义，或者任何其他更多的重要问题，这些模型是毫无用处的。

在这方面，社会生物学家经常会陷入最常见的一个推理误区：找到某个类比，然后推断其遗传上的相似性（差不多，就是这样！）推断有用，但也有局限；它们可能反映某些常见的限制，而不是常见的起因。

2. 生物潜力与生物决定论的对比。人类是动物，从某种意义上说，我们所做的每一件事都受到我们的生物性的限制。有些限制对我们来说是不可或缺的，以致我们几乎都意识不到，因为从未想过，如果我们以另外一种方式生活将是什么样子。想想我们成年人在平均身高上的微小差异，以及假如我们生活在一个遍布庞大生物的重量世界，而不是被昆虫占据的世界，可能带给我们的后果吧（Went，1968；Gould，1977）。或者还可以想想我们出生后的无助（许多动物不是这样），缓慢地成熟，每天都要花大部分时间用来睡觉，不进行光合作用，能消化肉和植物，会变老，死亡。这些都是我们的基因的作用，所有这一切都对人性和社会具有重要影响。

这些生物界限是如此明显，以至于它们从来没有引起过任何争议。有争议的话题是那些困扰我们，而我们很难改变（或者是喜欢而害怕遗弃）的特定行为：比如侵略、排外、男权主义。从传统优生学意义上来看，社会生物学家不是遗传决定论者，他们并不假定单个的基因能够控制复杂的行为。所有生物学家都知道，不存在攻击性的遗传基因，更不用说你左下方的智齿的基因了。我们都已认识到，基因的影响可以在很多基因中进行广泛传播，而且基因为自己限定了范围；它们不会为具体的复制绘制蓝图。从某种意义上来说，社会生物学家与其批评者之间展开的这场辩论，是关于范围宽度的争论。对社会生物学家来说，按照具有某种基因作用的预测结果而设定的特定行为的变化范围是非常狭窄的。批评者则认为，这些遗传因素允许的范围非常宽广，足以包括所有被社会生物学家细化特定基因编码的不同性状。

但从另一个方面来说，我们在人类社会生物学方面的争论，不仅仅是关于范围大小这个定量问题。这个问题不能在某个黄金分割点上被友好解决，当批评者们承认存在更多限制时，社会生物学家们则会更加歪曲事实。大范围和小范围的支持者，不只是某个平滑连续体上的两个不同的简单的点；他们关于人类行为的生物本性，有着截然不同的观点。如果范围狭窄，那么基因可以控制特定性状，而自然选择能够独立创造并维持个性特征。如果范围特别宽泛，那么自然选择可能设定了某些深层的潜在的生成法则；但是特定行为只是这些法则的附带现象，而不是达尔文主义本身的目标。

我相信，人类生物学家们在类别上犯了一个基本错误。他们在一个错误的层面上去寻找人类行为的遗传基础。他们在生成法则的特殊产物中去寻找——乔的同性恋倾向，玛莎畏惧生人的特点，而这些法则本身就是人类行为的深层结构。例如，威尔逊（1978，p.99）写道："人类天生就具有攻击性吗？这是大学讲座和一些鸡尾酒会谈话钟爱的一个话题，这个问题在所有政治意识形态中都能提升人的情感。而答案是肯定的。"作为证据，威尔逊引用了历史上战争的普遍性，随后又贬低了当前存在的任何厌战情绪："今天最和平的部落，在昔日往往是掠夺者，而且很有可能在将来再次培养士兵和杀人犯。"但是，如果有些民族现在是和平的，那么攻击性不可能存在于我们的基因中，我们只是有这种潜能罢了。如果天生意味着可能，那么可能在任何环境中，那么我们所做的任何事都是天生的，这种说法也就失去了意义。攻击性是生成法则的表达方式之一，在其他正常环境下它也可能是对和平的期待。根据这种法则生成的特定行为的范围让人印象深刻，同时也是证明适应性是人类行为特点的很好范例。在某些普通表达上打上"天生"标记，是一种语言错误，这种适应性不应被语言错误所遮蔽，因为在某些环境下，我们可以预见这种适应性的发生。

社会生物学家就像伽利略真的登上了比萨斜塔（显然他没有）一样工作，他们在塔的一侧扔下几个不同的物体，然后寻求对每个行为的解释——炮弹直线下落是炮弹自然属性中某种东西作用的结果；羽毛轻盈下落也是羽毛的本性使然。而我们知道，许多不同下降行为都是由于两个物理定律——重力和摩擦阻力相互作用的结果。这种相互作用能够产生一千种不同形式的下降现象。如果我们专注于物体本身，并为每种行为寻求独有的解释，那么我们就会迷失。这个有关人类本性遗传基础的具体行为研究，是生物决定论的一个例子。对潜在生成法则的探究，表达了生物潜能的理念。问题不在于生物特性与非生物特性的较量，决定论和潜能论都是生物学理论——但它们是在完全不同的层面上，探寻人性的遗传基础。

回到伽利略的类比，如果炮弹和羽毛下落是由本身决定，那么除了为每个适应行为的意义编造故事之外，我们几乎没有什么可做的。我们绝不会想到要做这样一个伟大的历史性实验——在同等有效的环境下，把炮弹和羽毛放在真空环境中，然后观察下降过程中的相同行为。这个假设的例子，阐述了生物决定论的社会角色。从本质上说，它就是一个关于局限性的理论。它认为现代环境中的当下范围，是遗传指令的直接表达，而不是更为宽广的潜力的有限展示。如果羽毛的行为由其自身决定，那么只要它还是羽毛，我们就无法改变其行为。如果羽毛的行为是特定环境下明显规则的一种表达，那么我们就可以在不同环境中预测许多行为的发生。

为什么人类行为的范围如此宽广，而解剖学的范围却往往如此狭隘？关于人类行为适应性的说法，仅仅是一个社会预期，还是它也是一种优良的生物性呢？两个不同的观点让我得出了结论：在进化和大脑组织的作用下，我们会发生广泛的行为变化。首先，考虑一下进化成这么大的大脑的可能适应性原因。人类的独特性在于大脑的适应性。如果不是以非设定的（或者我们经常所说的创造性的）方式处理问题的能力，那么什么才是智力呢？如果智力使我们与其他生物区别开来，那么我相信，自然选择使人类行为的适应性达到最大化是完全可能的。对于一种会学习和思考的动物来说，什么是更加适应的表现呢？是在基因作用下选择侵略、怨恨和排外，还是在学习规则的影响下，在适当环境下选择侵略，在另外环境中选择和平呢？

其次，我们应当警惕赋予自然选择过多能量，从而把我们大脑的所有基本能力都认定为直接适应。我不怀疑自然选择对构建我们发达的大脑有作用——我同样确信，随着对确定角色（可能是一组复杂的交互功能）的适应，我们的大脑会逐渐变大。但这些假定不能得出这样的观点，即认为大脑所有的主要能力，都必定作为自然选择的直接产物而出现。这种观点经常得到严格的达尔文学派不加鉴别的拥护。我们的大脑是一台非常复杂的计算机。如果我在一家工厂安装一台记账用的非常简单的计算机，它同样能执行其他许多与指定功能不相关的更为复杂的工作。这些额外性能，是结构设计不可避免而不是直接适应的结果。我们更为复杂的有机体"计算机"也是有目的地产生的，但是却拥有一系列惊人的其他能力——我怀疑，包括大部分促使我们演变成人类的能力。我们的祖先不读书，不写字，也不想知道为什么在五个游移的光点和两个更大的圆盘沿着今天所谓的黄道运行时，大多数星却不改变自己的相对位置。从音乐巩固部落凝聚力的价值上看，我们不必把巴赫看成一个愉快的副产品，也无须基于神话或史诗叙述在保持打猎队伍的功能方面而认为莎士比亚是其产生的一个幸运结果。社会生物学家尝试解释的大部分行为"特征"，可能从来都不从属于直接的自然选择——因此，从来不会展出对生存至关重要的适应性特征。这些由结构设计产生的复杂结果，也应该被称为"特征"吗？这种把行为具体

图 7.1　一只幼年黑猩猩和一只成年黑猩猩，人类与幼年黑猩猩更相似，这就阐明了人类进化过程中的幼态持续原理。

化为一组"东西"的倾向，不是困扰了我们这个世纪的智力研究的具体化谬误的另一个例子吗？

适应性是人类进化的标志。正如我相信的那样，如果人类进化靠的是幼态持续（参见第四章内容，以及 Gould，1977，pp.352-404），那么在超出隐喻的实际意义上，我们将始终是一个孩子。（在幼态持续的过程中，人类的进化速率将会变慢，而且成年人的发展将会停留在我们祖先的少年时期。）生理结构上的主要特征把我们与灵长类动物的幼年和少年阶段联系在一起：小脸蛋，拱形的头盖骨及与身体相称的大脑袋，僵硬的大脚趾，枕骨大孔处于直立姿势的头部的正确方向，毛发主要分布在头部、腋窝及阴部。如果一张图片能够胜过千言万语，那么想一想图 7.1 吧。在其他哺乳动物中，探索、玩耍和行为适应性都是少年时期的特质，唯独在成年人中比较少见。我们不仅保持了孩童时期的生理特征，还保留了幼年时期的心理适应性。在人类进化的过程中，自然选择本该对适应性起作用的观念，不是从希望中产生的一个特别概念，而是作为我们进化的基本过程中的幼态持续的暗示。

在怀特（T.H.White）的小说《曾经和永恒之王》（*The Once and Future King*）中，一个獾州人（美国威斯康星州人的别称）讲述了一个和动物起源有关的寓言。他讲道，上帝创造了所有动物的胚胎，并把它们召唤到自己的王座之前，要赐给它们任何想要的生理结构。所有动物都选择了成年才有的特征——狮子选择了爪子和锋利的牙齿，鹿则选择了鹿角和鹿蹄。人类最后走出来，并说道：

"上帝啊，我想您出于某种您自己十分清楚的原因，赋予了我现在拥有的外形，改变它是无礼的。如果让我选择的话，我愿意保持现在的样子，我不会改变您赐予我的任何部分……我将终生保持为一个毫无防备的胚胎，利用木头、铁和其他您认为合适的摆在我面前的材料，尽力为自己造出一些无力的工具……""说得好，"上帝高兴地说。"这里，所有胚胎们，带上你们的喙及诸如此类的东西，到这里来看看我们的第一个人，他是唯一一个猜出我们谜底的人……至于你，人类……直到他们埋葬你，你将一直保持胚胎的样子，但是在你的力量面前，所有其他物种都只是胚胎。你将按照我们的形象始终保持一定潜能，永远不会充分发育，能够看到我们的一些悲伤，感受到我们的一些快乐。在某种程度上，我们为你感到难过，人类；但又有一丝乐观。那么走吧，尽最大努力吧。"

后 记

1927年，在巴克诉讼贝尔案中，小奥利弗·温德尔·霍尔姆斯（Oliver Wendell Holmes, Jr.）宣读了最高法院关于支持弗吉尼亚州执行绝育法律的决定。嘉丽·巴克（Carrie Buck），据说是一个弱智孩子的母亲，在斯坦福-比奈测试中显示其心理年龄只有九岁。而嘉丽·巴克52岁的母亲，测试结果仅为七岁。霍尔姆斯发表了我们这个世纪最有名而又最冷漠的言论：

> 我们曾经不止一次看到，公共福利可以为最优秀的公民提供良好的生活条件，而那些奉献较少却耗尽国力的人享受公共福利，将是很奇怪的事情……三代低能已经足够了。

（这段话经常被误读成"三代白痴……"但霍尔姆斯熟知他那个时代的专业术语，尽管巴克一家在斯坦福-比奈测试中表现不正常，但得分还是比白痴高出一分。）

巴克诉讼贝尔案是一个历史坐标，在我的脑海里它与遥远的过去紧密相连。贝比（Babe）在1927年完成了60个本垒打，传说总比现实更加精彩，因为它们看起来是如此遥不可及。因此，我对1980年2月23日《华盛顿邮报》上的一个提法感到很震惊——没有什么比把简单有序和分散零碎的事物并置在一起更让人不安的了。"弗吉尼亚州绝育超过7 500例"，标题这样写道。霍尔姆斯支持的这项法律，从1924年起到1972年止已经执行了48年。这项措施主要是在精神病院中执行，主要针对所谓的低能儿和部分反社会的白种人——包括"未婚母亲、妓女、少数罪犯，以及某些纪律问题严重的孩子"。

　　嘉丽·巴克已经年过古稀，仍然居住在夏洛茨维尔附近。在嘉丽·巴克和妹妹多丽丝度过的最后岁月里，有几个新闻记者和科学家拜访了她们。尽管两个女人缺乏正式的教育，但她还是表现得既能干又聪明。即便如此，多丽丝·巴克还是根据 1928 年颁布的节育法律，被采取了节育措施。随后，她与一个叫马修·费金斯（Matthew Figgins）的水管工结了婚。不过，多丽丝·巴克从未被告知自己节育的事实。"他们告诉我，"她回忆说，"这个手术主要是为了治疗阑尾和疝气。"所以，她和马修·费金斯想要一个孩子。他们在育龄期咨询了三家医院的内科医生，然而没有人意识到，她的输卵管已经被隔断。去年，多丽丝·巴克终于发现了令她终生悲伤的原因。

　　也许有人会引用无情的数字来表明，与战争中数以百万计的死难者相比，多丽丝·巴克的失望根本算不了什么，那些死难者同样以自己的死亡印证了疯子的设计或统治者的自负。但是，人们能够测量一个未能实现的梦想带来的痛苦，以及一个毫无防备的女人被公共权力以净化种族的先进意识形态的名义而剥夺的希望吗？但愿多丽丝·巴克简单而雄辩的证词能够代表数百万死者及其失望，并且让我们记起，安息日是为人而不是为人的安息而设定："我崩溃了，并且大哭起来。我和我的丈夫非常想要一个孩子，我们为之而疯狂。我从来不知道他们对我做了什么。"

对《钟形曲线》的批判

《钟形曲线》

理查德·赫恩斯坦和查尔斯·莫雷合著的《钟形曲线》，为我们认识实验在科学研究中的方法论意义，提供了一个非比寻常的绝佳机会。在所有实验中，减少混淆变量是必须考虑的首要因素。我们把所有对外部世界的混沌无知带到实验室，并在经过人为简化的环境中，每次只尝试改变其中一个潜在因素，而保持其他变量不变。但是，我们不能经常使用这样的试验方法，对大多数社会现象来说更是如此，当我们把这种方法带到实验室时，它就破坏了我们所调查的主体——那么我们只能寄希望于在自然界中简化规则。因而，如果外部世界迫使某些关键因素保持不变，那么我们就只能感谢这个有助于我们理解的自然工具。

如果有本书获得了像《钟形曲线》一样多的关注，那么我们一定想知道其中的原因。有人可能怀疑是由于书的内容——一个奇思妙想，或者一个被权威数据证实的古老谜团——但原因可能是社会认可度，或者仅仅是炒作。《钟形曲线》支持的是落伍的社会达尔文主义，里面既没有新的论据，也没有提供引人注目的数据。因此我推断，它一开始能够成功赢得如此关注，可能是因为它反映了我们时代压抑的社会风气——一个空前吝啬的历史时刻，由于有人鼓吹受天生认知局限而智商较低的人不应得到社会援助，社会上形成了一种社会福利项目应该大幅削减的普遍情绪。

《钟形曲线》建立在两种截然不同然而前后相继的观点之上，两者一起包含了作为社会哲学的生物决定论的所有经典理论。第一个观点（第一章至第十二章）像最初建构这个理论一样，重述了社会达尔文主义的原理。（作为一个经常使用的普通词汇，"社会达尔文主义"指任何与人类差异的生物学基础有关的进化观点，但它最初只是关于工业社会阶级层次的特定理论，特别是指这样一种观点，即由劣等基因的人构成的下等阶层命中注定永远贫穷。）

《钟形曲线》中与社会达尔文主义有关的那一部分，产生于一个平等主义的悖论。只要有人凭借高贵的姓名或者父母的财富就能端居社会顶层，只要卑微的种姓无法提升自己的社会地位，那么不论他们的天赋如何，社会阶层就不能反映智力水平，而智力则会被分配到各个社会阶层。但如果能够实现真正的机会均等的话，那么聪明人的地位将逐渐上升，而下层阶级则由于智力不足而固步不前。

这个19世纪的争论吸引了许多20世纪的拥护者，其中就包括斯坦福大学的心理学家刘易斯·特曼，他从法国引进了比奈的最早测试方法，并开创了斯坦福-比奈智力测试法，而且对测试结果作了遗传论的解释（比奈在开创这种方法时曾极力排斥）；新加坡总理李显龙曾尝试创立一个优生项目，即鼓励受过良好教育的父母多生孩子；《钟形曲线》的合著者理查德·赫恩斯坦在1971年《大西洋月刊》上撰文，提出了同样没有依据的看法。总体观点既不是无趣，也没有不合常理，但需要保证在四个可靠的前提之下，四个前提（几乎都没有经过讨论或辨析）都是由赫恩斯坦和莫雷提出来的。在两人看来，作为单一数字的智力必须是可以描述的，即能根据基因对人类以线性秩序进行有效而不变的排名。如果其中任何一个前提出现差错，整个论点都会站不住脚。例如，如果除了不变性这个前提之外，其他三个前提都是正确的，那么教育的早期介入计划就可能永久性地提升人的智商，就像眼镜能够矫正遗传的视力缺陷一样。由于大部分前提都是错的，所以《钟形曲线》的中心论点不能成立。

第二个观点（第十三章至第二十二章）是多数评论的"避雷针"，它把从社会阶层中产生的天生认知能力分层观点延伸到由遗传智商区分的种族差异的说法之上——这种差异在黄种人和白种人之间比较小，但在白种人和非洲人的后代之间却非常大。这种观点和种族研究一样古老。上一代学者的讨论集中在阿瑟·詹森纷繁复杂的作品（比《钟形曲线》展现的任何东西都要复杂多变，因此可以让我们更好地理解其论点及错误）和威廉姆·肖克雷（William Shockley）摇摆不定的主张中。

用种群内部（例如白人）的智商的遗传本性来解释种群之间（例如白人与黑人）的普通差异，其荒谬之处已经无人不知而且得到普遍认同，其中也包括赫恩斯坦和莫雷，但这里仍然有必要举例重述一下。就拿比智商更具遗传性而在政治上毫无争议的身高来说，假如我测量某个印度贫穷村落的男性身高（他们普遍营养不良），他们的平均身高是 5 英尺 6 英寸，远低于现在美国人大约 5 英尺 9 英寸的平均身高。村庄内部的遗传性可能很高——也就是说身材较高的父辈（他们的平均身高可能有 5 英尺 8 英寸）常常会有较高的后代，而身材较矮的父辈（他们的平均身高可能只有 5 英尺 4 英寸）则常常会有较矮的后代。但是村庄内部的高遗传性并不意味着，如果有更好的营养条件，不能在几代以内把平均身高提升到 5 英尺 10 英寸（高于美国人的平均水准）。同样，美国白人与黑人之间的智商差异平均有 15 分之多，而且每个种群的家庭都有很高的遗传性，但这并不能得出这样的结论，即在真正机会均等的条件下，也不能使黑人的智力提高至或者超过白人的水平。

由于赫恩斯坦和莫雷知道而且认同这种批评，所以他们必须构想一个公认的有根据的例子，证明黑人与白人之间的平均差异大部分应该归因于不可改变的基因遗传——然而在评判某个特定个体时，强调这些平均差异同样毫无帮助，因为仍有很多黑人比白人的平均智商要高。与某种陈腐老套的修辞可疑性不同——"我有一些最好的朋友是 X 团体"——赫恩斯坦和莫雷违反了公平原则，他们从一个只能导向不可知论的复杂情况，得出了一个有偏见的永久遗传差异的简单结论。他们"明修栈道，暗度陈仓"，一边把稻草吹嘘成大树，一边虽然提及却极力淡化某些具有极大可塑性及细微遗传差异的有力证据（被富裕的知识分子家庭收养的贫穷黑人儿童智力增长显著；第二次世界大战以来，有些民族智力的增长量几乎达到现在美国黑人与白人之间相差的 15 分；同样由德国已婚妇女所生，同样作为德国人在德国长大，但父亲分别是美国黑人和白人士兵的两类孩子，在认知能力上几乎没有发现任何差别）。

尽管我为在《钟形曲线》中发现的时代错误而感到烦扰，但更让我难过的是它无所不在的虚伪。作者略去某些事实，误用统计方法，而且似乎不愿承认自己所说的话所带来的后果。

内容的虚伪

赫恩斯坦和莫雷（《新共和国周刊》，1994 年 10 月 31 日）曾说："一触即发的公共话题：种族间智力的遗传差异问题。"这句话是把《钟形曲线》卷入舆论旋涡的基础。然而，自从该书出版那天起，莫雷根据事态发展，一直完全否认种族问题是书中重要内容；反而指责出版社，认为它们不公正地煽动了某些别有用心的炒作。他与赫恩斯坦（在该书出版前一个月离世）共同写道："这就是我们想对这场讨论所说的，我们用斜体字加以强调；如果可以的话，我们会用霓虹灯强调：*答案一点儿也不重要*。"

从狭义上来说，任何个体都有可能成为某个智力普遍低下的群体中罕见聪明的一员（因此不受制于群体平均值），这个说法已经足够公平；但是莫雷不能否认的是，《钟形曲线》把种族作为两个主要主题之一，而且给予了同样长的篇幅；同样他不能假装认为，书中着重强调的种群差异观点，对这个痴迷于种族划分的意义与结果的社会，没有产生任何政治上的影响。《钟形曲线》的前言的第一句话就承认，要同等对待个人和群体差异的两个主题："这本书是关于个人和种群之间的智力差异，以及这些差异对美国未来的影响。"在《新共和国周刊》上发表的文章的开头，赫恩斯坦和莫雷就把种族差异作为关键主题："在美国，关于种族问题的私人闲谈与公共言论之间有着天壤之别。"

论证的虚伪

《钟形曲线》是科学主义的修辞学代表作，它的数字给非专业人士施加了特殊的焦虑和困惑。这本书长达 845 页，其中一百多页是各种数字附录。所以文本看起来很复杂，评论家都本能地退缩，并声称当他们怀疑论点的谬误之时，确实无法对全书作出评判。所以米奇·考斯（Mickey Kaus）在《新共和国周刊》（10 月 31 日）上写道："作为《钟形曲线》的一名普通读者，我不能公正地作出评判。" 里昂·维塞尔提尔（Leon Wieseltier）也发表了类似言论："同样，莫雷也把复杂的政治观点隐藏于艰涩的学科之后。据我所知，他的学科是没有力度的……也许是我想象的。我不是一个科学家，我对心理统计学一无所知。" 彼得·巴塞尔（Peter Passell）在《纽约时报》（1994 年 10 月 27 日）上写道："但这个评论员不是生物学家，他将把论证的工作留给专家。"

事实上，《钟形曲线》这本书是非常片面的，它没有调查所获得的数据，也完全不关心这个饱受争议的话题的丰富历史。（我们只能回忆起桑塔亚娜的格言，尽管它现在已经成了智力生活的陈词滥调之一："忘记过去的人注定要重蹈覆辙"。）实际上所有分析都依靠用单组数据的单项技术——打开电脑一切都能搞定。（尽管接下来我要揭露他们在研究过程中的一个核心谬论，但我确实得承认作者运用了最为恰当的技术——多元回归——以及最好的信息来源——国家青少年纵向调查数据。但是，《钟形曲线》的很多主张都无法进行有效辩论——也就是说，无法通过某种方法进行恰当的支持或者反对。）

普通读者只要不被《钟形曲线》书中的数字所吓倒，他们便能发现其中一些明显的错误与不足——因为赫恩斯坦和莫雷写得很清楚，而其错误显而易见。我把这些错误分为两类：一类因为疏忽与混淆，另一类则是内容本身。

1. 疏忽与混淆：米奇·考斯在否定自己具有正确评判这本书的能力的同时，正确地指出："'前两个说法'对论证悲观的'种族差异'是必不可少的：（1）存在单独的测量心智能力的普遍方法；（2）作为测量心智能力的 IQ 测试不存在文化上的偏见。"

最令人气愤的莫过于作者不能为其中心观点提供任何辩护，而这正是其整个论证的基本条件：IQ 作为衡量大脑智力水平的数字的现实，以及查尔斯·斯皮尔曼 1904 年首次提出的著名的智力"一般因素"（即 g）。莫雷和赫恩斯坦宣称，智力衡量标准的问题已经解决，就像他们在《新共和国周刊》文章中所提到的那样："在许多专家看来，确实存在能够区分人类认知能力的一般因素，并且可以通过大量标准化测试的方法进行衡量，而其中最好的方法就是 IQ 测试，这些已经超出了技术争论的范畴。"

这个论述代表了一种特别困惑，因为它把"专家"定义为"一群投身于 g 的传统研究以及 IQ 测试内涵的心理测量学家"。这些作者甚至也承认（pp.14-19），三个解释心理测量的主要流派——拥护《钟形曲线》的古典派（"智力作为一种结构"），修正派（"智力作为信息处理的方式"），激进派（"多重智力理论"）——之间产生了冲突，而其中只有一个流派支持 g 和 IQ 观点。

自从 1904 年斯皮尔曼发明因素分析概念以来，如果不讨论保持 g 的关键及唯一原理，这个重要问题就无法被决定，甚至难以被理解。赫恩斯坦和莫雷几乎不怎么提及因素分析论证（只在两个段落中提到了这个话题），这个事实为我们提供了《钟形曲线》空洞性的主要控诉理由及例证。一本八百多页的大书，作者把它建立于 IQ 作为测量真正的、大部分来自遗传的普遍认知能力这个事实之上，而之后又几乎从未从正面或者反面提及支撑其论断的理论基础，这怎么可能呢？在我的脑海中，立即出现了诸如"没有主人公的戏剧"之类的俗语典故。

必须承认因素分析是一个困难的数学问题，但是通过瑟斯通在 20 世纪 30 年代提出的几何学公式，它已经可以解释给外行读者听，而且被我用在了《人类的误测》的第七章中。确实有少数段落难以充分解释，因此，尽管我将在下文提供一些概略性提示，但如果读者还是觉得晦涩难懂，那么也请不要怀疑自己的智商。

简而言之，一个人在不同智力测试中的表现肯定是相互关联的——也就是说，如果你在一种测试中表现不错，那么你在其他测试中也会同样优异。无论受制于纯粹的遗传因素（大脑中与生俱来的能够增加得分的所有东西），还是纯粹的环境影响（优秀的书籍和童年的充足营养能够提升各个方面的表现），出现这个结果都一点也不令人惊讶。因此，密切相关性本身并不能说明什么。

查尔斯·斯皮尔曼用因素分析确定了一个单轴——他称之为g——最为合适地确定了这些测试积极关联背后的常见因素。但瑟斯通随后表示，只需简单地把因素轴旋转到不同位置，g轴就可能会消失。在一次旋转中，瑟斯通把轴转到四散分布的属性附近——这就催生了多重智力理论（言语的、数学的、空间的，等等，没有占主导地位的g）。这个理论（赫恩斯坦和莫雷分类中的"激进"观点）得到许多杰出心理测量学家的支持，包括20世纪50年代的吉尔福特和当代的霍华德·加德纳（Howard Gardner）。按照这种观点，g不可能具有内在的真实性，因为它以测试之间相关联的一种数学展现形式而出现，以完全等同于阐释过的信息量的其他形式而消失（至少在很大程度上减弱了）。不论如何，如果没有对因素分析的清晰阐述，我们就完全不能领会这个问题——在这个中心概念上，《钟形曲线》完全是在逃避。

在考斯的第二个主题"文化偏见"中，《钟形曲线》的论述与阿瑟·詹森以及其他遗传论者们的陈述相同，即将偏见（我称之为"统计偏见"）的技术（与恰当的）意义与引发普遍争论的截然不同的本土概念（我称之为"本土偏见"）混淆。所有这样的作者到处赌咒发誓（我完全同意他们的做法）说这些测试没有偏见——按照统计学家的定义。没有统计偏见意味着，当来自不同组别的成员获得相同分数时，这个分数预示着相同的结果——也就是说，当一个黑人和一个白人智商测试的分数都是 100 分时，无论他们做任何事情都有相同的可能性，因为 IQ 就是这样预测的。（我当然希望智力测试没有统计学偏见，因为如果通过认真的选择和构建问题，参与者都无法消除显而易见的不公正源头，那么这种专业测试就没有多大价值。）

而作为公众焦虑之源的本土偏见，体现的是一个完全不同的问题，不幸的是，它使用的是同一个单词。公众想知道的是，黑人平均智商是 85，而白人平均智商是 100，这是否公平——也就是说，在社会意义上，黑人的较低分数是否包含偏见。这个至关重要的问题（我们还没有答案）的提出，不能仅仅因为它可以证明统计偏见不存在（唯一被《钟形曲线》正确对待过的问题）。

2. 内容：如上所述，《钟形曲线》中几乎所有资料都来自分析——通过多次回归的方法描绘某些激怒我们的社会行为，例如犯罪、失业和私生子（作为因变量），并以此否认 IQ 与父母的社会经济状况（作为自变量）的关系。作者首先保持 IQ 不变，然后研究社会行为与父母社会经济状况的关系。之后他们又保持社会经济状况不变，然后研究同样的社会行为与 IQ 的关系。总体来说，他们发现，社会行为与 IQ 的关系，比与社会经济状况之间的关系更为紧密；例如，与父母社会经济状况较差的孩子相比，智商较低的孩子更容易辍学。

但是这样的分析只能确保两个问题——形式以及相关程度。事实上，赫恩斯坦和莫雷只讨论了支持他们观点的问题，却忽略了（在一个重要段落中几乎是故意隐藏）其他深刻影响其观点的因素。他们在很多段落中只展现了关系的形式——也就是说，他们画出了自己设定的变量与 IQ 和父母社会经济状况两者之间的回归曲线。但是，他们违背了我学过的所有统计学原理，他们仅仅绘制了回归曲线，却没有展示曲线周围变量的分布，因此，他们的曲线图没有展示任何与关联强度有关的东西——即由 IQ 和社会经济状况所决定的社会因素的变量的数量。

赫恩斯坦和莫雷为什么会注重于形式而忽略了关联度的强弱呢？因为几乎所有的关联都很薄弱——也就是说，只有极少数社会因素的变量能够根据 IQ 或者社会经济状况进行解释（尽管这些极少数的社会因素的形式处于对他们有利的方向）。总之，在他们研究的所有社会因素变量中，IQ 不是决定变量的主要因素——因此他们自诩的结论也就不攻自破，或者不堪一击，以至于他们的厌世主义和保守的社会议程都得不到任何有效的支持。

赫恩斯坦和莫雷的确曾在《钟形曲线》的第 117 页的一个关键段落里承认了某些事实，但后来他们又隐藏了这种事实。他们写道："它几乎总是只能解释不到 20% 的变量，用统计学的术语来说，通常不到 10%，有时不到 5%。这就意味着，你不能根据某人测定的智商来预测他将做些什么……另一方面，尽管在个人层面关联程度较低，但是当人们的平均智力存在差异时，社会行为上的巨大差异就会把人分成若干种群。"即便有了这份免责声明，他们在接下来一个值得注意的句子中，又提出了另一个相当随意的说法："我们将会证明，智力不仅仅与社会经济状况有关系，它还是种群差异的原因。"但是有那么一些统计学依据不等于就可以进行随意的解释（在任何情况下，相互关联都不意味着存在因果关系，即使这种关系非常紧密——比如我日渐增长的年龄与逐渐增发的国债之间存在的强大的、完美的、积极的联系）。此外，他们的处境甚至对其关键的遗传学观点更为不利——因为他们引证的 IQ 只有 60% 的遗传可能性，所以，如果你想剥离遗传决定的力量，按照他们的标准，必须把已经解释的那一小部分减半。

我对他们的不真诚的控诉，在其附录 4 首页（p.593）的一个句子中得到了强有力的确认，作者陈述道："我们在正文中没有使用多重回归拟合优度 R^2 的常规测量，而采用的是横截面分析。"现在他们为什么把自己承认的"拟合优度的常规测量"的数据从正文中剔除，而放到一个很少有人会读到或者查阅的附录中呢？我只能说，他们选择了不在正文中承认所吹嘘的关联的极度薄弱。

赫恩斯坦和莫雷提供的相关系数普遍低到了导致他们自身缺乏信心的地步。（相关系数衡量的是变量之间线性关系的强弱，有效值在 0.0 [没有关系] 到 1.0 [绝对线性关系] 之间。）尽管低数值在开展包含诸多变量的大型调查的社会科学中不合常规，赫恩斯坦和莫雷研究的大多数变量之间的相关系数还是非常低——经常在 0.2 到 0.4。0.4 听起来可能代表紧密关系，但考虑到一个关键环节（事情就不是这样了）——R^2 是指相关系数的平方，0 到 1 的小数的平方比小数本身更小，所以相关系数 0.4 就被它的平方 0.16 所取代。我们在附录 4 中发现，从正文中排除的绝大部分 R^2 的测量值都小于 0.1。在任何有意义的文本感应层面，这些极低的平方值都暴露出构成《钟形曲线》核心内容的几乎所有关系的真正弱点。

架构的虚伪

就像很多保守思想家指责虚伪的政治一样，赫恩斯坦和莫雷声称，他们只想倾听非正统的观点，这样真理才能脱颖而出。这一次，我完全同意他们的观点。作为《第一宪法修正案》中正式的（近乎）绝对论者，我为某些危险的非正统观点喝彩。我为《钟形曲线》的诞生而高兴——导致它的错误得以暴露，因为赫恩斯坦和莫雷正确地指出了公开和私下谈论种族问题的区别，而我们也必须努力对街谈巷议产生影响。

但是，《钟形曲线》很难说是一本关于社会学和人口遗传学的学术专著。这本书是保守思想的代表作之一，它令人遗憾并带有偏见的数据处理方式，记录的是它最主要的目的——支持上面所有内容。文章为与保守智囊团有关的某些观点敲响了沉闷而令人恐惧的鼓声——减少或者取消福利，终结在学校及工作场所举行的反歧视运动，叫停学前教育，削减为学习困难者设立的项目并作为支持天资聪颖者的基金（上帝知道，我非常乐意看到有天赋的学生得到更多关注，但不是以如此残酷而自私的代价进行）。

《钟形曲线》的倒数第二章呈现了末日社会的愿景——不断增加的下层阶级陷入永久性的不可避免的低智商恶性循环之中。他们将会接管我们的市中心，不断地非婚生子（因为许多人愚蠢到不知道控制生育），实施更多的犯罪，最终需要处于一种被监管的状态之下（处于我们这些高智商人群之外），而不要对他们抱有任何改进的希望，不要相信低智商的人也能创造奇迹。赫恩斯坦和莫雷确曾写道（p.526）："总之，说到监管状态，我们脑海中马上就会出现为这个国家中某些少数族裔设立的一些高科技的豪华的印第安人保留区，而其他的美国人则努力做自己的事情。"

最后一个章节尝试提出了一个替代性方案，但是我从来没读过如此薄弱、毫无实现可能乃至有些荒诞不经的东西。他们浪漫地渴望回到城镇和邻里之间"昔日的美好岁月"，所有人都能提供有价值的工作，而且各个智商等级的群体的自尊心都能得到满足（所以当莫雷先生及其他聪明人依计行事并记录在册时，阿甘［电影《阿甘正传》中的人物］也许会为教堂的有奖销售活动收集衣物。难道他们忘记了犹太小镇以及许多田园小道另一边的人家了吗？）我相信确实存在这种观念上的邻里关系，我将为它的回归而奋斗。我在纽约市的皇后区长大，但是有人能认真地找到解决我们的社会问题的方案（不是重要的缓和手段）吗？

然而，如果赫恩斯坦和莫雷的智商理论是错的，智商不是大脑中一成不变的东西，我们不能按照这个单一的普通能力的尺度对人类进行排序，不能让许多处于监管状态的无能之人留在社会底层，那么使他们产生悲观印象的模型便不复存在，人类的能力就可能会得到适度发展，并再度呈现丰富多彩的局面。我们必须与《钟形曲线》的信条作斗争，因为它们是错误的，而且如果被激活，它们就会断送滋养每个人智力的所有可能。当然，我们不可能都是火箭专家或者脑科医师（用两个当前用来形容最聪明之人的俗语代称），但是那些不可能成为火箭专家或脑科医师的人，可能会成为摇滚音乐家或者专业运动员（从而获得更高的社会威望和收入）——而其他人可能确实就得站在一边等待了。

《人类的误测》的第六章是关于 g 的不真实性，以及把智力视

为人类大脑中一个不可改变的东西（而不是一个粗糙的本地术语，
描述在很大程度上是独立能力的奇妙特性）的荒谬性的，我引用了
来自约翰·斯图尔特·米尔的一段精彩言论作为结束语，为了揭穿
这一代人为了智力遗传学而重拾生物决定论的事实，值得我们在这
里重述一次：

> 相信任何一个有名称的东西都一定是一个实体或者生
> 命，自身都有一个独立的存在，这种倾向总是非常强烈。如
> 果找不到真正的实体对应这个名称，人们不会因此而设想没
> 有这样的实体存在，而是把它想象成某种特别深奥和神秘的
> 东西。

当进化论最近把所有拥有共同祖先的人们团结在一起——因而
巩固了共同的人性（其无穷的多样性永远不会过时），而我们却被
一个单一的错误数字所分开，这是多么奇怪啊。合众为一。[1]

《钟形曲线》历经的幽灵

我不知道是否大部分白人都能够跳跃（尽管通过长期的观察我
可以证明，拉里·伯德不能——但是上帝啊，他能打篮球）。尽管
我认为，在一个力图避免进行对黑人、白人进行无意义的生物学分
类的替换性框架中，这个话题有点意思，和正统性也沾点边，但我
并不是十分在意。而在接下来的提问阶段，如果不能引起这个问询
的某种转化，我怎么也不能就人类多样性这个主题作出发言。我听
说过"运动版本"，我猜它是作为一个可以接受的替代品而出现的，
主要用于解释究竟是什么困扰了善意的人们（以及恶意，尽管是出
于其他原因）。

过去，公然的种族主义并没有导致这种不安的情绪。现代
学术史中种族主义的始祖戈比诺伯爵（Joseph-Arthur, comte de

---

[1] 原文为 *E pluribus unum*，拉丁语。

Gobineau，1816—1882），问了一个相似的问题，即关于种族间假定的先天性不可改变的差异的自然属性问题，对此他实话实说。他在最具影响力的作品《人类种族不平等的随笔》(*Essai sur l' inégalité des races humains*) 的第一卷的结论性章节的标题中写道："三大人种的道德及智力特点。"我们的注意力总是集中于聪明人以及正派人士身上，而不是跳跃的高度和心血管阻塞的敏感性上。

戈比诺毫不含糊地表明了自己的立场：

> 人类不同种群间在道德和精神禀赋上具有天生的不变的差异性，这是最为古老而被普遍认同的观点。它成了几乎所有政治理论的根基，而且是每个或大或小国家的政府的基本准则，极少会有例外，而且例外的大部分也都出现于我们的时代。国家之间的偏见没有其他缘由，每个国家都相信自己比邻国更有优越性，而且同一国家的不同地区也经常相互轻视。

毫无疑问，戈比诺是 19 世纪最具影响力的种族主义学者。他的作品深刻影响了瓦格纳（Wagner）、尼采（Nietzsche）等知识分子，并掀起了一场戈比诺主义的社会运动。很大程度上说，通过他对英国狂热分子休斯顿·斯图尔特·张伯伦（Houston Stewart Chamberlain）的影响，他的观点成了支撑阿道夫·希特勒的种族主义理论的基石。戈比诺出身于贵族保皇派，在写作之余，还曾为法国政府效力，拥有一段成功的外交生涯。他写过几本小说和非虚构的历史作品（例如波斯人民史及欧洲文艺复兴史方面的），但他是因为 1853 至 1855 年出版的关于种族不平等的四册作品而闻名。

戈比诺的基本立场可以简单地概括为：文明的命运大部分是由种族的结构所决定的，通常会因为杂交而淡化纯种血统，并进而导致文明的衰退和没落。（戈比诺在 1856 年美国的首个翻译版本中写道，与德国的优势相比，他十分担心同时代的法国的衰弱，而这可以"追溯到人口中大量异族的存在"。）白种人（尤其是隶属于雅利安种族的优势种群）可能仍然处于支配地位，戈比诺希望是这样，但这只有在相对保持不受与智力和道德上低劣的黄、黑人种通婚的影响的情况下才可能实现（戈比诺使用了粗俗的肤色词汇来描述三个主要群体）。

没有人会怀疑这些观点的政治力量，也没有人会相信，当戈比诺写作这些观点的时候，只是为了抽象的真理，脑子里没有他所支持的任何议案。尽管如此，当德瑞德·斯科特（Dred Scott）案件在美国内战前夕被送到最高法院时，戈比诺于1856年在费城出版的美国版肯定触碰到了这个危险时刻的敏感神经。指出这一点没有任何坏处——因为戈比诺与众不同的种族净化观念，以及种族混杂的危险理论，无疑击中了我们民族的要害，因为我们存在最大限度的种族多样性以及最普遍的种族不平等，我们奴役黑人，我们对印第安人进行大屠杀。莫比尔（亚拉巴马州）的诺特，美国最为活跃的种族主义人类学的倡导者（他与格里登在1854年合著的课本《人的种类》[*Types of Mankind*]是同时期美国该领域中最为畅销的一本书），为译文写了一篇很长的附录。为避免有人不能领会这篇欧洲论文的本土相关性要点，译者在前言中写道：

> ［研究种族差异的］目的必定是高尚的，对它的追求不仅对政治家、历史学家来说是有益的，对普通读者也是一样。在这个国家中，这项研究显得格外有趣而且重要，不仅因为我们辽阔的疆土是三个定义最为明确的人类种群——白人、黑人以及印第安人——的住所（大量移民至我们太平洋沿岸的中国人将迅速成为第四大种群），而且因为现在这里的不同民族之间融合得更加迅速而完整。

然而，戈比诺需要为他的说法提供证据（先前我引用戈比诺的语句时，他只说到大部分人相信人类天生是不平等的，却并没有提供任何证据证明这个普遍印象是正确的）。因此，在著作的最后一章中，戈比诺描述了一种能够确保其种族主义观点的必要数据的方法。他在开头就告诉我们，怎么才能无须构建论证过程。他声称，我们不应针对"劣等种族"中个人取得的微不足道的成就，因为这种策略将会适得其反，平等主义者们必将在普遍愚昧的种群中寻找成就杰出的罕见个人。戈比诺在最后一章开头写道（这段引文冗长而冷漠，但却值得赘述，因为它提醒了我们在一个不太久远的过去发生的那些"确定的事情"）：

> 在先前的内容中，我已经尽力展现人类大家庭的各个分支，并通过永远无法改变的精神和身体差异来进行区分。人们在智力、容貌和力量等诸多方面都是不平等的……在得出这个结论的过程中，我完全避开了人种学家经常采取的措施，不幸的是，这些措施是人类学家为了科学的原因而采取的，至少可以说，它们是非常荒谬的。这个讨论不是建立在单独个体的道德和智力价值之上。

> 我甚至不会等待鼓吹所有种族绝对平等的人们，向我列举传教士或航海家日志里这样那样的文章，比如某个约洛夫人（Yolof）成了娴熟的木匠，某个霍屯督人（Hottentot）成了一个优秀的家佣，某个卡非人（Caffre）小提琴拉得很不错，或者某个班巴拉人（Bambarra）在算术上取得了令人尊敬的成就。

> 我已经作好准备承认——没有证据而承认——诸如此类的任何事情，无论多么伟大，最终都会与最为堕落的野蛮人联系到一起……不仅如此，我将比反对者们更进一步，我一点也不怀疑在粗鲁的非洲黑人首领之中，可能会发现许多积极而活跃的思想，他们的思想以及精神资源的丰富性甚至远远超过了我们的农民的平均水平，甚至超过了我们某些中产阶级的水准。

（偏见的确普遍地存在于无意识的细节之中。请注意，尽管以"慷慨的"方式写作，但戈比诺仍然无法想象，一个非洲首领会比欧洲农民或者下层资产阶级更高的智力——而哪怕他们的智力超过上层阶级中最差的人，那也绝对是苍天不容的！）

如果对个人的论证无效，那么种族身份该如何确认呢？戈比诺说，我们必须找到一种方法，最好是具有说服力的数学运算，这样就可以得出每个种群的一般特征：

> 对我来说，这样的争论 [关于个人] 终究算不上真正的科学……让我们暂且搁置这些幼稚的言行，并对大众而不是个人进行比较……可以这么说，在每个种族的相对位置从数学上得到精确定义之前，这个困难而棘手的任务是无法完成的。

我必须承认，我重读戈比诺，主要是因为查尔斯·莫雷与后来的同事理查德·赫恩斯坦合著的《钟形曲线》在当前引起的轰动——因为我注意到，尽管为了完全不同的目的，他们却在论证个人与种群时恰好使用了相同的结构，而相似性中存在的差别让我感觉非常怪异。赫恩斯坦和莫雷同样声称种群间存在的一般智力差异是真实而显著的（也认为其中大部分是天生的而且事实上是不可改变的），他们也同样坚称这种差异对个人评判毫无作用。他们希望这样能够避免遭受种族主义者的指责，并确保得到人权主义者的正面评价——因为在他们看来，不应该有任何黑人因为其群体天生不如白人聪明而被人看不起；毕竟，这个特殊的个体可能是其愚笨种族中罕有的聪明人。（我必须要说的是，我把这个论证看成是虚伪的或者是幼稚的——然而我认为莫雷先生并不幼稚——他考虑到美国现实中对待种族的态度与我们理想化的希望形成的鲜明对比，我们希望按照个人成就与特点而非种族关系对所有个体进行评判。）

戈比诺希望把对个人与种群的评判分离开来，因为他不希望种群差异的"真实性"被极少数个人的非典型表现所模糊。赫恩斯坦和莫雷在完全不同的政治环境下作出了同样的区分；他们强调个人成就的真实性（而非其令人烦扰的困惑），是为了在保持某些接近于戈比诺的智力差异以及消除这种差异的不可能性等观点的同时，避免受到种族主义者（公正的）指责。（请大家理解我，我并非想利用过去来辱骂和诽谤赫恩斯坦和莫雷。我并没有想要把他们和第三帝国建立起间接联系——我们也不能因为希特勒经由张伯伦而极端使用了戈比诺的观点而指责戈比诺本人。我觉得奇妙的是，几个世纪以来，在不同的时代背景下，想法基本一致的思想家们在强调同一个事物的不同部分时，他们的思想结构竟然如此相似。）

　　为了给智力及道德方面的种群差异寻求数学上的依据，戈比诺迷上了 19 世纪种族主义科学中原始而直接的方法——主要是测量头盖骨和身体其他部分的外形和尺寸（因为通过智力测试作出推测的"直接"评估还没有得到长足发展），例如戈比诺就把黑人的命运置于外部解剖学中：

> 黑人种族在外形上是最小的。他们的骨盆外形具有动物的特点，他们在出生之前就被刻上了印记，而且这似乎也预示着他们的命运……黑人狭窄而且向后收缩的前额，似乎标志着他们在推理能力上的不足。

　　此外，戈比诺按照他对黑人劣等性的预想，成功地以伪科学的特有方式，解释了他观察到的每一种现象。为了方便进行种族主义的解释，他甚至重新解释了表面上看起来有利的特性。例如，戈比诺想象的关于黑人面对痛苦时的坚忍克制，他曾引用一个医生的话作为证词："他们承受外科手术的表现比白人好得多，那些令白人无法忍受的疼痛，黑人几乎都可以忽略不顾。我切过很多黑人的腿，他们可以自己握住被切断的那条腿的上部。"任何白人都会因为勇敢、胆识及高尚而受到称赞，但戈比诺却把他想象中黑人对疼痛的忍受归因于"一种道德上的懦弱，从死亡或者怪异的平静中寻求庇护的方式"。

　　身体测量在 19 世纪科学种族主义浪潮中形成了粗浅的技术，而且仅仅取得些微成功（甚至他们自己也这样说）；心智测试技术——为 20 世纪有关人类不平等的多数争论奠定了基础更为复杂的技术——测量更为精妙的内部，而不是间接的外部——命运也同样如此。（就像我在正文中所作的更详细的解释一样，我并不反对所有形式的智力测试，当然也不认为进行智力测试的人天生就是种族主义者，或者是极力为不变的人类差异进行辩护的人——因为在利用测试评估优质的教育所带来的进步时，我们经常会达到恰好相反的目的。）

然而，心智测试中的一个特殊哲理，的确巩固了我们这个时代有关人类种群智力差异的大部分论证。此外，这个哲理直接出现于19世纪定义这门学科的粗浅的身体测量技术中。在这个意义上，我们可以从戈比诺到现代的 IQ 遗传理论中发现某种延续性。由于一般论证中暴露出谬误，而数据又不能印证基本前提，这样的双重作用使得我认为这个哲理的影响正在消退。而在《钟形曲线》中，赫恩斯坦和莫雷以完整而原初的形式重现了这个哲理——因此我们必须重新回到谬误的历史根源上。

"戈比诺主义"版本的智力测试——用以支持人类种群间存在天生的根深蒂固的普通智力差异的事业——建立在四个连续相关的前提上；其中每个前提都必须单独成立（而且所有前提之间的联系都必须有效），不然整个大厦就会倒塌：

1. 我们所谓的"智力"表现出各种各样数目繁多的人类特质，它必须建立在普通智能的单一首要（或者加强）因素之上，经常被称为 g 或智力的普通因素（参见正文第七章中我对这个观点及其数学依据的评论）。

2. 每个人的智力的大致"数量"必须可以被测量为一个单一的数字（通常被称为"IQ"）；通过 IQ 对人进行的线性排序必然能够确立智力的等级秩序；最终（由于争论中存在的社会因素），人们在生活中取得的成就，以及他们在价值与财富等级上的社会排序，定然与他们的 IQ 得分密切相关。

3. 这个单一数字必须能够测量基因构造的固有特性，这个特性是具有高度遗传性的。

4. 一个人的 IQ 得分必须是稳定不变的——社会项目和教育的介入也只会使其产生微小变化（只有细微的临时的小修小补）。

换句话说，如果用一两个词来描述这四个前提，人类智力就必须是可抽象的（作为单一的数字），可排序的，可高度遗传的，实际上不可改变的。如果这些假设中有任何一个不成立，那么整个论点以及相关的政治议程都将变成泡影。例如，如果仅有第四个前提即不变性不成立，那么集中的教育性的社会修复项目，就可能会永久性地切实改善天生的高度遗传的 IQ 缺陷——就像我买一副眼镜就可以纠正我遗传的天生视力缺陷一样。（在这场争论中，"可遗传"与"永久"或"不可变"之间的错误等式，长期扮演着基本的谬误的角色。）

　　在这篇论文中，我无法对《钟形曲线》作出全面评论（更多细节参见先前的论文）。我只想追溯一些历史的根源，并揭露其中存在的一个绝妙的讽刺。《钟形曲线》关于种群平均智力的论证，与戈比诺的首发版本没有什么不同，也不比它具有更多的支撑。《钟形曲线》增加的主要是方法论及复杂性上的变化——从测量身体到测量脑容量。但是，与 19 世纪科学家根据颅骨尺寸确定的古老等级制度一样，IQ 测试对这些假设（上面陈述的四个前提）的依赖同样令人无法忍受。受此启发，通过重读在 20 世纪的第一个 10 年发明现代化智力测试的人的哲理与意图，我们能够获得伟大的洞见；这个人就是法国心理学家阿尔弗雷德·比奈（后来成为与这项测试齐名的人，当斯坦福大学教授刘易斯·特曼把这项技术引进到美国后，开发出了一个叫作斯坦福-比奈 IQ 测试的本地版本。）

　　我将证明，比奈的意图与天生论版本之间存在尖锐的矛盾，因为他坚信教育的补偿作用，并明确拒绝对其成果所作的任何遗传论解读。讽刺的是，遗传论 IQ 理论（把比奈的方法强加于戈比诺的论证之上）出现在美国，这个所有人认为的自由与正义之地（除了第一次世界大战期间和战后最为野蛮的时代）。比奈原初意图的曝光，并未证明他是对的，或者证明遗传学家是错的（毕竟，原初意图的信条在科学上甚至还不如在宪法上管用！）。当然，比奈是正确的，因为他的论据仍旧有效，人们对他作出的明智而人道的努力的曲解，定然算得上 20 世纪科学领域最大的悲剧之一了。

1904 年，比奈受法国公共教育部长委任，设计一种能够识别普通小学班级中存在学习困难的孩子的方法。这些困难表明，他们需要接受某些特殊教育。（在法国的公立学校中，班级一般都很大，课程也很死板；老师几乎没有时间照顾到单个学生的特殊需求。）比奈确定了一个极为实用的方法。他发明了一种测试，这种测试把与日常生活相关（例如数硬币）并包含基本推理过程（逻辑、排序、修正）的各种任务糅合在一起，而不测试像阅读这样明显的获得性技能。通过把尽可能多不同属性的测试混合到一起，比奈希望能把一个孩子的综合潜能抽象为一个单个数字。比奈用一句格言强调了他的测试的不拘一格和经验性质："测试什么并不重要，只要为数众多。"

比奈明确否定了他的测试能够测量配得上"一般智力"这个名称的一种内在生物学性能——比奈的测试后来被称为智商（或者 IQ），德国心理学家斯特恩通过用"心理年龄"（测试中已经确定）除以实际年龄而得到这些分数。首先，比奈认为，这个叫作智力的复杂多样的性能不能简化成单一的数字，并按照线性顺序对儿童进行排列。他于 1905 年写道：

> 恰当地说，智力本来就不允许被测量，因为智力的众多属性不是重合的，因而也就不能像平面一样被测量。

此外，比奈担心，老师们会把 IQ 分数理解成不变的天性，而不是（按照他的意图）当作一个识别需要帮助的学生的向导，他们会把这个分数作为清退而不是帮助问题学生的一个嘲讽性借口。比奈描写过这样的老师："他们似乎按照如下的方式推理，'这儿有一个绝好的机会可以让我们摆脱所有困扰我们的孩子'，而且他们不带真正的批判精神，挑出的都是在学校不守规矩或者无心学习的孩子。"比奈同样害怕那些可怕的偏见，即从此被贴上"自我实现预言"标签的偏见或者皮革马利翁效应：如果老师因为对较低的

IQ 分数的错误理解而认为学生天生不可教化，他们就会把学生看作是无能的，从而加剧学生的糟糕表现，而这种表现是由教育不足导致，而不是因学生的固有天性导致的。引用这个例子之后，比奈开始拷问法国人：

> 当一个人预先受到不良警告时，他就真的很容易发现自己落后的信号。这个过程操作起来就像笔迹专家所做的一样，当德瑞弗斯（Dreyfus）被认定有罪时，他们就会在他的笔迹中发现叛徒或者间谍的标志。

比奈觉得这项测试可以用于识别轻微的行为迟钝或者学习障碍。然而即便面对如此具体而严重的问题，比奈仍然坚定地否认，他的测试能够确定教育问题出现的原因，特别是它们潜在的生物学遗传基础。他只想找出有特殊需求的儿童，这样就能提供相关帮助：

> 我们的目的是测出到我们这儿来的孩子的智力水平，进而了解他是正常的还是迟钝的……我们会忽略他的病因，而且也不会尝试在后天与先天［迟钝］之间作出区分……我们不想作出或准备作出预测，即对于这种迟钝是否可以治愈或改善的问题，我们不作探究。我们将会限制自己去调查他们当前智力状态的真相。

比奈避免任何与先天生物缺陷有关的说法，因为先天主义者的阐述（测试分数没有保证这一点）将事与愿违地破坏他帮助有教育问题的孩子的目的。比奈斥责那些以一个不可救药的愚蠢评价而逃避为困难学生提供所需特殊帮助的教师："他们对 [这些学生] 既没有同情心，也没有尊重感。他们口无遮拦，当面说出'这个孩子将一事无成……他一点也不聪明'之类的话。我经常听到如此轻率的话。"在一篇很有说服力的文章中，比奈向那些声称学生因为生物劣等性而"绝对不会"成功的老师，表达了自己的愤怒：

> 绝对不会！多么严重的一个词。近来有些思想家似乎为

> 这些可悲的结论提供了精神上的支持，他们断言，一个人的智力的量是固定的，是不能增加的。我们必须抗议和抵制这种野蛮的厌世主义；我们一定要努力证明它纯属无稽之谈。

最终，比奈非常高兴，因为有些老师利用他的测试识别出困难学生，并成功向他们提供了需要的帮助。他为补救项目辩护，并坚持认为，记录下来的收获都应被看作智力的真正提高：

> 在实践的意义上，对美国来说，唯一可以理解的就是，孩子的智力得到了提高。我们已经提升了小学生的智力要素之一：学习和理解指令的能力。

多么不幸，多么讽刺！如果 IQ 测试一直按照比奈的意图进行使用，测试结果将完全是有益的（在这个意义上，正如我已经陈述过的，我并不从原则上反对智力测试，我反对的只是它的某些版本和理念）。但是，比奈预见到并加以谴责的天生主义者和反改良主义分子的解读占据了主流，比奈本人的意图被倾覆、倒置了。这个逆转——IQ 遗传理论的建立——发生在美国，而不是精英辈出的欧洲。比奈测试方法的主要引进者推广了比奈反对的生物决定论版本——这个结果在我们的时代还在像《钟形曲线》一样错误地回响。

让我们看看两位最初在美国推广比奈测试的心理学家吧。戈达德把比奈的文章翻译成英文，并鼓动人们普遍采用其测试方法，而同时他又采用了强硬的遗传学论证方式，把智力看作单一的实体：

> 如果以最为大胆的方式陈述的话，我们的论点是，人类行为的主要决定者是我们称为智力的总体精神过程：这个过程以一套天生的神经机制为条件：神经机制能够达到的有效程度以及每个人的智力和精神水平，取决于生殖细胞结合时产生的染色体类型：除非发生可能破坏部分机制功能的严重事故，它几乎不受任何后天的影响。

为美国编订了斯坦福-比奈 IQ 测试方法的刘易斯·特曼持有

相同观点，首先也把智力作为一个单一的数量："智力是一个银行账户——我们可以为任何想要的目标支取，还是一捆不同的银行汇票——每张汇票只为一个特定目的支取且不能兑换呢？"特曼选择了普通银行账户。他也陈述了自己的遗传学观点："但这项研究加强了我的这个印象，即在决定同类中个体的智力等级上，天赋比培养更为重要。"

但是比奈已经从反面提供了所有正确论证——即使在今天，他的文章也仍然可以作为启蒙读物，它们从科学上精确地反驳了赫恩斯坦和莫雷的《钟形曲线》（《钟形曲线》作为仍然存活的遗产，代表着美国对智力测试所作的与众不同的贡献：遗传论的解释），并从伦理上有原则地反驳了它。比奈告诉我们，智力不能抽象为一个单一数字。IQ 是识别需要帮助的孩子的有用策略，而不是对无可逃避的生物性的一种指示。这样的帮助能够奏效，因为人类的思想首先就是灵活多变的。我们在天资上并非都是平等的，我们来到这个世界上时也不是白板一块，但是大部分缺陷可以被调整到一个相当的水平，生物决定论的阴郁影响决定了它的最大悲剧——一旦我们放弃（因为我们接受了有关天生的不变的局限的教条），本来可以帮助的也失去了机会，那我们就犯下了最为严重的束缚人类精神的错误。

为什么我们一定要遵从一个不合理的二分模型，使假想中的固定的天生的生物性与后天培养的灵活性对立起来——或者说为什么先天、后天这对悦耳的词汇能把这个错误的对立固定在人们的脑海中呢？生物的命运不是必然的，教育不是对生物局限性的攻击。相反，我们广阔的教育改良能力，记录了仅赐予人类这种动物的基因独特性。

我对《新闻周刊》最近的一篇报道（1994 年 10 月 24 日）感到既振奋又忧虑，布朗克斯的一所高中承诺对弱势学生寄以更高的期望。报道如下：

> 这三百个黑人及拉丁美洲裔学生为强有力反驳"钟形曲

线"提供了基础。理查德·赫恩斯坦和查尔斯·莫雷认为，IQ 主要来自遗传，而且较低的 IQ 意味着只能在社会中取得较小的成功。因此他们认为，即便有优质的学校以及更为健康的环境，也不会对改变一个人的命运起到太大的作用。然而在斯托拉社区学院，两年来学生的阅读分数几乎翻了一倍。辍学率很低，到校率很高。1989 届的学生约有 70% 按时毕了业，是这个城市平均水平的两倍。

好消息，而且是对比奈原意的很好宣扬。但我一定要反对这则报道的标题——"挑战达尔文"，以及其开场白："今天，在第 149 大街和大广场，一所为处于危险之中的儿童设立的公立高中，将每天公然反抗达尔文。"

为什么达尔文成了敌人和障碍？或许《新闻周刊》只是想用达尔文主义（也是严重的误读）的比喻意义说明人世间斗争的残酷，其中很多战士被淘汰。但是我认为《新闻周刊》的编辑把"达尔文"当成了保守的"生物学"观点的替身——以此传达这个学校反驳固定的基因局限性的观点。生物性不是人类适应性的敌人，而是源泉和增强剂（遗传决定论则代表着生物学的一个错误理论）。达尔文主义不是关于固有差异的论述，而是一个学科——进化生物学——的中心理论，这门科学在我们种族间最小的基因差异中，以及我们共同起源的地质环境中，发现了人类的共有来源。

三个世纪以来的种族与种族主义观点

关于思考和发臭的古老谬误

一想到会重复人类的原罪，我们就感到不寒而栗。因此，当哈姆雷特的叔父忆起该隐秘杀害亚伯的恶行时，也为自己的弑兄行为感到悲恸：

> 噢！我冒犯了等级，罪恶的气息已经上达于天；
> 我的灵魂负着一个元始以来最初的诅咒；
> 杀害兄弟的暴行！

像恶心的气味这种隐喻的作用特别强大，因为嗅觉已经深深地根植于我们的进化结构中，但仍然（或许正是由于这个原因）被我们低估，而且在我们的文化中也未被提及。后来直到 17 世纪才有一位英国作家意识到它的潜在威力，并特别提醒他的读者不要使用嗅觉隐喻，因为常人只会按照字面意思去理解：

> 隐喻的表达经常深入到文字的结构上；但却是欺骗性的……在一些敏感事物中，用隐喻表达是多么危险啊，人们会相信，作家的文本中有多么荒谬的幻想啊。

这段引文来自托马斯·布朗爵士（Sir Thomas Browne）1646年作品中的一章：《谬论的传播：对许多已经被接受的信条 [原文如此] 和通常假定的真理的质询》（*Pseudodoxia Epidemica: or, Enquiries into Very Many Received Tenents [sic], and Commonly*

Presumed Truths）。布朗是来自诺维奇的一名内科医生，因为 1642 年的作品而更为世人所知。那部出色的作品至今仍被广泛阅读，其中部分是自传，部分是哲学思考，还有一部分是一个医生古怪的宗教信仰。《谬论的传播》（他的拉丁文标题是为了表明错误事实的泛滥）是一个现在仍被竞相追逐的光荣流派的始祖——暴露出常识性的错误，普遍的无知，尤其是极有可能造成社会危害的错误信仰。

我引用了布朗 100 多章中其中一章的论述，这一章——对于"犹太人有臭味"这个普通看法的揭示——必定会令现代读者感到浑身不自在。尽管按照那个时代的标准，亲犹几乎已经达到了最大化程度，布朗仍然无法摆脱所有对犹太人的偏见。他把犹太人有臭味这个谬论的起源——因此回到我早前的引语——归因于对隐喻的错误的字面解读，这个隐喻曾被合理地用在支持耶稣蒙难的那群人的后裔身上。布朗写道："产生或者孕育这个说法的土壤，可能来自犹太人对基督徒的厌恶，基于那个事实的罪恶，这让他们在所有男人的鼻孔中变得讨厌和臭不可闻。"（政治观念正确的现代信徒应该仔细考虑一下，布朗在这个背景下所说的"所有男人"的排除性。）

作为揭露常见错误教条的一个基本原理，布朗正确地注意到，错误的信念来自关于天性的错误理论，并因此充当了通往知识的活跃障碍，而不仅仅作为具有原始性质的可笑标志："要寻求清楚的可证实的真相，我们必须忘记并放弃许多我们已经知道的东西。"此外，布朗还注意到，真相难以真正确定，无知远比精确更为普遍。在写于 17 世纪中叶的文章中，布朗把"美国"比喻成未标注的无知领域，他哀叹我们没能以理性工具作为向导来穿越这块处女地："在这个迷宫中……我们没有找到开阔地；却经常乐于在美国及真相中人迹罕至的地方漫步。"

《谬论的传播》是布朗穿越人类无知迷宫的旅行，包括 113 章，汇集成了 7 卷，分别是关于矿产、蔬菜、动物、人类、圣经故事、地理和历史神话。布朗揭露了相当数量的常识错误，包括大象没有关节，獾一边的腿比另一边短，以及鸵鸟能消化铁等。

作为布朗的论证形式的范例，让我们看看第三卷的第四章：为了逃避猎人，一只海狸[原文如此]咬掉自己的睾丸或投掷石块——根据传说，这是一个残酷的策略，目的是要么让猎人分心，要么说服猎人用自己身体的一部分而不是全部做一餐饭。布朗把这个信念标注为："一个非常古老的信条，因而有传播的优势……作为对自我失控行为的惩罚手段之一，当用海狸咬掉自己睾丸的动作来表达对通奸行为的惩罚时，具有象形文字背景的埃及人也显得无能为力。"

布朗综合使用推理和观察方法完成揭露过程，并为此感到骄傲。他从识别错误的根源开始——在这个事例中，错误源于对海狸拉丁名字 Castor 的不正确的词源推断，它与"castration"[阉割]（与传说中假定的词汇一样）的词根是不一样的，但是归根结底都起源于一个梵文单词"musk"；这是对有意从内部割掉海狸睾丸（因而几乎看不见）的错误解释。随后他引用了一个和完整的雄性有关的事实和逻辑证据，即如果海狸想把自己的睾丸咬下来，它甚至都够不到它。（这样，外部睾丸的不可见性——这个普通错误的根源聪明地成了错误的证据！）

> 就像睾丸这个词本身已经说明的一样，它的尺寸不大，
> 且位于腰部内侧；所以如果自己想割掉它们，不仅是徒劳的，
> 而且根本就是不可能的行为：如果由他人执行，则可能是危
> 险的行为。

第七卷第二章揭露了"男人比女人少一根肋骨"的错误——"一个起源于创世纪历史的普遍猜想，其中说到夏娃是用亚当的一根肋骨造成的"。（我很遗憾地说，这些胡话仍然得到某些人的支持。我最近参加了一个为高中生举办的全国直播的电话交谈节目，其中一个年轻女性，一个创造论者，就引用了这个"著名的事实"证明圣经的正确性和进化论的错误。）布朗又一次选择综合运用逻辑和观察方法进行陈述："这不适合进行推理和检查。"简单数一下骨

骼数（布朗的职业是内科医生），就可以确定男女两性的骨骼数相等。此外，我们无法推理证明，失去一根肋骨的亚当会影响到他的同性后代：

> 尽管我们承认亚当缺少一根肋骨，但这与理性和普遍观察的结果是相矛盾的，即他的后代同样"想要"如此（"想要"在古老的意义上就是"缺乏"）。因为我们观察到，缺陷并没有从父亲传给儿子；盲人生育的子女能够看得见，父亲只有一只正常的眼睛，而孩子两只都很正常；残疾人本身的缺陷传到后代却变得非常完美。

第四卷第十章——"犹太人臭不可闻"——是其中最长的一章，而且对布朗博士而言明显占有特别的分量。他的论据更为详尽，但论证的过程与驱除危害较小的神话故事的错误时没有两样——引用违背常理的事实，并从更为普遍的逻辑与理性上寻求支持。

布朗从对这个谬误的论述开始："犹太人天生就散发臭味，也就是说，在他们种族和国家中有一种讨厌的气味，这是一个被普遍接受的观点。"布朗随后同意不同物种可能具有不同气味的观点，而个人肯定也是如此："亚里士多德说，除了豹子以外，没有哪种动物闻起来是香的。我们承认，除了物种的气味以外，可能还有个体的气味，每个人都有自己的特殊气味；尽管人类察觉不到，因为人类此类感官衰弱，然而狗的这类感官却很敏感，它们可以在黑暗中分辨出自己的主人。"

那么从原则上说，离散的人类种群可能带有各具特色的气味，但是经过推理和观察发现，犹太人种没有这样的属性："有人认为对犹太人来说，那种讨厌的气味是文雅的或者民族共有的。如果加以正确理解，这种观点是我们不能接受的，来自理性和感官的信息也不能推导出它来。"

在事实基础上，直接经验也没有为这个有害传说提供证据："在犹太人集会中（他们在那里是无法隐藏的），没有发现这种讨厌的气味；在商业活动或者与那些在家中穿着干净得体的犹太人的交谈中，同样也没有闻到这种气味。"犹太人改信基督教的"测试性案例"也证明了这一点，因为即便是最无可救药的顽固分子，也不会指责这样的人臭不可闻："对于那些从同宗转变而来的犹太人，没有人把原因归咎于这种讨厌的气味；就像他们的谈话变'香'了一样，随着信仰的改变，他们也失去了气味，不再散发出臭味。"如果犹太血统能够根据气味进行识别，那么宗教法庭将会大大受益，他们可以把特殊气味作为识别虚伪改宗者的准确向导："目前西班牙有很多犹太人……有些甚至达到了牧师级别；这是一件不能掉以轻心的大事，而如果他们能够被'闻'出来，那将不仅对基督教会有利，而且对国库而言，也是非常有利的。"

让我们从推理转到论证，讨厌的气味可能产生于饮食或卫生习惯不健康的人群。但犹太人的饮食法则保证了适度和良好的感觉，而且倾向于对饮酒习惯有所节制——"几乎从来不醉酒或酗酒，也不会暴食或者摄入肉类过多；因而他们远离了消化不良与粗野，以及由此导致的体液腐化。"

如果从犹太人的生活习惯找不到缘由，那么对这种讨厌的种族气味，唯一能想到的主要原因就是"耶稣施加于他们身上的神圣诅咒……作为把救世主钉上十字架的那一代人的标记或烙印"。但是布朗强烈反对这个说法，认为这是"一个没有任何根据的幻想，一个解决模糊不清的争议的最简单的方法"。当找不到合理的解释时，就行使神圣机构的权力，这是一个懦夫或者懒汉逃避失败的行为。（布朗不反对对真正大事件的神圣干预，就像诺亚的洪水、红海的分离，但他反对在一些小事上依赖神迹以构成对神圣的嘲弄，比如遭到不公正污蔑的假设存在的人种气味。传说爱尔兰之所以没有蛇，是因为圣帕特里克用魔杖把它们赶了出去，布朗随后又找出了这个传说相同的荒谬之处。这些关于无数的小奇迹的不恰当说法，只会扼杀现象的本质以及其真正原因。）

为反驳"犹太人散发臭味"这个命题，布朗在推理的基础上进行了更为有力的论证。他辩称，整个话题没有任何意义，因为问题的范畴——犹太民族——并不代表一种实体，而只有实体才可以支撑诸如特别的民族气味这种特性。

在人类推理的主要谬误中，这种"类别错误"在群体识别及其特征定义的过程中特别常见，也是像我这样的分类学家特别关心的问题。布朗的许多文本都非常陈旧，但却像一种概念化石一样，奇怪得令人着迷。而在揭露"犹太人散发臭味"这个命题的错误时，他正是与分类错误作斗争，并在《谬论的传播》的论证中揭示了一种足以引起当代兴趣的不同的推理方式。

布朗从一开始就提醒我们注意，个人特征不能扩展为群体特性。我们不怀疑某些个人具有特殊气味，但是群体特征可能覆盖个人差异的所有范围，因此无法保持任何特性。既然如此，什么样的群体才能成为这种与众不同的种群呢？

布朗认为这样一个群体必须进行严格定义，要么按照严格的系谱学标准（这样其群体成员就能共享独有血统所遗传的性能），要么具有其他人不会遵循的日常习惯或生活模式（但是布朗已经表明，犹太人具有适度而健康的生活方式，因而反驳了任何有关恶心的民族气味的说法）。

随后，通过证明犹太人不代表一个严格意义上的同宗群体，布朗进一步强化了自己的例证。犹太人被分散到世界各地，他们被斥责，被鄙视，被驱逐和排斥。许多隶属种群已经由于同化而消失殆尽，其他群体则因为普遍的异族通婚行为而被稀释。事实上，许多民族都已被强力混合，因而不能代表宗谱定义上的离散群体；这种常见的趋势在犹太人中更被扩大化了，因此不可能再有像种族气味这样的特性了：

> 把某种材料和气质强加于任何民族之上，再也找不到比这更加简单和保险的方法了；……要在犹太人中识别这种影响，要更加困难；不论如何假装纯粹，任何民族都必然经受过与所有民族的难解难分的混合过程……因而普遍公认的

是，一些［犹太人］已经散失，一些已经明显被混合，因此不能确定哪些是独特的，在犹太人中也难以建立这种特性［民族气味］。

多年来对生物决定论这一错误理论的思考过程中，我注意到它们非凡的持续性，以及某些假定在毁灭后又再度出现的强大趋势，我被一种称为"代孕"[1]的特征震惊了。特定论点的产生对特定群体的确切指责——犹太人散发臭味，爱尔兰人酗酒，女人喜欢貂皮大衣，非洲人不会思考——而每个特定的说法都能代替其他的说法。论证的大体形式都是一样的，而且几个世纪以来总是贯穿着相同的谬误。抓住"女人因为生物本性而不能胜任州长"这种论证的实质，你会发现类似的糟糕的推论结构也潜藏于其他说法之内，比如"非裔美国人永远不可能在博士中占有很高比例"。

因此，布朗对"犹太人散发臭味"这个古老传说的陈旧反驳，依然与我们的现代抗争息息相关，因为他的论证形式，仍然适用于反驳当前由于假定的不可改变的先天智力或道德缺陷而对人产生的贬损。幸运的是（因为我也是犹太人），犹太人的话题最近不那么热烈了（尽管我几乎无须提及父母那个时代的热门事件，以此提醒每个人都不应对当前的接纳程度产生任何自满情绪）。这个季节最受欢迎的传说，不禁让人记起另一个使用这个臭名昭著的总体形式的有名章节——《钟形曲线》的版本，认为具有非洲血统的人比其他所有人的天生智力的平均水平都要低。

按照布朗的方法，可以综合运用事实引用和逻辑论证的方法揭露这个说法的错误。为了避免这篇论文变成一本书，我不会在这里完成所有的工作（参见这部分的前两篇论文）。但是我想强调布朗在揭露"犹太人散发着臭味"这个传说的错误时的要点——他对把犹太人定义为生物学群体的类别错误的阐述——同样颠覆了黑人智力落后的现代传说（从20世纪60年代的詹森和肖克雷到现在的莫

---

[1]这里的"代孕"喻指一个论点产生对某个群体的指责，而这种指责本不该属于这个群体。——译者注

三个世纪以来的种族与种族主义观点

雷和赫恩斯坦）。

布朗认为犹太人缺乏包含性的定义，在同样的意义上，当前的非裔美国人也没有形成一个完整的谱系。作为种族主义的丑陋遗产，任何看起来明显具有非洲血统的人都被归入"黑人"序列，即使其中很多人有事实上的甚至多半的高加索血统也不例外。（有个针对女性棒球爱好者的老掉牙的"闹剧性"问题是这样问的："哪个意大利裔美国运动员为布鲁克林道奇队贡献了超过四十个本垒打？"答案是"罗伊·康帕尼拉"，他的父亲是意大利白人，母亲是个黑人，但是按照我们的惯例，罗伊·康帕尼拉也总是被称为黑人。）

（作为对代孕主题的补充说明，在对黑人和犹太人犯了同样类别错误的解释中，在指责受害者时通常采用的是相同的偏见形式。尽管布朗总体上令人振奋地摆脱了反犹主义的偏见，他在解释犹太人与基督徒之间高频率的通婚现象时，还是引用了一个特别丑陋的论据——假想的犹太女人的淫乱性格，以及她们对金发的基督教徒而不是皮肤黝黑、没有魅力的犹太人的偏爱。布朗写道："两者〔犹太女人与基督教男人〕之间的通奸也很频繁；常常存在一些稍纵即逝的煽动性观点，即认为犹太女人想与基督教而不是本民族男人交媾，她们喜欢基督教式的性爱，而不是受过割礼的性欲。" 在奴隶制时期，美国的种族主义者经常给出同样的解释，而这也是这个案例中一个特别可耻的谎言，因为它通过指责真正的无能者而为强奸犯辩护。例如，路易斯·阿加西斯在1863年写道："南方的年轻男子身体里的性欲一旦苏醒，就会发现很容易通过与有色人种〔混血儿〕的仆人相遇而获得满足……这使他通往那个方向的更好本能变得迟钝，并引导他逐步寻求更加火辣的伴侣，因为我曾听说有些年轻男子召唤全黑女郎。"）

显然，如果照此分类的人种没有形成一个特别的谱系群体，我们就无法清晰地说明根据遗传"黑人"天生应该是什么样子。但是这个类别错误错得非常离谱，比通过与其他种族广泛通婚而稀释还要更加离谱。现代古人类学和人类遗传学中最令人兴奋并仍然不断出现的新发现，迫使我们以更加激进的方式重新思考整个人类类别问题。我们将被强迫承认："非洲黑人不能像'印第安人''欧洲白人'或'东亚人'等传统种群一样被定义为一个种群，而必须被视为比其他所有种群的包容性更大的群体，既然它不能被定义为一个真正的离散种群，因而也和'非洲黑人不太聪明'或者'非洲黑人当然能打篮球'这样的传言挂不上钩。"

过去十年，人类学的主要特点体现在对现存的唯一的人类物种——现代智人——的起源的激烈论辩。人类是分别起源于栖息在三大洲（非洲、欧洲和亚洲）的直立人先祖——所谓的多区域观点？还是其中一种首先出现在三大洲的某个地方（可能是非洲），然后发展并覆盖全球——所谓走出非洲的观点？

论证的浪潮不停地来回摇摆，但最近的证据似乎涌向"走出非洲"的观点。随着越来越多的基因被排序分析以计算人类种群间的基因变异，以及我们根据这些基因差异而重建的树形族谱，同样强烈的信号和模式似乎已经出现：现代智人出现在非洲，直到11.2万至28万年前才开始有人移民到世界其他地方，而最近多数复杂的科学研究倾向于支持这个年代范围中较早的那个时期。

换句话说，非非洲的所有种族——白种人、黄种人、红种人，从霍皮人到挪威人再到斐济群岛人——可能也就不超过十万年的历史。相比之下，智人在非洲居住了更长的时间。由于遗传多样性与进化演变在时间上大致相同，非洲种群之间的遗传多样性本身就超过了世界其他地区所有人种遗传多样性的总和！因此，既然"非洲黑人"代表着比在世界所有其他地方发现的非非洲人更大的发展空间和更丰富的遗传多样性，我们又如何能把他们捏合成一个单一群体，并认定他们具有某些适宜的或者不适宜的性状呢？无论根据任何恰当的谱系定义，非洲都是最富人性的地方；我们其他所有人都只是围绕着非洲之树的分支之一。非非洲的分支当然已经相当繁茂，但它们作为部分和阶段之一，永远无法从拓扑学上超越非洲结构的组成部分。

我们对自然和人类多样性意义的看法有着令人吃惊的再定位，而要消化它的理论、概念和影像学内涵，我们还需要很长的时间和很多的思考。然而，对于发起者，我建议大家最终放弃诸如"非洲黑人节奏感更强、智力更弱、运动能力更强之类毫无意义的说法"。如果非洲人无法被建构成一个凝聚的群体，那么这样的说法，除了社会危害性之外，没有任何意义，因为他们代表着比世界上所有其他地区加起来还要复杂的多样性。

我们最伟大的智力冒险常常出现在我们自身之中——不在于从地球或者其他星球上不停地寻找新的真相和物体，而在于消除旧的偏见及建立新的概念结构。因为彻底修正思想而产生的兴奋和激动，是所有探索行为中最为亲切的回报和更加值得赞赏的目标，也是一场精神旅行，能让真正的学者兴奋，而让我们其他人感到惊异。要重塑我们的人类谱系和进化的多样性意义观点，我们需要这样的精神历险。托马斯·布朗——我们必须再赞扬他最后一句——也赞颂这样的精神历险，而且超过了其他所有理智的愉悦。有趣的是，在同一篇文章中，他也暗喻非洲是一个未知的奇迹之地。他不可能已然知道自己的文字中蕴含的神秘的精确性（摘自《一个医生的信仰》第一册第十五部分，*Religio Medici*，Book 1，Section 15）：

> 我永远不会满足于自己对奇迹的普通碎片的奇思妙想，如大海的潮起潮落，尼罗河水的增涨，指针［指南针］指向北面，等等；我无法在宇宙学中走得更远，但我已学着对自然中明显而被忽略的碎片进行联系和对比；我们带着自己寻找的其中没有我们的奇迹：那就是非洲及其向我们展现的奇迹；我们就是自然大胆而冒险的碎片。

种族几何学

看似变幻莫测或者被曲解的名字编码中，往往藏着有趣的故事。例如，为什么政治上的激进分子被称为"左翼"，而相应地称保守的一方为"右翼"呢？在欧洲许多立法机构中，最尊贵的成员往往遵从礼节站在主席右边，这个习惯就像我们大多数人喜欢用右手的偏见一样久远。（这些偏见根深蒂固，很好地从开瓶器和写字桌延伸到了语言自身，因此在拉丁文中用"dexterous"表示右翼，而用"sinister"表示左翼。）由于这些有名的贵族和显要倾向于支持保守的观点，立法机构的左翼和右翼就被用来定义政治观点的几何结构。

在我的生物学和进化论领域，那些看起来如此变幻莫测的名字中，没有哪个名字比高加索白人——官方定义的来自欧洲、西亚以及北非的浅色人种——更加令人奇怪，也没有哪个名字能比它在讲座结束后引起通讯记者和提问者更多的质询。这个最为常见的西方世界的种群，为什么要用俄罗斯境内一条山脉的名称来命名呢？为所有种群进行了最权威分类的德国自然学家布鲁门巴赫（J.F.Blumenbach，1752—1840），于1795年在其最有影响的作品《关于人类的自然多样性》（*De generis humani varietate nativa*，英译书名 *On the Natural Variety of Mankind*）的第三版中创造了这个名字。布鲁门巴赫的最初定义主要出于两个原因——来自这个区域的人类最为漂亮，而且人类很有可能最先在这里被创造出来。布鲁门巴赫写道：

> 高加索种类。我用高加索山脉给这个种类命名，不仅因为它的邻近，特别是它南部的斜坡造就了最为漂亮的人种，而且因为……如果说有什么地方最有可能放置人类原始土著[原始形式]的话，就是那片区域。

布鲁门巴赫是启蒙运动时期最伟大也最受尊敬的自然主义者之一，他在德国哥廷根大学的教授职位上度过了整个职业生涯。1775年，正值列克星敦和康科德的后备民兵开始美国独立战争之时，他第一次把作品《关于人类的自然多样性》作为一篇医学博士论文提交给哥廷根大学医学系。1776年，当在费城召开的一个决定性会议宣告我们独立时，为了公开发行，他再次出版了这个文本。1776 年，三个著名文本——杰斐逊的《独立宣言》（关于自由的政治提纲）、亚当·斯密的《国富论》（关于个体主义经济）、布鲁门巴赫关于人种定义的论文（关于人类多样性的科学）——的同时发行，记录了这几十年的社会变迁，并营造了更为宽松的环境，从而形成了布鲁门巴赫的分类学，并让他决定把欧洲浅色人种称为高加索人，这对我们的历史以及当前的关注都是如此重要。

一些重大疑问的解决，往往取决于微小的容易错过或忽略的好奇心。我认为，理解布鲁门巴赫的分类的关键，就在于他用于命名欧洲种族时的一个特别标准，这也是持续影响和困扰我们的很多事情的根基——假想来自这个区域的人类最美丽。首先，为什么竟然所有人都如此看重一个明显的主观评价？其次，为什么审美标准竟然成了关于人种起源的科学判断的基础呢？为了回答这个问题，我们必须转向布鲁门巴赫 1775 年的最初构想，然后转到他自己在1795 年介绍高加索人时的变化——那时他们已经得到这个名称了。

在布鲁门巴赫 1795 年最终的分类法中，他把所有人按照地理以及外表分成五个群体——"高加索人"是欧洲及其邻近区域的浅色人种；"蒙古人"是包括中国和日本在内的东亚居民；"黑色人种"是指非洲深色皮肤的人种；"美洲人"是指美洲大陆上的土著居民；"马来人"是指波利尼西亚人、太平洋群岛上的美拉尼西亚人以及澳大利亚的土著居民。而在布鲁门巴赫 1775 年最初的分类中，只包括这五个人种中的前四个，他把"马来人"与后来命名为"蒙古人"的其他亚洲人合并了起来。

现在，我们遭遇了布鲁门巴赫的名声（被视为人种定义的开端）的悖论。正如我随后将要阐述的那样，最初的四人种体系，并非出于布鲁门巴赫的观察或者理论建构，而如同布鲁门巴赫自己乐于承认的那样，只是代表了他的老师卡罗乌斯·林奈（Carolus Linnaeus，1758 年）在分类法的基础性文本《自然系统》（Systema naturae）中采纳和推广的分类。因此，他随后为最初包含在更加宽泛的亚洲群体中的太平洋人增加了"马来人"种，并代表了他对人种分类所作的最初贡献。这个变化似乎很微小。那么，我们为什么相信是布鲁门巴赫而非林奈，是人种分类学的创立者呢？（也许有人会说"不可信"，因为这项事业没有充分理由值得享有较高声望。）我想要证明的是，布鲁门巴赫所作的表面上的细小变化，的确记录了一种理论的变动，而且从范围上来看，没有比这个变动更为宽广或者更加令人惊讶的了。在很多注解中，这个变动都被错过或者误解了，因为后来的科学家们没有抓住历史和哲学的关键，即理论总是受制于再现的视觉模型，并经常用确定的几何学术语进行清晰的表述。

当布鲁门巴赫从林奈的四人种体系转到自己的五人种体系时，他彻底改变了人类的几何学秩序，即从一个没有明确排序的基于地理的模型转向一个双层价值体系，这种体系奇怪地建立于可以感知的美丽之上，并且以理想的高加索白人为轴心向两边呈扇形展开。正如我们将看到的那样，马来人种的添加，对这个几何形状的再造是至关重要的——因此，布鲁门巴赫从1775年到1795年的"微小变化"，就成了观念转换的关键环节，而不仅仅是对旧方案中事实信息的简单提炼。（能够洞察到科学变革中体现了这样的几何学变化，我非常感谢我的妻子朗达·罗纳德·希勒［Rhonda Roland Shearer］，她在她的雕塑和即将出版的新书《平原假设》［*The Flatland Hypothesis*］中描绘了这些主题，书名来自阿伯特［Abbott］1884年伟大的科幻小说——其内容就是关于强加于普通思想和社会理论之上的几何学的。）

布鲁门巴赫很崇拜他的老师林奈。在1795年版的人种分类学著作的扉页中，他这样向老师致敬："不朽的林奈，在调查自然创造的特征以及井然有序地排列它们方面，是一个很有创造力的人。"布鲁门巴赫同样也承认，林奈是他最初的四重分类的根源："在人种类别的数量上我按照林奈的做法，但我的类别通过其他界限来划定。"（1775年版）随后在增加"马来人"时，布鲁门巴赫把这个变化视为与昔日恩师的"决裂"："非常明显，林奈对人类的分类已不再适用了；因此，我像其他人一样，停止在这项微不足道的工作中追随那个杰出的人。"

林奈首先通过地理，其次通过三个表示颜色、性格和姿态的词汇，把现代智人分成四类。（林奈的智人种类中还包含了两个错误的或者说想象的类别——"野人"和怪物，前者是在森林中被偶然发现的可能是被动物养育的"野孩子"［大多是被父母遗弃的智力迟钝或有缺陷的孩子］，后者指旅行者们传说的有尾巴的多毛人。）

然后，林奈介绍了按照地理标准划分的四个主要类别，而且有趣的是，并非按照大多数生活在种族主义传统下的欧洲人倡导的排列次序。他依次讨论了美国人、欧洲人、亚洲人和非洲人。林奈这样做，没有展示任何新颖的东西，只是几乎把人类一一对应到了传统地图学上的四个地理区域。

在林奈的描述的第一行中，他依次按照颜色、性格和姿态这三个词的顺序，描绘了每个群体的特性。而且，对这三个类别，他没有作出任何按照价值排序的暗示。此外，林奈在作出这些决定时，再次遵循了传统的分类学理论而不是自己的观察。例如，他根据性情（或"性格"，humor）所作的区分，记录了古老而原始的理论，即人的情绪产生于四种流体（humor 在拉丁语中表示水分，"moisture"）的平衡——血液、黏液、胆汁（或黄胆汁）和抑郁（或黑胆汁）。如果四种体液中的一种占据了优势，那么这个人就可能是多血质的（血液流动加快），黏液质（行动迟缓）的，胆汁质（有发怒倾向）的或抑郁质（悲伤）的。四个地理区域对应四种性格与四个种族。

林奈写道，美国是红色的、胆汁质的和笔直的；欧洲人是白色的、多血质的和肌肉发达的；亚洲人是浅黄色的、抑郁质的和僵硬的；非洲人是黑色的、黏液质的和放松的。

我并不打算否定林奈持有的传统信念，即自己所属的欧洲人种的优越性超越了其他所有种族。他无疑保留了他那个时代的十分普遍的种族主义——成为一个乐观强健的欧洲人，听起来比成为一个忧郁呆板的亚洲人要好得多。此外，林奈在最后一行的描述中，还贴上了更加明显针对每一个人种的歧视标签。他试图用一个词来概括假定的不同人种的"统治"行为——美洲人按照习惯，欧洲人按照传统，亚洲人按照信念，而非洲人则反复无常。显然，按照已经建立的而且深思熟虑的传统来管理，要胜过根据习惯或信念进行的不加思考的统治，而所有这些都比反复无常要好——这样就使得在潜存的传统种族主义排序中，欧洲人排第一，亚洲人和美洲人排中间，而非洲人排在最后。

然而，尽管有这些暗示，林奈模型的外在几何图形既非线性的，又不是分等级的。当我们把他的体系概括成我们脑海中的一幅基本图案时，我们看到的是被分成了四个部分的世界地图，每个区域的人种都有一系列不同的特征。简而言之，林奈把制图法作为人类排序的基本原理。如果他希望把排序作为人类多样性的基本图片，那他必然会将欧洲人放在第一位，把非洲人放在最后一位，但事实上他的排序却是从美洲土著开始的。

人类多样性顺序从地理到分层的转变，标志着西方科学史上的一个重要过渡——那时没有铁路和原子弹，因而这种转变对我们的共同生活和民族特性具有更为实际的影响，而在这种情况下，这种影响几乎完全是消极的。讽刺的是，布鲁门巴赫是这个转变的焦点——因为他的五人种体系是权威的，而且他把人类秩序的几何学图形从林奈的制图模式变成了按照假定价值排序的线性模式。

我之所以说讽刺，是因为在启蒙运动中所有讨论人类多样性话题的作家里，布鲁门巴赫的种族歧视意识是最轻的，也是最亲切和最平等的。一个极力加强人类团结，并忽略种群间些微道德和智力差异的人，本不应该由他把人类智力的几何学秩序变成一个促进传统种族主义的体制的，这是多么奇怪啊。然而回想一下，实际上也没有那么奇怪或异常——因为大部分科学家总是无法意识到精神机制的存在，尤其无法意识到理论化过程背后可见的或几何学的内涵。

根据一个古老的科学传统，理论的变迁必须由观察来推动。由于多数科学家信奉这个简单准则，故而认为自己在解释上的变化，只是记录了自己对新近发现的事实的更好理解。因此科学家们意识不到自己对这个混乱而模糊的世界的真相所增加的精神负担。产生这种精神负担的原因是多种多样的，其中包括了心理素质和社会环境。在布鲁门巴赫生活的年代，进步观念以及欧洲的文化优越性支配着他和同辈人的政治、社会生活。对种族等级观念的含蓄而宽泛的陈述（甚至是无意识的）契合这种世界观；几乎所有其他分类体系都是不恰当的。当布鲁门巴赫把人种排序的几何学结构（由制图模式）转变到按照价值进行排序的体系时，我不清楚他是否有意识地为种族主义做了什么。但我相信在很大程度上，他只是被动地记录了他那个时代普遍的社会观点。只是观念都会产生后果，无论提出它们的动机或目的是什么。

当然，布鲁门巴赫认为自己从林奈的四人种体系转变到五人种体系——这是他重大几何学转变的基础，正如我们将看到的，从制图方式到等级制度的转变——只是出现在他对自然真实性的深入理解中。当布鲁门巴赫宣告自己的转变时，他在再版的作品（1781）中这样写道："在之前的首版中，我把人类分成四个种类；但当我更加积极地调查东亚和美国的不同民族，而且更加近距离观察他们的时候，我被迫放弃了这种分类，并用五个种类取而代之，因为这与自然更加一致。"而在1795年的第三版的前言中，布鲁门巴赫说道，为了按照自然真相对人种进行排列，他才放弃了林奈的体系。当科学家们接受了理论只能源于观察这个神话时，当他们不去深究自身的观念产生的个人及社会影响时，他们不仅错过了促使自己观点发生改变的原因，而且可能无法理解隐含在自己新理论中深层的普遍的精神转变。

布鲁门巴赫极力支持人种统一论，强烈反对随后逐渐流行起来的另一种观点（当然比传统的种族主义观念更有帮助），即每个主要物种都是被分别创造出来的。他在第三版作品的结尾写道："所有人类……都来自同一个物种，这一点极有可能是正确的，不应再受到任何质疑。"

作为人种统一论的主要证据，布鲁门巴赫注意到，所有假定的种族特性都可以做到两两相连，我们无法限定任何单独的、有界限的群体。

> 尽管在广泛分离的不同民族之间似乎存有巨大差异，比如你可能很容易举出好望角、格陵兰岛以及切尔克斯等地居民作为存在多种不同人种的案例。然而只要彻底考虑一下，你就会发现，这些种族之间彼此都是相通的，其中一个可以顺利地交融到另一个中去，你很难划出他们之间的界限。

他还特别反驳了一种常见的说法，即非洲黑人作为传统种族主义阶梯的最低一级，具有独一无二的卑劣特性："埃塞俄比亚人没有如此独特和普遍的特征，相反，我们可以在其他任何地方的人种中观察到。"

布鲁门巴赫相信，现代智人是在同一个区域被创造出来，然后才遍布全球的。他随后进行了证明：种族的多样性产生于迁移地的气候和地貌，是人类在不同区域适应不同生活习惯及模式的结果。按照他那个时代的术语，布鲁门巴赫把这些变化称为"退化"——不是从现代含义上使用这个词的"堕落"含义，而是从字面上指人类在诞生之初从原始形态的脱离。

布鲁门巴赫认为，这些退化大部分直接产生于气候差异——从广泛的类型到更加特别的（幻想的）属性都是如此，前者如深色皮肤与热带气候的相关性，后者则包括一些推测，比如澳大利亚人的狭窄视孔可能就源于对"经常有大量蚊子……叮咬而使面部感染"情况的适应。其他的变化，可能产生于不同地区的不同生活模式。例如，有的民族使用襁褓或背带挤压婴儿头部，这些婴儿长大后头盖骨就相对较长。布鲁门巴赫认为："不同民族之间头形的多样性，应该归结于生活方式和生活艺术的不同。"

　　布鲁门巴赫没有否认，世世代代促成的这些变化最终可能变成遗传特性（通过一般叫作"拉马克主义"或者今天所谓"后天特性遗传"的过程而实现，正如布鲁门巴赫的支持者们所阐述的，这对拉马克来说没什么特别的，而它们却是18世纪后期民间的至理名言）。"随着时代的发展，"布鲁门巴赫写道，"艺术可能退化成第二自然。"

　　但是布鲁门巴赫坚定地认为，受气候和生活方式表面作用的影响，大多数种族变异都可以通过迁移到一个新的地区，或者采取一种新的行为方式而轻易改变或颠倒。如果世代居住在热带，欧洲白人也可能变成深色人种，而作为奴隶被送至高纬度地区的非洲黑人，最终也可能变成白人："肤色，不管造成它的缘由是什么，胆汁也好，阳光也好，空气或气候的影响也好，无论如何都是一个偶然而且很容易被改变的东西，而永远不足以构成一个物种的多样性。"

　　在关于种族变异的肤浅观点的支持下，布鲁门巴赫坚决为所有民族精神和道德的统一性作辩护。他特别强烈地主张非洲黑人和欧洲白人有同等的地位——可能因为在传统种族主义观念下非洲人遭受的污蔑最多。

　　布鲁门巴赫在自己家里建了一个特别的图书馆，里面专门存放黑人作家的作品。他可能会以高人一等的姿态赞扬"我们这些黑人兄弟的良好性情和能力"，但家长式作风总比蔑视要好。当这种观点没有得到大范围支持时，他又为废除奴隶制而参加各种活动，并宣称奴隶相比俘获者们具有道德优越性，"他们有一副天生的柔软心肠，无论是在押送的航船上，还是在西印度公司的甘蔗种植园里，从来没有被残忍的白人刽子手清除或者麻痹。"

　　布鲁门巴赫断言"黑人具有智力和天分的完全性"，他列出了自己图书馆里的精美作品，并对菲力斯·惠特尼（Phillis Wheatley）的诗（菲力斯·惠特尼是一个波士顿奴隶，其作品最近才在美国被重新发现和再版）给予了特别赞扬："我拥有几个黑人作者所著的英语、荷兰语和拉丁语诗集，然而在以上的所有诗歌中，波士顿的菲力斯·惠特尼的诗特别值得一提，他也正是因为这些诗歌而闻名。"最后，布鲁门巴赫还注意到，在充满偏见和奴役的压抑环境下，许多高加索民族也不能像非洲黑人一样涌现出这么大一批如此优秀的作家和学者——"列举欧洲所有知名城市也许不会很困难，但要想从这些城市中立即找出这些优秀的作家、诗人、哲学家以及巴黎学院的通讯记者，就不是那么容易了。"

尽管如此，当布鲁门巴赫提出其暗示的人类多样性的精神图景时——从林奈的地理模型到分层排序的转换——选择位于中央的种群作为最接近理想造物的群体，然后通过背离原始标准的相对程度来描绘其他种群的特性。他以一种体系（参见他论文中的附加说明）结束论文，即把独一种族放置于最接近原始创造的顶点，然后预想了两条从这个典范逐渐向后退化的对称直线。

现在我们可以回到高加索人命名的谜题，以及布鲁门巴赫增加的第五个人种——马来人——的重要性上了。布鲁门巴赫选择将自己所属的欧洲人种视为与被创造的典范最为接近的种群，然后又在欧洲人种内寻找最为完美的更小群体，可以说是优中选优。正如我们已经看到的那样，他把高加索山脉附近的人类视为最接近原始典范的化身，随后又把他们作为最佳代表来为整个欧洲人命名。

但是布鲁门巴赫现在面临着一个困境。他已经断言所有民族在智力与道德上都是平等的。因此，他不能用传统的种族排序标准确立各个种族偏离身为典范的高加索人的相对程度。无论今天我们认为多么主观，布鲁门巴赫都转而选择了以形体美作为自己排序的标准。他武断地声称，欧洲人是最漂亮的，而高加索人则处于最漂亮人群的顶点（因此，在这篇文章最开始给出的引文中，布鲁门巴赫把美丽与人类的发源地最大限度地联系了起来——他把所有的后天变异视为对典范造物的背离，因此最漂亮的人类一定居住在离发源地最近的地方）。

在布鲁门巴赫的描述中，到处弥漫着他对相对美丽的个性感受，而且他把这种感觉表达了出来，就像在讨论一宗可以客观计量的财

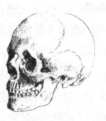

3. 高加索白人

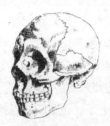

2. 美洲印第安人

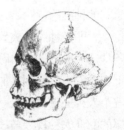

4. 马来人

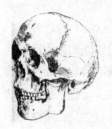

1. 东方人

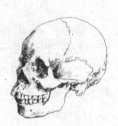

5. 非洲人

布鲁门巴赫的种族几何学，把"理想的"高加索白人摆在正中央，两翼则按照"退化"程度依次向下排列。本图引自布鲁门巴赫 1865 年人类学论文中经过修改之后的图表。

产，没有任何疑问和分歧。在他的藏品中有一个乔治亚女性头骨，他把它描述为："真正最为漂亮的头骨形状……总是能够吸引每一双眼睛，无论它们多么不善于观察。"随后，他又站在美学基础上为欧洲标准辩护：

> 首先，那个血统展现了……最漂亮的头骨形状，而其他血统则通过最简单的分级与之分离开来，就像与一个平均的、原始的模型分离开来一样……此外，它的颜色是白的，我们可以合理地假定，它是人类的原始肤色，因为……它退化成褐色很容易，但从深色变成白色就相当困难了。

然后，布鲁门巴赫在两条直线上把所有人种按照持续背离高加索典范的程度展现出来，最底部是最低级（最没有魅力，而不是没有道德或智力价值）的两个人种——一边是亚洲人，另一边是非洲人。但布鲁门巴赫同样想要在最理想与最低级的人种之间指定中间形式——特别是当平均等级构成他最初的人类统一论的时候。在最初的四人种体系中，他可以把印第安人作为欧洲人与亚洲人之间的中间形式，但是谁能充当连接欧洲人与非洲人的中间形式呢？

四人种体系没有包含恰当的群体，因此无法转变成新的几何学，即一级带两翼的几何形状，对称的两翼分别从理想的形式通向最大程度的背离。而为欧洲人和非洲人的中间形式而创立的五人种体系，完成了这个新的几何学图形——布鲁门巴赫为此加上了马来人种，这不是对次要事实的提炼，而是人类多样性理论（精神图景）的彻底的几何学转变。作为欧洲人与非洲人的中介，马来人为布鲁门巴赫的分层分类法提供了至关重要的对称性。因此，马来人种的增加，使布鲁门巴赫完成了从不排名的地理学模型向隐含的传统价值等级（已经滋生出如此多的社会不幸）的几何学转变。布鲁门巴赫以这种几何学形式概括他的体系，而且明确地为自己添加必要的马来人角色进行辩护：

> 我把高加索人放在第一位……这让我认为高加索人是原

始人种。这使得在每个方向上又分成了最为遥远且彼此迥然不同的两种类型；也就是说，一边是埃塞俄比亚黑人，另一边是蒙古黄种人。剩下的两个种类，充当原始人种与两个末端人种的中介；也就是说，美洲人处在高加索人与黄种人之间，马来人处在高加索人与黑人之间。

学者们经常认为，学术观点必须保证在最差的情况下是无害的，在最好的情况下是有趣的甚至是有教育意义的。但观点并不会存在于与学术不相干的隐喻的象牙塔中。就像帕斯卡尔说的，人是思想的芦苇，思想推动着人类历史的前进。如果希特勒没有种族主义，杰斐逊没有自由思想，他们将走向何方？布鲁门巴赫终生都是一名隐居的教授，但是他的思想却回响在战争、被征服的领土和我们的苦难与希望的上空。因此在本节的结尾，我将回到1776年同时发生的两个事件上，当布鲁门巴赫完成用拉丁文写的第一版论文时，杰斐逊则写下了《独立宣言》。想想阿克顿勋爵（Lord Acton）所说的推动历史的思想力量，与拉丁语论文通过潜在途径转化成行动的道理一样：

　　长期困在孤独的思想家心中以及隐藏在拉丁文书籍里的思想，就是从美国——喷发的，就像世界的征服者一样，注定要在人权的名义下进行转化的。

塔希提岛及达尔文的道德境界

早熟是一个怪异而又吸引人的现象。但我们不要忘记某些规则，年龄和经验赐予了我们某种福分。莫扎特在四五岁时作的曲，无论多么甜美，也不是不朽杰作。我们甚至有一个专有名词指"作者青少年时期创作的文学或艺术作品"（参见《牛津字典》）——"少年读物"（juvenilia）。这个词总是带有一种贬损意味，艺术家们当然希望自己有实质性的发展和提高！约翰·多恩（John Donne）

在早期作品中曾以这个词（1633）为标题，这是他第二次有意使用这个词语："少年读物（Iuuenilia）：或某种矛盾和问题。"

我本不应将自己置于如此令人敬畏的群体，但我确实感到有坦白的必要。我创作的第一个作品是关于恐龙的一首诗，那是在我八岁时写的。我还有些不安地记得它的第一节：

> 曾经有一只三角龙
> 它能用角奏爵士乐
> 异龙听见了它的乐声
> 悄无声息地离去。

（我甚至更加不安地想起了它的最终归宿。我把这首诗献给了我少年时代的偶像，美国国家自然历史博物馆恐龙馆馆长奈德·科尔伯特[Ned Colbert]。15年后，当我作为一个毕业生去听他的课时，科尔伯特先生碰巧在清理旧文件时发现了这首诗，然后在一个下午与我的全班同学一起分享了它。）

现在，有一个相同主题的小问题：查尔斯·达尔文出版的第一部作品是什么？是关于进化论的思考？还是对贝尔格号航船上的科学发现的记述？不，这个最伟大的生物学家中的革命者，这个对已有秩序的颠覆者，发表的第一部作品是1836年与贝尔格号船长罗伯特·菲茨罗伊（Robert FitzRoy）合作的一篇文章《塔希提岛的道德境界》（"*The Moral State of Tahiti*"），发表于《南非基督教记录》（*South African Christian Recorder*）上。（在达尔文出版作品的标准目录中，列出了之前的一个条目——一个寄给恩斯洛教授的贝尔格号船上的通信小册子，由剑桥哲学协会在1835年印刷。但是这个小册子仅仅用于会员之间的私人交流——等同于现代的非正式复印。《塔希提岛的道德境界》代表着达尔文公开出版的作品的第一次露面，因而传记作者将这篇文章看作他出版的第一部作品——尽管内容大部分是菲茨罗伊写的，达尔文日记的长篇摘录只是作为补充，并只得到适当认可。）

　　伟大的俄罗斯探险家奥托·冯·柯兹比（Otto von Kotzebue）也参与到一个世界范围内的古老的争论，他辩称，基督教传教士打着"改进"当地文化的幌子破坏了当地文化（经常冷面殖民地的权力），相比其善行，这个行为更加有害。菲茨罗伊和达尔文写文章抨击柯兹比，并为英国传教士在塔希提岛和新西兰的虔诚工作进行了辩护。

　　当贝尔格号停靠在开普敦时，两个船员感受到了强烈的反传教情绪，他们的记录就从这种忧伤情绪开始：

　　　　我们在好望角有一次非常短暂的停留，但这足以让我们这些路过的陌生人相信，在南非抵制传教士的情绪非常强烈，非常普遍。是什么原因造成了如此令人遗憾的感觉呢？对好望角的居民来说，答案可能已经尽人皆知了；但我们只能察觉到这个事实，并感到分外悲伤。

　　在为传教士的活动作了总体上的辩护之后，菲茨罗伊和达尔文又回到先前观察到的特别情况上来，特别是塔希提岛得到提升的"精神境界"：

　　　　放弃成见……也许应该好好看看一直以来在希地（现在叫塔希提岛）和新西兰对改造野蛮人所做的事情……贝尔格号在希地（或称塔希提岛）度过了十一月的最后几天。在世界的其他任何地方，我都未曾见过一个比这儿更有秩序、更安定、更友善的群落。每一个塔希提岛人都显得渴望施惠，并且天生和蔼而愉悦。他们对传教士显示出了极大的尊重和好感……这些人似乎最值得享受这样的情感。

　　显然，菲茨罗伊和达尔文都在关注一个可能存在的反面观点：塔希提人一直以来都是如此体面，而欧洲的传教士活动与他们的良好品性无关。他们的文章主要就是针对这个观点的，并且为传教士带来的直接而实质性的提升进行辩护。达尔文特别呈现了两个论据，都是直接援引于他的航海日志。首先，塔希提人的基督教精神似乎专注而虔诚，不像是"作秀"，也不是为了在传教士面前进行展示。达尔文引用了自己与本地塔希提人在没有监视的情况下深入岛内游历的一个事件。（这个事件一定让达尔文印象非常深刻，因为他在给家人的几封回信中都提到了这个故事，而且还在他的《贝尔格号航行记》中进行了阐释。）

> 在我们躺下来睡觉前，那个年长的塔希提人跪了下来，重复念着一段很长的祈祷文。他似乎是按照基督教徒应该做的那样进行祈祷，对他的上帝表达虔诚，既没有要卖弄的意思，也没有被嘲笑的担心。白天，我的同伴们在晨祷之后，准备了一顿丰盛的早餐，有香蕉和鱼。没有一小段谢恩祷告，他们都不会品尝食物。那些暗示"只有受到传教士的监视塔希提人才会祈祷"的旅行者们，也许已经从相似的证据中获益匪浅了。

其次，更为重要的是，塔希提人的优良品行已经被传教活动激发出来，或者说在很大程度上被培养了起来。达尔文声称，在西方文明到来之前，他们只是一群半信半疑的人。

> 总体上说，我的观点是，塔希提岛上的道德与宗教状态是值得高度称赞的……人类牺牲、流血战争、叛逆、杀婴、对神职力量的盲目崇拜、世界历史上空前绝后的肆意挥霍的体制，都已经被废除；欺诈、淫荡、放纵，已经极大减少，这都是引进基督教的作用。

（至于女性的性自由，这个对塔希提岛的众多旅行者们［从库克船长到福莱切·克里斯坦］来说历史悠久的话题和传说，菲茨罗伊评论道："仅仅经过如此短暂的了解，我几乎不敢贸然给出总体观点；但我想说的是，我没有看到任何不合适的行为发生。"尽管如此，菲茨罗伊还是承认："我们不能因此认为，塔希提人的人性就高于世界上其他地方犯过错误的人性。"达尔文随后补充了对西方男性旅行者的伪善的敏锐观察，由于他们在这个私人问题上受了挫，因而没有充分相信传教士的话："我坚信，他们发现这片土地没有之前预期的那么开放，因而感到很失望，也不会相信塔希提人具有自己都不愿实行的道德规范。"）

这篇有趣的文章产生了很多摇摆不定的观点，但是处于核心地位的主题无疑可以被总结为一个词：家长式作风。我们知道对原始人来说什么是好的——感谢上帝，塔希提人对这些好的东西作出了回应并有所提高，他们的习惯和行为越来越欧洲化。我们必须赞扬传教士所作的杰出工作。菲茨罗伊的另一个评论，带着居高临下的特别令人不安的方式（以现在的眼光来看），再次抓住了这个主题，即使对贵族也是如此：

> 王后及许多随行的人在贝尔格号上度过了几个小时。他们的行为非常端正，他们的习惯十分友善。从前面的解释和我们见证的一切来看，我应该想到，他们正在逐年进步。

这样，我们可能又回到了开始的问题——少年时代作品的话题。我们能把《塔希提岛的道德境界》——达尔文的第一部作品——归入之后引起十分尴尬局面的书目吗？达尔文是否在较大程度上修正了自己对非西方人民和文化的影响，并开始将自己早期的家长作风看作一种少不更事的愚蠢行为？许多传统的圣徒纪传性批评模式可能会这样认为——可以到处引用断章取义的引文来支持这种解释（因为达尔文是一个复杂的人，他的一生都在与一些深奥问题较劲，有时就是以矛盾的方式进行的）。

但是我将提出一个相反的概论式的观点。我认为达尔文未曾从根本上修正他的人类学观点。他的基本态度仍然是："他们"是劣等的，但可以挽救。在之后的日子里，他论证的模式发生了变化。他不再让自己的态度被传统的基督教精神和传教士工作所左右。他以对包括自身文化在内的所有文化的人性弱点的逐步理解（如果用愤世嫉俗这个词就太强烈了），来缓和自己最强烈的家长式热情。（在前文引用的评论中，即便遭受挫折的旅行者们不相信塔希提的传教士们的言论，我们也看到了这种智慧的早期成果。）但是他的基本信念没有发生改变，他仍然认为，在文化发展的等级体系中，欧洲白人处于顶端，而其他不同肤色的居民处于下层。

让我们把目光转向达尔文成熟时期的主要作品《人类的起源》（*The Descent of Man*，1871）吧。达尔文概括性地写道：

> 种族在构成、适应性以及患病倾向上都存在差异。他们的智力特征也迥然不同，差别主要表现在其情感机能中，但是也有一部分表现在智力功能上。每个有机会对比一番的人，一定会对沉默寡言甚至孤僻的南美土著居民与无忧无虑而且健谈的黑人之间的对比，留下深刻的印象。

最惊人的一段文字出现在另一个不同的语境中。达尔文辩称，自然界中的不连续性不能构成对进化论的反驳，因为绝大多数中间形式现在都消失了。他让我们想一想，假如最高级的猿猴和最低等的人类都被消灭了，那么猿类与人类之间的间隙将会拉得多么巨大：

> 在未来某个时期，也就几个世纪左右，文明的人种几乎一定会消灭并取代世界上所有野蛮人种。同时，类人猿……无疑也将被根除。正如我们所希望的那样，在这种作用下，人类将会处于一种更加文明的状态；人和动物之间的最小距离，也将取代当前的黑人或澳大利亚土著与大猩猩之间的差距，甚至变得比高加索白人与狒狒一样低级的猿猴之间的差距还要大。

对达尔文平等主义的一般（而且是错误）印象，主要来自于选择性的引文。对达尔文来说，被欧洲人鄙视的某些人种常常具有强烈的吸引力，后世的某些作家据此错误地推断出一种假设的一般态度。例如，在贝尔格号的航行途中，他就高度赞扬了在巴西被奴役的非洲黑人：

> 看到黑人，而且不对他们表示友善，这是不可能的；他

们如此快乐、开放，具有如此诚实的表情和健壮的身体；我从未发现任何一个矮小的面带凶相的葡萄牙人不希望巴西步海地后尘。

但对其他人种，尤其是南美洲最南端的火地岛人，达尔文则心生蔑视："我相信世界上再也找不到比他们更低级的人。"在随后的航行中，达尔文更加详尽地写道：

> 他们的红色皮肤肮脏而油腻，头发纠结在一起，声音刺耳，行为粗暴，而且没有任何尊严。看见这样的人，你几乎无法相信，他们与自己是同一个世界上的同种生物……这是一个普遍存在的猜想，即这些天资低劣的动物在生命中能够享受到什么乐趣呢？带着尊重来问这些人这个问题，没有比这更合理的了。

对性别差异的观点，往往替代的是对种族的态度。达尔文在《人类的起源》中写道（并且直接类比文化差异）：

> 女性的直觉能力、快速感知能力以及模仿能力比男性更为突出，这是普遍公认的；但在这些能力中至少有一些是低等人种的特征，因此她们代表的是文明的过去和更低状态。男女两性在智力上的主要差别在于，相对女性来说，男性在所从事的任何职业中都能达到更高的成就——无论是需要深思、推理或想象，还是仅仅需要运用感觉和双手的职业。

达尔文把这些差别归因于进化中的斗争，即男性必须成功追求配偶："因此在成年的过程中，各种能力被不断地检验和选择。"在一个值得注意的段落中，他感谢自然能够把进化的创造能力遗传给两个性别——唯恐因为男性取得的成就越来越大，而逐渐拉开与女性的差距：

> 特征同等遗传到两个性别的法则，已经普遍适用于哺乳动物的所有类别，这确实很幸运；否则男性将在智力天赋方

面比女性更加优秀，就像雄、雌孔雀在羽毛上的对比一样。

那么，对从年轻无知走向深思熟虑的达尔文，我们应该把他简单地认定为一个不变的种族主义者和性别歧视者吗？如果我们想从历史中理解和追寻启蒙运动，这种傲慢、无情的态度是不会有帮助的。我将从两个立场为达尔文辩护：一个是普通的，另一个是个人的。

普通的论据很常见，而且很容易找到。无论今天我们能够多么合理地谴责那种态度，我们怎么能够批评某人重复了他所在时代的标准的设想呢？在维多利亚时期，上层男性的种族和性别不平等观念是不容质疑并有据可查的——可能具有和毕达哥拉斯定理一样的争议。达尔文为一个公认的事实建立了一个不同的原理——也正因为如此，我们要使某些评判更加准确。但强烈批判被普遍接受的一般智慧，我不觉得有任何意义。还是让我们分析一下，这些有说服力同时也有害的废话为什么可以作为知识被传承下来。

如果我把个人的所有过失都认定为过去社会的罪恶，那么再也无人想要待在那些最吸引人的历史时期了。就以我自己为例吧，假如我把维多利亚时代的每一个反犹分子都置于我的注意力之外，那么我能欣赏的音乐和文学范围就会小得可怜了。尽管我对那些活跃的迫害者没有同情心，但我不能按照标准的社会判断去斥责那些被动服从的个人。应该斥责这些判断，并试图理解那些能够激发人们正义的东西。

个人证据要困难一些，而且需要大量的传记知识。态度是一回事，行动又是另一回事——你们应该根据他们的成果了解他们。达尔文如何看待自己的种族态度，他的行动与同辈人的观念相比有什么不同？按照这个合理的标准，达尔文值得我们赞赏。

在传统的家长式作风的影响下，达尔文是一个改良主义者，而不是生物学意义上根深蒂固的不平等主义的信徒。两种态度都能导致蔑视低劣民族的丑恶观点，但是实际效果却截然不同。改良主义者可能希望消除文化惯例，他们缺乏对差异的包容心，这一点可能

是残酷且强硬的，但他们根据社会环境把"野蛮人"（达尔文的话）
视为"原始人"，并且认为他们在生物学上能够加以"改进"（即
西方化）。而决定论者却把"原始人"看作是不可改变的生物劣势
的反映，那么在殖民扩张时代，社会政策应该遵循什么原则呢？是
淘汰，奴役，还是永恒的控制？

　　即便对最为蔑视的火地岛人，达尔文也清楚，在赤身裸体的他
们与衣冠楚楚的自己之间，只有微小的固有差别。他把他们的缺陷
归因于周围的恶劣气候，并以其惯有的家长式作风，希望他们最终
能够加以改进。他在贝尔格号 1834 年 2 月 24 日的日记中写道：

> 他们的国家到处是荒山峻岭和废弃的森林，而这些还是
> 透过薄雾和无休无止的风暴看到的……更高的意识的力量几
> 乎不起作用：这里留给想象力去描绘的，留给推理去比较的，
> 留给评判去决定的，还有什么呢？从岩石上敲下帽贝，甚至
> 都不需要狡猾这种最低级的意识力量……尽管本质上是同一
> 种生物，但与受过教育的人相比，相似之处少得可怜。与艾
> 萨克·牛顿爵士的能力相比，火地岛的野蛮人还有多少能力
> 需要改进啊！

　　在关于火地岛人的日记的最后一行（《贝尔格号航行记》），
达尔文以一句有趣而具启发性的话作为结语："我相信，在南美这
个极端区域里生活的人，一定处于一个比世界其他任何地方都要低
级的改进状态中。"也许你会奉承这种家长式作风，但"更低级的
改进状态"至少支持了"潜在的兄弟关系"的说法。在写到船员们
相对的非理性主义时，达尔文确实识别出了他们眼中相互认同的非
理性主义光芒：

> ［火地岛］每个家庭或部落都有一个巫术或魔术大
> 师……［然而］我认为，火地岛人并不比某些海员更加迷信；
> 不过有个年长的舵手坚决相信，我们之所以在离开好望角时
> 连续遇到风暴，就是因为船上载了火地岛人造成的。

我必须提起一个珍贵而讽刺的故事，并对这个奇异而精彩的故事进行概括（一切都过于简单）。如果不是因为家长式作风，贝尔格号可能永远不会起航，达尔文也许将失去与历史交会的机会。你可以对家长式作风惋惜、嘲笑或者极力奉承——但是必须得承认这些都直接或间接对达尔文有益。船长菲茨罗伊曾有一次珍贵的火地岛航行经历。他以赎买的方式"获得"了四个火地岛土著，并把他们带到英国，做了一个改进原始人的不切实际的实验。他们于1830年10月到达普利茅斯，在那里一直待到1831年12月，直至贝尔格号再次巡洋出海。

　　四个土著中，有一个很快死于天花，剩下的三个则在沃尔瑟姆斯托居留下来，接受英国风俗、语言和宗教的熏陶。他们受到了广泛的关注，并应官方邀请受到了威廉四世的接见。全力进行家长式实验的菲茨罗伊，计划着贝尔格号的下一次航行，其目的主要是送回剩下的三个火地岛人，一位英国传教士，一大船由教区女性捐赠的完全不合时宜且毫无用处的货物（包括茶盘和精美的瓷器），以及这个世界上最好的意愿和最纯的真情。在南美洲的最南端，菲茨罗伊计划建立一个传教区，用于开始改进地球上最卑劣生物的伟大任务。

　　菲茨罗伊准备用自己的钱租一艘航船，然后送约克·敏斯特（York Minster）、杰米·巴顿（Jemmy Button）和佛吉亚·巴斯克特（Fuegia Basket）回到火地岛的家乡。（菲茨罗伊为三个火地岛人起的名字，也充满着家长式的嘲弄意味。约克教堂对面的现代美国建筑会喜欢被命名为克莱斯勒大厦吗？）但海军部迫于菲茨罗伊亲戚的权势的压力，最终为贝尔格号配置了设备，让菲茨罗伊再次出航，而这次有了达尔文的陪伴。达尔文喜欢这三个火地岛人，而与他们长时间的近距离接触，让他相信所有人都是同一种生物，无论他们的文化差异有多大。晚年，他在《人类的起源》中回忆道（1871年）：

三个世纪以来的种族与种族主义观点

415

就像任何随意指定的三个种族一样，美洲土著、黑人和欧洲人在思想上彼此迥异；然而当我与火地岛人一起在贝尔格号船上生活时，我不断被他们的许多细微特性所震惊，这些特性都显示出，他们的思想与我们的是多么相似。

菲茨罗伊宏伟的实验，以可以预见的失败告终。他们停靠在杰米·巴顿的家乡附近，为传教基地建了一栋小屋，并种植了欧洲的蔬菜，然后让船上的基督教代表马修先生跟着三个火地岛人上了岸。马修大概在那里住了两周。他的瓷器被打碎了，种植的蔬菜也被糟蹋了。菲茨罗伊命令他回到贝尔格号船上，并最终把他和他的传教士弟弟留在了新西兰岛上。

一年零一个月后，菲茨罗伊又回到了这里。他见到了杰米·巴顿。杰米·巴顿告诉他，约克和佛吉亚抢走了他所有的衣服和工具，并乘坐独木舟离开，回到了附近他们自己的领地。与此同时，杰米又完全回到了以前的生活模式，尽管他还记得一些英语词汇，对菲茨罗伊表达了强烈的感激，并要求船长带些礼物给他特别的朋友——"给沃尔瑟姆斯托的校长的是一支弓和装满弓箭的箭袋……给达尔文先生的是两个特制的矛头。"作为临危不惧的范例之一，菲茨罗伊把重心放在了个人不幸上。最后他写道：

> 今后，或许某个遇难船只的船员，可能受到来自杰米·巴顿的孩子的帮助和善意的招待；就像他们一向成功做到的一样，受传统的影响，他们可能听说过来自其他地方的客人；同时，无论多么模糊，他们多半也听说过"对上帝和邻居的责任"的思想。

但赞赏达尔文的最有力论据，不在于他的信仰具有相对善良的特征，而在于他根据这些事实精心选择的行为方式。我们不能用现代的政治分类方法判定旧有的社会阶层。对达尔文时代的政策制定者来说，平均主义目标并不存在。按照现在的标准，他们所有人都是种族主义者。在当时的制度范围内，我们现在批判最严厉的那些标准促使低劣性成了被剥削和奴役的理由，而在我们的回忆中最令人钦佩的那些标准则不管人们的生物学地位如何，都要求建立一套只有平等、没有剥削的道德准则。

达尔文与另外两个美国人一起，坚持了最受后来的历史关注的第二种立场，他们是托马斯·杰斐逊和达尔文的灵魂伴侣（两人生日相同）亚拉伯罕·林肯。尽管只是尝试性地表达自己的观点，杰斐逊还是写道："所以，我提出它来，仅仅作为一种怀疑，即黑人……在身体和智力天赋方面都不如白人。"但他希望不要从这个怀疑中引申出强制的不平等的社会政策："不管他们的天分如何，这都不是对他们的权利的衡量。"至于林肯，已经有多个渠道搜集了他有关黑人劣等性的可怕陈述。然而，正是因为他把生物评定与道德和社会评判分离开来，他才使自己成了国家的头号英雄人物。

同样，达尔文也是一个热情而活跃的废奴主义者。在《贝尔格号航行记》的最后一节，出现了一些最令人感动的反奴隶贸易的段落。在访问完塔希提岛、新西兰、澳大利亚和南非（菲茨罗伊和达尔文在此地把一些少年时代的作品交给了一家当地的报社）之后，达尔文的船只停靠在巴西，做了直接回到英国之前的最后一次访问。达尔文写道：

> 8月19日，我们终于离开了巴西海岸，感谢上帝，我永远不会再访问一个奴隶制国家了……在里约热内卢附近，我住在一个老妇人对面，她把螺丝钉钉入女奴的手指内。在我待过的一个家庭中，有个年轻的黑白混血儿，每时每刻都在被斥责、殴打和迫害，因为他违反了最低等动物的意志。我曾见到过一个小男孩，六七岁的样子，因为递给我的水不是很干净，就被马鞭（在我介入之前）非常残忍地殴打裸露的头部……当一个好心人要把一直生活在一起的许多家庭的男人、女人和小孩永远分开时，我就在现场。

下一行，达尔文从描述转到了反驳和对行动的辩解上：

> 如果我没有遇到这些如此无视黑人本身的快乐，甚至认
> 为奴隶制是一种可以忍受的罪恶的人，我就不会提到这么多
> 我亲耳听过的令人作呕的残暴行为，也不会提及上面这些令
> 人恶心的细节。

达尔文用来自本国的一个生动类比，反驳主张温和处理的普遍
观点，他继续说道：

> 有一种观点认为，自身利益将会阻止过分的残忍；就如
> 自身利益能够约束我们保护我们的家禽一样，但低贱的奴隶
> 激怒他们残忍的主人远远无法与此相比。

尽管达尔文的结尾我已经读过了一百遍，但仍然每次都能体会
到他散文的力量带来的震颤，每次都能为拥有一个如此聪明并有如
此令人钦佩的能力的英雄而感到自豪（这两种情况通常不会同时出
现在一个人身上）：

> 那些坦然面对奴隶主残忍虐待奴隶的人，似乎从来没有
> 把自己置于后者的立场上；多么阴郁的前途，甚至没有改变
> 的愿望！想象一下这个可能发生在你身上的画面：你的妻子
> 和年幼的孩子——这些"东西"（甚至连他们自己也被迫这
> 么叫自己）——被强迫与你分离，而且像牲畜一样被卖给第
> 一个出价者！这些行为，是声称像爱自己一样爱邻居、相信
> 上帝、祈祷上帝的意志在地球上实现的人类做出来的，并为
> 之辩解！我们这些鼓吹自由的英国人和美国人的子孙，一直
> 以来而且至今仍然如此罪恶，一想到这些，我们不禁热血沸
> 腾，但心却在颤抖。

因此，如果在这个事件发生150多年以后，一定要对簿公堂——
一个不论如何都显得相当愚蠢的打算，尽管我们似乎正在推动这样

一个时代错误——我认为达尔文将穿过这扇珍珠之门，尽管他可能会在炼狱之城做一个短暂的停留，得以思考一下自己的家长作风。对人类差异（过于简单地把个人独特而相当偶然的方式与普遍的正义混合且等同起来）的认识不够充分的家长作风及其现代版本，它们的出路在哪里呢？除了文化多样性——在任何情况下都是世界上最吸引人的话题，无论在道德教育上具有何种优点——这个直接且产生了广泛共鸣的研究之外，还可以做些什么呢？这才是我们宝贵的现代多元主义运动背后的文学和历史研究的真正主题——因为传统的学术无视少数及受到歧视的族裔的作品和文化。

我不否认，投身于这项善意事业而且带有强烈情感的人，曾经说出过侮辱性的言论；但还有什么新的东西吗？变得更为积极的保守主义者，像持有"政治正确"的观点的左翼法西斯主义者一样，想方设法扭曲这项运动，就像愤世嫉俗的烟幕扩散开来，力求遮蔽控制总纲的奋斗力量。是的，莎士比亚永远都是最重要的（达尔文也是如此）。他教给我们俾格米人的丛林谋生技能，以及火地岛人在世界最严酷的气候中生存的本领。尊严和鼓舞有许多伪装。不是也有人愿意选择徒有虚名的爱国主义者乔治·阿姆斯特朗·卡斯特（George Armstrong Custer），而不选择失败却很雄辩的约瑟夫酋长（Chief Joseph）吗？

最后，再想想来自达尔文《贝尔格号航行记》中有关奴隶制的章节里的话——也许是最伟大的。我们认识多样性是为了理解，而不是简单地接受：

> 如果我们贫穷的悲惨现状不是自然法则造成的，而是源于我们的制度，那我们的罪孽就更深重了。

参考书目

Agassiz, E. C. 1895. *Louis Agassiz: his life and correspondence*. Boston: Houghton, Mifflin, 794pp.

Agassiz, L. 1850. The diversity of origin of the human races. *Christian Examiner* 49: 110−145.

Ashley Montagu, M. F. 1945. Intelligence of northern Negroes and southern whites in the First World War. *American Journal of Psychology* 58:161−188.

——.1962. Time, morphology and neoteny in the evolution of man. In *Culture and the evolution of man*, ed. M. F. A. Montagu. New York: Oxford University Press, pp. 324−342.

Bean, Robert Bennett. 1906. Some racial peculiarities of the Negro brain. *American Journal of Anatomy* 5: 353−432.

Binet, A. 1898. Historique des recherches sur les rapports de l'intelligence avec la grandeur et la forme de la tête. *L'Année psychologique* 5:245−298.

——.1900. Recherches sur la technique de la mensuration de la tête vivante, plus 4 other memoirs on cephalometry. *L'Année psychologique* 7: 314−429.

——.1909(1973ed.).*Les idées modernes sur les enfants* (with a preface by Jean Piaget). Paris: Flammarion, 232pp.

Binet, A.; and Simon, Th. 1911. *A method of measuring the development of the intelligence of young children*. Lincoln, Illinois: Courier Company, 83pp., 1912.

——.1916. The development of intelligence in children (The Binet−Simon scale) translated from articles in *L'Année psychologique* from 1905, 1908, and 1911 by Elizabeth S. Kite. Baltimore: Williams and Wilkins, 336pp.

Block, N. J., and Dworkin, G.1976. *The IQ controversy*. New York: Pantheon.

Blumenbach, J. F. 1825. *A manual of the elements of natural history*. London: W. Simpkin and R. Marshall, 415pp.

Blumenbach, J. F. 1865. *Anthropological treatises*. London: Longman, Green, Longman, Roberts, and Green.

Boas, F. 1899. The cephalic index. *American Anthropology* 1: 448−461.

——.1911. Changes in the bodily form of descendants of immigrants. Senate Document 208, 61st Congress, 2nd Session.

Bolk, L. 1926. *Das Problem der Menschwerdung*. Jena: Gustav Fischer, 44pp.

——.1929. Origin of racial characteristics in man. *American Journal Physical Anthropology* 13: 1−28.

Borgaonkar, D., and Shah, S. 1974. The XYY chromosome, male—or syndrome. *Progress in Medical Genetics* 10: 135−222.

Bordier, A. 1879. Etude anthropologique sur une série de crânes d'assassins. *Revue d'Anthropologie*, 2nd series, vol. 2, pp. 265−300.

Brigham, C. C. 1923. *A study of American intelligence*. Princeton N.J.: Princeton University Press, 210pp.

——.1930. Intelligence tests of immigrant groups. *Psychological Review* 37: 158−165.

Brinton, D. G. 1890. *Races and people*. New York: N. D. C. Hodges, 313pp.

Broca, P. 1861. Sur le volume et la forme du cerveau suivant les individus et suivant les races. *Bulletin Société d'Anthropologie Paris* 2:139−207, 301−32 1,441−446.

——.1862a. Sur les proportions relatives du bras, de l'avant bras et de la clavicule chez les nègres et les européens. *Bulletin Société d'Anthropologie Paris*, vol. 3, part 2, 13pp.

——.1862b. Sur la capacité des crânes parisiens des diverses époques. *Bulletin Société d'Anthropologie Paris* 3:102−116.

——.1862c. Sur les projections de la tête et sur un nouveau procédé de céphalométrie. *Bulletin Société d'Anthropologie Paris* 3: 32pp.

——.1866. Anthropologie. In *Dictionnaire encyclopédique des sciences médicales*, ed. A. Dechambre. Paris: Masson, pp. 276−300.

——.1868. *Mémoire sur les crânes des Basques*. Paris: Masson, 79pp.

——.1873a. Sur les crânes de la caverne de l'Homme−Mort (Lozère). *Revue d'Anthropologie* 2: 1−53.

——.1873b. Sur la mensuration de la capacité du crâine. *Memoire Société Anthropologie*, 2nd series, vol. l, 92pp.

——.1876. *Le programme de l'anthropologie*. Paris: Cusset, 22pp.

Brown, W., and Stephenson, W. A. 1933. A test of the theory of two factors. *British Journal of Psychology* 23: 352–370.

Browne, Sir Thomas. 1686. *The works of the learned Sir Thomas Browne (complete writings)*. London: Thomas Bassett.

Burt, C. 1909. Experimental tests of general intelligence. *British Journal of Psychology* 3: 94–177.

——.1912. The inheritance of mental characters. *Eugenics Review* 4: 168–200.

——.1914. The measurement of intelligence by the Binet tests. *Eugenics Review* 6: 36–50, 140–152.

——.1921. Mental and scholastic tests. London County Council, 432pp.

——. 1937. *The backward child*. New York: D. Appleton, 694pp.

——.1939. Lines of possible reconcilement. *British Journal of Psychology* 30: 84–93.

——.1940. *The factors of the mind*. London: University of London Press, 509pp.

——.1943. Ability and income. *British Journal of Educational Psychology* 13: 83–98.

——.1946. *Intelligence and fertility*. London: Eugenics Society, 43pp.

——.1949. The structure of the mind. *British Journal of Educational Psychology* 19: 100–111,176–199.

——.1955. The evidence for the concept of intelligence. *British Journal of Educational Psychology* 25: 158–177.

——.1959. Class differences in general intelligence: III. *British Journal of Statistical Psychology* 12: 15–33.

——.1959. The examination at eleven plus. *British Journal of Educational Studies* 7: 99–117.

——.1961. Factor analysis and its neurological basis. *British Journal of Statistical Psychology* 14: 53–71.

——.1962. Francis Galton and his contributions to psychology. *British Journal of Statistical Psychology* 15: 1–49.

——.1972. The inheritance of general intelligence. *American Psychology* 27: 175–190.

Bury, J. B. 1920. *The idea of progress*. London: Macmillan, 377pp.

Chase, A. 1977. *The legacy of Malthus*. New York: A. Knopf, 686pp.

Chorover, S. L. 1979. *From genesis to genocide*. Cambridge, MA: Massachusetts Institute of Technology Press.

Combe, G., and Coates, B. H. 1840. Review of *Crania Americana. American Journal of Science* 38: 341-375.

Conway, J. (a presumed alias of Cyril Burt). 1959. Class differences in general intelligence: II. *British Journal of Statistical Psychology* 12: 5-14.

Cope, E. D. 1887. *The origin of the fittest*. New York: Macmillan, 467pp.

——.1890. Two perils of the Indo-European. *The Open Court* 3: 2052-2054 and 2070-2071.

Count, E. W. 1950. *This is race*. New York: Henry Schuman, 747pp.

Cox, Catherine M. 1926. The early mental traits of three hundred geniuses. Vol. II. of L. M. Terman (ed.) *Genetic studies of genius*. Stanford, CA: Stanford University Press, 842pp.

Cravens, H. 1978. *The triumph of evolution: American scientists and the heredity-environ-ment controversy*, 1900-1941. Philadelphia: University of Pennsylvania Press, 351pp.

Cuvier, G. 1812. *Recherches sur les ossemens fossiles*. Vol. 1. Paris: Deterville.

Darwin, C. 1871. *The descent of man*. London: John Murray.

Davenport, C. B., 1928. Crime, heredity and environment. *Journal of Heredity* 19: 307-313.

Dorfman, D. D. 1978. The Cyril Burt question: new findings. *Science* 201: 1177-1186.

Down, J. L. H. 1866. *Observations on an ethnic classification of idiots*. London Hospital Reports, pp. 259-262.

Ellis, Havelock. 1894. *Man and woman*. New York: Charles Scribner's Sons, 561pp.

——.1910. *The criminal*. New York: Charles Scribner's Sons, 440pp.

Epstein, H. T. 1978. Growth spurts during brain development: implications for educational policy and practice. In *Education and the brain*, pp. 343-370, eds. J. S. Chall and A. F. Mirsky. 77th Yearbook, National Society for the Study of Education. Chicago: University of Chicago Press.

Eysenck, H.J. 1953. The logical basis of factor analysis. *American Psychologist* 8: 105-114.

——.1971. *The IQ argument. Race, intelligence and education*. New York: Library

Press, 155pp.

Ferri, E. 1897. *Criminal sociology*. New York: D. Appleton and Company, 284pp.

———.1911. Various short contributions to criminal sociology. Bericht 7. Internatio−naler Kongress der Kriminalanthropologie, pp. 49−55, 138−139.

FitzRoy, R., and Darwin, C. 1839. A letter, containing remarks on the moral state of Tahiti, New Zealand &c. *South African Christian Recorder* 2(4): 221−38.

Galton, F. 1884. *Hereditary genius*. New York: D. Appleton, 390pp.

———.1909. *Memories of my life*. London: Methuen.

Gobineau, A. de. 1856. *The moral and intellectual diversity of races*. Philadelphia: J. B. Lippincott.

Goddard, H. H. 1912. *The Kallikak family, a study of the heredity of feeble−mindedness*. New York: Macmillan 121pp.

———.1913. The Binet tests in relation to immigration. *Journal of Psycho−Asthenics* 18: 105−107.

———.1914. *Feeble−mindedness: its causes and consequences*. New York: Macmillan, 599pp.

———.1917. Mental tests and the immigrant. *Journal of Delinquency* 2: 243−277.

———.1917. Review of L. M. Terman, *The Measurement of Intelligence*. *Journal of Delinquency* 2: 30−32.

———.1919. *Psychology of the normal and subnormal*. New York: Dodd, Mead and Company, 349pp.

———.1928. Feeblemindedness: a question of definition. *Journal of Psycho−Asthenics* 33: 219−227.

Gossett, T. F. 1965. *Race: the history of an idea in America*. New York: Schocken Books, 510pp.

Gould, S.J. 1977. *Ever since Darwin*. New York: W. W. Norton.

———.1977. *Ontogeny and phylogeny*. Cambridge, MA: Harvard University Press.

———.1978. Morton's ranking of races by cranial capacity. *Science* 200: 503−509.

Guilford, J. P. 1956. The structure of intellect. *Psychological Bulletin* 53: 267−293.

———.1959. Three faces of intellect. *American Psychology* 14:469−479.

Hall, G. S. 1904. *Adolescence. Its psychology and its relations to physiology, anthropology, sociology, sex, crime, religion, and education*. 2 vols. New York: D. Appleton and Company, 589 and 784pp.

Haller, J. S., Jr. 1971. *Outcasts from evolution: scientific attitudes of racial inferiority*,

参
考
书
目

1859—1900. Urbana, Ill.: University of Illinois Press, 228pp.

Hearnshaw, L. S. 1979. *Cyril Burt psychologist*. London: Hodder and Stoughton, 370pp.

Herrnstein, R. 1971. IQ. *Atlantic Monthly*, September, pp. 43—64.

Herrnstein, Richard J., and Murray, Charles. 1994. *The bell curve: the reshaping of American life by difference in intelligence*. New York: Free Press.

Hervé, G. 1881. Du poids de l'encéphale. *Revue d'Anthropologie*, 2nd séries, vol. 4, pp. 681—698.

Humboldt, A. von. 1849. *Cosmos*. London: H. G. Bohn.

Jarvik, L. F.; Klodin, V.; and Matsuyama, S. S. 1973. Human aggression and the extra Y chromosome: fact or fantasy? *American Psychologist* 28: 674—682.

Jensen, A. R. 1969. How much can we boost IQ and scholastic achievement? *Harvard Educational Review* 33: 1—123.

——.1979. *Bias in mental testing*. New York: Free Press.

Jerison, J. J. 1973. *The evolution of the brain and intelligence*. New York: Academic Press.

Jouvencel, M. de. 1861. Discussion sur le cerveau. *Bulletin Société d'Anthropologie Paris* 2: 464—474.

Kamin, L.J. 1974. *The science and politics of IQ*. Potomac, MD.: Lawrence Erlbaum Associates.

Kevles, D.J. 1968. Testing the army's intelligence: psychologists and the military in World War I. *Journal of American History* 55: 565—581.

Kidd, B. 1898. *The control of the tropics*. New York: Macmillan, 101pp.

LeBon, G. 1879. Recherches anatomiques et mathématiques sur les lois des variations du volume du cerveau et sur leurs relations avec l'intelligence. *Revue d'Anthropologie*, 2nd series, vol. 2, pp. 27—104.

Linnaeus, C. 1758. *Systema naturae*. Stockholm.

Lippmann, Walter. 1922. The Lippmann—Terman debate. In *The IQ controversy*, eds. N.J. Block and G. Dworkin. New York: Pantheon Books, 1976, pp. 4—44.

Lomax, A., and Berkowitz, N. 1972. The evolutionary taxonomy of culture. *Science* 177: 228—239.

Lombroso, C. 1887. *L'homme criminel*. Paris: F. Alcan, 682pp.

——.1895. Criminal anthrorpology applied to pedagogy. *Monist* 6:50—59.

——.1896. Histoire des progrès de l'Anthropologie et de la Sociologie criminelles

pendant les années 1895–1896. Trav. 4th Cong. Int. d'Anthrop. Crim.
Geneva, pp. 187–199.

——.1911. *Crime: its causes and remedies*. Boston: Little, Brown, 471pp.

Lombroso–Ferrero, G. 1911. Applications de la nouvelle école au Nord de
l'Amérique. Bericht 7th Internationaler Kongress der Kriminalanthropologie,
pp. 130–137.

Lovejoy, A. O. 1936. *The great chain of being*. Cambridge, MA: Harvard University
Press.

Ludmerer, K. M. 1972. *Genetics and American society*. Baltimore, MD.: Johns
Hopkins University Press.

Mall, F. P. 1909. On several anatomical characters of the human brain, said to
vary according to race and sex, with especial reference to the weight of
the frontal lobe. *American Journal of Anatomy* 9: 1–32.

Manouvrier, L. 1903. Conclusions générales sur l'anthropologie des sexes et
applications sociales. *Revue de l'École d'Anthropologie* 13:405–423.

Mark, V., and Ervin, F. 1970. *Violence and the brain*. New York: Harper and Row.

McKim, W. D. 1900. *Heredity and human progress*. New York: G. P. Putnam's
Sons, 279pp.

Medawar, P. B. 1977. Unnatural science. *New York Review of Books*, 3 February,
pp.13–18.

Meigs, C. D. 1851. *A memoir of Samuel George Morton*, M.D. Philadelphia: T. K.
and P. G. Collins, 48pp.

Montessori, M. 1913. *Pedagogical anthropology*. New York: F. A. Stokes Company,
508pp.

Morton, S. G. 1839. *Crania Americana* or, a comparative view of the skulls of
various aboriginal nations of North and South America. Philadelphia: John
Pennington, 294pp.

——.1844. Observations on Egyptian ethnography, derived from anatomy, history,
and the monuments [separately reprinted subsequently as *Crania Aegyptiaca*,
with title above as subtitle]. *Transactions of the American Philosophical
Society* 9: 93–159.

——.1847. Hybridity in animals, considered in reference to the question of the unity
of the human species. *American Journal of Science* 3: 39–50, and 203–212.

——.1849. Observations on the size of the brain in various races and families of man. *Proceedings of the Academy of Natural Sciences Philadelphia.* 4: 221–224.

——.1850. On the value of the word *species* in zoology. *Proceedings of the Academy of Natural Sciences Philadelphia* 5: 81–82.

——.1851. On the infrequency of mixed offspring between European and Australian races. *Proceedings of the Academy of Natural Sciences Philadelphia* 5: 173–175.

Myrdal, G. 1944. An American dilemma: the Negro problem and modern democracy. New York: Harper and Brothers, 2 vols., 1483pp.

Newby, I. A. 1969. *Challenge to the court. Social scientists and the defense of segregation,* 1954–1966. Baton Rouge: Louisiana State University Press, 381pp.

Nisbet, R. 1980. *History of the idea of progress.* New York: Basic Books, 370pp.

Nott, J. C., and Gliddon, G. R. 1854. *Types of Mankind.* Philadelphia: Lippincott, Grambo and Company.

——.1868. *Indigenous races of the earth.* Philadelphia: J. B. Lippincott.

Parmelee, M. 1918. *Criminology.* New York: MacMillan, 522pp.

Pearl, R. 1905. Biometrical studies on man. I. Variation and correlation in brain weight. *Biometrika* 4: 13–104.

——.1906. On the correlation between intelligence and the size of the head. *Journal of Comparative Neurology and Psychology* 16: 189–199.

Pearl, R., and Fuller, W. N. 1905. Variation and correlation in the earthworm. *Biometrika* 4: 213–229.

Popkin, R. H. 1974. The philosophical basis of modern racism. In *Philosophy and the civilizing arts,* eds. C. Walton and J. P. Anton, pp. 126–165.

Provine, W. B. 1973. Geneticists and the biology of race crossing. *Science* 182: 790–796.

Pyeritz, R.; Schreier, H.; Madansky, C.; Miller, L.; and Beckwith, J. 1977. The XYY male: the making of a myth. In *Biology as a social weapon,* pp. 86–100. Minneapolis: Burgess Publishing Co.

Screider, E. 1966. Brain weight correlations calculated from original results of Paul Broca. *American Journal of Physical Anthropology* 25: 153–158.

Serres, E. 1860. Principes d'embryogénie, de zoogénie et de teratogénie. *Mémoire de l'Académie des Sciences* 25: 1–943.

Sinkler, G. 1972. *The racial attitudes of American presidents from Abraham Lincoln to Theodore Roosevelt*. New York: Doubleday Anchor Books, 500pp.

Spearman, C. 1904. General intelligence objectively determined and measured. *American Journal of Psychology* 15: 201-293.

——.1914. The heredity of abilities. *Eugenics Review* 6: 219-237.

——.1914. The measurement of intelligence. *Eugenics Review* 6: 312-313.

——.1923. *The nature of "intelligence" and the principles of cognition*. London: Mac-Millan, 358pp.

——.1927. *The abilities of man*. New York: Macmillan, 415pp.

——.1931. Our need of some science in place of the word "intelligence." *Journal of Educational Psychology* 22: 401-410.

——.1937. *Psychology down the ages*. London: MacMillan, 2 vols., 454 and 355pp.

——.1939. Determination of factors. *British Journal of Psychology* 30: 78-83.

——.1939. Thurstone's work re-worked. *Journal of Educational Psychology* 30: 1-16.

Spearman, C., and Wynn Jones, Ll. 1950. *Human ability*. London: MacMillan, 198pp.

Spenser, H. 1895. *The principles of sociology*. 3rd ed. New York: D. Appleton and Company.

Spitzka, E. A. 1903. A study of the brain of the late Major J. W. Powell. *American Anthropology* 5: 585-643.

——.1907. A study of the brains of six eminent scientists and scholars belonging to the Anthropometric Society, together with a description of the skull of Professor E.D.Cope. *Transactions of the American Philosophical Society* 21: 175-308.

Stanton, W. 1960. *The leopard's spots: scientific attitudes towards race in America 1815-1859*. Chicago: University of Chicago Press, 245pp.

Stocking, G. 1973. *From chronology to ethnology. James Cowles Prichard and British Anthropology* 1800-1850. In facsimile of 1813 ed. of J. C. Prichard, Researches into the physical history of man. Chicago: University of Chicago Press, pp. ix-cxvii.

Strong, J. 1900. Expansion under new world-conditions. New York: Baker and Taylor, 310pp.

参
考
书
目

Sully, James. 1895. Studies of childhood. XIV. The child as artist. *Popular Science* 48. 385–395.

Taylor, I; Walton, P.; and Young, J. 1973. *The new criminology; for a social theory of deviance*. London: Routledge and Kegan Paul, 325pp.

Terman, L. M. 1906. Genius and stupidity. A study of some of the intellectual processes of seven "bright" and seven "stupid" boys. *Pedagogical Seminary* 13: 307–373.

——.1916. *The measurement of intelligence*.Boston: Houghton Mifflin, 362pp.

Terman, L. M., and 12 others. 1917. *The Sanford Revision extension of the Binet–Simon scale for measuring intelligence*. Baltimore: Warwick and York, 179pp.

Terman, L. M. 1919. *The intelligence of school children*. Boston: Houghton Mifflin, 317pp.

Terman, L. M., and 5 others. 1923. *Intelligence tests and school reorganization*. Yon–kers–on–Hudson, N.Y.: World Book Company, 111pp.

Terman, L. M., and Merrill, Maud A. 1937. *Measuring intelligence. A guide to the administration of the new revised Stanford–Binet tests of intelligence*. Boston: Houghton Mifflin, 461pp.

Thomson, G. H. 1939. *The factorial analysis of human ability*. Boston: Houghton Mifflin.

Thorndike, E. L. 1940. *Human nature and the social order*. New York: Macmillan, 1019pp.

Thurstone, L. L. 1924. *The nature of intelligence*. London: Kegan Paul, Trench, Trubner and Company, 167pp.

——.1935. *The vectors of mind*. Chicago: University of Chicago Press, 266pp.

——.1938. *Primary mental abilities*. Chicago: University of Chicago Press, Psychometric Monographs, no. 1, 121pp.

——.1940. Current issues in factor analysis. *Psychological Bulletin* 37: 189–236.

——.1946. Theories of intelligence. *Scientific Monthly*, February, pp.101–112.

——.1947. *Multiple factor analysis*. Chicago: University of Chicago Press, 535pp.

——.1950. The factorial description of temperament. *Science* 111: 454–455.

Thurstone, L. L., and Thurstone, T. G. 1941. *Factorial studies of intelligence*. Chicago: University of Chicago Press, Psychometric Monographs, no. 2, 94pp.

Tobias, P. V. 1970. Brain–size, grey matter, and race–fact or fiction? *American*

Journal of Physical Anthropology 32: 3–26.

Todd, T. W., and Lyon, D. W., Jr. 1924. Endocranial suture closure. Its progress and age relationship. Part 1. Adult males of white stock. *American Journal of Physical Anthropology* 7: 325–384.

——.1925a. Cranial suture closure. II. Ectocranial closure in adult males of white stock. *American Journal of Physical Anthropology* 8: 23–40.

——.1925b. Cranial suture closure. III. Endocranial closure in adult males of Negro stock. *American Journal of Physical Anthropology* 8: 47–71.

Topinard, P. 1878. *Anthropology*. London: Chapman and Hall, 548pp.

——.1887. L'anthropologie criminelle. *Revue d'Anthropologie*, 3rd series, vol. 2: 658–691.

——.1888. Le poids de l'encéphale d'après les registres de Paul Broca. *Mémoires Société d'Anthropologie Paris*, 2nd series, vol. 3, 1–41.

Toulmin, S. 1977. Back to nature. *New York Review of Books*, 9 June, pp. 3–6.

Tuddenham, R. D. 1962. The nature and measurement of intelligence. In *Psychology in the making*, ed. L. Postman, pp. 469–525. New York: Alfred A. Knopf.

Vogt, Carl. 1864. *Lectures on man*. London: Longman, Green, Longman, and Roberts: 475pp.

Voisin, F. 1843, *De l'idiotie chez les enfants*. Paris: J.–B. Ballière.

Washington B.T.1904.*Working with the hands*. New York: Doubleday, Page and Colmpany, 246pp.

Went, F.W.1968.The size of man .*American Scientist* 56: 400–413.

Wenston,R. F.1972. *Racism in U.S. imperialism: the influence of racial assumptions on American foreign policy* 1893–1946. Columbia: University of South Carolina Press, 291pp.

Wilson, E. O. 1975. *Sociobiology*. Cambridge, MA: Harvard University Press.

——.1978. *On human nature*. Cambridge, MA: Harvard University Press.

Wilson, L. G. 1970. *Sir Charles Lyell's scientific journals on the species question*. New Haven: Yale University Press, 572pp.

Wolfle, Dael. 1940. *Factor analysis to 1940*. Psychometric Monographs No. 3, Psychometric Society. Chicago: University of Chicago Press, 69pp.

Yerkes, R. M. 1917a. The Binet version versus the point scale method of measuring intelligence. *Journal of Applied Psychology* 1: 111–122.

——.1917b. How may we discover the children who need special care. *Mental Hygiene* 1: 252−259.

Yerkes, R. M. (ed.) 1921. Psychological examining in the United States army. *Memoirs of the National Academy of Sciences*, vol. 15, 890pp.

Yerkes, R. M. 1941. Man power and military effectiveness: the case for human engineering. *Journal of Consulting Psychology* 5: 205−209.

Zimmern, H. 1898. Criminal anthroplogy in Italy. *Popular Science Monthly* 52: 743−760.

图书在版编目（CIP）数据

人类的误测：智商歧视的科学史 /（美）古尔德
（Gould, S.J.）著；柳文文译. —重庆：重庆大学
出版社，2016.5（2021.12重印）
书名原文：The Mismeasure of Man
ISBN 978-7-5624-9507-9

Ⅰ.①人… Ⅱ.①古… ②柳… Ⅲ.①智商—测试—
研究 Ⅳ.①B841.7

中国版本图书馆CIP数据核字（2015）第273497号

人类的误测：智商歧视的科学史
Renlei De Wuce：Zhishangqishi De Kexueshi

［美］斯蒂芬·杰伊·古尔德 著
柳文文 译

策划编辑：张家钧
责任编辑：杨 敬 许红梅
责任校对：邹 忌

重庆大学出版社出版发行
出版人：饶帮华
社址：（401331）重庆市沙坪坝区大学城西路21号
网址：http://www.cqup.com.cn
重庆市联谊印务有限公司印刷

开本：890mm×1240mm 1/32 印张：13.75 字数：370千
2017年3月第1版 2021年12月第4次印刷
ISBN 978-7-5624-9507-9 定价：58.00元

THE MISMEASURE OF MAN, Revised and Expanded Edition.

by Stephen Jay Gould.

ISBN 978–0393314250

Copyright©1996, 1981 by Stephen Jay Gould. All rights reserved.

For information about permission to reproduce selections from this book,

Write to permissions, W.W.Norton & Company, Inc., 500 Fifth Avenue, New York, NY10110.

版贸核渝字（2013）第287号